本研究獲香港近墨堂書法研究基金會資助

藝術史研究叢書　范景中　主編

張弼年譜

史楨英　著

中國美術學院出版社

圖1　張弼像　[清]徐璋繪　見《松江邦彥畫傳》　原作藏南京博物院

序

　　1986年，我在復旦大學古籍整理研究所讀古文獻碩士二年級，因爲某種機緣，由兩位教授擔任導師，一位是當時的古籍所所長章培恒先生，另一位是從中文系退休又被返聘到古籍所的蔣天樞先生。蔣先生是典型的學問中人，他對我的惟一要求，就是研究生階段認認真真讀點書，不要發表任何文章——這樣的要求，要能讓今天年輕的讀書種子們遇上，該是多麽幸福的事啊——章先生則更務實，除了悉心指導我和另外兩位師兄點讀全本《史記》，也讓我們抓緊碩士論文選題，説："因爲那個古文獻論文，是需要花很多時間的。"

　　蔣、章兩位恩師對於學生的論文選題，歷來主張自主選擇，從不横加干涉。我因爲對中國傳統繪畫史一直頗有興趣，加上古籍所當時由章先生領銜，正開展《全明詩》的編纂工作，而我之前兩屆師兄們的碩士論文選題，大都是爲一位明代名人編一部年譜，所以我就選了個《唐寅年譜》，去徵詢兩位導師的意見。蔣先生的看法，是唐寅假畫太多，你看得懂嗎？章先生認爲，唐寅詩文真僞及編年的難度，不是你這樣層次的碩士生能解決的。在圖書館悶了幾天，我重新提交了《沈周年譜》選題，不料未作任何相互溝通，兩位導師一致認爲可做。當然，恩師們何以那麽爽快地同意我的選題，我是在很多年以後，才慢慢悟到的：蘇州人，大孝子，人品好，畫技高，是蔣先生認同沈周的理由。而章先生，看他主持翻譯的日本著名學者吉川幸次郎的《元明詩概説》，裏面把沈周列爲市民階層詩人的代表，則在他的眼裏，沈周自然不單是一個畫家的名頭可以籠罩的人。

　　《沈周年譜》1988年夏天通過答辯，主席是黄永年教授。1993年經過修訂，由復旦大學出版社出版，在海内外都有一點反響。這期間，我結識了一批當時國内外中國美術史研究的一流學者：曾很冒昧地給徐邦達、高居翰兩先生寫信求教，都得到了辭意懇切的回覆；也曾在范景中、洪再新、嚴善錞、黃專等學院派美術史研究大家的提攜下，開始不斷受邀參加美術史界的學術討論會，獲益良多。尤其是2002—2003年在日本關西大學訪問，經金文京、阪出祥伸、高橋智等教授引薦，有機會先後在京都國立博物館、大阪市立美術館和東京國立博物館等著名收藏機構的庫房裏，近距離欣賞中國古代書畫作品，促使我回國後，在復旦大學古籍整理研究所古文獻專業的碩士生招生方向中，增加了一個新的研究方向，就是"美術文獻與美術史"。

儘管後來古籍所古文獻專業也招收過美術文獻與美術史的博士生，但人數甚少，乏善可陳，這當然主要是因爲我個人學養有限。相反地，這個方向的碩士畢業生中，至少已出了四篇優秀學位論文，即2005年蕭海揚的《明代兵書附圖研究》、2007年韓進的《〈清河書畫舫〉的文獻學研究》、2010年華蕾的《〈梅花喜神譜〉版本考》和2022年史楨英的這部《張弼年譜》。

史君此書，意在通檢明代著名書法家張弼現存別集文字的基礎上，結合四部相關文獻、現存張弼書法作品實物，旁參現代學界相關研究成果，爲一代書法名家作一整合性的生平事跡清理，而所取形式，爲傳統的年譜體裁。

史君精研書法，對張氏書法特點了然於心。但本譜的目標，並不單在爲張氏書法創作與作品作一簡單繫年，而在以充分且經過考訂的史料，復原十五世紀中葉一代知識人典型的張弼在科場、宦海和藝壇諸般情境中沉浮的一生及其大量的細節。具體而言，本書的特出之處，個人認爲主要呈現在以下三個方面。

首先，著者對譜主張弼的別集，做了窮極底裏式的調查和考辨。編纂名人尤其是明清名人年譜，學界一個基本的經驗，就是對實際具有個人生活自傳性質的譜主別集，必須做全盤的調查和考辨，非如此則年譜所據雖爲第一手史料，仍會出現各種容易啟人疑竇的問題。史君對此有充分的認識，在年譜編纂之前，就撰寫了源自實物版本調查和文本版本校勘的《張弼別集版本考》（已附本書末），發現張弼別集存在後印修版及增補問題，爲年譜的編纂，打下了堅實的基礎。

其次，書中對前此學界關注相對較少的張弼書法創作實況，給予了重點關注。張弼書法墨迹留存不多，有明確紀年者均在成化二年他登第之後。而從史料看，早在景泰六年，張弼已有"素壁之上揮翰題咏"之舉，之後則頗具表演意味的醉書題壁一再出現（詳天順八年譜、成化二十年譜）。此點前此少有人提及，本書則有意識地加以揭示。若學界循此作進一步的深入探究，則草書與張弼的獨特因緣，張弼在明代中葉之所以被沈周等圈内名流所青睞，或亦可得一更切實的答案。

再次，書中也以扎實的文獻梳理和考證，對張弼生平中某些關鍵節點，作了清晰的呈現。既往的相關研究，較多著眼於書法，而較少涉及張弼的其他方面。本譜則視野更爲開闊。如結合康熙本《東海集》、《鐵漢樓帖》殘版和容庚《叢帖目》所編目次，詳細還原了張弼在成化八年服闋北上時的所見所聞，並發現《松江博物館藏鐵漢樓帖》的版片編次存在錯簡，即是書中衆多精彩實例之一。凡此均對今人從一個更全面的視角理解張弼及其書法，頗有助益。

當然，作爲一部以碩士論文爲基礎修訂而成的美術文獻專著，書中的考證，仍留有一些不盡如人意處，有些可以進一步挖掘或闡釋的文獻，書中也未能更好地展開。作爲曾經的導師，希望史君今後在工作之餘，能繼續作更深入全面的研究。

最後，我要特别說明的是，一部碩士論文能在著者答辯不久即獲正式出版的機會，在目前純學術著作出版仍較困難的普遍情勢下是非常難得的，這要衷心感謝鼎力支持年輕學者研究的香港近墨堂書法研究基金會和一直堅持出版優秀碩博士論文的中國美術學院出版社。同時也要感謝在史楨英君撰寫和出版本書中給予頗多幫助和教誨的畢斐、丁小明、鄭幸、柳向春、張桂麗等教授、專家，以及上海圖書館、復旦大學圖書館、華東師範大學圖書館等專業機構。

　　史君已進入上海圖書館歷史文獻中心，從事與所學古典文獻學十分契合的科研工作，前程似錦，而尤需自警。1950年代，陳師母唐篔女士曾抄錄陳寅恪先生《印度象鼻竹實》詩並繪圖贈蔣天樞先生。三十多年後的1982年，蔣天樞先生在所著《楚辭論文集》的"弁語"中憶及此事，謂陳先生及師母贈詩繪圖"所以勖樞也"。而今距蔣先生撰"弁語"又過去了四十多年，茲再錄陳寅恪先生詩於此，與史君共勉——

　　青葱能葆歲寒姿，畫裏連昌憶舊枝。留得春風應有意，莫教綠鬢負年時。

陳正宏
2024年5月30日於復旦雙寅樓

目 錄

序 / I

前 言 / 1

凡 例 / 11

傳 略 / 13

年 譜 / 27

　　上編　洪熙元年至成化元年 / 28

　　中編　成化二年至成化十二年 / 121

　　下編　成化十三年至成化二十三年 / 221

徵引文獻 / 369

附 錄 / 389

　　張弼別集版本考 / 391

後 記 / 413

前　言

張弼（1425—1487）是明代中葉著名書法家。他生於松江府華亭縣，少時博學多覽，而晚得科第，在兵部任職十餘年，未嘗施展才幹，又因得罪權貴出知江西南安。雖不得意於仕途，卻能以草書獨享盛名，以詩文翰墨廣交文人名士。同時，他的耿介操守與瀟灑襟懷也爲當時士大夫所推崇。因此，張弼作爲十五世紀中國傳統知識分子的代表，有較高的研究價值。

現存較早且較爲完整的關於張弼生平的文獻，如謝鐸《南安府知府華亭張君墓誌銘》[1]、王鏊《中議大夫江西知府南安張公墓表》[2]、桑悦《南安郡守東海張侯去思碑記》[3]、馮時可《南安太守張東海先生傳》[4]、何三畏《張太守東海公傳》[5]等，均重在描述張弼出知南安府之後的功績，於其早年經歷的介紹均較爲簡略。謝巍在《中國歷代人物年譜考録》中提到，清抄本《華亭張氏族譜》内有《張汝弼先生年譜》一卷，然"失録藏家"，筆者亦未得見[6]。

當前學界對張弼的研究，多以張弼的書法爲中心議題。如孫超《張弼書法研究》[7]、劉琰《張弼草書研究》[8]、黄路露《張弼書法風格構成要素析》[9]三篇碩士論文，對張弼草書風格的形成、書法理念與實踐、書法成就與影響等方面作了詳細的闡述，然由於對張弼生平以及交游的探討較爲粗略，與之相關的書法研究顯得不夠深入。廖丹的博士論文《明代松江書派研究》在"二張狂草：'天趣逸發'"一節中，結合歷史文獻記載與現存作品，對張弼的書學脈絡作了更爲清晰的梳理[10]。而當前最爲詳瞻的張弼書法研究，是龍德俊的碩士論文《明代早中期松江草書研究——以張弼爲中心》，其中不僅對張弼書法的形成與發展進行了更加深入的論述，還從書法文獻與書法史的角度，做了大量的基礎性工作，包括對部分未能明確繫年的張弼作品加以考證，梳理張弼作品中款署用印的習慣及分期，並在附錄中提供了目前爲止最爲完整的張弼書法作品目錄[11]。

張弼一生交游甚廣，《明史》僅言其"與李東陽、謝鐸善"[12]，或是從"文苑"視角介紹其文學交游代表。其他相關史料中出現最多的，是張弼與陳獻章之間的交游往來，但實際上二人的交往僅集中在成化十八、十九年之間。近年來，學界對張弼交游的研究有了較大的拓展。如高明一《張弼與吳中人士的交往——李應禎〈致沈周信札〉》一文從地域書風出發，通過書札考察了張弼與沈周、李應禎、吳寬等吳中人士的交往，提供了認識張弼書法的新視角[13]。沈雲迪的博士論文《上海地區明代文學研究》在"入明後一代作家與蘇州作家的交往"一節中討論了張弼與蘇州地區人物的交往[14]。朱匡傑以2019年香港蘇富比春季拍賣會上所見《張東海守南安送行詩序卷》爲材料，撰文考察張弼的交游情况，[15]儘管該文僅以張弼與李東陽的交游爲考察重心，但是對這一材料的關注則有啟發性意義。

值得注意的是，以上關於張弼的研究成果，雖或多或少包含了對張弼生平的論述與考證，然對其早年生活情况的探索普遍比較匱乏，已有的結論中涉及張弼生平關鍵節點的部分，則頗有訛誤或疏漏。而在《明清江蘇文人年表》[16]、《中國文學史大事年表》[17]、《中國文學編年史》[18]等編年類著作中，與張弼相關的條目數量較少，部分條目的繫年亦不夠準確，可知學界尚未形成對張弼的全面認識。就藝術史研究而言，梳理藝術家的生平履歷，無疑是一項基礎性工作，而現有的材料已然爲張弼生平的系統研究提供了充分的條件。

張弼詩文是研究其生平最爲重要的資料，據張弘至《末後序》，他"少有《鶴城》《長春》稿，北游有《寄寄軒》《獨吟》稿，登仕後有《天趣》《面墻》《使遼》稿，在郡有《清和堂稿》，歸有《慶雲稿》"，可知其詩文創作非常豐富，但往往"意興所到，信手縱筆，多不屬稿。即有所屬，以草書故，輒爲人持去"（李東陽《張東海先生集序》），因而多有散佚。在張弼去世後三十年，即正德十三年（1518），季子張弘至搜集張弼遺稿，刻成《張東海先生詩集》四卷《東海張先生文集》五卷[19]，這是最早刊刻的張弼別集，含詩410首，文150篇。此集初成，即有人指出遺漏不少[20]。同年出版的周文儀刻本，爲張弘至本的翻刻本，增補了若干首張弼詩文。正德十五年（1520）書林劉氏日新書堂刻本乃周文儀本的翻刻本，卷次錯漏明顯。明天啓、崇禎年間，張弼六世孫張安磐等將張弘至刻本修補重印。康熙初年，張氏後人又廣泛搜集張弼詩文、墨迹並加以校訂刊刻，即清康熙三十二年（1693）張世綬刻本，收文207篇，詩863首，附錄詩文91首，總篇目已倍於正德間各本。嘉會堂繼承了張世綬刻本的版片，增補刻印詩文、序跋以及附錄共計五十餘篇。道光十四年（1834）張氏後人張崇銘重得版片，亦略有修補[21]。李玉寶先後在單篇論文《明清松江府張弼家族文獻生產考論》以及專著《上海地區明代詩文集述考》中系統論述了明清兩代張弼詩文刻本五種、抄本一種，爲迄今爲止關於張弼詩文集版本較爲全面的研究成果[22]，但仍可補充，各版本間的關係也有待進一步釐清。儘管目前尚未出現相關的點校整理，但明清兩代大部分的張弼別集保留完好。

崇禎五年（1632），六世孫張安豫等集張弼翰墨刻成《鐵漢樓帖》十卷[23]，容庚《叢帖目》曾將各卷編次[24]。二十世紀三十年代，該帖因兵燹損毀過半，十五世孫張則衡整理《鐵漢樓帖詩文錄》，云"尚得

《千字文》八頁，文十四頁，詩五十一頁，餘如小牘、題跋等十八頁，均不能連讀。"[25] 1959年，《鐵漢樓帖》四十二塊刻版由十五世孫張則衡、張松仙、張懷西先生捐給上海松江博物館，在2005年送至國家博物館文物保護中心進行修補。兩年後，《松江博物館藏鐵漢樓帖》圖錄由文物出版社出版。據黃惇先生考察，張則衡《鐵漢樓帖詩文錄》的釋文較今殘存雕版拓片文字爲多，"其底本來源於傳世之完整《鐵漢樓帖》，還是家傳另有所據，尚不可斷定，以其釋文所排定的目次與容庚先生《叢帖目》相較，並不相同[26]"。該刻帖所收張弼詩文可與康熙三十二年張世綏刊刻的張弼詩文集中部分新增篇目對應，並提供了不少詩文的序跋信息，有較高的文獻價值，目前僅有黃惇《張弼與鐵漢樓刻帖》一文作簡要介紹。而另一部張氏後人輯張弼墨迹的刻帖——《慶雲堂帖》或有殘帙存世，筆者未見。[27] 董其昌云該帖"衆體畢備，若有意無意，或矜莊如禮法之士，或瀟灑如餐霞之人。"[28]

在其他現存的明清刻帖中，如《寶賢堂集古法帖》《寶翰齋國朝書法》《停雲館法帖》《螢照堂明代法書》等均刻有張弼法書，其中大部分詩文被收入《東海集》中，但也包含了少量佚文。張弼還撰寫或抄錄了不少序跋，如《西郊笑端集序》《南安府志序》《跋卞郎中詩集後》等，散見於現存古籍之中，兼具文獻與書法價值。此外，還有一些張弼的集外詩文見於張弼的書法作品以及地方志等文獻中，清代姚弘緒在《松風餘韻》中就補充了七篇佚詩[29]。從當前的研究成果看，上述材料有待進一步發掘利用。

華亭張氏家族從張弼開始科甲蟬聯，仲子弘宜、季子弘至皆登進士第，五世孫以誠更是萬曆三十九年辛丑科狀元，因而其家族文獻的編纂與整理接連不斷。張氏家譜自張弘至開始編纂，其後一直到道光間屢經修訂[30]，張氏後人所傳族譜筆者未見[31]，然其家族譜系在清代張雲望和張礽傑兩位裔孫的硃卷中有詳細記載[32]。上海市青浦區博物館編《青浦望族》在"華亭張氏"一章結合張氏後人所藏族譜及方志等材料畫出了世系簡表，孫涵的碩士論文《明清松江府張弼家族文學研究》從文學及其生成的角度對張氏家族文獻進行了詳盡的梳理，第二章中所繪製的《張弼家族世系圖》以及第五章繪製的《張弼家族文獻相關情況表》亦可資參考。[34]

綜上，當前學界對張弼給予了較多的關注，然對其生平的研究尚不充分，而與張弼密切相關的文獻材料脈絡清晰，且大體保留完好。基於此，本文綜合迄今所見各類文獻與研究成果，謹以年譜的形式，運用傳統文獻學方法，嘗試對張弼生平作一更爲完整也更爲全面的梳理。

年譜分上、中、下三編，上編考述張弼從出生到四十一歲的成長求學經歷，中編譜系張氏四十二歲登進士第後以京城爲主的朝官生活，下編展現張弼五十三歲出知南安府後的爲官事績以及致仕歸家後的生活圖景。譜前有"凡例"和張弼"傳略"，譜後附"張弼別集版本再考"和"徵引文獻"。

年譜首先著力考察了張弼早年生活環境、求學過程等方面，填補了相關研究的空白。通過張弼詩文中對早年生活的回憶以及地方志中的蛛絲馬跡，我們可以發現張弼從小繼承家學傳統，用心科舉，又博學多識，中舉後即北游京城，廣交名士。

其次，年譜首次明確了張弼生平履歷中的幾個關鍵節點，訂正了前人說法中的一些訛誤。如朱奇源所摹勒的《寶賢堂集古法帖》卷十二張弼書法前題"兵部郎中張弼書"[35]。薛應旂在《憲章錄》中亦云張弼"歷兵部郎中"。[36]實際上張弼登第後觀政於兵部武庫司，初授武選主事，轉武庫主事，陞車駕員外郎，從未擔任"郎中"一職，關於他轉官的時間節點，筆者在年譜中結合多種材料進行了推論與揭示。通過對大量詩文的考證與系聯，張弼幾次較爲重要的行蹤路線，如成化八年北上時的所見所聞、成化十三年赴南安府之任途中的所思所感，都在年譜中得到了詳細的呈現。

年譜通過綜合考察張弼各個時期的交游情況與文學藝術活動，

還發現了此前研究中所忽視的一些細節。如張弼興趣廣博，愛慕奇節偉行，樂宴游，善戲謔，但關心民生疾苦，有着與蘇東坡相近的氣質。他尊崇程朱理學，但並不盲從迂腐，讀書處事多有獨立見解。他獨具慧眼，善於識人，能辨千古人物是非，這樣的才能也爲當時的士大夫極力讚賞。從藝術活動看，張弼留下的書法作品中，最多的是草書《千字文》。他的書法不僅有觀賞性，更具有表演性。他的許多題壁之作，是值得注意的文化景觀。他紹續前人的筆法，注重寫神，加之狂放不羈的書寫狀態、任真灑脱的性靈抒展，使他的書法卓然獨步。此外，張弼還有大量的書畫題跋材料，這些題跋的内容顯示出他更多地關注作者的人品學問或相關史實，而非拘泥于筆墨技巧。從交游看，張弼雖與當時的文壇領袖李東陽等有所交往，然而被他視爲摯友、來往唱和最多的，則是徐觀、李廷美、李應禎、李庭芝、卞榮、丘霽、司馬垔、林瀚等人。他登第前能夠以詩歌名動京城，更多地得益於與李應禎、李庭芝、奚昌、卞榮等江南文人以及楊守陳、邢讓等進士翰林之間的交流互動。登第之後，張弼和同年與同僚之間的往來不僅體現了彼此之間的拳拳友誼，還凸顯了他作爲傳統知識分子的道德感和責任感。張弼對家鄉松江地區的人物始終寄予深厚的情感，常常在文章中歷數松江文人與書法家的優長，並致以高山仰止之思。還有許多松江地區的人物，正是因爲張弼的詩文而得以名揚後世。一百多年前，陸心源在《張東海集跋》中感嘆道："蓋有明一代完人，不僅以詩文見長。庸耳俗目，僅知推爲草聖，可慨也夫！"[37]而上述細節的發現，或許能夠爲學界打開認識張弼的全新視角。

但因有關史料缺失及筆者自身學術水平所限，文中疏略欠妥之處恐仍所在多有，懇請專家不吝賜正。

注釋

1. ［明］謝鐸《桃溪類稿》卷三十四，明嘉靖二十五年謝適然刻本。
2. ［明］王鏊《震澤先生集》卷二十六，明嘉靖刻本。
3. ［明］桑悦《思玄集》卷六，明萬曆二年木活字本。
4. ［明］馮時可《寶善編選刻》卷下，明承訓堂刻本。
5. ［明］何三畏《雲間志略》卷八，明天啓刻本。
6. 參見謝巍編《中國歷代人物年譜考錄》，中華書局1992年版，第260頁。此外，2017年《奉賢文史》第25輯收錄瞿波《張弼年譜》一文，約七千兩百字。此篇各年下所繫張弼事迹均未標注出處，正統九年張弼入府學、正統十一年生次子弘宜、景泰五年孫鼎卒等條目均與史料不符，成化十三年張弼冒犯王越入西廠大獄、成化十八年沈周帶唐寅往南安訪張弼等條目僅在張志弟、瞿波合著的小説《大明草聖——張弼傳》（上海文藝出版社2017年版）中有所演繹，則該譜無法作爲學術性參考文獻加以徵引和討論，特此説明。
7. 孫超《張弼書法研究》，南京藝術學院2004年碩士論文。
8. 劉琰《張弼草書研究》，南京師範大學2012年碩士論文。
9. 黃路露《張弼書法風格構成要素解析》，南昌大學2022年碩士論文。
10. 廖丹《明代松江書派研究》，華東師範大學2021年博士論文，第112—116頁。
11. 龍德俊《明代早中期松江草書研究——以張弼爲中心》，香港中文大學2020年碩士論文。
12. ［清］張廷玉等撰《明史》卷二百八十六，中華書局1974年版，第7342頁。
13. 高明一《張弼與吳中人士的交往——李應禎〈致沈周信札〉》，《書法研究》2020年第1期，第129—143頁。
14. 沈雲迪《上海地區明代文學研究》，上海師範大學2017年博士論文，第39—40頁。
15. 朱匡傑《〈守南安送行詩卷〉——張弼與李東陽的情誼》，《東方收藏》2019年7月，第51—54頁。此卷後爲劉益謙、王薇夫婦所珍藏，並於2023年3月在上海龍美術館"龍與士——明代中國的書法和繪畫藝術特展"中再次公開亮相。
16. 張慧劍編《明清江蘇文人年表》，上海古籍出版社2008年版。
17. 吳文治編《中國文學史大事年表》，黃山書社1993年版。
18. 何坤翁主編《中國文學編年史》明前期卷，湖南人民出版社2006年版。
19. 其中文卷五爲附錄性質，即碑記、墓銘、各家贈詩等。
20. 張弘至《末後序》："集既成，有客來自海上，覽而訝之，曰：'吾少聞先公《寶劍鳳山賦》《海若問對篇》，贈寓鄉曲尤富，今一何遺之？'"
21. 詳見本書附錄《張弼別集版本考》。
22. 李玉寶《上海地區明代詩文集述考》，上海古籍出版社2021年版，第336—343頁。
23. 張世綏本《文集》附錄六世孫安泰題辭："不肖安泰自庚午歲與伯兄孝廉安磐、

季弟安豫謀集先高祖真蹟，簡括家笥外，復乞諸收藏鑒賞家，尺蹏寸楮，哀集多方，精心手摹，彙成卷帙。辛未秋，猶子進士世基請假南還，刻意堂搆，表章前烈，遂得共成兹志，勒之貞珉。不肖泰與弟豫復親董其事，摹勒讐校，一點一畫，神理奕奕。歷秋徂春，厥工告竣。……蓋先高祖之聲稱烜赫當時者，首品望，次政蹟，次文章，又次草書。則兹刻也，固先高祖之觚翰小道末技也，請無謂勒此一片石之足爲先人不朽增重可也。時崇禎五年二月既望。"張世綬《刻集紀言》："明崇禎□，先中憲廣蒐遺稿，並從搢紳先生借閱，手自鉤摹，鐫帖十本，顏曰《鐵漢樓帖》》。"陳繼儒《白石樵真稿》卷十七《跋張東海鐵漢樓帖》："今五世孫以誠，六世孫安磐、安泰、安豫，七世孫世基出其家藏及散見人間者合刻之，曰'鐵漢樓帖'。"今《鐵漢樓帖》拓本中有隸書款云："白沙張氏家藏，崇禎壬申勒石。"

24. 《容庚學術著作全集：叢帖目》第四册，中華書局2012年版，第1647頁。
25. 轉引自黃惇《張弼與鐵漢樓刻帖》，即《松江博物館藏鐵漢樓帖》序言，文物出版社2007年版。
26. 此外，嘉會堂本《文集》附録張安豫題辭云："其出其累世所藏、子孫護如頭面者，漸摹漸刻，凡爲卷者十。始以南北兩游稿，而以《貞桃篇》終焉。雖長篇大幀，百未搜其一，而規畫大略少備矣。每卷跋語仍諸名公之舊，而《貞桃篇》題詞則許郡侯去郡時爲先府君大母苦節一案也。許侯題已俗入郡志，兹因帖工之竣，並敬述以志時日云。"所及終始，與容庚目次一致。可知容庚所見之《鐵漢樓帖》當較爲完整。
27. 張彦生《善本碑帖録》著録："明《慶雲堂帖》。張汝弼草書，後刻王濟元題跋。祇見第八一册明拓原裝。"中華書局1984年版，第194頁。
28. ［明］董其昌《容臺别集》卷二，明崇禎三年刻本。
29. ［清］姚弘緒輯《松風餘韻》卷二十六張弼詩後編者跋云："《東海集》膾炙人口，集外尚有逸篇，可勿珍乎？搜而録之，爲翁集補亡焉。"（《四庫全書存目叢書補編》37册影印清乾隆九年寶善堂刻本）
30. 光緒《松江府續志》卷三十七："張氏族譜。國朝張崇銘輯。案，張氏發源於青村。至弼始大其門。弼子宏［弘］至著家譜。後□有修輯。道光中崇銘復增修焉，其門人顧夔有序。"（清光緒十年甲申修郡齋刊本）
31. 青浦區博物館編《青浦望族》第285頁注："《張東海家譜》，一世，張澂。上海閔行區七寶鎮張尚豪收藏，松江博物館藏電子版。"2009年12月2日《松江報》載《流傳了31世的族譜》提及張尚豪藏張則衡所抄《本支世系》《族譜拾遺》《家傳像贊》。
32. 《清代硃卷集成》第一六册道光庚戌科張雲望、第三七册同治甲戌科張礽傑，臺北成文出版社有限公司1992年版。
33. 上海市青浦區博物館編：《青浦望族》，上海人民出版社2016年版，第284—298頁。

34. 孫涵《明清松江府張弼家族文學研究》，上海師範大學2023年碩士論文。
35. ［明］朱奇源摹勒，晉祠博物館編《寶賢堂集古法帖》，文物出版社2002年版，第24頁。
36. ［明］薛應旂《憲章錄》卷三十九，《續修四庫全書》第352册影印明萬曆二年刻本。
37. ［清］陸心源《儀顧堂題跋》卷十三，清光緒十六年刻本。

凡 例

一、現存張弼詩文集由張弘至在正德十三年首次刊刻，包含《張東海先生詩集》四卷《東海張先生文集》五卷。正德十三年周文儀刻本據張弘至刻本翻刻，並有所校補。明末張氏後人對張弘至刻本加以補版重印。康熙三十二年張世綬刻本《張東海詩集》四卷《張東海文集》四卷附錄一卷篇目已倍於張弘至刻本。康熙三十六年嘉會堂本、道光十四年張崇銘本均爲張世綬刻本增補后印本，詳情見附錄《張弼別集版本考》。本譜所用譜主詩文資料，以山東省圖書館藏正德十三年張弘至刻明末重修本爲底本，該本爲全帙，補版葉不多，大體保留正德本原貌，引用時簡稱"張弘至本"。凡錄自詩集，引用時簡稱"《詩集》"；錄自文集，簡稱"《文集》"。見於其他版本者，則標注其相應版本簡稱。正德十三年福建周文儀刻本簡稱"周文儀本"，康熙三十二年張世綬刻本簡稱"張世綬本"，康熙三十六年嘉會堂重修本簡稱"嘉會堂本"，道光十四年張崇銘重修本簡稱"張崇銘本"。

二、本譜所引《鐵漢樓帖》，依據《松江博物館藏鐵漢樓帖》（文物出版社2007年版）。據該書凡例，書中釋文以張則衡《鐵漢樓帖詩文錄》爲基礎，凡刻版文字雖有奪損，但尚見於《鐵漢樓帖詩文錄》者，一併錄入。因張則衡《詩文錄》筆者未見，本譜所引《鐵漢樓帖》，僅依據《松江博物館藏鐵漢樓帖》之圖版，殘奪文字若可依刻集相關篇目補全，則加以補充説明。版片標號仍依該書凡例，以"A"表示正面，"B"表示反面，如"1A"即現存第一塊刻版之正面，同一塊刻帖之正反面，其文字大多前後相連。

三、本譜引文用字遵照底本，異體字酌情保留，正文表述若源自引文，則用字亦與引文保持一致。若引文中有顯而易見的誤刊字、避諱字，以"〔　〕"徑改在後。若涉重要異文，則加按語考證。原文文字缺損或未能釋讀者，以"□"表示一字，"▨"表示多字。

四、凡人物生卒未注明出處者，皆採自姜亮夫《歷代人物年里碑傳綜表》。

五、每年最後"【時事】"欄，本於《明實錄》《明史》等有關條目。譜主一生主要活動于江南、北京、江西三地，因此，除政治大事外，尤注意轉録與以上三地社會狀況有關之事，亦不再注明出處。

六、本譜所採其他文獻版本情況，詳見《徵引文獻》。

傳　略

張弼，字汝弼，號東海，明松江府華亭縣人。

張弘至本《詩集》卷首李東陽《張東海先生集序》："東海之濱有張汝弼先生者，嘗觀於海而有得焉，因以'東海'自號。……先生諱弼，汝弼其字也。松之華亭人。"《文集》卷四《先君村居先生墓誌》："處士……子男五：長汝輔，次即弼，初名汝弼。"周文儀本《文集》卷末林瀚《東海翁集後序》："家近東海，因以自號，學者稱爲'東海先生'云。"正德《松江府志》卷二十九《人物三》："張弼，字汝弼，華亭人。……晚號東海翁。"

按，張弼初名"汝弼"，後以"汝弼"爲字。今存汝弼書法作品中有"東海居士"朱文方印、"東海翁"朱文方印，知其以"東海"爲號。

其先汴人，扈宋南渡至臨安。七世祖有諱澄、號斗山先生者，避地始來松之華亭，居蓨涇之上，又徙居白沙里。

張弘至本《文集》卷二《張氏墳記》："張氏世居華亭之砂蕩里。"同卷《椿庭記》："吾家居松之東海上白沙里。"同書卷四《先君村居先生墓誌》："張之先汴人，扈宋南渡，來臨安。臨安失守，始來華亭，居蓨溪之上。處士六世祖澄，號斗山先生，學遂於《易》，善卜筮，以才略自負。嘗爲郡中畫計擒劇盜，其黨夜來加害，澄走草澤中，得免。因又徙居沙蕩里。"

按，正德《松江府志》卷二《水上》："淺沙塘在下橫涇北，西通鹽鐵塘，東流爲蒨涇。過沙岡爲新塘，過滵缺入金匯塘止。"同書卷十六《第宅》："雙壽堂在蒨涇"條後引長洲吳寬詩云："九峰下瞰蒨溪水，高堂乃在蒨溪涘。"故知時人稱"蒨涇"爲"蒨溪"。

"砂蕩里"（或作"沙蕩里"），即白沙里，在華亭縣白沙鄉。正德《松江府志》卷九《鄉保·華亭縣》："白沙鄉，東南一百二十里，十三至十五保隸焉，管區八，圖百四十二。○舊里三（白沙、九稜、橫林）。"

曾祖庠，字存禮，號守株。以家學教授鄉里，尤精地理術，後進師之。

張弘至本《文集》卷二《張氏墳記》："曾祖守株先生別卜此地。"同書卷四《先君村居先生墓誌》："處士六世祖澄……生仲寬。仲寬生明遠。明遠生昇。昇生庠，字存禮，號守株農，以家學教授於鄉里，而於地理術尤精，後進師之，處士大父也。"

祖子英，號梅莊，早世。

張弘至本《文集》卷四《先君村居先生墓誌》："父子英，早世。"同書卷五王鏊《墓表》："曾祖庠，祖子英。"按，此篇在《震澤先生集》卷二十六中題爲《中議大夫江西知南安府張公墓表》，與收入張弘至本《文集》中者相較，異文較多，此句即《震澤先生集》中所無者。張以誠《張宮諭酌春堂集》卷九《先考見峰府君行實》："守株生梅莊，梅莊生熊應。"《清代硃卷集成》第十八册道光庚戌科張雲望："十四世祖英，字子英，號梅莊。"據此，汝弼祖或以字行，號梅莊。

父熊應，字維吉，號村居。忠厚坦夷，嗜吟詠，能飲不亂。居鄉治家，能自卓立。立家規，定子孫行輩。以子弼贈兵部主事。

張弘至本《文集》卷四《先君村居先生墓誌》："處士諱熊,字維吉,以沙蕩里去城百里而遠,自號曰'村居',志隱也。幼育於大父,每見譽曰:'興吾門者在此兒。'爲人性度坦夷,嗜吟咏,能飲酒,雖多不亂。居鄉治家,能自卓立。見諸踐履,不苟同俗。嘗曰:'吾涼薄,未能化及吾鄉,吾訓吾家可耳。'所立家規頗多,其略曰:'爲吾後人者,生子雖多,不可無教;生女雖多,不可不舉。娶婦必德門,不必富貴;嫁女僅可給衣裘,不必過豐。疾必迎醫,勿事禱禳;喪祭必依禮,勿用僧道。凡故舊不可忽遺,勢要不可趨附。'其鄉人多傳誦之。"葉盛《涇東小稿》卷八《張處士墓表》略同,僅於"處士諱熊"下有"應"字,是,當據補。張弘至本《文集》卷五謝鐸撰《墓誌銘》："父熊應,居鄉以忠厚聞,人稱之曰'村居先生'云。"(亦見於《桃溪類稿》卷三十四,題爲《南安知府華亭張君墓誌銘》。)

正德《松江府志》卷三十一《人物十·封贈》："張熊應,成化甲午以子弼貴贈兵部主事。"

《清代硃卷集成》第十八册道光庚戌科張雲望："十三世祖熊應,字維吉,號村居,晉贈承德郎兵部主事公。立家規,定子孫行輩:汝、宏[弘]、其、德、以、安、世、澤、忠、孝、崇、文、雲、礽、永、則。"

按,張以誠《張宮諭酌春堂集》卷九《先考見峰府君行實》："梅莊生熊應,號椿居先生,方正自持,嘗採古禮著家訓,至今遵之。"言熊應號"椿居"者僅此一處,或爲"村居"之雅言。

又按,光緒《重修奉賢縣志》卷十《人物志·張弼傳》："弼父爲袁海叟門人,弼傳其詩法。"此言張熊應爲袁凱門人,不見於其他材料,待考。

母胡氏,有内德。

張弘至本《文集》卷四《先君村居先生墓誌》："處士……配胡

氏，有內德，先卒。"

汝弼少時博學多覽，年二十九以《詩經》領鄉薦，年四十二始登進士第，歷兵部主事，轉員外郎。志操耿耿，不爲汙合，開口論議，無所顧忌。五十三歲出知江西南安。在郡六載，遺愛及民，治績卓著。

    張弘至本《文集》卷五謝鐸撰《墓誌銘》："公少穎異過人。既壯，以《詩經》領景泰癸酉鄉薦，登成化丙戌羅倫榜進士。"同卷王鏊《墓表》："少爲弟子員，已博學無不觀。年四十始登進士第，歷武選、武庫主事，車駕員外郎。出守南安，在郡六年，以病乞歸卒。"按，同句在《震澤先生集》中作："少爲弟子員，已博覽無不觀，既長，始中南畿鄉薦。成化丙戌登進士。授兵部武選主事，改武庫，進車駕員外郎。出守南安六年，以病乞歸卒。"景泰癸酉汝弼年二十九，成化丙戌年四十二，詳見年譜。

    李東陽《張東海先生集序》："先生晚得科第，为兵部郎官最久，志操耿耿，不爲汙合。開口論議，無所顧忌。未嘗諂媚以干進取。"

    張弘至本《文集》卷五程敏政撰《東海像贊》："雅懷絕乎塵鞅，任從流俗之譏；直道類乎徑情，不懼長官之忤。蓋起家不汲汲於功名，故處世不怗怗於城府。"又《遺愛錄序》："南安人以其故守張公之有遺愛也，其去，則相與留像於城北金蓮山之高明所，冀其德政，而爲文勒之石。其沒，則以贈奉非便，徒祀于郡治。又集其祠記奠文、民謠、士詠之類爲《遺愛錄》，以傳其言，曰：公治南安六年，養有資，教有慕，死者有所憖而生，餓者有所恃而飽。居無困役，行無病涉，而士不惑于異教，凡尚賢、興學、勸農、澤物之政，蓋不可縷數也。"同卷彭韶《手稿序》："至其治郡，不腐不疏，虛心以應事，推誠以待物。去淫祠，表先賢，以示化本拳拳。於圖志及之，以餘力修百廢，無不稱便。"

其身短而志廣，視近而善鑒。樂宴游，善戲謔，而必以理勝。不以物累，胸次灑落。名士大夫，咸願交焉。

張弘至本《文集》卷五張泰《東海像贊》："中則明，而短其視。表不長，而廣其志。"程敏政撰《東海像贊》："身不滿七尺，而標榜一時。視不及尋丈，而傲睨千古。……雅懷絶乎塵鞅，任從流俗之譏。直道類乎徑情，不懼長官之忤。蓋起家不汲汲於功名，故處世不怙怙於城府。觀其外亦自見其有爲，要其中不可謂之無主。"吴寬撰《東海像贊》："霧目濛濛，而心則瞭。其鑒物也，又若秋水之在沼。……況所謂樂燕游，善戲謔，又愈失其大略，此乃棄滴之語，而徒見笑於東海若者也。"同卷謝鐸《墓誌銘》："然世之所謂文人者，類近浮薄，公獨敦尚行履，慨然以風節自將。雖談論間雜諧謔，而往往必以理勝。"

張弘至本《文集》卷五彭韶撰《手稿序》（《彭惠安公文集》卷三題爲《東海手稿序》）："先生氣性清靈，事多迎解，游戲文墨，衝口而成：其天分有如此者；胸次灑落，物累不以嬰懷，雨晴憂樂，一付之天行：其人品有如此者；篤志好學，該覽博識，議論貴理趣而尚風節：其學問有如此者。……"

倪岳《青溪漫稿》卷十九《贈福建參政李君赴官序》："予昔官翰林時，嘗識義興李君時亨於兵部東海張汝弼所。時東海所交接多一時文人名士。"

讀書不治章句，慕古奇節偉行，卓犖之氣每發于詩文書法。其詩清鍊脱俗，用意深遠。其文隨事觸物，必根理義。

張弘至本《文集》卷五王鏊撰《墓表》："公諱弼，字汝弼，人稱東海先生。讀書不治章句，慨然以名節自許。顧世之齪齪，無足動其意，而世亦莫之用也。其瓌奇卓偉之氣無所洩，則時發之文章、發之詩、發之草書，而發之事功者，殆不能十之一，而亦足以名世矣。……公天分高朗，出語不凡。爲文病近世之萎靡腐爛，痛掃去之，自立一家言。顧嘗自謂得古人矩矱，而病世之莫己知也。爲詩每寓感時憂國、抑邪與正之意。"卷首李東陽《張東海先生集序》："其爲詩清鍊脱俗，力追古作。意興所到，信手縱筆，多不屬稿。……其爲文隨事觸物，必根理義，不爲華藻枝葉之辭，特自慎重不苟作。"王鏊《書張東海文集後》："詩不苟作，作必超詣豪宕，擺脱近世尋常語，其警句至今傳誦人口，而文獨未之見也。"王廷相《張東海集序》："今觀先生之詩，發乎情性之正，關乎風教之大，不肯作淫媒靡嫚，一語一字有如慨慷激烈之夫，殉人國而不辭者；先生文章根柢乎義理，出入乎聖賢，雖議論辨駁，反覆無窮，卒歸之正。有如端人介士，侃侃自立，而周旋中規，折旋中矩，無少愆儀者。"

嘉會堂本《張東海全集》卷首陸隴其《張東海先生集序》："如今集中所載《養馬行》《昔有篇》諸詩，其用意深遠，與杜子美《兵車行》諸作相表裏，有天下國家者所不可不知。"

書法早學宋廣，晚學懷素。於草書尤多自得，酒酣興發，頃刻數十紙。雄偉俊逸，震人心目。雖海外之國，亦皆重貲購求，以致偽作遍地，然汝弼全不計之。

李東陽《懷麓堂詩稿》卷九《劉户部所藏張汝弼草書》有句云："自言早學宋昌裔，晚向懷素逃形蹤。"按，宋昌裔名廣。《書史會要》卷十："宋廣，字昌裔，別號東海漁者，又號桐柏山人，南陽人，流寓華亭。嗜吟好古，草書宗張旭、懷素，章草入神，當時與仲珩、仲溫稱爲'三宋'，但昌裔熟媚，尤亞於克。又每作字相聯不斷，非古法耳。"張世綬本《文集》卷三《評三宋草書》有句云："皇明初，書家之擅名者有三宋，即仲珩、昌裔、仲溫也。談者以昌裔爲尤，誠以其自然又老健也。然精粹飄逸，各臻其妙，未可遽短長也。"同書附録周思兼題辭云："首峰又言，翁平生最重三宋，三宋者，克、昌裔、璲也。"由此可知三宋對汝弼書法均有影響。

李東陽《張東海先生集序》："少善草書，雄偉俊逸，自成一家，同時名能書者皆莫能及。碑板卷帙流布邇遠，至於外國。東海之名遂遍天下。"王鏊《墓表》："其草書尤多自得。酒酣興發，頃刻數十紙。捷如風雨，矯若龍蛇。欹如墮石，瘦如枯藤。狂書醉墨，流落人間。雖海外之國，亦皆購求其迹，世以爲張顛復出也。"張世綬本《文集》附錄顧璘題辭云："成化間東海公始以草書卓然獨步，爲一代名家。今觀其書，多自懷素《聖母》《心經》諸帖變化，其稱名有以也。"陸深題辭云："東海先生以草聖蓋一世，喜作擘窠大軸，素狂旭醉，震盪人心目。"

《鐵漢樓帖》9A（版片右端刻隸書"□□□帖卷四"）有詩云："隨處丹青寫我神，故人相見問何人。于今百十張東海，祇有元來一箇真。"跋云："此予在南安時作，蓋云寫神者之難得似耳。近來假名作草字者多甚，人乃謂爲之而發，誤矣。草書縱假，亦何害耶？吾全不計之，寫此使尔知所自。東海翁付弘宜。"按，此詩收入張弘至本《詩集》卷二，題爲《贈寫神者》。該本卷首《張東海先生集總目》前有半葉，爲此詩的手書上版，落款"東海"（見圖2）。張弼刻集中詩文手書上版者僅此一首，與《鐵漢樓帖》拓片所見風格一致，而行款不同。

自謂平生書不如詩，詩不如文。又自評其草書，云大字勝小字。世以爲英雄欺人。

李東陽《麓堂詩話》："張東海汝弼草書名一世，詩亦清健有風致。……嘗自評其書不如詩，詩不如文。又云大字勝小字。予戲之曰：'英雄欺人每如此，不足信也。'"《懷麓堂文稿》卷二十《跋韓給事所藏張汝弼草書卷後》："張汝弼常自評其草書，以爲大者勝小者。予謂英雄欺人每如此，不足信也。及觀韓黃門此卷，則其大字果勝，賢者固不可測邪？"

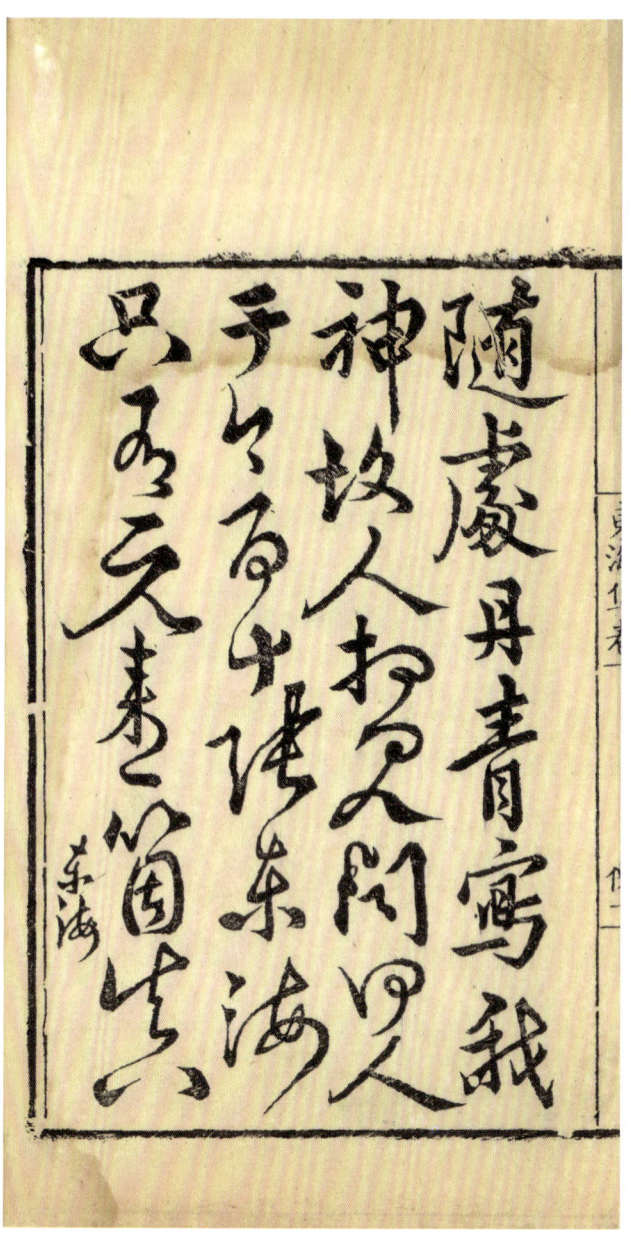

圖2　張弼《贈寫神者》　見《張東海先生集》卷首
正德十三年張弘至刻本　中國國家圖書館藏品

張弘至本《文集》卷五謝鐸撰《墓誌銘》："故彭都憲鳳儀嘗論其天分、人品、學問、政事有如此者，而公亦嘗爲予戲評其所能，曰：'人故以書名我，公論哉？吾自視文爲最，詩次之，書又次之，其他則非吾所能知也。'恒相與一笑而罷。噫！昔人稱趙孟頫爲書畫所掩，世莫克盡知其文章與經濟之學。然則公之所以自道者，其亦有感於斯乎？況又非孟頫者乎？"

生前有稿本九種，皆散佚。現存詩、文各四卷，爲後人所輯。曾修《南安府志》，今亦不存。

汝弼生前未刊稿本九種：《鶴城》《長春》《寄寄軒》《獨吟》《天趣》《面墻》《使遼稿》《慶雲稿》；生前刊刻手稿一種：《東海手稿》。今存詩、文各四卷。以上詳見附錄《張弼別集版本考》。

汝弼在南安時曾修府志，萬曆《南安府志》卷首陳燁《南安府志序》曰："吾方欲纂輯《江西總志》，而十三郡之志皆聚目前，惟南安以稿本至，蓋出今守張汝弼之手也。"此爲《南安府志》稿本。嘉靖《南安府志》卷二十五《藝文志二》又録李榮《後序》，曰："乃議禮聘儒紳吉水鄧本元先生以司纂修，公則躬親評校，訛者正之，缺者補之，冗穢者滌之，筆削予奪，務存法戒。予偕節推番禺韓侯統復詳加考訂。二年乃成，彙爲五卷，題曰'南安府志'……乃偕大庾令文志貴各捐俸梓行，垂成而公以引年去，予請終其事焉。"此爲刻本。今汝弼所修府志稿本、刻本皆不存。

汝弼兄弟五人。長兄汝輔，號椿庭，孝友謹禮，以儉持家。汝弼行二。叔弟汝匡，配顧氏。季弟汝翼。五弟汝儆。

張弘至本《文集》卷四《先君村居先生墓誌》："處士……子男五：長汝輔；次即弼，初名汝弼，狀元羅倫榜進士，授今官；次汝匡；次汝翼；其最幼汝儆，孽也。"同書卷二《椿庭記》："先曾祖守株先生治室，名中楹爲'主誠草堂'，東爲'吟窩'，西爲

‘椿庭’，正以大椿在庭也，題扁手墨尚存。吾兄汝輔寢處其下，遂以‘椿庭’爲號。然莊子以椿散材而壽，世之散人多儗之；竇氏有‘靈椿一株’之句，世復以椿儗父。吾兄之號雖無取於二義，而亦無不該焉。吾兄孝友而謹於禮，遵奉家教，釋道之流、鄙俗之論，譁譟左右，屹不能奪。勤儉正家，鄉鄰取則，佐理門户，而弟姪輩咸得以事詩書，固非散材也。"同卷《司馬莊記》："椿庭嚴家法，謹禮教，斥淫祀。弘直能守之，遠近能化之，四可樂也。"張弘至本《詩集》卷三《題節婦橋》序云："節婦，張汝匡妻顧氏也。夫殁，年方廿七。遂營穴守死，艱辛撫孤。以例不及旌表，因名墓前之橋，以永其傳云。"

姊一人，歸俞庚。

張弘至本《文集》卷四《先君村居先生墓誌》："女一，歸俞庚。"上海博物館藏張弼行書《學稼草堂記》卷："吾姊之夫俞庚南金，自號學稼，蓋少而讀書吟咏爲事，長而方有事于耕，誠苦心勞形以爲學也。"（見《中國古代書畫圖目》第二册滬1-0336，記文亦收入張世綬本《文集》卷二。）

妻王氏，華亭青村人，江西吉水縣主簿王文富之孫女、王璞之女。

張弘至本《文集》卷四《跋青林王雲間卷後》："此文解學士先生作而親書之，送弼妻祖主簿王公也。公吾雲間人，故稱王雲間。……剡補者吾妻父，名璞，字崇玉。"同書卷五謝鐸《墓誌銘》："配王氏，封安人。"

按，汝弼爲妻兄王用賓作像贊，跋云："此青林王養素先生之像也。"（張弘至本《文集》卷二《養素王用賓先生像贊》）。正德《松江府志》卷九《鄉保·華亭縣》："白沙鄉……十三至十五保隸焉。""青村鎮，在十五保，去縣東南八十里。"崇禎《松江府志》卷三《鎮市》："青村鎮，一名青林，在十五保。"據此，青林即華亭縣白沙鄉青村鎮。既同在白沙鄉，張、王二家或較早相識。

《清代硃卷集成》第十八册道光庚戌科張雲望："十二世祖母氏王，江西吉水縣主簿諱文富孫女，徵士諱璞女。封安人，晉封太恭人。"

王文富，號望雲，華亭人，江西吉水縣主簿，與解縉交。王璞，文富子，字崇玉，書法得解縉親炙。詳見正統十二年譜。

妾羅氏，松江羅榮之女。

張弘至本《文集》卷五賈咏撰《張母羅碩人傳》："羅之先，江右著姓，隸尺籍于松，子孫遂交婚于郡人。諱榮者，慷慨惇信義，有古烈士風。生女幼而警慧，凝樸純孝，出于天性。……甫笄，東海張公先生納之貳室。……凡祀，先必備物而躬治之。靜嘉孔時，享賓會族，肴核豐潔，亦躬治之。中饋之勞，元配不知也。尤精女紅，爲女子師。居常夜不廢績，以督諸子學業。自奉儉素，食不重味。裳衣簪珥，不以文繡。金玉諄諄，爲子婦規，亦皆化之。其舉止率從儀法，寡言咲。雖有不懌，未間見於聲氣。"

子男六。長弘正。仲弘宜，字時措，號後樂，以進士官至廣西按察副使。季子弘至，字時行，號龍山，以進士官至户科都給事中。次弘圭，授鴻臚寺序班。次弘玉，字時琢，號笏洲。次弘金，字時範，號静齋。弘圭以下，羅氏所出也。

張弘至本《文集》卷五謝鐸撰《墓誌銘》："子男六：長弘正；次即弘宜，以進士拜今官；次弘至，邑庠生；次弘圭；次弘玉；次弘金。弘圭以下，側室羅氏出也。"同卷賈咏《張母羅碩人傳》："生子三人：弘圭、弘玉、弘金。孫七人。"同卷王鏊《墓表》："弘宜以進士官至廣西按察副使，弘至以進士官至户科都給事中。"

萬曆《青浦縣志》卷三《冢墓》引王華撰《張憲副弘宜誌略》："君諱弘宜，字時措，別號後樂。考汝弼，號東海，舉進士，仕終南安知府。……以《詩經》領成化丁酉鄉薦,登辛丑進士,宰浙之寧海。……丁未,以外艱歸。……服闋,改除餘姚。……授南京江西道監察御史,彈劾大僚無所避忌,卒以此被謫,判湖廣之蘄州。……已而奔内喪歸。辛未,復除湖廣按察僉事。逾月,擢廣西按察副使。"

何三畏《雲間志略》卷九《張都諫龍山公傳》:"張弘至,字時行,號龍山,華亭人,東海翁季子。……弘治壬子,以《禮經》魁南都,登丙辰進士榜,改庶吉士,授兵科給事中,分考會試,奉使交南,後以户科都給事中致仕,家居十九年而卒。"

張以誠《張宫諭酌春堂集》卷九《先考見峰府君行實》:"東海……生六子,弘宜,成化辛丑進士,歷官侍御史,終廣西按察司副使,立臺有風紀;弘至,弘治丙辰進士,自翰林庶吉士官户科都給事中,立朝侃侃不阿,嗣美前人,稱鼎立焉。第五子弘玉,號笏洲,博綜有蘊藉,最號秉禮,鄉黨重之。"

沈愷《環溪集》卷二十四《鄉進士龍洲張君墓誌銘》:"東海翁生六子。長弘正;次弘宜,南京山西道御史;次弘至,户科都給事中;次弘圭,鴻臚序班;次弘玉;次弘金,號□□。"

《清代硃卷集成》第十八册道光庚戌科張雲望:"十一世祖宏〔弘〕金,字時範,號静齋。華庠生入太學,晉贈徵士郎光禄寺署丞。""十一世伯叔祖……宏〔弘〕圭,華庠生,入太學,授鴻臚寺序班。"

何良傅《何禮部集》卷十《明故張太學孚節墓誌銘》:"南安公生弘玉,授將仕郎。將仕公兄弟六人,其二皆舉進士,爲顯官。將仕公雖弗耀,而行誼炳著,鄉人重之。配任孺人,生二子,長孚達,君其次也。"

顧璘《山中集》卷三《壽張時琢》題注云:"東海翁子也。"詩云:"海翁醇儒冠,文藝乃餘事。巋然英憲朝,海内勤仰企。天人騎箕歸，龍種發神驥。伯仲忝周旋，晚交屬其季。……"汝弼季子即爲弘玉，由此知弘玉字時琢也。

女二。長歸李觀，次歸顧行己。

張弘至本《文集》卷五謝鐸撰《墓誌銘》："女二，長歸李觀，次歸顧行巳。"按，"巳"疑爲"己"之訛。

孫男可考者八。其性，字孚善。其協，字孚一，號雲川。其忻。其恪。其恂，字孚達，號汴南。其懽，字孚節，號亦峰。其愓，字季琰。其㥬，字孚衷，號首峰。孫女七人。

張弘至本《文集》卷五謝鐸撰《墓誌銘》："孫男四：其性、其協、其忻、其恪。女七。"同卷王鏊《墓表》："孫男十八。""十八"在《震澤先生集》卷二十六《中議大夫江西知南安府張公墓表》中作"四"。

按，謝鐸《墓誌銘》首句云："成化丁未夏六月，南安守華亭張公汝弼以疾卒於家，因祖塋瀕海，將以是歲冬十一月二十五日別葬於郡城北鳳凰山之陽。其子寧海令弘宜屬吾台郡守葉公崇禮以狀來請銘。"此篇當作於汝弼去世後不久。而王鏊《墓表》云："弘至與弟收拾遺文，得若干卷，刻之以貽余，且遠涉太湖，請予表其墓。"則作於正德十三年張弘至刊刻出版汝弼別集前不久。二篇前後相距五十餘年，故所載汝弼孫男人數不同。

今汝弼孫男可考者有：

其性。張世綏本《東海集》附錄陸深題辭："孚善名其性，後樂先生之長子。"其協。莫如忠《崇蘭館集》卷十九《明故福建建陽縣知縣雲川張公墓誌銘》："公諱某，姓張氏，字孚一，別號雲川。其先汴人……三傳至東海先生……生六子，其仲廣東按察司副使後樂翁娶凌氏，封恭人，寔生公。"嘉慶《松江府志》卷四十五《選舉表·正德二年丁卯科·解元》："張其協，孚一。成化辛丑宜子，建陽縣知縣，華亭人。"

其忻、其恪,見謝鐸撰《墓誌銘》。其恂、其懽,見何良傅《何禮部集》卷十《明故張太學孚節墓誌銘》:"孚節諱其懽,生於正德丙寅十二月二十三日,卒於辛丑八月二日,享年三十有六。配周氏,子男二:長德璨,次德瑽。女一,許聘行人司副陳君瑚,子某。孚節既卒,孚達哀痛毀悼,撫二子不異己出。"張以誠《張宮諭酌春堂集》卷九《先考見峰府君行實》:"東海……第五子弘玉,號笏洲……生二子,長其恂,號汴南,鴻臚寺序班;次其懽,號亦峰,太學生,即先君父也。"

其悜。《書史會要》卷十:"弘至子其湜,字季琰,善詩草書,有祖風。"按,汝弼孫輩之名皆從心,"湜"當爲"悜"。張世綬本《萬里志》卷末張其悜《述言》款云"萬曆癸酉元歲長至日不肖季子其悜百拜謹識。"

其惊。沈愷《環溪集》卷二十四《鄉進士龍洲張君墓誌銘》:"東海翁生六子……次弘金……生其惊,號首峰,今爲光禄署丞。"

年　譜

上編　洪熙元年至成化元年

明仁宗洪熙元年乙巳（1425）　一歲

二月八日，汝弼生。

　　張弘至本《文集》卷五謝鐸撰《墓誌銘》："成化丁未夏六月，南安守華亭張公汝弼以疾卒於家……距其生洪熙乙巳，享年六十有三而已。"《成化二年進士登科録》："張弼，貫直隸松江府華亭縣……字汝弼，行二，年四十二，二月初八日生。"張世綬本《詩集》卷三有詩題爲《二月八日初度》，卷四有詩題爲《二月八日，予生辰也，喜浙江左大參桂坡先生至，絶不飲酒，茶話甚適，賦此以識》。綜上可知，汝弼生於本年二月八日。

曾祖序六十二歲。

　　張序生卒年，似僅見於上海市青浦區博物館編《青浦望族》上篇《科甲興盛，狀元之家——華亭張氏》："張序（1364—1442年）"（第285頁），未知何據。

　　按，張弘至本《文集》卷一《壽椿庭居士六十詩序》云："吾謂弘宜曰……爾伯父少嘗遘疾，曾祖守株先生早晚面誨之，又書一紙置于巾笥中，曰：'智者能調五臟和。'爾伯父奉持惟謹，一舉動、一飲食，不少忘斯言。"汝弼之兄汝輔在少時曾得曾祖張序面誨，汝輔長汝弼五歲左右（詳下文），則汝弼亦當在兒時得見曾祖。
父熊應二十四歲。

張弘至本《文集》卷四《先君村居先生墓誌》："有明成化五年乙〔己〕丑正月九日甲子日加於辰，先君村居先生卒於家。……卒年六十有八。"逆推之，則是年汝弼父廿四歲。

母胡氏年歲不詳。

兄汝輔約六歲。

張弘至本《文集》卷二《椿庭記》："吾兄孝友……今年五十又七……弼從大夫後寓京師，不見者動輒數年。近書來急欲訂家訓……作《椿庭記》。"則汝弼作此記時當在京師，兄汝輔五十七歲。同書卷一《壽椿庭居士六十詩序》："吾二兒弘宜來省于南安，將歸，請曰：'明年伯父壽當六十……'吾謂弘宜曰：'……爾歸當明年，秋七月廿六日，伯父誕日也。'"則此序當作於張汝輔五十九歲之時，汝弼在南安。汝弼於成化十三年秋有南安之命，是年冬便道歸家時有詩送弘宜會試（參成化十三年譜）。故僅有兩種可能：一、汝弼於成化十二年作《椿庭記》，成化十四年弘宜會試不中，往南安省親。二、汝弼於成化十三年十月之前作《椿庭記》，成化十五年弘宜往南安省親。二者相較，以弘宜落第後徑往南安省親可能爲大，姑以成化十二年張汝輔五十七歲逆計之，汝輔是年六歲。

又按，顧清《東江家藏初集》卷三《樂歸爲張椿庭賦》題下注："東海先生伯兄。"有詩句云："賢哉椿庭翁，洞燭今古非。自言八十載，不蹈危險機。"（《東江家藏集》）"詩不分體裁，而以年月先後爲序。"（董宜陽《東江先生家藏集記》）此詩前有《庚戌初度》，後有《庚戌歲暮，在子南館，夢二人傳呼，……忽聞百舌鳴而寤，以詩記之》，則《樂歸爲張椿庭賦》當繫於弘治二年庚戌。詩中云"自言八十載"，若以弘治三年汝輔八十歲逆推之，則本年汝輔十六歲，與其父熊應僅相差八歲，顯然與實不符。若以本年汝輔六歲計，顧清作詩時汝輔七十一歲，則"自言八十載"或當指開第八秩。《白香山詩》後集卷十七《喜老自嘲》末句云："行開第八秩，可謂盡天年。"注云："時俗謂七十以上爲開第八秩。"

妻王氏生。

張弘至本《文集》卷五陳選撰《慶東海張公雙壽序》："寧海張侯時措，雲間望族。其尊甫東海翁起家夏官郎，……母夫人王氏婦道母儀，人無間言。茲成化乙巳春，壽偕耳順。"

按，成化二十一年乙巳王氏與汝弼"壽偕耳順"，則二人當爲同年生。又張世綬本《萬里志》卷下《早發吕瑰宿合橋驛》題注曰："十二日，是日老母壽誕感懷。"則知王氏生於是年正月十二日。

汝弼交游：

劉珏十六歲。

姚夔十二歲。

劉子鍾十一歲。

據《正統七年進士登科録》。

張業十歲。

據《景泰二年進士登科録》。

程信九歲。

據《焦太史編輯國朝獻徵録》卷四二劉珝撰《資德大夫正治上卿南京致仕兵部尚書兼大理寺卿贈太子少保謚襄毅程公信墓誌銘》。

盛綸九歲。

據《正統十三年進士登科録》。

徐觀八歲。

據張弘至本《文集》卷四《奉政大夫兵部郎中徐君墓誌銘》："觀字尚賓，號瀼西。……己巳四月八日乃終，後事悉有治命，得壽五十二而已。"逆推之，本年徐觀八歲。

卞榮七歲。

張畹六歲。

據《景泰五年進士登科錄》。

丘濬五歲。

奚昌五歲。

據葉盛《涇東小稿》卷六《奚進士墓誌銘》。

姚綬四歲。

夏寅三歲。

據《焦太史編輯國朝獻徵錄》卷九五顧清撰《山東右布政司右布政使夏公寅傳》。

王㒜二歲。

吳玘二歲。

據《景泰五年進士登科錄》。

左贊二歲。

據《天順元年進士登科錄》。

童軒生。

據倪岳《青溪漫稿》卷二十三《明故資政大夫南京禮部尚書致仕贈太子少保童公墓誌銘》。

楊守陳生。

【時事】正月，仁宗改年號爲洪熙元年。五月，仁宗朱高熾病卒。六月，太子瞻基即位，是爲宣宗。八月，詔遣官巡撫南陵、浙江，設巡撫始此。

明宣宗宣德元年丙午（1426）二歲

顏正生。
　　據《景泰五年進士登科錄》。
張悅生。
　　據《天順四年進士登科錄》。
陳騏生。
　　據《天順元年進士登科錄》。
張盛生。
　　據《天順四年進士登科錄》。

【時事】七月，立内書堂，教小内使讀書，宦官始通文墨。八月，漢王高煦叛亂，宣宗親征降之。

明宣宗宣德二年丁未（1427）三歲

沈周生。
鄭昱生。
　　據《成化二年進士登科錄》。
胡超生。
　　據《成化八年進士登科錄》。
姜璉生。
　　據《天順四年進士登科錄》。
邢讓生。
　　據岳正《類博稿》卷十《明故前嘉議大夫禮部左侍郎邢遜之墓銘》。

【時事】正月,申明屯田法。三月,始分南、北、中卷取士。四月,設江南勸農官。

明宣宗宣德三年戊申(1428) 四歲

張駿生。

> 何三畏《雲間志略》卷八《張宗伯南山公傳》:"張駿,字天駿,號南山,華亭人也。……旋晉禮部尚書,時公年已八十,懇乞骸骨還。"《明武宗實錄》卷三十二:"(正德二年十一月)癸亥,陞文華殿書辦等官張駿等有差。駿由光祿寺卿陞禮部尚書。"以正德二年張駿八十歲計,其生當在本年。高明一《明代中期松江狂草的樞紐——張駿〈桂宫仙詩〉〈思補堂詩〉軸》已考,可參閲。

莫諲生。

> 據《成化二年進士登科録》。

黄孔昭生。

徐溥生。

陳獻章生。

葉萱生。

> 據《景泰五年進士登科録》。

陳璉生。

> 據《成化二年進士登科録》。

江孟綸生。

> 據《成化二年進士登科録》。

【時事】二月,立朱祁鎮爲皇太子。八月,宣宗巡塞外。九月,破兀良哈。本年,蘇州府吴江常熟等縣、松江府華亭縣久雨,山水衝决圩岸,潦没田苗。

明宣宗宣德四年己酉（1429） 五歲

汝弼能作對，父熊應誇之。

張世綏本《詩集》卷四《四兒作對句賦此》："我方幼穉能作對，武庫先公向客誇。"張熊應在成化十年贈兵部武庫主事（見該年譜），故稱"武庫先公"。詩中言"幼穉"，姑繫於是年。

陳選生。

據吳寬《匏翁家藏集》卷五十九《布政使陳公傳》。

劉洪生。

據《景泰五年進士登科錄》。

姜諒生。

據《天順八年進士登科錄》。

金文生。

據《景泰二年進士登科錄》。

丁溥生。

據《成化五年進士登科錄》。

【時事】四月，殺高煦。六月，詔"文吏犯贓，不聽贖罪"。始設鈔關，始收船稅。

明宣宗宣德五年庚戌（1430） 六歲

約於此際與凌汶定交。

嘉靖《淄川縣志》卷六《人物·文翰·國朝》引嘉靖癸卯孫光輝撰《廣西副使張公配凌恭人墓誌銘》："正德中，廣西按察司副使後樂張公弘宜……其配凌恭人……父汶……與東海先生為孺穉交。"張世綏本《詩集》卷四《題可梅卷》跋云："吾孫其性，乃凌淞南之甥也。"

按，"淞南"當爲凌汶之字，其女後適汝弼仲子弘宜（詳成化十二、十三年譜）。凌汶與汝弼既爲"孺穉交"，當於幼年相識，姑繫於此。

凌汶史傳無徵。孫光輝《廣西副使張公配凌恭人墓誌銘》："凌蓋華亭胥泖大家。祖雲，詔賜壽官，父汶，以秀才蒙恩，授散官，惇行力道。"其家族情形可由此窺見一二。

周瑛生。

閔珪生。

彭韶生。

耿裕生。

陳煒生。

據彭韶《彭惠安公文集》卷六《陳文耀方伯公墓誌銘》。

鄭珪生。

據《景泰五年進士登科錄》。

俞藎生。

據王鏊《震澤先生集》卷二十二《鄖陽府知府贈中議大夫贊治尹俞公墓碑》。

王績生。

據《景泰五年進士登科錄》。

【時事】五月，趙豫知松江。九月，周忱巡撫蘇松，各省專設巡撫始此年。本年，選郎中九人爲知府，況鍾得首薦，任蘇州知府。

明宣宗宣德六年辛亥（1431） 七歲

與表弟褚克用游處。

張世綬本《詩集》卷三《寄鷓鴣叟褚克用》："童稚情親五十年，共將白髮照青天。當時華屋蒼烟裏，此老清名黄浦邊。鸚鵡才高誰與賞，鷓鴣聲苦自堪憐。還須放棹竹岡曲，草榻茆堂共被眠。"

按，此詩未詳何時所作，然既云"童稚情親五十年"，汝弼享年六十三歲，則汝弼與褚克用相交似在十歲之前。褚克用，號鷓鴣叟。顧清《東江家藏集》卷八有詩題爲《東海先生有表弟褚君跛一足，先生呼爲"鷓鴣叟"，輸賦入京，求此詩》。

又按，張弘至本《文集》卷二《稼軒説》："予與克清有世契之舊、瓜葛之屬，爲兄弟之行，……克清褚姓，名廉，克清其字也。"據此，張氏與褚氏爲世交。褚廉字克清，與汝弼表弟克用或爲同輩兄弟。若然，則"克用"當是其字，未詳其名。

又按，張世綬本《詩集》卷三有詩題爲《舟閣竹岡過表姪褚元愼》，有句云"北竹岡頭黄浦邊，偶然相見極歡然。"上引《寄鷓鴣叟褚克用》有句云"此老清名黄浦邊""還須放棹竹岡曲"，則褚氏當居於竹岡之上，黄浦之邊。竹岡即松江三岡之一。正德《松江府志》卷二十一《古蹟》："古岡身有三，曰沙岡、竹岡、紫岡，在府東七十里，南屬于海，北抵松江。"

李應禎生。

丘霽生。

據《天順四年進士登科録》。

過璘生。

據顧清《東江家藏中集》卷二十九《明故江西按察司副史致仕過公墓表》。

蕭顯生。

據李東陽《懷麓堂文後稿》卷二十七《明故福建按察司僉事致仕進階朝列大夫蕭公墓誌銘》。

林克賢生。

羅倫生。

張以弘生。

　　據《成化五年進士登科錄》。

俞欽生。

　　據《焦太史編輯國朝獻徵錄》卷四十《兵部左侍郎俞欽傳》。

【時事】十一月，命官軍兑運民糧，定加耗之例。

明宣宗宣德七年壬子（1432）八歲

俞庚從汝弼曾祖庠受《易》，又從汝弼父熊應受《詩》，汝弼因與之游。

　　上海博物館藏張弼《學稼草堂記》："吾姊之夫俞庚南金，自號學稼，蓋少而讀書吟咏爲事。長而方有事於耕，誠苦心勞形以爲學也。嘗聞其父夢梅先生大年教之讀書。少長，來從吾曾祖守株先生受《易》，又從吾先考武庫公受《毛詩》，但見其佔畢弄翰而已。"（亦見於張世綏本《文集》卷二。）又張世綏本《文集》卷四《祭學稼先生文》："維成化二十三年歲次丁未，正月壬寅朔越十有九日庚申，眷生南安府知府張弼致祭于故姊丈學稼俞老先生之靈，曰：'嗟我姊丈，陶溪世家。幼習家訓，不競不華。弱冠來贅，勤慎益加。講讀《詩》《易》，且事生涯。……優游歲年，七十餘矣，遽耄而萎，竟至弗起。我念少年，相胥而前。既學既仕，乞骸歸田。'"

　　按，據祭文，成化二十三年俞庚去世時七十餘歲，將近八十，其時汝弼六十三歲，則俞庚長汝弼十餘歲。汝弼與之"相胥而前"，當在其"弱冠來贅"之前。又俞庚從學於汝弼曾祖庠、父熊應時，汝弼"但見其佔畢弄翰"，則其時汝弼應尚未習舉子業，姑繫於此。

　　又按，祭文言俞氏爲"陶溪世家"，嘉慶《松江府志》卷二《疆域志》"陶宅鎮"條引明鍾薇《陶溪舊址記略》:"陶溪在府治東南百里許,去大海十餘里,溪水與春申浦上下。勝國時陶宣車面流而居,故其溪曰陶溪,宅曰陶宅,地以人重也。"正德《金山衛志》卷下之二《鎮市》:"陶宅鎮,去青村一十八里。元有著姓者陶氏居焉。至今人稱陶家宅頭鎮。"則俞氏與張氏所居相距不遠,故可時通往來。

李能生。

據《成化二年進士登科錄》。

【時事】四月至六月,直隸蘇松苦雨,海潮泛溢,漫浸堤圩。長洲、吳江、崑山、常熟、華亭、上海、宜興、金壇八縣,低田皆沒,苗稼無收。九月,命周忱與況鍾疏浚蘇松嘉湖諸湖。

明宣宗宣德八年癸丑(1433) 九歲

與同鄉吳玘形影相隨。

張世綏本《詩集》卷三《城西夜別吳憲副仲玉》首句云:"少小相隨鴈接行,分飛雲路兩茫茫。"按,吳憲副仲玉,即吳玘,與汝弼爲同鄉。此云"少小",則二人當在幼年相識,姑繫於此。

李紹文《雲間人物志》卷一《吳仲玉》:"公名玘,字仲玉,華亭人。景泰甲戌進士,拜御史,歷陝西憲副、雲南方伯,終順天府尹。性嚴毅,與人無款曲,持法太深,然廉直無私。尹天府日權貴請託悉拒之,坐是罷歸卒。"

唐珣生。

據《天順元年進士登科錄》。

秦夔生。

據倪岳《青溪漫稿》卷二十三《中奉大夫江西等處承宣布政使司右

布政使致仕秦公墓誌銘》。

楊峻生。

據《焦太史編輯國朝獻徵錄》卷七一毛澄撰《南京光祿寺卿致仕進階通議大夫楊公峻墓誌銘》。

范文生。

據《天順四年進士登科錄》。

黄韶生。

據《成化五年進士登科錄》。

游佐生。

據《成化二年進士登科錄》。

李昊生。

據《成化五年進士登科錄》。

【時事】七月，鄭和第七次下西洋還。九月，日本冒充來貢者在沿海劫掠，後爲沿海之患。本年，巡撫侍郎周忱奏定官田加耗折徵例。

明宣宗宣德九年甲寅（1434）十歲

林瀚生。

李轍生。

據《成化二年進士登科錄》。

祁順生。

據費宏《太保費文憲公摘稿》卷十九《明故江西左布政使祁公墓表》。

樊瑩生。

據顧清《東江家藏中集》卷二十八《明故南京刑部尚書致仕贈太子少保謚清簡樊公行狀》。

史鑑生。

沈度卒。

【時事】本年，孫鼎陞松江府知府。

明宣宗宣德十年乙卯（1435）十一歲

習舉子業，父熊應授《詩》。

  宣德七年譜所引《學稼草堂記》言俞庚從汝弼父熊應學《毛詩》，汝弼詩中亦常用《詩經》之典。如張弘至本《詩集》卷一第一首《惜別賦》似爲汝弼少作，其中"嚅嚌芳腴兮，鹿呦呦而莪菁菁""歌《伐木》之無和兮，鳥嚶鳴而林霏靄綠"等句，皆用《詩》典。汝弼少時似未嘗就外傅，故其學《詩》當得父親炙。汝弼及其仲子弘宜皆以《詩》領鄉薦（見景泰四年譜及成化十三年譜），疑張氏以《詩》爲家學。

  吳恩榮《明代科舉士子備考研究》據《北京圖書館藏珍本年譜叢刊》各年譜中明文記載習舉業資料統計，認爲："明人習舉多在10歲至18歲之間。"（第41頁）姑繫於此。

吳寬生。

謝鐸生。

黃仲昭生。

郭璽生。

  據李東陽《懷麓堂文稿》卷二十四《明故兵部武選員外郎郭君墓表》。

黎福生。

  據《成化二年進士登科錄》。

范珠生。

  據《成化二年進士登科錄》。

喬維翰生。

> 據《成化五年進士登科錄》。

陳震生。

> 吳寬《匏翁家藏集》以時間先後編排，卷十二《寄壽陳起東五十》詩繫於成化二十年，以此逆推之，陳震生於本年。

【時事】正月，宣宗崩，皇太子祁鎮即位，是爲英宗，年九歲，政事均送内閣，交楊士奇等議決。九月，以宦官王振爲司禮監，振招權納賄，爲明代宦官亂政之始。十月，令天下衛所皆立學。

明英宗正統元年丙辰（1436） 十二歲

常事父熊應登舟泝曲水，造曲水草堂，訪醫學姚氏，側聽講議，與姚氏契分尤密。

> 《鐵漢樓帖》28A—28B《曲水草堂記》："自司馬橋而西，名百曲港，村曰曲水村，蓋自黃浦支流南入，折而東行，屈曲甚多故也。村有著姓姚氏，自宋以來，以醫學教授起家，四五百年，仕雖不大顯，世稱文獻。今則通經學古，游於庠序，以事進取者，鴈序蟬聯，其將大乎？其老成者碩者，則有曰蒙，字以正，號梅趣，人稱之曰梅趣先生焉；曰臨，字以大，號曲水者，別築堂於舊居之西，曲水草堂所由名也。曲水南北著姓，有葛，有于，有余，皆與吾家姻連。姚既儒而毉，契分尤密，不止姻連也。弼念少事先君武庫主事公登舟，或逗曉，或乘月，或冒雨，泝曲水，造西軒，側聽講議，承接觴酌，或信宿而後返。"見錄於張世綬本《文集》卷二。

> 按，記文言"少事"，又云"側聽講議，承接觴酌"，則當在汝弼讀書識文之後。姑繫於此。

又按，百曲巷、曲水村見於正德《松江府志》卷二《水上》："金匯塘在從令涇南，……其支渠著者曰百曲港。"百曲港自金匯塘東流，其南爲車溝塘，入郭家塘；北爲雪塔港；又北爲蘆溝，爲庵港，並東入運鹽河。港之曲折最多，因以得名。其上有曲水村。"同書卷九《鄉保‧華亭縣》"白沙鄉"條下注云："村十：上義、道安、德升、恩仁、永安、曲水、文興、歸化、仁福、陳。"同書卷十六《第宅》："曲水草堂在黃浦南百曲港上，儒醫姚蒙與其弟臨隱居之，所有別室曰'海曙丹房'。"下引汝弼外甥俞寰所作《海曙丹房賦》，其序云："姚君直夫，家世自宋來以儒醫名吳越間，由貞靖先生五傳至梅趣翁蒙與其子府學生麟，業尤精著，未幾夭而蒙逝，人咸惜其墮緒之莫克舉也。而直夫以明敏之資窺岐黃之學，復起而振之。南安太守東海張先生樂其爲人，爲隸古扁其所居之小齋，曰'海曙丹房'，俾寰爲賦之。"由此亦可見張氏與姚氏契分尤密也。

陸容生。

劉大夏生。

　　據《明史》卷一八二《劉大夏傳》。

王霽生。

　　據《天順四年進士登科錄》。

沈鍾生。

　　據魯鐸《魯文恪公文集》卷九《山東按察司副使沈公墓誌銘》。

劉魁生。

　　據《成化二年進士登科錄》。

薛爲學生。

　　據《成化二年進士登科錄》。

李震生。

　　據《成化八年進士登科錄》。

【時事】三月，減蘇、松、浙江等處糧，民困稍甦。五月，除雲、貴二省外，南北直隸、各省始置提調學政官。閏六月，定蘇、松官田賦如民田。

明英宗正統二年丁巳（1437） 十三歲

常往來於松江延慶寺。

張世綬本《詩集》卷三《送璞講主住持延慶寺》有句云："鶴城蘭若名延慶，憶我少年頻往來。"

按，既云"鶴城蘭若"，則寺當在松江，應即爲延慶講寺。正德《松江府志》卷十八《寺觀上》："延慶講寺，守禦千户所東。其地本施家濱……國朝洪武初，嘗籍于官。十六年，僧永懽奏復，中書舍人詹孟舉爲書賜額。其後主僧普智、善啓等相繼營建，内有玉龍洞天、碧雲澄懷二堂，歸併寺三、院一、庵三。"

李廷美生。

據《天順四年進士登科録》。

張蕙生。

據《成化二年進士登科録》。

莊昶生。

賀欽生。

姚璧生。

據《天順八年進士登科録》。

俞俊生。

據《成化二年進士登科録》。

魏富生。

據《成化二年進士登科録》。

章懋生。

陳璧生。

　　據《成化八年進士登科録》。

褚能生。

　　張世綏本《文集》卷二《夢椿記》："竹溪褚能之父元禮倜儻有立者，甫三十有二，以宣德九年五月十八日卒。越三月，妻趙氏生子能。"

【時事】正月，宦官王振專權之迹漸露，太皇太后集英宗及張輔、三楊、胡濙，痛責王振，振因此稍見斂迹。

明英宗正統三年戊午（1438） 十四歲

持文追隨父執盛銓先生。

　　張世綏本《詩集》卷三《贈盛文衡先生》："卯角持文謁後塵，于今四十六廻春。聞言泣血先公遠，撫事驚心後輩陳。鄉里無虞還自慰，詩書有種未全貧。霜□相對頻酬勤，自笑林泉見二人。"
　　按，龍美術館藏《張東海守南安送行詩序卷》收録成化十三年張弼受命出知南安時七位好友所作贈別詩文，冠以李東陽序。成化二十一年張弼致仕後重得此卷，又在紙空處補書自作詩五首，於七位好友詩作末尾補題姓名出處，在卷首撰文，詳述該卷得失始末。該卷主體部分八紙接裱，每紙右下均有序號，部分文字跨紙書寫，可知爲先裱後書，與汝弼卷首所述相符。汝弼書法及其餘各家均爲各自代表書風，字迹流暢自然，當爲真迹無疑。其中一首填空詩《乙巳正月十七游慶雲莊》之跋語言及盛文衡先生，云"道中邀三安叟盛文衡老先生冒微霰而行……三安者，舊與先君兵部公交，今八十三歲矣。"又云"文衡先生由鄉貢進士任泰安、新安、歸安而致仕歸，'號三安叟'云。"（《龍與士——明代中國的書法和繪畫藝術特展圖錄》第51頁，圖12）乾隆《華亭縣志》卷十《選舉上》："正統三年戊午科……盛銓，泰安州訓導。"民國《新安縣志》卷四《職官·教諭》："盛銓，天順二年任。見洪福寺碑。"上引《乙巳正月十七游慶雲莊》跋語云"舊與先君兵部公交"，則盛銓爲汝弼父執。

又按，據詩意，本詩當作於汝弼致仕歸、與盛文衡先生重逢之後。汝弼於成化二十年致仕（詳該年譜），若以成化二十年逆推四十六年，則當在本年，十四歲時可稱"丱角"，本年盛銓中舉，汝弼或即從師之。姑繫於此。

江源生。

據《成化五年進士登科錄》。

石瑭生。

據《成化十一年進士登科錄》。

王瑞生。

據《成化五年進士登科錄》。

【時事】十一月，大興工役，匠多逃亡，捕四千餘人，皆桎梏赴工。本年，命巡撫直隸工部右侍郎周忱兼理松江分司鹽課。

明英宗正統四年己未（1439） 十五歲

與陸廷芳偕游。

張弘至本《文集》卷三《哀張（同卷小目題名作"陸"）廷芳辭》："余始束髮兮，與子偕游。載策罷駑兮，追迹華騮。搜抉今古兮，仰止前修。身世華蟬兮，朝繹暮紬。煥爛穠郁兮，內弸而外彪。胡彼蒼弗仁兮，造化與讐……嗟我良友兮，羗齎志而長休。"按，束髮，謂成童。《禮記·內則》："成童舞象。"鄭注："成童，十五以上。"姑繫於此。

又按，今張弼詩文中屢見"張廷芳"，皆指汝弼同年張蕙（詳成化十八年譜），然據《成化二年進士登科錄》："張蕙，貫山西太原府忻州，軍籍。府學生，治《春秋》，字廷芳，行一，年三十，十月二十七日生。"則此人爲山西人，又小汝弼十二歲，故汝弼"束髮"時不可能與之"偕游"，此或當據小目"陸廷芳"。楊守陳《楊文懿公文集》卷二十五《金坡稿》有《陸處士墓表》："處士諱桂，字廷芳，號樸庵，世居海鹽之馬廐里。近創平湖縣，而馬廐里入焉，故今爲平湖人。其先固以富且穀聞，而處士誦書史，尚禮義，田宅日益闢，子姪日益蕃，齒德日益高，偉然鄉間之望，而邑大夫歲飲之于庠，亦既亢厥宗矣。逮其子愈成進士，擢知縣，以陛御史，行且被誥封之榮，而遽即世，壽六十有八，鄉人惜之。"平湖與華亭地近，汝弼所哀之陸廷芳或即此人。《楊文懿公文集》卷二十一《金坡稿》下注云"起癸巳成化九年盡丁未二十三年"，又據《成化十一年進士登科錄》，陸桂之子陸愈生在本年，則陸桂似較汝弼爲長。

司馬垔生。

據《成化八年進士登科錄》。

葉贄生。

據《天順八年進士登科錄》。

陳琦生。

據王鏊《震澤先生集》卷二十八《貴州按察司副使陳公墓誌銘》。

張敷華生。

據《天順八年進士登科錄》。

翟瑛生。

據《明孝宗實錄》卷一○六。

彭教生。

據《天順八年進士登科録》。

【時事】本年，蘇、常、鎮三府及江寧五縣俱水，溺死甚衆。

明英宗正統五年庚申（1440）十六歲

與父執王桓定交，時蒙教誨。

張弘至本《文集》卷三《祭雪航王先生文》："嗚呼！先生實我父執，折行輩而定交，尚教誨之汲汲。時從游行，時忝宴集。我赴京師，賻餞多儀。……"按，雪航王先生即王桓。汝弼與之定交，蒙其教誨，當在少年，姑繫於此。

正德《松江府志》卷三十《人物》："王桓，字公玉。華亭人。生於金陵。及壯，游京師，從翰林張廷璧、太常夏仲昭、蕭山魏仲房學詩，注意措詞，不苟襲前人一字，仲房亟稱許之，謂其如雲游碧落、水返滄溟，又謂如月麗丹霄、花明紫禁，且惜其有才而不及用，論者謂非過云。桓自號雪航，所著名《雪航集》。"又姚宏緒輯《松風餘韻》卷二十八引方志云："公玉又自號草庵，庵寓也，寓言見志，故其詩曰：'雪航歸臥梅花月，萬玉香中一草庵'，蓋微示進退舒卷之志。郡人張汝弼爲作《草庵志》。"按，《草庵志》今似不存。

陸鈛生。

《天順八年進士登科録》："吳鈛，貫直隸蘇州府崑山縣。……字鼎儀。行二，年二十五。"李東陽《懷麓堂文稿》卷二十三《明故中順大夫太常寺少卿兼翰林院侍讀陸公行狀》："公姓陸氏，諱鈛，字鼎儀。……弘治某年卒，年五十而已。"《國榷》卷四一："（弘治二年二月）丙申，前太常寺少卿兼翰林侍讀陸鈛卒。鈛字鼎儀，崑山人。天順癸未進士第二，冒吳姓，始奏改陸，授翰林編修……"以弘治二年逆推之,則陸釴生在本年,與登科録合。《歷代人物年里碑傳綜表》以陸釴生於正統六年(第510頁),似不確。

屠滽生。

據《焦太史編輯國朝獻徵録》卷二四李東陽撰《光禄大夫柱國太子太傅吏部尚書兼都察院左都御史致仕進階特進榮禄大夫贈太保屠公滽神道碑銘》。

趙珤生。

據《成化二年進士登科録》。

【時事】本年,王振喜僧道,共度二萬二千三百餘人。

明英宗正統六年辛酉(1441) 十七歲

約於此際入華亭縣學,時博學無不觀。

張弘至本《文集》卷五王鏊撰《墓表》:"公諱弼……少爲弟子員,已博學無不觀。"按,"弟子員"即對縣學生員之稱謂。正德《松江府志》卷二十六《科貢下·鄉貢員表》中"張弼"名列"景泰四年癸酉科"之"華亭學"欄。又崇禎《松江府志》卷二十四《學政下·華亭學鄉賢》:"國朝任公勉之……宋公瑛、張公弼、曹公時中……"則汝弼少時爲華亭縣學生。其具體入學時間未知,姑繫於此。

與顔正等同筆硯。

嘉慶《松江府志》卷五十一《顔正傳》中有句云:"張東海弼與正同筆硯,且同年生。"

按,據《景泰五年進士登科録》,顔正小汝弼一歲,或有官年與實年之別,二人同爲華亭縣學生且同年中舉(見景泰四年譜),則在縣學求學期間可稱"同筆硯"。

顔正,字廷表,華亭人。景泰五年進士,授南京監察御史,擢爲四川按察司僉事,陞松潘兵備副使。念父母年高,乞終養歸家居,閉門謝客戒闈。爲人清正有聲,耿介絕俗。(傳見嘉慶《松江府志》卷五十一。)

同齋居者以陳昱爲長,昱通詩書,知音律,明弈理,然不與同輩嬉戲,汝弼數詰之。後汝弼乃知其由,不敢強之。

張弘至本《文集》卷一《陳氏思親詩序》:"予昔游邑庠,同齋居者數輩,惟陳孟暉爲之長。嘗御尊俎,群歌古人詩,孟暉則悄然不以應,強之則曰:'吾不能聲律也。'或鼓琴,群坐而聽,孟暉則悽然亟退,挽之則曰:'吾弗知音也。'間對弈而衆方旁睨,閱然勸語,孟暉則弗一顧。然與之論詩,亦未嘗不好;與之語絲竹音節、轉變勝負,亦往往道其故。予頗訝其爲知而弗好,好而弗樂者,數數詰之。一日喟然而嘆,潸然而泣,曰:'子不深吾先君子也。先君子在時,每當良辰清夜,或對佳賓勝友,則焚香鼓琴,分曹對弈;或嗚嗚弄簫管,飲半酣則揚聲高歌,聲益暢則酒益進。時不肖侍側,亦習其一二。自先君子違棄,墓木且拱,睹其事則弗能爲懷,因弗復舉也。惟夙夜黽勉,覬獲升斗之祿以養老母,庶不負先君子之教爾。玩愒歲月,齒髮日衰,不敢以此告人,豈吾子年少者若耶?'言畢又泣。自後予不敢以此強之。……孟暉名昱,父諱士英。"

與同里徐瓛交游。

張世綏本《文集》卷四《祭徐通判文》云:"故永平府通判徐廷章之靈曰:弼與廷章,生同鄉里。學校交游,又同中舉。"

按,此文恐有闕文。據正德《松江府志》卷二十六《鄉貢表·府學·景泰四年癸酉科》:"徐瓛,廷章,永平府通判。"汝弼與徐瓛交游應在中舉之前。然汝弼名列同科華亭縣學欄(詳景泰四年譜),則二人非同學校。據正德《松江府志》卷首《松江府城圖》,華亭縣學在松江府學西南不遠處,則亦有交游之可能。汝弼與徐瓛又"生同鄉里",可能相識較早,姑繫於此。關於徐瓛,今僅知其由舉人任永平通判，餘不詳。

邵珪生。

據王輿《思軒文集》卷十八《嚴州知府邵君墓誌銘》。

陳策生。

據《成化二年進士登科錄》。

舒清生。

據《成化二年進士登科錄》。

江璞生。

據《成化二年進士登科錄》。

柯燉生。

據《成化二年進士登科錄》。

陳廷璉生。

據《成化二年進士登科錄》。

章鎰生。

據《成化二年進士登科錄》。

韓文生。

據費宏《太保費文憲公摘稿》卷十九《明故光祿大夫柱國太子太保戶部尚書贈特進光祿大夫太傅謚忠定韓公神道碑銘》。

蘇章生。

據《成化十一年進士登科錄》。

【時事】七月，巡撫工部侍郎周忱修吳淞江，立表江心，盡去壅塞。蘇州知府況鍾任滿，兩萬餘百姓向巡按御史請求挽留。

明英宗正統七年壬戌（1442）十八歲

曾祖庠卒，葬於張氏所居之艮隅，其地乃曾祖庠自卜也。

張庠卒年見洪熙元年譜。張弘至本《文集》卷二《張氏墳記》："曾祖守株先生別卜此地，當所居之艮隅，隔水相望一矢許，紆途而南轉，則二百二十餘步。……其地四面皆水，南則通途。於水之陽度水以丈，其袤六十有九，其廣二十有二，近北樹而爲兆域，虛其前爲祭田，且俟後來所葬也。以畝計之，一十八畝三分九釐，秋糧每畝豆一斗四合，而加耗七合三勺，凡二石四升六合四勺，而所徵或麥或布，近歲則併於糧，亦以米輸。蓋土壤高燥，惟宜旱穀，故版籍謂之地，而糧稅止豆麥。今所耕水稻過半，俗謂之田，人工脩耳。守株先生嘗曰：'葬此有五宜：高燥平衍，水潦弗溺，一宜葬；去浦既遠，無潮汐衝囓，二宜葬；地勢幽僻，無戎馬蹂躪，三宜葬；溝塍既定，不復築，四宜葬；地非膏腴，畊犁不競，五宜葬。子孫雖富貴，有地可容，無事更創。種樹毋揉削聳直，治墳毋虛籥（按，周文儀本、張世綏本作"飾"，是，當據改。）侈麗。聳直、侈麗，盜之招也，有力惟崇其封焉。'世謹遵之。"

陸簡生。

石淮生。

據《成化二年進士登科錄》。

畢用生。

據《成化二年進士登科錄》。

王皋生。

據《成化十一年進士登科錄》。

【時事】本年，松江大水，七月颶風，各處低圩岸塍俱衝塌。

明英宗正統八年癸亥（1443）十九歲

時常揮毫作詩，有《鶴城稿》。

張弘至本《文集》卷末張弘至跋："念先人履歷……少有《鶴城》《長春稿》。"又張弘至本《文集》卷三《續夢詩話》："二月四夜，夢與中書舍人張文元同訪南陵守方文美於家，閱其書櫃，尋予秀才時詩稿不得……又加二絕，寄文美、文元。……其二曰：'少日揮毫鬼畫符，《鶴城》舊稿久應無。故人篋笥如收得，還付家人覆醬瓿。'蓋《鶴城稿》乃舊詩稿名也。"既云"秀才時詩稿"，則當在游庠邑之後、應舉之前，姑繫於此。

李傑生。

王沂生。

據《明孝宗實錄》卷二一八。

李棨生。

據《成化十四年進士登科錄》。

【時事】本年，孫鼎任監察御史，提調南直隸學校。

明英宗正統九年甲子（1444）二十歲

倪岳生。

陸淵之生。

據《成化二年進士登科錄》。

姜立綱生。

據《姜立綱書法文獻研究》所引清光緒《東溪姜氏宗譜》（第86頁）。

郭純卒。汝弼有詩題其畫。

汝弼與郭純無直接往來。郭純充內供時，宣宗嘗面促之畫，純以死怵之，汝弼有詩跋及之。張弘至本《詩集》卷二《郭文通畫》："水氣漫漫浸碧山，奇峰佳木有無間。小窗獨坐窮《周易》，不見春風不出關。"跋云："嚴無相以圖索題，曰：'此郭文通之畫也。'文通江南人，宣德間充內供，奉食錦衣鎮撫祿。宣廟嘗面促之畫，不即執筆，以死怵之。對曰：'苦書樂畫，寧死不能草草。'上為霽威。"

徐沁《明畫錄》卷二："郭純，字文通，號樸齋，永嘉人。永樂中供事內殿。善山水，布置茂密，長陵絕愛之。有言馬遠夏珪者，純輒斥之曰：'是殘山剩水，宋偏安之物也。'自言酒後筆法入神，供御外不肯輕以一筆與人。"

楊士奇卒。汝弼嘗跋其書札。

汝弼與楊士奇雖無直接往來，然汝弼嘗見其書札，知士奇嘗受人彈劾縱子為惡，實非楊氏之過，有跋。周文儀本《文集》卷四《跋楊文貞公與泰和尹吳景春書後》："楊文貞公得君最久，澤被天下不少矣。時以子稷狂悖凶虐，肆橫于鄉，議者或以公不知，或以公縱之。觀此手書與吳尹曰：'嚴拒之，無容入縣門。'曰：'嚴治之夏，楚之勿吝，併治其黨與。'惓惓切至，非不知也，非縱之也。……嗚呼，公之不幸而有此子哉！乃天下之不幸哉！古之君子必由脩齊以致治平，信非迂也。尹之孫諸暨貳教英裝潢而出以示予，謹書于後。嗚呼，作戒亦明切矣。"《明英宗實錄》卷一百三："（正統八年夏四月）丁酉，……都察院右都御史王文等劾奏少師兵部尚書兼華蓋殿大學士楊士奇縱其子稷為惡，宜黜。上曰：'士奇，先帝舊臣，日夕輔導朝廷，焉知其子居鄉為惡？'命守官如故。翌日，六科十三道又交章劾之。"跋文年月未詳，姑錄於此。

【時事】本年，松江民五千餘人列狀乞留知府趙豫，巡按御史以聞，命增二秩還任。

明英宗正統十年乙丑（1445） 二十一歲

議松江水利，論節蓄以利高鄉、疏導以利低鄉之法。

張弘至本《文集》卷三《議水利》："松江澤國，水利爲重。而其水道之要者，則吳淞江也、黃浦也。……去年水潦，聞父老言，較之永樂三年之水，今年尚少三四尺。然永樂三年以連雨十日而大潦，去年連雨月餘而潦，何昔之水反多，今之水反少耶？……然水勢急於此則緩于彼。黃浦潮勢奔激，衝齧兩岸，洩水益徑。則淞江潮勢平緩，停注淤泥，洩水日隘。故黃浦之闊漸倍于舊，吳淞江狹處僅若溝渠矣。況淞江限於低鄉之東北，洩水隘則益低鄉之潦。黃浦界於高鄉之西北，泄水徑則益高鄉之旱。兩鄉異宜，罕遇全熟，或一歲之間，一郡之內，旱潦俱見。……節蓄之方，當於出浦。河口之內，避潮衝激之所，運石置閘，遇農月水少，委人司之，以時啟閉，則高鄉潮汐可到，積水不洩而少旱矣。閑時則收藏閘版，無阻行舟，則欲倚閘漁利者，何由而施之哉？此節蓄以利高鄉也。疏導之方，當于江中甚隘之處則疏之，蒲葦梗咽則芟之，蓋其水勢既緩，多由蒲葦梗咽，漸至淤塞。尋尺不除，遂成堤岸。時加巡視，使之流駛。則故道不廢，泄水斯便而少潦矣。其泥沙湧動，隨掘隨漲者，若大興工費，亦何益哉？疏導以利低鄉也。……"

按，崇禎《松江府志》卷十八《水利下》："天順四年，巡撫都御史崔恭浚吳淞江，分江爲三。"下引錢溥《濬松江蒲匯塘記略》："天順三年，都憲崔公巡撫東南……侯等相視，以爲江之故道，雖濬必合，莫若從新地鑿之，力易爲而功不壞。起自大盈浦，東至吳淞江巡司，計二萬二千丈。又自新涇西南至蒲匯塘入江，計四千丈，闊皆一十四丈，深皆二尺，而低鄉之潦可洩。東北則自曹家溝平地鑿至新場，計三萬餘丈，深闊皆與江同。又自華涇塘、六磊塘、鴛鴦湖、烏泥涇、沙竹岡諸水通流入浦，而高鄉之旱亦免。"

按，崔恭主持之水利工程與汝弼《議水利》所論目的相同，而方法不同。汝弼文中全然未及之，則當作於崔恭浚吳淞江之前。汝弼文中云"去年連雨月餘而潦"，檢松江地志，在天順四年之前，有三次連續性降水：即在宣德七年四月至六月（見崇禎《松江府志》卷十三《荒政》）、正統十年七月前後、景泰五年春正月前後。然宣德七年汝弼八歲，與本篇文風不符。後兩次災情皆見於正德《松江府志》卷三十二《祥異》："正統……甲子七月十七日，大風拔木發屋，雨晝夜不息，湖海漲湧，平地水數尺，漂流人畜壞屋廬無數。瀕海居民有全村決沒者。"又"景泰甲戌春正月，大雨雪連四十日不止。平地深數尺，湖泖皆冰。夏大水，沒禾稼，大疫，死者無筭。"則景泰五年正月雖有連雨月餘，其夏季大水似非因正月連雨而潦，且是年春汝弼在京應禮部試，於松江水災未必知詳。而正統十年之災情與汝弼《議水利》之描述最爲接近，故繫於此。

程敏政生。

據《成化二年進士登科錄》。

【時事】正月，錦衣衛卒王永張貼文告，揭露王振罪惡，以妖言論處磔刑。

明英宗正統十一年丙寅（1446） 二十二歲

因見詩家猶泥唐韻，不遵《洪武正韻》，作《詩韻辯》。

張弘至本《文集》卷三《詩韻辯》："韻書始於江左，弊於因襲。雖有覺者，力莫能正。我朝始刊定《洪武正韻》，一洗千載之陋，誠萬世之幸也。惟詩家猶泥唐韻，曰：'凡古詩之流，可用正韻。近體律詩，惟用唐韻。'問其所以，則曰：'律詩自唐始故也。'苟依《正韻》，則曰落韻。特遵今之制耳，樂其寬耳。試扣以唐韻冬東、青清之屬，何以異？虞、摸、麻、遮之屬，何以同？則曰：

'自有五聲七音,輕清重濁於其間也。'噫!是皆因襲而不察,淺陋而無見,口耳相承,臆度妄語。殊不知江左制韻,正坐不知七音之當辨,直據一方之所習,故失立韻之本原也。何輕清重濁之分耶?……"

按,此篇見於《鐵漢樓帖》25A—25B,版片文字多漫漶,未詳創作年月。今故宮博物院藏張弼行草書詩卷第四首爲《寄李應先生一首》,其後跋云:"凡作詩用韻,當以洪武韻爲正。但詩家因襲之久,以淺陋之言,不能真知唐韻之得失,故不能頓改以從正耳。弼少作《詩韻辨》,辨頗詳悉。"(見《中國古代書畫圖目》第二十册京1-1055。)此云《詩韻辨》爲"少作",然據內容行文看,不致過早,姑繫於此。

王璟生。

據《成化八年進士登科錄》。

屠勳生。

【時事】七月,復設稅課司,增市廛鈔,徵稅漸繁。十一月,加蘇、杭織造額。

明英宗正統十二年丁卯(1447) 二十三歲

約於此際娶青村王氏,妻祖王文富與解縉交,藏其法書。岳父王璞更得解縉親炙。

按,汝弼之母胡氏葬於景泰元年秋冬之際(詳該年譜),其卒當在此前不久,汝弼丁憂三年,期間似不得結婚生子,亦不得參加科舉。景泰四年汝弼生仲子弘宜,則長子弘正之生,推測當在景泰元年之前。與王氏結縭似應更早,姑繫於此。

張弘至本《文集》卷四《跋青林王雲間卷後》:"此文解學士先生

作而親書之，送弼妻祖主簿王公也。公吾雲間人，故稱王雲間，其'庚辰'上二字剡去，補題'洪武'，蓋後革除建文年號故也。剡補者吾妻父，名璞，字崇玉。嘗親炙解先生習書而得其法，其'青林小隱'四隸字則學士沈民則早年筆也。主簿公歸老壽康，户部尚書周文襄公巡撫時造其廬，既而告諸郡邑屬僚曰：'王主簿律己有爲，靡事不舉，吾吉水之民至今思之。'弼幼侍先君兵部公，聞公每道洪武間法制嚴密之甚，爲官者恆慄慄不自解，幸而至今，天所賜也。年若干終。崇玉先卒。今孫僎亦望七矣，舉此卷告弼曰：'世以解書售者輒得重價，吾不忍也。爲我書其槩，以告吾子孫，庶幾可傳乎！'弼拜而書之。"

按，跋文中"解學士"即解縉，字大紳，號春雨。江西吉水人，官至內閣首輔、右春坊大學士，參預機務。楷書精絕，草法從懷素《自叙帖》中流出，行書法趙孟頫。（參見《書史會要》卷十。）"

又按，據上引《跋青林王雲間卷後》，汝弼妻父王璞，字崇玉，書法得解縉親炙。王雲間，崇禎《松江府志》卷三十五《薦舉》："王文富，以字行，號望雲，與琬同被薦，任主簿致仕，廉靜有守。"卷四十一《篤行》："王文富，華亭人，洪武間吉水主簿，歸老，周文襄公巡撫時造其廬，告郡邑僚屬曰：'王主簿律己有爲，靡事不舉，吾吉水之民至今思之。'"則其與解縉交或在任江西吉水主簿之時。張、王二氏聯姻，則汝弼可於早年得見解縉書法，草書亦受其影響。此點在龍德俊所撰《明代早中期松江草書研究——以張弼爲中心》已有揭示，可參閱。

約於此際與妻兄王用賓定交。

張弘至本《詩集》卷三《懷養素王用賓》其二："吾妻之兄六十餘，子孫共守舊時書。象眠匣底先公笏，馬集門前長者車。不飲却能留客醉，有才懶出應時需。去年寄我真行草，顆顆驪龍頷下珠。"（收入《鐵漢樓帖》11A，後兩句殘。）

按，王用賓史傳無徵，疑"用賓"爲其字，號養素，其名不詳。張弘至本《文集》卷二《養素王用賓先生像贊》："葛巾卉裾，海壖之癯。孝弟詩書，世傳之儒。所以軒冕接之，驕騫式祛。鄉里化之，左右競趨。此青林王養素先生之像也，而吾言豈諛乎哉？"據此可知王用賓以詩書傳家，兼善書法，而未嘗出仕。汝弼與王用賓相識應不晚於娶王氏之時，姑繫於此。

李東陽生。

桑悅生。

林沂生。

據《成化十七年進士登科錄》。

【時事】三月，命府州縣學考取附學生員，由此生員人數大增。四月，免蘇、松、常、鎮四府災區糧九十八萬餘石。

明英宗正統十三年戊辰（1448） 二十四歲

王氏約於本年生長子弘正。

按，王氏歸汝弼、生長子弘正似在景泰元年前，辨見上年譜，姑繫於此。

張世綬本《詩集》卷三《辛丑除夕》有句云："長子東吳營祖業，二郎北闕候宸居。"《鐵漢樓帖》34A書札有句云："弘至去應舉，弘正出盤費。"李東陽《張東海集序》云："弘正、弘玉、弘金、弘圭皆不失矩範。"按，弘正生平不詳，今僅知其終身未仕，經營家業。

錢承德生。

據《成化十一年進士登科錄》。

【時事】二月，王振重修慶壽寺，役軍民萬餘人，費錢數十萬。五月，以鈔價大跌，一貫衹值錢三文，民多拒用，乃禁止用錢交易。七月，黄河決滎陽，東衝張秋，潰沙灣，運道始受影響。

明英宗正統十四年己巳（1449） 二十五歲

約於此際厲志有爲，朝夕誦讀，以備科舉。

張弘至本《詩集》卷一《登山賦》："昔予厲志以有爲兮，冀中道以馳騁。使王良總轡兮，騰駕躡影。發軔書林兮，睎關建之蹊徑。信鄒魯之可達兮，載游載咏。故朝誦夕披兮，汲汲以鑽研。寤思而寐夢兮，寱語以自宣。胡力不任志兮，却步而莫前。航一葦以圖濟兮，駛曠漭之淵。觸奔濤與怒浪兮，又驚風之暴顛。蓬蕩泊於泥穢兮，逐流而遷。顧初志之弗踐兮，徒顔面之靦然。"

按，此賦作於景泰元年，汝弼往應天府鄉試不中，倍感失落（詳是年譜）。賦文首句"昔予厲志以有爲兮"之"昔"當指汝弼準備應舉之時。又云"使王良總轡兮，騰駕躡影"。用春秋趙國善御者王良之典，《淮南子·覽冥訓》："昔者王良，造父之御也，上車攝轡，馬爲整齊而斂諧，投足調均，勞逸若一，心怡氣和，體便輕畢，安勞樂進，馳騖若滅，左右若鞭，周旋若環。世皆以爲巧。""躡影"，迅速之謂也。汝弼欲使"王良總轡""騰駕躡影"，似有平步青雲之希冀。

呂嵩生。

鮑輝卒。汝弼有挽詩。

過庭訓《本朝分省人物考》卷五十六《鮑輝》有句云："正統十四年，北虜人寇英宗北征，命輝督右掖軍，紀戰功，師潰于土木，輝死焉。"

按，汝弼與鮑輝似無直接往來，康熙《平陽縣志》卷十一《藝文志》收録《挽鮑輝詩》一首,作者題:"張弼,華亭人,兵部主事。"詩云:"翠華勞遠狩,仗劍侍清光。半道風何黑,中天日亦黃。甘爲南國鬼,□拜北庭王。悵望狼山下,年年草自芳。"

【時事】七月,也先犯大同,分兵擾遼東、宣府、甘肅。王振勸英宗親征,英宗率五十萬人出發,駐土木堡,被瓦剌軍所破,英宗被俘,官軍死傷數十萬。皇太后命郕王祁鈺監國。九月,郕王即位,是爲代宗,遥尊英宗爲太上皇。十月,也先挾英宗逼京師,旋敗退。

明代宗景泰元年庚午(1450) 二十六歲

八月,赴應天府鄉試,落榜。九月朔,南歸途中登高遠眺,悼初志未遂,嗟日月如流,作《登山賦》。

張弘至本《詩集》卷一《登山賦》序云:"秋試南歸,因登高眺遠,悼初志之未遂,嗟日月之如流,乃作是賦。時景泰庚午九月朔日。"賦文曰:"閔予懷之悒悒兮,聊登山以自逞。信予步以凌躐兮,歷重岡而複嶺。樹橫枝以絓冠兮,石礧磈而齧脛。氣消縮而力既罷兮,坐憩絕頂。寨巌蘿以籍兮,覽三吴之風景。指遺墟於灌莽兮,烟霾冥冥。慨昔人之經營兮,直焂然於俄頃。仰視天高兮,俯視地迥。忽長風之振袂兮,木葉交隕。柰日月之不淹兮,激予心之悲哽。……曾春秋之幾何兮,歲二紀而再躔。貿貿茫茫兮,莫知己愆。將躋雲衢而再躓兮,泮林以翔騫。矧良朋之離群兮,誰與周旋。申佗傺以怊悵兮,遐思之纏綿。兹登山以樂游兮,反百感之内煎。撫心自忖兮,伊誰之咎也。厲志靡豔兮,物欲眩誘也。朝花夕摧兮,弗恒茂也。撫壯弗戒兮,壯弗復也。哀摧而悔兮,悔既後也。循危蹬以下降兮,乘北風以廻辀。扇游塵以息鞅兮,葺敝廬於海陬。菊芳兮吐秋,蘭秀兮色幽。林喬兮鳥啾,渚深兮魚游。善萬

年譜　明代宗景泰元年庚午（1450）　二十六歲

物之自育兮，契茲理之周流。覬夙夜涵揉兮，庶初志之可酬。"
按，據《明史》卷七十《選舉志二》："三年大比，以諸生試之直省，曰鄉試。……子、午、卯、酉年鄉試。鄉試以八月，會試以二月，皆初九日為第一場，又三日為第二場，又三日為第三場。"則汝弼參加應天府鄉試當在本年八月。

本年，與張畹游鳳凰山，作《鳳凰山賦》。

張世綏本《詩集》卷四《約游鳳凰山》序云："景泰庚午歲，為吾張茂蘭僉憲作《鳳凰山賦》，今且三十七年矣，今欲重游，以此訂約。"序既曰"重游"，詩中又有句云："西風有約重游賞"，則汝弼當在本年與張茂蘭有此一游。張茂蘭即張畹，為汝弼同鄉（詳下文），據詩序，汝弼作《約游鳳凰山》時距本年已有三十七年，則為成化二十三年，時張畹已卒（詳成化十年譜），汝弼已致仕，又於該年夏終老於家，葬於鳳凰山（據張弘至本《文集》卷五謝鐸撰《墓誌銘》）。故此所謂"鳳凰山"當在松江，為汝弼少時所游、歸老時重游、卒後所葬之地。正德《松江府志》卷一《山》："鳳凰山在府北，東枕通波塘，西連薛山。據九峰之首，延頸舒翼，宛若鳳翥，故名。"

張畹生平，汝弼所作《奉政大夫四川按察司僉事張公墓表》言之甚詳，所謂"知己述碑"也（參成化十四年譜）。今略引於此："茂蘭張姓，畹名，號草亭。世居淞江華亭之脩竹鄉，最為著姓，稱'塘橋張'云。……茂蘭行三，自幼警敏異常，其世父戶部員外郎賓暘嘗撫之曰：'益大吾家必此兒。'禮部尚書李公至剛亟稱曰'奇童，奇童'云。少長，入鄉校，益自勤勵。戶部尚書周文襄公巡撫時見之大喜，使積學，毋早事利祿。廬陵孫公鼎任府學教授，聘為弟子員，時御史彭公祖期提學得其文，曰：'畹年少才贍，當是遠器。'……景泰庚午，中應天府鄉試。甲戌，登進士第，觀政吏部。……除南京刑部廣西司主事。……天順戊寅考滿，受敕贈父，如其官；母太安人；妻安人。八月，陞本部江西司員外郎，決滯獄尤多。……庚辰十月，陞四川按察司僉事。……乙丑，致仕歸華亭。"（張弘至本《文集》卷四。）張畹冢子名鑷，汝弼爲作《張鑷名説》，見張弘至本《文集》卷三。

母胡氏葬於張氏所居之艮隅。

張弘至本《文集》卷二《張氏墳記》："曾祖守株先生别卜此地，當所居之艮隅，隔水相望一矢許，紆途而南轉，則二百二十餘步。既葬守株而下二世，景泰庚午，葬先母胡氏安人。"

張世綬本《詩集》卷四《補紅褐衣》："毳袍紅褪著多年，重命鍼工洗補聯。卻憶當時舊襦袴，慈親手眼夜燈前。"按，汝弼詩文中極少言及胡氏，"慈親手眼夜燈前"之語或爲多年後汝弼追憶胡氏之辭，姑錄於此。

王鏊生。

【時事】正月，以邊事困窘，始定輸納之例，令天下納粟、納馬者入監讀書，限千人止。夏，明軍與瓦剌也先戰，互有勝敗。七月，英宗得釋還京師，居南宮。

明代宗景泰二年辛未（1451） 二十七歲

【時事】正月，浚鎮江、常州運河。本年，太監興安以皇后旨度僧道五萬餘人，于謙反對無效。周忱被劾去職。葉冕任松江府知府。

明代宗景泰三年壬申（1452） 二十八歲

【時事】五月，廢故皇太子見深爲沂王，立子見濟爲皇太子。是年，楊昕任上海知縣。

明代宗景泰四年癸酉（1453）二十九歲

八月，以《詩經》中應天府鄉試第一百五十七名。

張弘至本《文集》卷五謝鐸撰《墓誌銘》："公少穎異過人。既壯，以《詩經》領景泰癸酉鄉薦。"正德《松江府志》卷二十六《科貢下·鄉貢表·國朝·華亭學·景泰四年癸酉科》："顏正、杭鏞、張弼、方瑜、鄭元亨。"（見圖3）《成化二年進士登科錄》："張弼……應天府鄉試第一百五十七名。"明代鄉試依例當在八月，詳景泰元年條。

與同登鄉試者李應禎、李庭芝定交。

張世綬本《文集》卷三《書李思誠卷》："予與思誠之子庭芝、長洲李應禎同領景泰癸酉鄉薦而定交。"

《書史會要》卷十："李應禎，名甡，以字行，字貞伯，長洲人。領鄉薦，授中書舍人，累官太僕少卿。真、行、草、隸皆清潤端方，如其為人。憲宗朝嘗勅寫梵經，公上疏曰：'臣知有五經，不知有佛經，非聖人之經，臣不敢奉詔。'憲宗亦優容之。王元美詩云：'李甡太僕北海後，此書深得蘭亭脈。'故評者云其筆精墨妙，動應古法，如守禮之士，恭而能安。然草劣于行，行劣于真，以規矩者勝也。"

萬曆《宜興縣志》卷八《人物志·廉慎》："李庭芝，字瑞卿。廉直簡愨，雅有古道。……景泰癸酉中式，累官平樂知府。致仕，家徒壁立，妻子不免饑寒。中舍李應禎，吳中名士，過荊溪訪之，時方踞爐煨芋，廼相對話舊。俟芋熟，啖之而去。有士夫盛筵促歟，弗顧也。其見重於人如此。"

應俞良之邀，作東山之游。入鍾山靈谷寺，與老僧暢談故舊事，觀八功德水，入東方丈，與同游者共飲唱和，作《游東山詩序》。

張弘至本《文集》卷一《游東山詩序》（本卷小目題作《東山集勝

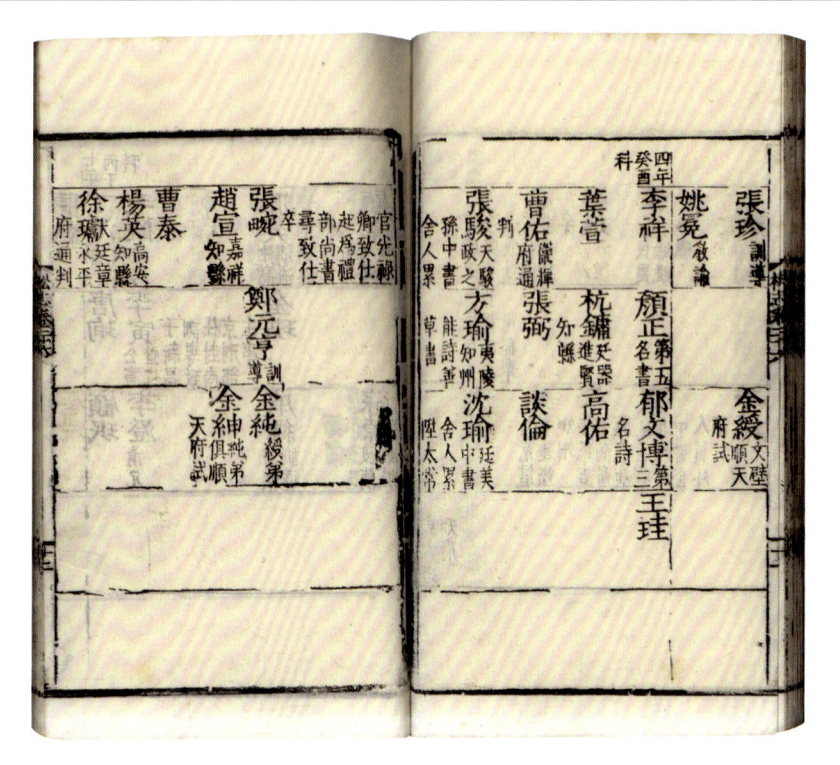

圖3　正德《松江府志》　明正德七年刻本　上海圖書館藏

詩序》）："景泰癸酉八月，予來南都試畢領薦，東山俞氏文貴致簡飭騎，邀予同薦諸君，作東山之游。于時聯轡徐行，委蛇山陽。遙見浮圖一尖，聳出林杪，逮趨而前，入靈谷寺。寺據鍾山之勝，高皇帝嘗賜其額曰'第一禪林'。入寺則古松萬樹，凝陰藹翠，夾道左右。行三四里許，始履堂基。寺罹災燬，而舊規未復，惟餘畫壁。高下屏列，漫漶剝落，令人意沮。循除而東，石下忽作彈絲聲。群隸隨共躑之，聲益繁應，咸愕然驚異。又折而北，入草庵，遇老僧趺坐，設茶餌，劇談故舊事。侍者導觀八功德水，水流曲折，潺潺有聲。孤松偃蹇，若游龍盤攫于上，清絕尤最，咸盥濯松下。久之，入東方丈。文貴舉杯五七行，皆充充有自得意。周孟京乃絕取唐人游少林寺詩四語分韻，遂起行吟松間。時夕陽在山，涼飆襲人，松聲摵摵，與吟聲相應，而興益豪。各出體裁，曲盡情景。以予首得'長'字，俾引其端。……吾儕生際承平，四海爲家，樂無不在。矧覩都會之壯麗，山川之秀鬱，草木飛走之蕃育，樂何如耶？安石有靈，將嘅昔之不遇矣。然則今日之樂，豈易得哉？詩曰：金昊澄新霽，涼飆襲衣裳。謾赴尊俎召，靡靡東山陽。弛策馬徐進，微吟興騫翔。岩嶢古招提，熠燿揭龍章。萬松蔭虧蔽，弥望欝以蒼。轉轉紆石磴，登登躡重岡。山人導步遠，爰覯神閟藏。蜿蜒功德水，一匊清肺腸。席苔薄留憩，競掇澗芷芳。緬懷昔人迹，訊之已昧茫。而予自慶幸，幸際時樂康。幽夏歸一統，文軌同萬方。九重隆繼述，神祖業益昌。于時苟弗樂，負此白日光。朋舊交勸侑，詎厭頻飛觴。舉觴詹王氣，靈祚天地長。"（詩重見於張弘至本《詩集》卷一《東山勝集》。）

《金陵梵刹志》卷三《鍾山靈谷寺》："在都城東，鍾山左，獨龍崗麓，離朝陽門十里。……洪武十四年勅改今地，賜額'靈谷禪寺'。葱蔚深秀，中宏外拱，勝甲天邑，山門勅書'第一禪林'。寺左爲梅花塢，……次爲五方殿，……又次爲大法堂及律堂，而寶公塔巋然在焉。左爲法臺基，……臺後引八功德水，紆縈九曲。右爲方丈，扁以'青林堂'榜宸章其上……"

按，序題云"東山"，序云"作東山之游"，又游靈谷寺，"寺據鍾山之勝"。則推測汝弼從東山出發，往鍾山游靈谷寺。劉玉《執齋先生文集》卷三《東山圖題贈張體道》有句云："東山近在鍾山下。"張世綬本《詩集》卷四《登東山問謝安石》詩跋曰："謝安石之東山在今紹興府之上虞縣，後徙居金陵，遂以金陵者擬之。"俞文貴即俞良。倪謙《倪文僖公集》卷十九《清風林詩引》："出南京朝陽門外四三里，有俞氏文貴居焉。文貴維揚人，居於是數世矣。"又王㒜《思軒文集》卷十八《封南京户部主事俞君墓誌銘》："君諱良，字文貴，姓俞氏，以子經貴封承德郎，南京户部雲南司主事，壽六十九，成化癸卯十二月廿四日卒，明年甲辰正月十九日葬上元縣。"據此，東山之游時，俞良三十九歲。

周孟京，其人不見於史傳方志。張世綬本《文集》卷三《書草庭卷後》有句云："若周孟京因姓爲號，草庭亦寓耳。然予知孟京之深者，嘗稱之曰'詩酒散人'，真可謂之寫神矣。其子寫其像甚似，予獨得之神焉。何事譊譊？"可知汝弼與孟京相知頗深。

游南都，好從長老問明初遺踪往緒。

張弘至本《文集》卷一《送學士王先生之南京翰林院序》："我朝仁祖淳皇帝發祥啓聖於中都，太祖高皇帝肇基建極於南都，迨太宗文皇帝肅清纘述，其宏綱密紀，固掌在有司，載在史官，萬世攸遵，然其委曲深微，非史、法所得而悉也。弼嘗游南都，好從長老問遺踪往緒，欲就一隙之光，以窺日月之明。傳聞罕覯，滋久滋惑；間見篇章，亦多膚末。噦蕪弗足稽也。韓昌黎所謂'揚厲無前之偉績''鋪張對天之宏休'，非今日作者事乎？"按，本篇序作於天順八年（詳該年譜），此年之前汝弼在南京事蹟，似均集中於其參加應天府鄉試期間。後汝弼北上會試、游太學，來往於京松二地，未嘗在南京駐足，故繫於此。

十月初三日，王氏生仲子弘宜。

萬曆《青浦縣志》卷三引王華《張憲副弘宜誌略》："君諱弘宜，字時措，別號後樂。考汝弼，號東海。……妣王氏，累封太恭人。"《成化十七年進士登科録》："張弘宜……行二。年二十九，十月初三日生。"據此逆推之，則王氏生弘宜當在此時。

本年，鎮撫王佐之京，嗣其父兄之松江守禦千户職而歸，與之厚者徵文爲贈。汝弼作序，以"身正"屬之，又繫之以詩。

張弘至本《文集》卷一《贈王鎮撫序》："景泰癸酉，松江所鎮撫王君佐之京，嗣其世職而歸。其卒伍之士言曰：'是能執法而福我者。'相與覘其庭，詢其政。大夫士言曰：'是能執法而好文者。'與之厚者覎以其父之政，蓋其父忠嘗好文而知法，摧強濟弱，風采動人。父卒，其兄輔嗣。兄卒，君今嗣之。故厚君者以是覎之，且徵予文爲贈。然予何文哉？孔子曰：'其身正，不令而行。'予敢曰：'行法有要在身，身正，法斯可行，上之恩斯不負矣。士卒之心斯悅從矣。於世職何愧哉？既書以贈君，復系之以詩，曰：'天狼睒睒時出沒，弧矢光芒正蓬埻。九重屬精康庶物，蒐羅才俊罔遺逸。爪牙世臣襲華秩，感恩思奮心如怒。握劍提戈聲啐呼，我苗斯薅髮斯櫛。腥膻汛掃南北一，露布奏捷星馳疾。喜動天顏重進秩，虎符煒煌耀朱芾。丈夫才氣斯弗屈，汗簡垂名皦於日。'"（詩重見於張弘至本《詩集》卷一。）

按，正德《金山衛志》卷上之三《松江守禦中千户所·副千户》："王忠（鳳陽人），輔、佐、麟、璽、璧。"則王鎮撫即王佐，嗣其父忠、兄輔之松江守禦千户職。

李觀生。

《竹岡李氏族譜》卷二《世譜》："第八世：觀，字容若，號恒軒。景泰癸酉六月廿七日生。"

沈粲卒。

【時事】四月，始令生員納粟爲國子生。五月，大雨，黃河決沙灣北岸，擊運河水入鹽河，漕船全部受阻。本年，蘇、松、淮、揚、廬、鳳六府大水。

明代宗景泰五年甲戌（1454） 三十歲

春，會試不第。同鄉吳玘高中，汝弼有慚色。

張世綬本《文集》卷一《送李瑞卿南還序》："癸酉歲弼與金陵李

應禎、義興李瑞卿同發解,自後屢同赴會試,屢不利。"張世綬本《詩集》卷三《城西夜別吳憲副仲玉》有句云:"十年君作乘驄客,一第吾慚司馬郎。"

按,吳仲玉即吳玘,與汝弼自幼相識(詳宣德八年譜)。據《景泰五年進士登科錄》,其登進士第在本年。據正德《松江府志》卷二十六《鄉貢表》,其中舉在正統十二年,其時汝弼尚未參加鄉試,故"第""慚"皆指本次會試結果。

凌氏生。

據嘉靖《淄川縣志》卷六孫光輝撰《廣西副使張公配凌恭人墓誌銘》。凌氏於成化十二年前後歸汝弼仲子弘宜,詳該年譜。

楊一清生。

【時事】三月,以國子生二千餘人俱仰給官廩,有名無實,祇留年深者千餘人,餘悉放歸。九月,免蘇、松、常、揚、杭、嘉、湖七府漕糧二百餘萬石。十一月,罷蘇、松、常、鎮四府織造採辦。

明代宗景泰六年乙亥(1455) 三十一歲

自京還松後,嘗獨造曲水草堂,領其風緻,於素壁之上揮翰題咏。

《明英宗實錄》卷二百三十九:"(景泰五年三月)戊午,戶部左侍郎孟鑑等奏:京師糧用浩大,山東河南等處累報災傷,軍民餽送艱難。今國子監監生不下二千餘人,俱仰給官廩,費用寔繁。乞存留年深者一千人,聽侯差用,其餘年淺取撥未到者,口令回還原藉,依親讀書,以次行取,庶錢糧簡省,京儲有積。從之。"按,汝弼上年會試不第,朝臣又議減國子監生額,推測汝弼上年並未入監,還松依親讀書。明年汝弼又與張璞北上(詳下年譜),則本年前後當在松江。

《鐵漢樓帖》28B《曲水草堂記》有句云："及既長時，又獨造焉。揮翰題咏，輒疥素壁，曲水草堂之風致，蓋心冥獨領，言未能宣也。別去廿餘年，吾兄椿庭翁書來南安……"按，《曲水草堂記》爲汝弼在南安時所作，當不早於成化十四年（詳該年譜）。本年距成化十四年有廿三年，與"別去廿餘年"相合，姑繫於此。

王氏生女某。

汝弼之女某約於成化七年歸李觀（見該年譜），而李觀生於景泰四年，汝弼之女或稍小於李觀，然於出嫁時當已成年。若其生於本年，則出嫁時年方十六，爲適嫁之齡。王氏於景泰四年生弘宜，其生女某亦當在兩年之後，姑繫於此。

【時事】五月，北京旱蝗，淮安、揚州、鳳陽皆大旱。閏六月，南京、北京、湖廣水災。

明代宗景泰七年丙子（1456） 三十二歲

九月，與張璞同舟北上，作《銅牛水滴聯句》。

張弘至本《詩集》卷二《銅牛水滴聯句》題注云："天順丙子歲九月，偕張友山璞同舟北上聯。"詩云："彼美中丞裔（璞），置身文墨場。青金範奇質（弼），玄水溢中腸。毛穎藉滋淬（璞），陳玄共徜徉。不勞五丁力（弼），寧墾百畝荒。肌骨竦寒瘦（璞），筋骸束堅強。長眠協坤靜（弼），時滴運乾剛。慣助魚龍化（璞），何愁鼷鼠傷。脰翻石田雨（弼），涎落研池霜（璞）。寧戚含汝相（璞），劉寬爲彼償。登臺豈觳觫（弼），注腹何汪洋。出匣見頭角（璞），濡毫潤文章。奚煩丙吉問（弼），爲比僧孺行。判事中書省，受宣天子堂。行藏依孔子（弼），飲吸希杜康。蠢是駕輥輔（璞），領穿日彷徨（弼）。"

按,《明通鑒》卷二十七:"(天順元年)春,正月丙戌,上告即位於宗廟陵寢。詔:'大赦天下。改景泰八年爲天順元年。'"據此,英宗復位及天順改元皆在明年正月,天順前後八年,無丙子歲,故序中"天順丙子"當爲"景泰丙子"。

又按,水滴爲注水以供磨墨用之具,銅牛即謂水滴之外觀材質。《分門纂類唐宋時賢千家詩選》卷十七《器用門》引邵清甫《牛水滴》:"銅牛肚裏雖無物,中有深深似澗淵。牧童不暇閑吹笛,苦爲詩人滴硯泉。"推想二人北上途中一邊研墨一邊聯句,聯句所咏,即所用之銅牛水滴也。

又按,汝弼明年至京,當參加會試(詳下年譜)。張璞自正統十三年即"貢入胄監"(詳下文),成化《山西通志》卷十六《五臺山》詩後有張璞同題詩,作者張璞名下有注云:"華亭人,景泰間陳州學正。"則張璞於本年之前已授陳州學正,因丁憂或省親還鄉,本年北上赴任而得與汝弼同舟。

張璞生平,以張弘至本《文集》卷二《友山居士小傳》所言最詳,今略引於此:"友山居士張璞字廷采,友山其自號也。世居松之七寶鎮。自少穎異沈默,少長,刻意于學,凡聞人碩士即往資之,人亦樂與,遂以詩畫名,而尤邃於《易》。躬耕畎畝,常袖一編以自隨。逾冠,謀擴所學,遂肩一挑而出,道嘉禾,歷苕霅,泛錢塘,逾馮公嶺,抵處婺間,遇佳山勝水、名踪古迹,則徘徊觀覽,慷慨悲嘯而自詫曰:'是正我胸中物也。'逾年乃歸,學日益大以肆,知者爭欲薦之,不就。補郡弟子員。時宿學著聲者,咸翕然推重。有司飼以廩,再試塲屋,弗利。且生理日益落,居士皆曠然不以爲意。正統戊辰,貢入胄監。時祭酒四明陳敬宗剛方少許可,一見即留置内廂,日接燕談,尋欲就教職,祭酒固不之許,居士以書陳情,由是得選,以優等授陳州學正。……丁内艱歸,陳人懷之。居士少有篤行,大父東村翁久痢弗治,乃昇入城,假僧舍就醫,躬理便液，衣不解帶者月餘，蓬垢皸胼。見者憐而譽之……在陳，撰《淮陽志》若干卷，其餘所著甚富，皆未緒正。"

侯直生。

據《成化十七年進士登科録》。

陳祚卒，汝弼爲作贊詞。

吴寬《匏翁家藏集》卷七十《陳僉憲墓表》："公諱祚，字永錫，世家於吴。……蓋年七十五而終，景泰七年二月癸丑也。……寬獨循教授君之請，按中書舍人李應禎之狀，節其出處之大略表于墓道。"

按，汝弼與陳祚似無直接往來，然嘗爲作贊詞，流露景仰之意，詞云："一忠自恃，百挫不迴。無怨無悔，吴山與巍。"（張弘至本《文集》卷二有《陳僉憲退庵贊》。）姑録於此。

陳祚，字永錫，吴人。永樂九年進士，擢河南參議。因與周文褒、王文振合疏言建都北京非便，謫均州太和山佃户。仁宗立，詔選用遷謫諸臣，祚在選中，會帝崩，不果用。宣德二年，命憲臣即均州群試之，祚策第一。試吏部，復第一，遂擢御史，巡按福建，又出按江西。時天下承平，帝頗事游獵玩好，祚馳疏勸勤聖學，下祚獄，逮其家人十餘口。英宗立，復官，再按湖廣。以奏遼王貴烚罪有所隱，與巡撫侍郎吴政逮至京，下獄。尋赦出。改南京，遷福建按察使僉事，有威惠，神祠不載祀典者悉撤去。久之，以疾歸，卒。傳見《明史》卷一百六十二。

【時事】四月，遣內官督蘇、杭織造。七月，南京、北京、山東、河南大雨，積水丈餘。

明英宗天順元年丁丑（1457） 三十三歲

與謝鐸、黄孔昭、陳選、林克賢相識於禮部。

張弘至本《文集》五卷謝鐸撰《墓誌銘》："始予天順初與吾友今亞卿黃世顯、故方伯陳士賢、僉憲林一中識公於禮部，蓋三十年于茲矣。"按，謝鐸《墓誌銘》作於汝弼去世後不久（參見傳略）。成化二十三年上推三十年即爲本年。明代"禮部會試在辰、丑、未、戌年春二月"。（陸容《菽園雜記》卷二）則本年正當會試之年，時謝鐸、黃孔昭、陳選、林克賢與汝弼皆爲舉人，會於禮部當因參加會試之故。

謝鐸，字鳴治，初號方山，後更號方石。浙江太平人。天順八年進士，選庶吉士，授編修，歷侍講、南京國子監祭酒，擢禮部右侍郎。卒贈禮部尚書，謚文肅。有《桃溪淨稿》八十四卷。傳見《明史》卷一百六十三。

黃孔昭，初名曜，以字行，改字世顯，號定軒，晚號洞山迂叟。浙江台州府黃巖縣人。天順四年進士，授工部主事，進員外郎，改吏部，進郎中，擢右通政，遷南工部侍郎。嘉靖中，贈禮部尚書，謚文毅。有《定軒集》。傳見《明史》卷一百五十八。

陳選，字士賢，號克庵，台州府臨海縣人。天順四年進士，授監察御史，擢河南按察使，進廣東右布政使，官終廣東左布政使，贈光祿寺卿，謚恭愍。傳見《明史》卷一百六十一。

林克賢，字一中，號抑齋，鶚從弟。成化丙戌進士，拜刑部主事，轉員外郎，陞福建按察僉事。傳見萬曆《黃巖縣志》卷五《人物志上》。

春，會試不第，倍感傷心，作下第詩九首次姚綬《春興雜咏》韻。

張弘至本《詩集》卷二《下第次韻姚公綬春興雜咏》，本卷小目題作《春闈下第次姚公綬春興雜咏》，中含《春月》《春露》《春夜》《春晝》《春山》《春柳》《春燕》《春蝶》《春草》九首，其中《春露》詩有句云："茂陵誰解相如渴，未賜金莖一滴沾。"《春晝》詩有句云："落花飛絮促光陰，倚遍東風傷客心。"皆露失落傷心之意。《春夜》有句云："杜宇一聲春夢醒，鄉心千里客愁長。"《春柳》詩云："搖曳東風百尺絲，多情渾不繫分離。明朝走馬天涯去，誰向郵亭折一枝。"《春燕》有句云："誰憐江外初歸日，巢壘未成空繞梁。"《春蝶》有句云："東風吹醒南華夢，翹首天涯憶故林。"《春草》有句云："弟兄況隔一千里，夢繞池塘夜夜心。"則詩當作於二人分別之後。姚綬原韻詩今不存。《穀庵集選》卷七《序號》："姚子幼孑立辛苦，年比二十又五，始習舉子業，號桂軒以見志。……（景泰）癸酉以《詩經》濫魁，時年三十又二。甲戌北上，阻雪歸。……天順丁丑，會試不利。母病，入南太學，以便省視。……又三年北上，爲庚辰，會試復不利。母病愈，遂入北太學，復依親還，作丹丘於一心堂東，蓋取何用別尋方外之意。乃號'丹丘子'。又三年北上，癸未二月，禮闈災。八月復試，名中七十又四。明年春，寔成化紀元，天子龍飛初科狀元彭教榜進士，名在二甲十七，時年四十又二。觀政工部營繕。"據此，姚綬於天順元年、天順四年皆會試不利，天順七年始中進士第。天順七年會試在秋季，與詩意不符。汝弼於天順七年下第後寓居京師（詳天順七年、八年譜），姚綬於天順八年登第後即在工部觀政，二人不當相隔千里。

汝弼既於上年與張璞同舟北上，本年又與謝鐸等相會於禮部，理當參加本年會試。天順四年汝弼在京城，亦當參加當年會試，且均不第。然則汝弼次韻詩祇能作於天順元年或四年。天順四年姚綬與汝弼皆游北太學（詳該年譜），即便其後因依親讀書而還，亦未必在春季。本年汝弼游北太學（詳下文），姚綬則因母病入南太學，則其自京南歸當在本年春，汝弼九首詩或作於本年姚綬南歸之後，姑繫於此。

《本朝分省人物考》卷四十四："姚綬，字公綬，嘉善人也。少攻古文辭，天順中第進士。爲監察御史，巡鹽兩淮，鈎剔積弊，淮饑，畫策賑濟流民，賴以全活，璽書褒獎，後出知永寧，以母老辭歸。作滄江虹月舟，游泛甚適，書畫妙絶一時。詩文暢逸。"有《穀庵集選》十卷存世。

本年前後，入國子監，與李庭芝、李應禎率多同舍，得益良多，又與林瀚、徐璣、黃浩、陳英等過從甚密。

據《成化二年進士登科録》，汝弼以"國子生"登進士。周文儀本卷末林瀚《書東海翁集後》："予自景泰天順中爲布衣時，與先生同游國學，殆十載。"卷四《送許廣安之任》又云"京國青袍十載交"，國學即國子監，青袍指學士所穿之服。據魏寧楠《明代福州林浦氏家族與文學研究》附録《林瀚年譜》，林瀚自景泰四年中舉，北上至桃源阻冰雪而歸，其登第與汝弼同在成化二年。自成化二年逆推十年，汝弼與林瀚當自景泰末或天順初時游太學。景泰五年汝弼落第後，因國子監減員，似未入監，林瀚亦未參與景泰五年會試，則二人於本年落第後入監最有可能。林瀚，字亨大，福州府閩縣人。成化二年進士，選庶吉士，授翰林院編修，官至南京兵部尚書，卒年八十六，謚文安。傳見《明史》卷一百六十三。林瀚亦善詩文，與汝弼多有唱和。周文儀本《詩集》卷一《題扇贈林亨大以字起韻》有句云："三山豪士林亨大，隨處風流欠詩債。落筆頓令神鬼愁，不容海底藏珍怪。"許廣安，其人不詳。

張世綬本《文集》卷一《送李瑞卿南還序》："癸酉歲弼與金陵李應禎、義興李瑞卿同發解，自後屢同赴會試，屢不利。客京城，游太學，率多同舍。弼齒少長，常右予，而應禎之淳雅該洽，瑞卿之警敏骯髒，皆予所不及也。故以弼之繆悠鄙戇而處其間，得益良多。"同書卷三《書李思誠卷》："予與思誠之子庭芝、長洲李應禎同領景泰癸酉鄉薦而定交，會試三人恒同京邸，讀此卷屢矣，亦嘗有詩廁其間，今不可見，或云：'以字畫浮名爲好事者剜去，不可知也。'"

張世綬本《文集》卷四《祭徐通判文》："故永平府通判徐廷章之

靈曰：弼與廷章，生同鄉里。學校交游，又同中舉。會試京師，邸舍密邇。朝夕過從，飲燕笑語。"按，徐廷章即徐瓛，參見正統六年譜。

張弘至本《文集》卷一《於塢集引》："《於塢集》者，吾友德慶州別駕黃浩然所著也。向在國學時日相過從，時出數篇諷咏賡酬之，信得風人音格。"按，黃浩然即黃浩，嘉靖《德慶州志》卷十四《名宦傳》："黃浩，字浩然，南海人。由舉人任德慶州同知，地方惟（按，疑爲"罹"之訛）賊，設法賑濟，轉運糧儲，軍餉不缺。"

張弘至本《文集》卷二《味道軒記》："天台陳君士暉與予同會試京師，嘗以《味道軒記》見屬。予大其志，難其事，記未作也。尋游國學，與之比舍，日共起處。竊見其薄於世味，篤於義理，衣屨蕭然，室無長物。其中則充充然，未嘗少挫其氣。士暉其知道之味者歟？聞士暉乃閩藩方伯員韜先生冢子也。先生揚歷中外，位至方伯。以世俗觀之，士暉宜飫膏粱（周文儀本作梁，是，當據改），厭紈綺，都騎從，沉酣富貴間而不以爲過者。今乃反出寒畯下，而又略無不足意。……噫！若士暉者，真能味道者矣。俾予記之，無佞辭，無愧色，記可不作乎？所愧者，識汙辭鄙，不足以發其道之腴，而益其味之雋耳。"同書卷五陳選《慶東海張公雙壽序》："且雲間與霞城境土相接，昔叔父從魯先生分教於此，及予領提學之命，亦按於此，今弟廷璉又分教於此，兼伯兄與東海會太學時交深情厚，實有巨卿元伯之誼。"按，陳選字士賢，其伯兄當爲陳英，字士暉。《天順四年進士登科錄》："陳選，貫浙江台州府臨海縣。……父員韜，福建右布政使。……兄英，丙子貢士。"陳英既爲景泰七年丙子科舉人，其會試京師當自本年起，入太學亦當在本年前後。

彭韶《彭惠安公文集》卷三《東海手稿序》："東海張先生汝弼……方少在鄉邦，前輩見之驚倒。及來太學，士爭歸之。"（亦收入張弘至本《文集》附錄。)

又按,落第舉人入監始於洪武十八年。《明會典》卷二百二十《國子監·生員入監》:"(洪武)十八年,令會試下第舉人送監卒業。"《皇明太學志》卷一《典制上》:"凡會試下第,或赴禮部不及試,或中乙榜不願就教職者,皆命入監卒業。"又落第舉人一經入監,不論是否坐監,之後皆以監生身份會試、殿試。(參見吳恩榮《明代科舉士子備考研究》第84頁。)故此後汝弼雖未長期坐監,又往來於京松二地,亦可稱"監生"。

與胡超交,又識周穎後人周廷鳳與其從子宗器,有序贈之。

張弘至本《文集》卷一《贈周廷鳳南歸序》:"今年,予以會試寓京,與三衢胡君彥超交。其同館之士,有周君廷鳳與其從子宗器者,皆溫雅有文。問其世,則正介先生幾世孫也,爲之歛容。……吾方賀二子之家世,而又爲二子懼也。蓋小有善,不足以亢其宗;小有惡,亦足以玷其宗。爲之後者,良不易也。二子由邑校而登國學,筮仕有日,操脩設施,將必能亢其宗否乎?世無朱子輩則已,脫有焉,將在所許與否乎?由貢而來,行固取信於鄉矣。垂於後世者,抑可庶幾自信乎?自信則於正介也有耀,弗愧世家子也。於其歸,書以爲贈。"據文意,汝弼與胡彥超交,當在入國學之後,姑繫於此。周廷鳳、周宗器,史傳無徵。

胡超,字彥超,號耻庵,浙江衢州府龍游縣人。成化八年進士,初授工部都水司主事,歷官虞衡司員外郎,仕至通州通判。參見吳寬《匏翁家藏集》卷七十三《明故工部營繕清吏司員外郎致仕胡君墓表》。汝弼嘗爲胡超作《耻庵説》,見張弘至本《文集》卷三,其末云:"三衢胡彥超以'耻庵'自號,蓋知其機者也,遂爲説以歸之,相與共勉,不耻吾言,乃全吾天,彥超以爲何如?"

僧噩東白約於此時從游,汝弼授以儒書、古律詩、書法。

程敏政《篁墩程先生文集》卷二九《應詔揮毫詩序》:"若今僧錄

左善世愷東白，亦其一人焉。東白世居蘇之嘉定，以儒名家。其從父當宣德間仕爲刑部郎中，郎中之弟實生東白。東白之生也，不樂葷婓，因從釋留光寺。景泰中入京，禮右講經古儀、緇公爲師，而緇則左善世玉碉清公高足，内典之學，具有家法。然東白猶以爲未足，復從游駕部東海張君汝弼，授儒書，攻古律詩，學楷行書法，業日以進，同行者率自以爲不及。成化初，被選入大内漢經館書文，光禄給饌。"按，古儀、緇公、玉碉清公皆香山永安禪寺僧（詳下文）。此云東白於"景泰中入京"，從高僧學内典，又從汝弼學詩書，當在"成化初"之前。姑繫於此。

《篁墩程先生文集》卷十八《香山永安禪寺觀音閣重修記》："東白，常熟人。弘慈禪師玉碉清公再傳之弟子也。季方曇公與講經，古儀、緇公皆主是寺。古儀以傳東白，東白以傳左覺義、宗銈，咸以興教贍徒爲己責，而東白讀儒書，習詞翰，憲廟時嘗被選入内廷，率衆書佛經，受賚賞，獨優蓋一時。緇流號有材局者，必曰東白云。"

故宫博物院藏張弼《火裏冰》詩扇面云："驚見堆鹽火裏冰，祝融迴駕避玄冥。世間多少炎涼子，下箸應教醉夢醒。"跋云："蘇東坡云，扇面畫寒泉雪竹，令人觀之，自有袪暑之意。故予以此火裏冰詩書與東白長老，而豈踏破菜園耶？"（見《中國古代書畫圖目》第二十册京1-1060。）其中"東白長老"或即爲愷東白。

孫鼎卒。

按，孫鼎有《夢萱詩》，汝弼有跋，稱其平生爲教一以身先，操履純篤，今録於此："右《夢萱詩》，貞孝孫先生之作也。先生名鼎，字宜鉉，廬陵人。由鄉舉登乙榜，授江浦教諭，陞松江教授。考最，薦御史，奉敕提調南畿學校，丁外艱歸，殁於家。門人翰林學士吾華亭錢原溥、毘陵王廷貴諸公私謚曰'貞孝先生'，誠天下之公論也。蓋其平生爲教，一以身先，操履純篤，雖暗室屋漏不廢者。文辭固非其所重，然盛德之著，孰得不欽？弼莊誦再過，謹書其槩，以告觀者。凌夢萱之孫汶重整此卷，當尤慎重此詩哉！"（張弘至本《文集》卷四《書貞孝先生詩後》。）

【時事】正月，石亨、曹吉祥、徐有貞等趁景帝患病，迎上皇入宮復位，改元天順。殺兵部尚書于謙、大學士王文。二月，郕王朱祁鈺卒。三月，復立朱見深爲皇太子。

明英宗天順二年戊寅（1458） 三十四歲

自京還松後，華亭知縣楊昕出示《遜志齋稿》錄本，道方孝孺之大節頗詳，汝弼讀而跋之。

汝弼上年會試京師不利，雖游太學，然其時監規廢弛，監生待遇不佳，故多不願坐監（參見吳恩榮《明代科舉士子備考研究》第133—134頁）。明年汝弼又有北上之行（見下年譜），故推測汝弼於本年前後自京還松。

《鐵漢樓帖》26A："二十年前，瑞安楊元霄知吾華亭，嘗出方先生《遜志齋稿》見示，乃錄本也，且道先生大節頗詳，謹讀而妄書其後，曰：'篤信好學，守死善道。宇宙之間，僅見此老。'"（收入張弘至本《文集》卷四《書方正學遜志齋後》、正德本《遜志齋集》附錄。）

按，瑞安楊元霄即楊昕。柯潛《竹巖集》卷十六《壽光知縣楊君墓誌銘》："君諱昕，字元霄，姓楊氏。……年二十四試鄉闈，得偕計吏以升，累入會試俱不偶，竟以太學生擢松江上海知縣……尋丁母憂去……服闋，上天官，適華亭缺知縣，其邑之薦紳大夫及斯民之在都下者俱上章以君爲請，遂除君任華亭。"弘治《上海志》卷七《縣令題名》："楊昕（景太三年）。李紋（景太五年）。"正德《松江府志》卷二十二《守令題名·華亭縣·國朝知縣》："楊昕，天順初任。石玫……天順六年補任。"據此，楊昕約於景泰五年去職丁憂，至天順元年服闋，上天官，至華亭知縣任約在本年。

汝弼《書方正學遜志齋後》作於成化十八年（詳該年譜），與本年相隔廿四年，符合"二十年前"之語，姑繫於此。

【時事】四月，復設巡撫官。八月，詔修《一統志》，以李賢爲總裁官。本年，巡撫都御史崔恭大治吳淞江。

明英宗天順三年己卯（1459） 三十五歲

春夏間，同鄉好友徐觀服闋，將回京復職，道經吳門。劉珏偕所與知者餞之，各有詩，汝弼代劉珏作序。

張弘至本《文集》卷一《送夏官主事徐尚賓序》（題注云："代劉廷美作。"）："……吾友雲間徐君尚賓究心正學，蚤以才子名於鄉邦，奮科目，以才擢倫魁，而且低回晦澀者數載，始授夏官尚書主事，若遇於時矣。未幾，以內艱去，志未適也。今年將禫，尚書馬公言於上，促以就職。命下，郡邑即其家以起之，繼命巡撫都憲崔公以遄其行，過予吳門，予偕所與知者餞之，各賦詩以別，然不以別爲意，蓋詩以幸吾尚賓之際其時，適其志，展其才，行其道以成天下之事，而不負所學也。"

按，《明英宗實錄》卷之三百三："（天順三年五月）丙午，……兵部武選司主事徐觀仍舊任，以親喪服闋也。"據此，徐觀赴京當在本年春夏間。劉廷美即劉珏，天順二年春夏間奔母喪回相城（參見陳師正宏《沈周年譜》第58頁），本年應仍在吳門，汝弼與之相交至晚在本年。汝弼與徐觀相識較早，張弘至本《文集》卷四《奉政大夫兵部郎中徐君墓誌銘》有句云："予齒少于尚賓，又晚出。

然每會輒商今確［權］古，搜奇抉怪連日夜不休，所師者多矣。"推測本年汝弼自華亭送徐觀至蘇州，故知其起復事甚悉，劉珏亦因此請汝弼代爲序，期間汝弼或與徐觀"商今權古""搜奇抉怪"也。序文所及"尚書馬公"應即馬昂，自天順二年二月起爲兵部尚書（據《明英宗實錄》卷二百八十七）。

李紹文《雲間人物志》卷一《徐瀼西》："公名觀，字尚賓，號瀼西，華亭人。自幼清俊穎敏，多巧思。長而高標逸韻，足以動人。詩文書畫以至篆隸各臻其妙。廬陵孫公教授於松，門下有十才子，首則公也。正統辛丑魁南畿，屢蹶南宮，游國學，名聞天下。交南、朝鮮諸夷使者重價購其詩畫，授武選主事。選事纖悉委曲，公酬應如響。暇則高吟疾書，求者旁午，各飽所欲。同官盛以端稱公才如涌泉，形如老鴉。陞郎中。會病乞歸，蓄異書、名畫、法帖、彝器、美石、奇卉以娛其親，親殁，哀毁，葬有期，值霪雨，公日焚香拜跪於庭，靈輀將發，果霽。人稱孝感。"

正德《姑蘇志》卷五十二《人物》："劉珏，字廷美，長洲人。宣德中郡守況鍾簡名家子爲掾，珏在選中，珏言有志於學，不願爲吏。鍾嘉其志，遣補縣學生，遂領應天鄉薦，授刑部主事，遷山西按察僉事，提督屯田。年甫五十，懇乞致仕。珏性孝友恭謹，未嘗失色于人，然操履清白，人不得以私干之。至于好學之心，老而不倦。尤工唐律，對偶清麗，當時稱爲'劉八句'。行草師李邕，畫師王叔明，皆能得古人筆意。所著詩曰《完庵集》。"

與朱佑、莫諲、張悦夜泊淮陰，朱佑有詩記之。

《松風餘韻》卷九朱佑《同莫汝敬、張汝弼、張時敏夜泊淮陰》："天涯傷歲暮，一棹歸淮陰。夜雨關河客，春風霄漢心。大川期共濟，濁酒助微吟。千載荒祠下，寒煙古木深。"前有朱佑傳："《家傳》：'佑字民吉，號葵軒，景泰庚午舉人，天順五年銓試第一，擢南昌府同知，有治才。著有《葵軒稿》。'《夏寅葵軒稿序》：'予友朱君民吉，元詩人仲雲先生四世孫也，四上春官不得舉進士，僅拜南昌府同知。……'"

按，此詩未題年月，莫汝敬名諲，弘治《上海志》卷八《人品志》："成化二年丙戌羅倫榜：莫諲，任大理評事，陞雲南按察僉事，自陳致仕，歷官以清捐聞。"張時敏名悅，松江華亭人，舉天順四年進士，授刑部主事，進員外郎，遷四川副史，進按察使，遭喪，服闋，補湖廣。孝宗立，遷工部右侍郎，轉吏部左侍郎，俄遷南京右都御史，改禮部尚書，復改兵部，參贊機務。卒贈太子太保，謚莊簡。（傳見《明史》卷一百八十五。）

根據詩意以及三人履歷，推想三人一同夜泊淮陰，當在入朝爲官之前。據正德《松江府志》卷二十六《科貢下·鄉薦》，張悅名列"天順三年己卯科松江府"欄，明年張悅舉進士，朱佑"四上春官"，汝弼本年亦入京（詳下文），故以此時北上夜泊淮陰最爲可能。淮陰又在徐州之南（詳下條），姑繫於此。

秋，與張駿過境山，閱碑文。

張世綏本《詩集》卷四《過境山憶中書天駿弟》序曰："是山俗呼'耿'，或作'景'。予天順乙卯秋與天駿同登，閱碑文，乃作'境'。朕碑文亦不甚可依據，舊志果何如？"詩云："昔年同上境山顛，日色微茫入暝烟。今欲登山誰是伴，逢窗獨坐一凄然。"

按，此詩當作於成化元年張駿任中書舍人之後（詳該年譜）。詩中追憶與張駿過境山閱碑文事，言"天順乙卯"，然天順間無乙卯年，汝弼生前所歷乙卯年僅有宣德十年，時汝弼年十一，時汝弼似仍在華亭，不能經過境山，亦不太可能有"閱碑文"之事，且誤"宣德"爲"天順"之可能極小，疑此處之"乙卯"當爲"己卯"。

嘉靖《徐州志》卷四《地理志上》："又北十里曰境山。（距城四十里，西臨泗水，有鎮，有閘，有寺。）"同治《徐州府志》卷十八上"三洞寺"條有句云："大雲禪寺在境山，一名源流寺，俗稱景山寺。"此境山俗稱"景山"之證。歸有光《震川先生別集》卷六《壬戌紀行》詳載歸有光自蘇州崑山北上赴禮部會試及落第南還之來往行程，其往還途中皆過境山。本年汝弼既往京師（詳下文），則其所謂"境山"當即徐州境內之境山也。

又按，張駿與汝弼子張弘至以叔侄相稱，《松風餘韻》卷二十五有張駿《送時行姪奉使南安》詩，收入張世綬本《萬里志》，題作者爲"叔天駿"，張世綬本《文集》附錄收張駿曾孫張翼軫題辭，稱"宗孫翼軫"。又六世姪孫壽孫題辭云："我東海、南山二祖君，於憲孝朝，同厲風迹，工翰墨。"則汝弼與張駿似爲同族兄弟。此點龍德俊《明代早中期松江草書研究——以張弼爲中心》已考，可參看（第78頁）。

《書史會要》卷十："張駿，字天駿，號南山。松江人。官中書舍人，累官禮部尚書。草書宗懷素，得其龍蛇戰鬥之勢，論者病其傷於雕琢，又似婢學夫人，故居張東海之下。"

至京師，涇州守嘉善劉侃遺汝弼端硯一枚。

張弘至本《文集》卷二《端硯銘》序云："天順己卯至京師，涇州守嘉善劉侃克剛遺此。"按，明年（辰年）當會試之年（詳天順元年譜），汝弼本年"至京師"，或爲備考。

嘉靖《延平府志》卷七《官師二·國朝·知府》："劉侃，浙江嘉善人，監生。歷涇州知州。成化九年陞任。"則劉侃於景泰元年領鄉薦（據萬曆《嘉興府志》卷十六《薦舉》），而未能登進士第。既稱"監生"，當曾游國學，推測汝弼與劉侃即同游太學時相識。

《本朝分省人物考》卷四十五："劉侃，字克剛，嘉善人。景泰初領鄉薦，選知涇州，政尚寬簡。……侃素廉約，言及貪者輒赧顏。兩赴官，皆鬻產以行。及歸，囊篋蕭然，受徒自給，足不入城市，號樂閑公。侃工楷書，詩文亦清麗，卒年七十。"

【時事】八月，令文武大臣不得與給事、御史、錦衣官往來交通，違者依洪武間鐵榜治罪。

明英宗天順四年庚辰（1460） 三十六歲

本年，會試不第。游太學，與奚昌相識。二人以才相知，嘗相約不作詩者，以隻雞斗酒爲罰，後爲文人掌故。

張弘至本《詩集》卷三《詶奚元啟》其一有句云："憶昔相逢歲執徐，才華落落氣温如。曾酣郭隗臺前酒，同獻陳東闕下書。"同書卷四《夢奚元啟》："曲江池畔龍化魚，明光宮前重獻書。丈夫意氣薄霄漢，健翮不受樊籠拘。歸來吳門領烟月，三尺劍光飛列缺。不容匣底繡紫苔，要封塞外天驕血。我曾曳裾趨後塵，壺觴觚墨時相親。……"

按，"執徐"指辰年。"郭隗臺"本爲燕昭王所筑，以招賢士，後指招良納賢之處。陳東爲南宋時人，以貢入太學。欽宗即位，率太學生伏闕上書請誅奸臣蔡京、梁師成、李彥、朱勔、王黼、童貫六人。後李邦彥議與金和，陳東復率諸生伏宣德門下上書，請罷李邦彥之徒，任用李綱抗金。高宗時，又上書請求親征。（參《宋史》卷四百五十五《陳東傳》。）據正德《姑蘇志》卷五十四，奚昌爲吳縣人，"正統甲子以《易經》中南都鄉試，十試禮部不中。"據汝弼詩意，二人相識當在辰年，既當會試之年（參見天順元年譜），應在京城，落第後又同游太學，有所建白，故可言"同獻陳東闕下書""明光宮前重獻書"。汝弼領鄉薦在景泰四年（詳該年譜）。又天順七年秋卞榮與奚昌在蔣悦席上聯句，汝弼掇其詞（見該年譜）。則二人相逢之辰年當在景泰四年至天順七年間，則僅可能爲本年。

陸時化《吳越所見書畫錄》卷二《明李文正贈鼎儀公詩簡卷》：

"昔張汝弼、奚元啟相約,不作詩作者,以隻雞斗酒爲罰。不數日,乃有攜酒與雞至者,問之,則曰:'某破戒矣。'"張世綏本《詩集》卷一《徐州老鴉歌》有句云:"我有江南酒一尊,君烹庭中鷄一隻。"此歌於成化十一年爲高舉所賦,亦援隻雞斗酒之故事(詳該年譜)。李東陽《懷麓堂詩稿》卷四有詩題爲《初予止詩,鼎儀有約同止,予援張汝弼故事,以隻雞斗酒爲罰,鼎儀固未嘗止,及予破戒,乃和韻見索,再叠前韻,並雞酒答之》。

張昶《吴中人物志》卷七《文苑》:"奚昌,字元啓,治《易》。正統甲子中南都鄉試,老於問學,兼通書詩,四方之士受經於昌者,皆先起科第入官。乙丑,而昌年及五十,始得進士,竟以病卒。……爲人惇行誼,與弟友愛。束脩所得,悉畀之。雖甚費,不吝。性喜吟咏,嘗以徐字爲韵,賦千篇以見志,和者亦衆。文主理致,平易昌達可觀。"

同鄉鄭珪將知鈞州,恐五蠹及身而弗能禦,汝弼作序慰贈之。

張弘至本《文集》卷一《送鈞州守鄭侯序》:"華亭鄭侯由進士知鈞州。論者曰:'侯可以爲能吏乎?夫今之所謂能吏者,必諂媚足以結上官,機智足以籠下人,矯抗足以干名聲,鷙猛足以讋强黠,巧取足以濟緩急。侯可以爲能吏乎?'噫!亦難矣。有詰之者曰:'夫是之謂五蠹,奚其能?子謂侯廉乎?'曰:'廉。''慎乎?'曰:'慎。''勤敏乎?'曰:'勤敏。''正乎?'曰:'正。'曰:'是之謂五善。有一善可以弭五蠹,孰謂五善備而弗謂能吏哉?'曰:'善矣,吾恐古而不今也。'曰:昔人有笯山鷄于市,號之曰'鳳',而求售者傾市狂奔而環視之,曰'鳳'。有識者過之而詫曰:'鳳胡爲乎而笯之?百鳥亦胡爲乎而背之?'衆閧然怒而詬,竟斃之而去。真僞之不敵久矣。古今人情不甚相遠,以五蠹罔人,識者過焉,終不斃之。果能絀五善,而反弗謂能吏哉?侯聞之,曰:'予習五善未能也,察五蠹未精也。斯行也,能無以巧取誘我者，能無以諂諛詰我者，能無以驕抗干我者，能無以機智籠我者，能無以鷙猛讋我者。'凜然，恐五蠹之及而弗能禦也。侯之友張弼乃書以爲贈。侯名圭，字淑〔叔〕潤，世有顯人，若宣撫使公、荆州貳守公尤卓卓者，善亦有自哉。"

按，鈞州守鄭侯當爲鄭圭，字叔潤，華亭縣人，景泰元年舉人，景泰五年進士（據正德《松江府志》卷二十六），汝弼與之相識應較早。張世綬本《文集》卷三《書南京吏部鄭郎中卷》云："昔鄭叔潤既登進士第，而出守于鈞也，予嘗告之以山鷄銜鳳以顯世者爲世所羞。"其中"昔"即指汝弼作序送别鄭圭之時。丘濬《瓊臺會稿》卷三《送鄭鈞州序》："予友雲間鄭叔潤，誠實人也。……天順四年，以名進士拜知鈞州。"雍正《河南通志》卷三十三《開封府屬知州知縣·禹州》："鄭圭，天順四年任。"（明萬曆三年避上諱改"鈞州"爲"禹州"，參《讀史方輿紀要》卷九"歷代州域形勢河南府"條）。由此知鄭圭於本年起知鈞州，故繫於此。

光緒《金山縣志》卷十九《仕績傳》："鄭圭，字叔潤，朱涇人。景泰五年進士，知鈞州，遷南户部郎中，出爲廣東布政司參議。歴歷中外，以廉能稱。居鄉，篤朋游，睦親族，創修家譜。"

本年前後，汝弼於京城飲酒渴睡，卞榮有詩狀其態。

卞榮《卞郎中詩集》卷七《席中汝弼渴睡戲作》："三度禮闈不屑就，一杯且醉京華春。狀元自是渴睡漢，宰相須用讀書人。百鳥孤飛金鷟鷟，九峰特立玉璘珣。紛紛道旁者識否，他日青雲摠後塵。"

按，汝弼自景泰五年起入京參加會試，本年爲汝弼所歷第三個會試之年，與卞榮詩首句相合。姑繫於此。

【時事】八月，韃靼孛來等分路南下，直抵雁門，掠忻、代、朔等州，大同、宣府明兵不敢出戰。京師居民紛紛逃入紫禁城，韃靼兵旋退去。本年，遣宦官往蘇、松、嘉、湖，於常額外徵彩緞七千匹。

明英宗天順五年辛巳（1461） 三十七歲

本年前後，自京歸，渡揚子江，有詩。

蘇州博物館藏張弼草書《題水月軒》卷第七首《南還渡揚子江》："楊子江南幾問津，風波如舊客愁新。西飛白日忙於我，南去青山冷咲人。孤枕不勝鄉國夢，敝裘猶帶帝城塵。交游落落俱星散，吟對沙鷗獨愴神。"（見《中國古代書畫圖目》第六册蘇1-019，詩即張弘至本《詩集》卷三《渡江》，刻集中首句"南"作"頭"，末句"獨"作"一"。）

按，李東陽《麓堂詩話》："張東海汝弼草書名一世，詩亦清健有風致。如《下第》詩曰：'西飛白日忙於我，南去青山冷笑人。'"則此詩當作於汝弼下第後自京回松途中。首句既云"幾問津"，則非首次落第南還。疑汝弼登進士第前，參加景泰五年、天順元年、天順四年、天順八年四次會試，均不中。其中天順八年下第後直到登進士第，汝弼皆寓留京城。汝弼上年在京師，明年又有北上赴會試之行（詳下年譜），則本年前後當歸華亭，故此詩作於本年最有可能。

時新安吴斯能來華亭，請周鳴鳳繪其亡母之像，以慰思母之情，汝弼爲作《吴母鮑氏畫像記》。

張弘至本《文集》卷二《吴母鮑氏畫像記》："新安吴斯能氏生廿月而母鮑氏殁，殁且四十餘載矣。追慕罔極，惓惓不忘。……適來華亭，與善繪事者周鳴鳳交，乃以情告，乞繪母像，以虔事焉。……斯能慘慘然意沮，而鄉貢進士張天駿解之曰：'丁蘭刻木肖母以事之，久而有血氣之徵焉。木雖肖母，豈真母之身而有血氣乎？惟人子之誠孝有以感孚焉爾。……斯能欲繪母之像，以慰思母之情，雖弗甚肖，不至羹墻之弗類也，以像求母，不亦近乎？'斯能泣且拜。鳴鳳乃繪之。繪畢，徵予記。噫！天駿之辯當矣。是蓋人子終身之鉅痛，爲是甚不得已之計耳。……遂記像之所由作於上。鮑氏生於洪武乙亥，没於永樂己亥，時春秋二十有五云。"

按，汝弼作記之時距吴斯能母鮑氏殁約四十餘年，則不當早於以永樂十七年後推四十年之天順三年。又據文意，該記爲汝弼在華亭時作，姑繫於此。吴斯能、周鳴鳳，史傳無徵。

【時事】本年，崇明、嘉定、崑山、上海海潮衝决，溺死一萬二千五百餘人。

明英宗天順六年壬午（1462） 三十八歲

四月十八日，王氏生季子弘至。

《弘治九年進士登科録》第三甲五十五名："張弘至，貫直隸松江府華亭縣。……字時行。行五。年三十五。四月十八日生。"以此逆推之，弘至生於本年。

冬，北上赴會試，道遇張畹、高舉，晝夜談笑。

張世綬本《詩集》卷一《徐州老鴉歌》序云："天順壬午，予赴會試，道遇四川僉事張茂蘭，遂過其舟。行數程，又遇南京刑部主事高汝賢，馳驛而北。以驛舟行速，又與茂蘭過驛舟，三人皆松江素交契，乃晝夜談笑。洽旬，至張灣。將登岸，汝賢忽指柳上鴉而大言曰：'此徐州老鴉，何以又至此也？'左右舟人皆驚愕，以目力之精如此，予與茂蘭亦絶倒，蓋戲也。"

按，據張弘至本《文集》卷四《奉政大夫四川按察司僉事張公墓表》："茂蘭張姓，畹名，號草亭。……庚辰十月，陞四川按察司僉事。"本年爲張畹任四川按察司僉事之第三年，明代自洪武二十九年起"定天下官員朝覲之制以辰、戌、丑、未爲期"。（《皇明通紀集要》卷十）故明年爲朝覲之年，又當會試之年（詳天順元年譜）。高汝賢即高舉，任職年月不詳，然推測汝弼道遇張畹、高舉，應在二人在赴京述職途中。

高舉，字汝賢。松江府上海縣人。景泰五年進士，授刑部主事，陞浙江按察司僉事。（據《景泰五年進士登科錄》及弘治《上海志》卷七《科貢》。）

本年，秦夔拜南京兵部武庫主事，將南下赴任，便道省親。李庭芝出四韻邀賦，汝弼有詩贈行，兼簡沈暉。

張弘至本《詩集》卷三《送秦廷韶之南部兼簡沈時暘主事》："縉雲郎署錦袍仙，路指南都興浩然。雙鳳闕前花作陣，九龍山下柳如煙。祝親遐壽尊連海，報主孤忠劍倚天。邂逅休文煩寄語，相思人在玉河邊。"秦夔《五峰遺稿》卷二十三收錄此詩，並有跋云："秦夏官廷韶之南京任，且得便道歸九龍山省親。余素欽辭翰敏妙□，不敢草草贈言。而吾友李瑞卿乃出四韻邀賦，遂勉書此，併致意于地官沈時暘，見不忘別後之私耳。倘吾鄉諸先達目及，尚垂改教焉。華亭張弼。"

按，據《天順四年進士登科錄》，秦夔爲本年進士。《五峰遺稿》卷廿四倪岳《中奉大夫江西等處承宣布政使司右布政使致仕秦公墓誌銘》："公……登庚辰進士第，奉詔賜歸。明年入朝，拜南京兵部武庫主事。"程敏政《中奉大夫江西等處承宣布政使司右布政使致仕秦公神道碑銘》："公……以天順己卯舉于鄉，庚辰舉進士，壬午授南京兵部武庫主事。"據汝弼詩題及跋，詩當作於秦夔赴南京之任前。

秦夔，字廷韶，無錫人。天順三年京闈鄉薦，四年進士，拜南京兵部武庫主事，成化八年出爲武昌知府，轉江西建昌，二十三年進江西右布政使，遂以疾致仕。參見倪岳《中奉大夫江西等處承宣布政使司右布政使致仕秦公墓誌銘》。

沈暉，字時暘，直隸宜興人。天順四年進士，授南京户部主事。陞員外郎、郎中。成化十四年，改南京禮部，尋陞陝西布政司參議，復除福建，進參政。陞廣西右布政使，轉江西左布政使，陞都察院右副都御史，撫治鄖陽，改巡撫湖廣，進南京工部右侍郎，乞致仕，家居十餘年卒。參見《明武宗實錄》卷一六六"正德十三年九月辛亥"條。

李紋知上海縣治行超卓，鄉貢進士計瓊爲作《海天秋月》詩，汝弼撰序，稱讚其廉。

張弘至本《文集》卷一《海天秋月詩序》："若《海天秋月》之作，三緯之比也，《螽斯》《鶴鳴》之疇也。孰作之？鄉貢進士計璚也。曷爲而作？美上海邑令也。孰爲令？九江李侯仲繡也。美之者何？美其廉也。曷爲美之？達興情也。《海天秋月》曷以比廉？天涵海則益清，月至秋則倍明。以清明之極形侯之廉也。侯以威懾姦，以惠立柔，以文作士，以忠事國，曷止曰廉？……然則璚之作，殆亦得其要矣。璚既作之，群起而和之，或興而比，或比而賦，三緯之義粲見乎其間，三經之義亦庶幾乎有在矣。"

按，弘治《上海志》卷七《官守志·縣令題名》："李紋，景太[泰]五年。"其後一任知縣"李文，成化初任。"志中李紋在天順年間亦有治績，則李紋任上海縣令在景泰、天順年間。正德《松江府志》卷二十六《科貢下·鄉貢·府學·天順六年》："計瓊。"璚同瓊。汝弼既稱計瓊爲"鄉貢進士"，則其序作當不早於本年，姑繫於此。

又張弘至本《文集》卷一《泌陽八咏詩序》云："泌陽，南陽之屬邑也。臨川黎之大先生嘗令於斯，公暇輒肆游覽，以發舒精神，宣暢湮鬱。乃擇其山川景物之勝槩，倡爲《八咏》，率能言者和之。吾上海邑令李侯仲繡推桑梓之敬，以圖其不朽，遂梓行之，而屬序於弼。……泌產之人吾不及知，若今李侯之敏博廉毅，治行超卓，非無求而有爲者乎？"據此可知《泌陽八咏》爲李紋所梓行，而汝弼撰序，亦極言李紋之廉，今姑並録於此。

弘治《上海志》卷七《官守志》："李紋，字仲綉，九江人。以賢良方正爲知縣，剛毅練達，剖決若流，性尤嫉惡，奸胥黠吏日惴□焉，屏柔者頼之。嘗以暇目［日］訪民疾苦，而陰察其富貧，故徭役令下，雖荒村僻徑，亦若家至户歷者然，輿論翕然稱平。"

嘉慶《松江府志》卷五十一《古今人傳》："計瓊，字廷玉，上海人。天順六年鄉舉，任封邱［丘］令。潔已惠民，治行稱廉平，以不能事上官乞歸，閉門教授。"

同鄉陸潤玉卒，汝弼作墓表，稱其爲真隱君子。

張弘至本《文集》卷四《夢庵陸先生墓表》："嗚呼！此隱君子陸先生之墓也。先生名潤玉，字尚質。世居松江郡城之北郭。……天順六年壬午八月日卒，壽六十二，是年十二月日窆于所居之東隅，從先兆也。……先生疾篤，語其姻家馬以德曰：'吾死，必張汝弼表吾墓。'瀕終，又以是囑其子懷。嗚呼！弼雖愚晚，素辱先生之知，且嘗謂先生年逾六袠，涑髮童顔，若餐霞服日者，静者壽，必可徵矣，何遽死耶？身後之托，不敢不勉。嗚呼！先生有德有言，略弗一試，真隱君子也。孰可以東吴一詩豪溷之耶？嗚呼！"

正德《松江府志》卷三十《人物六·文學》："陸潤玉，號夢庵，北郭人。博學好古，不妄言動，工於吟咏，與夏璿、張遜、王桓、陳黼、彭思禮、郭用常輩結爲詩社相倡和，有《夢庵集》行于時。"

上海莫忠卒，後汝弼爲作墓表，云其質朴信讓可以化俗。

張弘至本《文集》卷四《贈南京大理評事莫公墓表》："若吾松江之莫景行，居上海十九保，保中推爲耆宿。……景行生文義，配朱氏。文義生忠，即公也。……配羅氏，生二子，長曰謙，次曰譚，游郡庠，領己卯京闈鄉薦，登丙戌進士第，授南京大理寺右評事，故推贈於公，如其官，贈羅爲孺人焉。公年六十六，羅少六歲，天順壬午八月相繼歿，十月合窆於華亭之通波塘西朱家浜之原，從先兆也。……予與大理居同鄉，取進士爲同年，而知之頗悉，乃以墓道之文見委。嗚呼！景行生而膺太祖之賜，忠歿而受今上之贈，皆莫氏之宗以爲榮，鄉人樂道之者，然其質樸信讓可以化俗者，乃或泯之。故予表公墓，併景行之事書之，使知慶澤之所由來也，遂銘之曰：右迴溪，左望山，百千祀兮安其間。"

按，汝弼作莫忠墓表，當應莫諲之請。既云"取進士爲同年"，此篇當作於成化二年以後，姑附於此。

盧睿卒，汝弼作挽詞，頌其英武。

張世緩本《文集》卷四《挽副都御史盧公詞》："白簡飛霜三十載，烈烈英聲聞四海。幾將長劍掃邊塵，貔貅十萬頻歌凱。解綬歸來寶婺墟，錦衣繡鳶耀桑榆。珂里俄驚大星落，雪飆穩駕雙鸞輿。新進嗟嗟舊時泣，九重褒章紫泥濕。有懷何處致生芻，嵐桂雲杉風颯颯。"

按，副都御史盧公，當即盧睿。據《焦太史編輯國朝獻徵錄》卷六十都察院七彭時《嘉議大夫都察院右副都御史盧公睿墓表》，盧睿自"（永樂）辛丑，登進士第。宣德丙午，拜廣東道監察御史。丁內艱，起。復改山西道。……庚午，始得請南還，時年六十一矣。"則其任御史自宣德元年丙午至景泰元年庚午，前後二十四年，汝弼挽詩首聯"白簡飛霜"指御史彈劾之奏章，言"三十載"蓋自其登第起算，與彭時《墓表》之"居官三十餘年"相合。其於"辛酉改命參贊寧夏軍務"，後邁風痺疾，至"丙寅，春疾少瘥，復起西行。"又"己巳秋，虜寇大同，如公慮。時公在寧夏，以有備，故無患。"故汝弼云"幾將長劍掃邊塵"。盧睿"居官三十餘年，家無餘資。"故云"解綬歸來寶婺墟"。盧睿"生洪武庚午"，爲汝弼前輩，無明顯交集，挽詞末四句極盡景仰惋惜之意，則盧睿或爲汝弼所景仰之人。

【時事】九月，擴大錦衣衛獄，時門達用事，告訐之風日盛。

明英宗天順七年癸未（1463）三十九歲

二月會試，初九日貢院大火，舉人死者甚多，汝弼幸得无恙，遷居春坊之右廂，作《栽杏》示上海訓導江震，陸容有詩次其韻。

張弘至本《詩集》卷三《栽杏》題注云："癸未會試，以火變不果，乃遷居春坊之右廂作。"詩云："玉河東畔春坊裏，借得閑齋寄此身。偶見移來山杏好，買栽不計客囊貧。孤根元荷乾坤力，嫩蕊都含雨露春。擬醉紅雲香霧底，曲江風景一番新。"

按，此詩見於《汪氏珊瑚網法書題跋》卷十四《張汝弼翰墨》，詩前爲一札，云："友弟張弼頓首。貳教用亨先生執事。禮闈之火，區區幸得無恙，不勝幸矣。秋間事尚未知何如，今日企羨執事之優游清適，猶跨鸞鶴而翔寥廓也，何可得哉？火後移舘，偶賦《栽杏》一詩，敢呈左右，用發八千里外之一笑。"由此可知，汝弼《栽杏》詩贈貳教用亨先生。此人疑即江震，字用亨。自天順四年起任上海訓導（詳下引本傳），本年仍在其任。而此時汝弼在京，故有"八千里外"云云。

陸容《式齋先生文集》卷五《次汝弼栽杏韻》："午橋莊前杏如錦，一株移近天涯身。焰光二丈不敢放，生意滿眼寧知貧。瑤琴未譜孔壇操，羯鼓已破唐宮春。曲江醉歸坐花底，紅雲掩映宮袍新。"按，陸容《菽園雜記》卷二："天順癸未會試，寓京邸。……未幾，鼎儀中第一名，予下第。"又卷十："癸未會試，嘗夢人贈詩云：'一篙春水到底渾，入指不見波濤痕，霹靂爲我開天門。'至期貢院火，蓋術家有'霹靂火'之名，而'到底渾''不見痕'如其兆矣。"據此可知本年陸容在京赴試，亦親睹場院之火，既有次汝弼《栽杏》韻詩，則其與汝弼相識當不晚於本年。

《明英宗實錄》卷三百四十九："（天順七年二月）戊辰，是日大風至，晚，試院火，舉人死者甚衆。翌日，禮部以聞。上命改試于八月。"

正德《松江府志》卷二十四《宦蹟下》："江震，浙江錢唐人。天順庚辰以鄉貢授上海訓導。動止有則，勤於職事。每旦集諸生課其講誦，所造就甚多，兩典文柄，皆得人。後以薦陞知湖廣廣濟縣。"汝弼曾爲江震作《微酡處記》，中云："浙水間有偉士焉，曰用亨江先生，志薄雲天而學究其實，名播遐邇而職甘於卑，人莫測其何如也。嘗過華亭張弼而告曰：'吾有樂賓僚之所，署曰'微酡處'，吾適吾情，吾恐醉之禍人，子爲我記之。'"（張弘至本《文集》卷二）

陸容，字文量。太倉州人。少與張泰、陸釴齊名，號"婁東三鳳"。成化二年進士，授南京吏部主事。改兵部，歷員外郎，出爲浙江參政。有《式齋先生文集》三十七卷存世。傳見《明史》卷二百八十六。

居春坊之右廂月餘，寂寂無偶。適李庭芝至，與居左廂。故舊之情、切劘之益兼得而備至，喜而作詩。

張世綏本《詩集》卷三《予居春坊之右廂者月餘，寂寂無偶，適李瑞卿至，與居左廂，故舊之情，切劘之益兼得而備至，喜幸之深，賦此見意》："官舍沈沈絕塵俗，萍踪幸此同栖宿。燃燈相映兩窗紅，泚筆平分半池綠。尊重美酒取次斟，架上奇書更互讀。驊騮騰踏萬里雲，附尾之蠅亦追逐。"

按，上文既言汝弼移居至春坊右廂，則此詩當在移居後月餘所作。姑繫於此。

王徽就南京刑部給事中之任，汝弼有詩贈之，並寄言吳下故人，有望今秋高中。

張弘至本《詩集》卷三《送王尚文任南科》："綠袍烏帽南游客，青瑣黃扉早致身。日月重光容直道，風雲要路貴清貧。蘼蕪兩岸盧溝雨，竹葉一尊燕市春。吳下故人如我問，探花應待桂香新。"

按，王尚文即王徽。《南垣論世考》卷一二《南京刑科》："王徽，南京錦衣衛人。天順元年舉會試，四年進士。七年授任。八年，同王淵等上疏，逮赴詔獄，謫普安州判官。秩滿赴京，謝病去。"《明英宗實錄》卷三百五十一："（天順七年夏四月）甲子，擢進士……王徽爲南京刑科給事中。"汝弼詩中"黃扉"爲給事舍人之別稱（黃朝英《靖顏堂訂正靖康緗素雜記》卷一《黃閣》："給事舍人曰黃扉。"），頸聯"藤蕪兩岸盧溝雨，竹葉一尊燕市春。"當爲春夏之交所見。末句"探花應待桂香新"即言本年會試因火變改期八月，汝弼自信能夠高中。姑繫於八月會試條前。

王徽，字尚文，號辣齋，南京錦衣衛人。天順四年進士，除南京刑科給事中，謫官普安州判官，弘治初授陝西左參議。逾年，謝病還。卒年八十三。傳見《明史》卷一百八十。

八月，再試，不第。

本年會試因火災改八月。汝弼本年夏既有詩寄吳下故人云"吳下故人知我問，探花應待桂香新"（詳上文），則當參與本次會試。又本年秋與卞榮、奚昌會於蔣悦寓舍，汝弼掇詞（詳下文），有句云："方信二公鳴世鳳，苦吟獨我觸藩羝。迂疏深愧才何用，癡絶應遭俗所訾。千古韋編空矻矻，半生縫掖自媞媞。宸居有約陳三策，學海無邊測一蠡。每許清高凌古栢，何能醞藉似春荑。"似爲自陳之辭，有鬱鬱不得志之意，則應爲下第後所作。

秋，與卞榮、奚昌會於蔣悅席上燕飲，卞、奚有聯句，汝弼掇其詞。

《卞郎中詩集》卷一有詩題爲《上舍蔣仲學席上同進士奚元啓聯句二首，張汝弼掇遺，共三首，盡〈廣韻〉十二齊之字，時天順七年秋，寓江米巷》，其下錄奚、卞聯句二首並"附錄張汝弼掇遺"，汝弼詩亦見於張弘至本《詩集》卷二，題爲《進士卞華伯、奚元啓用"齊"字韻聯句，因掇其遺韵》。

按，"上舍"爲監生別稱，時奚昌、蔣悦、汝弼皆未登第，據《明英宗實録》卷二百八十六："（天順二年春正月庚申朔）陞……卞榮爲本司郎中。"則聯句時卞榮已爲户部郎中，似不當稱"進士"，張弘至本詩題恐爲後擬。卞、奚聯句其一有句云"和樂弟兄分左右（卞），笑談賓主坐東西（奚）。"則聯句時似有四人。推測和樂弟兄即卞榮、奚昌。既在上舍蔣仲學席上，則主爲蔣悦，賓爲汝弼。

卞榮，字華伯。甫二十以明經中正統十年進士第，試政大司馬，歷官户部主事、員外郎、郎中。嘗奉上命檢校戎馬、南畿監税、河西務幹辦、金沙洲公事，所至皆能其官。驅馳中外二十年，稍以鞅掌爲煩，後歸陶城私第，盡取古人書讀之，益肆力於詩，隱然名動吴越間。參見《焦太史編輯國朝獻徵録》卷三〇薛章憲撰《前户部郎中卞公榮墓誌銘》。張弘至本《詩集》卷二《天寧寺尋卞郎中華伯不遇》首云："天寧寺裏訪詩仙。"可知汝弼愛慕卞榮詩才。二人以詩往來甚多，此首外，還有張世綏本《詩集》卷三《題枯木竹石次卞華伯韻》等。

蔣悦，字仲學，宜興人。史傳無徵。張弘至本《文集》卷二《竹梧書舍記》："今年獲會蔣悦仲學于京，乃義興之世家也，就而訪其詳焉。"按，義興爲宜興古稱。此記當爲汝弼在京初會蔣悦時所作。又蔣悦在京時，時有名士大夫前往其席上唱和聯句，《卞郎中詩集》卷三有《上舍蔣仲學席中次韻十首》，其中六首分贈奚元啟、蔣仲學、顧廷瑞、楊琛、徐泰。

奚昌，見天順四年譜。

本年，李廷韶拜真定府欒城教諭，未幾卒，汝弼素重其文行，又與其弟延美交往頗深，故爲作哀辭。

張弘至本《文集》卷三《哀李欒城辭並序》："欒城典教李廷韶，天順己卯，與弟廷美以《禮經》同領鄉薦，癸未，拜欒城之命，止以一力自隨。未幾卒，年甫三十耳。廷美哭之悲。予素重其文行，哀之以辭，曰……"

按，萬曆《福州府志》卷十八《人文志·選舉·國朝鄉舉·天順三年己卯楊琅榜》："（府學）李廷韶，《禮記》，字廷韶。欒城教諭。"又據哀辭序言，本年李廷韶拜欒城教諭。既云"未幾卒"，則事當在本年或稍後，姑繫於此。

張弘至本《文集》卷五李廷美撰《墓祭文》有句云："嗟嗟汝弼，今也則亡，廷美等皆莫逆友也。"張世綬本《文集》卷三《跋米元暉畫後》有句云："蘇州守吾至友三山李君廷美得而珍藏之。"汝弼有《答李秋官廷美》《李廷美過以右軍覥予用韻自嘲》《送李衡州》等詩，皆爲李廷美而作，由此可知二人相交頗深，相識時間今不可考。

萬曆《福州府志》卷十七《人文志·選舉·國朝進士·天順四年庚辰王一夔榜》："（閩）李廷美，字廷美，廷韶之弟。刑部郎中。以忤汪直外謫，官終蘇州太守。篤於交誼，肯面折人過，與游者皆憚其嚴。"

吳寬屢試應天不利，本年以歲貢入太學，汝弼見之，曰："天下亦有如此貢士也哉！"

王鏊《震澤先生集》卷二十二《資善大夫禮部尚書兼翰林院學士贈太子太保謚文定吳公寬神道碑》有句云："公諱寬，字原博。世爲蘇之長洲人……公生有異質，未冠入郡庠，輩流方務舉業，公獨博覽群籍，爲古文詞，下筆已有老成風格。屢試應天不利，以歲資貢入太學。東海張汝弼見之，曰：'天下亦有如此貢士也哉！'江陰卜郎中華伯有'低頭拜東野'之句。武功伯徐公高邁少可折節與交，曰：'館閣器也。'"吳榮光《歷代名人年譜》卷九"天順癸未七年閏七月"欄："吳匏庵入成均。"

吳寬，字原博，長洲人。成化八年進士第一甲第一名，授翰林院修撰，歷官詹事府少詹事兼翰林院侍讀學士，擢吏部侍郎，掌詹事府，入東閣，敕進禮部尚書。年七十卒於官，贈太子太保，謚文定。寬行履高潔，不爲激矯，而自守以正。於書無不讀，詩文有典則，兼工書法。傳見《明史》卷一百八十四。

侯丕陞翰林檢討，汝弼有詩賀之。

張世綬本《詩集》卷三《賀侯博士陞翰林檢討》："攤書獨坐綠槐陰，忽報侯芭擢翰林。鳳闕承恩春浩浩，虎闈談道晝沈沈。諸生總是青雲器，四海爭傳《白雪吟》。東閣絲綸應入手，未容華髮滿朝簪。"

按，據《皇明太學志》卷十一《人材上・博士》："侯丕，浙江臨海縣人，由舉人歷教諭任。天順七年進翰林檢討，仍兼前職。"景泰至成化年間北監侯姓博士僅有侯丕一人，故侯博士即侯丕，賀詩當作於本年。

康熙《臨海縣志》卷五《選舉志・正統三年戊午科》："侯丕，字仲謨。中順天鄉試。歷國子博士，陞翰林檢討。"

本年，楊塤以戍伍之夫，不畏錦衣衛都指揮門達之怙寵驕橫，爲袁彬伸冤。汝弼有《楊義士傳》記其義事。

張弘至本《文集》卷二《楊義士傳》："天順間錦衣衛都指揮門達怙寵驕橫，凡忤之者，輒嗾睨卒潛致其罪，逮捕考掠，使無詰證，莫可反異。由是權傾一時，言者結舌。其同僚袁彬質直不屈，乃附以重情，考掠成獄，内外咸冤之，莫或敢發也。京城有楊塤者，戍伍之餘夫也。素不識彬，而爲之上疏，曰：'正統十四年，駕留虜，廷臣悉奔散逃生，惟袁彬一人特校尉之役，乃能保護聖躬，備嘗艱苦。及駕還復辟，授職酬勞，公論稱快。今者無人奏劾，卒然付獄，考掠備至，罪定而後附律。法司雖知其枉，豈敢辨明？陷彬於死，雖止一夫，但傷公論，人不自安。乞以彬等御前審錄，庶得明白，死者無憾，生者亦安。臣本一芥草茅，身無祿秩，見此不平，昧死上言。'遂擊登聞鼓以進，而仍送衛獄，而達因是欲盡去異己者，乃緩塤死，使誣少保吏部尚書華蓋殿大學士李賢指使，塤佯諾之，達遂以聞命中貴會三法司鞫於午門前，塤乃直述所言皆由己出，於賢無預。達計不行，而彬猶降黜，居第盡毀。未幾，英宗升遐，言者斯劾達罪，舉塤事爲證。達謫死南丹，彬復舊職，而代達總衛事。成化初，脩《英宗實錄》，稱'義士楊塤'云。……華亭張弼論曰：義者無所爲而爲，合天下之公論者是也。使雖公論，發之以私，則其中已不義矣。若塤者於彬無恩，於達無隙，又非言官，以圖塞責也。特以公論所激，挺身以突虎口，其不死者，幸也。勇於行義何如哉？然此公論具人面目者皆能知之，而高冠長裾、號稱科第人物者，乃低徊浼忍，甘爲之掃門捧溺，無所不至，而靦然自得，誇謼於人，何利害之移人乃如是其烈耶？聞塤之風，亦可少愧矣。予來京師，國子祭酒鄉先生陳汝同曰：'楊塤，真義士也，吾欲爲之作傳。'先生没而傳未作，弼故補之，不特爲塤計也，庶亦勵世之頑鈍無恥者云。"

按，此傳作於成化年間。據《國榷》卷三十三，楊塤爲袁彬伸冤事在本年十一月，時汝弼在京，當有耳聞，姑繫於此。傳中所及國子祭酒鄉先生陳汝同即陳詢，據《明英宗實錄》卷三百十二："（天順四年二月）辛未，致仕國子監祭酒陳詢卒。"則楊塤爲袁彬伸冤之事在陳詢身後，汝弼作文既爲"勵世之頑鈍無恥者"，此處或借國子監祭酒陳詢之名以引導世人。

本年前後，就所聞楊維禎之別號、寓所等題於《鐵崖先生傳》後，致景仰之意。

張弘至本《文集》卷四《書鐵崖先生傳後》："鐵崖先生雖出自會稽，而寓吾松之日最久，遺稿最多，故没垂百年，而松之稍識文字者，罔不能道先生之名。然謂其爲'邊上梅'，則所未聞也。豈'邊梅'乃先生家居時所號，而特行於會稽諸郡耶？在松所書'鐵崖'之外，有鐵雅、鐵笛、鈇史、鐵龍精、鐵仙、鐵龍仙伯、老鐵、東維子、抱遺老人之號不一，如香奩詩等則書'桃花夢叟''錦窩老人',此又因事而偶筆,固非常號也。常號不脱一'鐵'字,雖各有所因,亦豈不以胸中之錚錚烈烈者有似之乎?故其隨所寓而署其所者亦不一,如小蓬臺等亦皆泯迹,獨草玄樓尚在郡中迎仙橋之西,不知幾易主,而今爲朱氏之居。然嘗詢諸故老,皆不知先生之後果何如也。今年予以會試寓京,而其族孫豹亦由貢而至,適得見其所裒《鐵崖傳贊》諸作,因識。"按,此文末葉爲補版,據周文儀本,末句於"諸作"後作"再拜捧讀,因識所聞於後,以致景仰之私云。"

按,鐵崖先生即楊維禎,號鐵崖,紹興山陰人,元末詩人,晚年徙居松江以終老,傳見《明史》卷二百八十五。汝弼此跋當作於京城,時楊維禎之族孫楊豹"由貢而至"。楊豹生平不詳,然檢萬曆《紹興府志》卷三十一《選舉志·歲貢·天順年·諸暨下》列陳貴等八人,楊豹名列第七,則當於天順末年貢入北京國子監,汝弼本年適以會試寓京,或能與之相見,姑繫於此。

爲松江周庠雙親作《雙壽堂銘》。

張弘至本《文集》卷二《雙壽堂銘(並序)》:"勅封中書舍人周先生與太孺人胡同享高壽,遂以'雙壽'名堂。……若中書公之伉儷偕老,榮享禄養,亦其徵也。其子太僕寺丞庠禁直之暇,屬弼銘其堂,以祈二親遐福,以昭聖上恩意,以垂無極。弼謹拜手而銘之。"

按,正德《松江府志》卷十六《第宅》:"雙壽堂在菁涇,光禄少卿周庠奉親之所。"正德《松江府志》卷三十一《人物》:"周溥,景泰乙亥以子庠貴封中書舍人,加贈光禄寺少卿。"《明英宗實録》卷三百二十七:"(天順五年夏四月)乙酉,陞中書舍人周庠爲太僕寺丞,仍于文華殿辦書,以九載考滿也。"《明憲宗實録》卷三十五:"(成化二年冬十月)丁巳……陞太僕寺寺丞季淳、周庠俱光禄寺少卿。"據此,"勅封中書舍人周先生"即周溥,配胡氏。生子周庠。周溥封中書舍人在景泰六年,周庠任太僕寺丞在天順五年至成化二年。又銘文云"其子太僕寺丞庠禁直之暇,屬弼銘其堂",知此銘作於京師,則祇可在天順六年至成化二年間,姑繫於此。

周庠,字尚文,松江人。其父溥,號樂閑,居京師時育德果行,能修文學。母胡氏,亦以知書外聞。娶華亭沈粲之女,傳外家筆法,以能書被召,累陞光祿寺少卿。(參見嘉慶《松江府志》卷七十七《名蹟志》"光祿周庠宅"下所引岳正詩序。)

【時事】二月,會試,貢院起火,燒死舉子九十餘人。四月,復遣宦官督蘇、杭織造。

明英宗天順八年甲申(1464) 四十歲

五月,俞藎偕友潘琚夜過汝弼之邸索詩,俞藎自號"葵軒",汝弼作《葵花歌》,冀盼其爲忠良之臣。

張弘至本《詩集》卷四《葵花歌》序:"桐廬俞藎廷臣,今甲申進士也。嘉葵之傾陽,自號葵軒,偕友潘廷用夜過予邸索詩。予歆躍張燈,呕書以復,即指葵爲忠臣。葵不復言,或曰渠號因其名耳。予則曰:'是心也,臣所當盡,弗名則弗爲邪。'雖然,號之則易,副其實良不易耳。鄙言無足重輕,滄浪之歌在所取也。"歌中有句云:"俞郎作官秉丹衷,乃栽此葵繞書屋。讀書企仰伊傅儔,誓不隨時徒碌碌。平生心事一毫欺,見此葵花顏忸怩。嗚呼!作忠良不易。大聖周公方盡之,霍光慎畏功蓋世,一旦自營功盡棄。嗚呼!作忠良不易,莫因富貴移初志。"

按,俞藎爲天順八年進士(據《天順八年進士登科錄》),序既言"今",則《葵花歌》當作於本年。其末句云:"年年五月來薰風,葵花笑人何時窮。"故繫此詩於本年五月。

俞藎,字廷臣,桐廬人。天順八年進士,拜監察御史,出按真定等府，按江西九江，擢知茶陵，又知六安州，擢知鄖陽。遘疾，乞致仕，歸卒，年五十五。平生博學工詩，尤工書，深得晦翁筆法。（據《本朝分省人物考》卷五十五《俞蓋》。）

潘琚，字廷用，金華人。天順八年進士，爲俞蓋同年。官至刑部郎中。（據雍正《浙江通志》卷一百三十一《選舉九·進士·天順八年甲申科彭教榜》。）

與李庭芝、李應禎、徐溥等飲酒而醉，醉後作書，發其天趣，又戲題"既醉"於蔣悅軒壁，蔣悅因名其軒，汝弼作文記之。

王傲《思軒文集》卷十一《書既醉軒卷後》："汝弼飲時用所，與題仲學軒壁，時獨應禎、瑞卿在，予與華伯、維新雖同在京師，而不與會。然而汝弼作記賦詩，乃屢及焉，相厚之道也。……汝弼飲量最少，飲數合輒醉，醉輒舉筆作行草，累數十百紙，愈作愈奇。豈善書者必待酒以發其天趣，如往時顛長史、狂僧之徒之通神入妙者哉？時用、維新、應禎、瑞卿與予亦皆不善飲，華伯雖善飲亦不易醉。然汝弼至必呼酒與飲，吾輩亦強與俱醉，然後伸紙濡墨，以觀其書，得輒藏以爲榮。然則吾輩既意不在酒，尚何酒過之足戒哉？汝弼作記之明年，予遂來南京。"陸簡《龍皐文稿》卷五《既醉軒銘》序云："同年張駕部汝弼與土［玉］山令蔣仲學氏飲酒而醉，戲書於壁，曰'既醉'。仲學好事，請因名其軒。論説之者數十家，充類至義之盡，覽者可以見文人之能言。"

按，陸簡《龍皐文稿》卷六《題張汝弼所跋既醉卷後》云："弘治庚戌夏六月，仲學北游至京師，過既醉故廬，重有感焉，爲申前請。"則既醉軒爲蔣悦在京寓所。王傲云"汝弼飲時用所，與題仲學軒壁"，此二句未必指同一事。時用即徐溥，字時用。汝弼嘗與之同邸，又時常同游，交情甚密。（張弘至本《詩集》卷二《寄徐時用》有句云："同邸每同游，別來俱白頭。"）仲學即蔣悦。又云："汝弼作記之明年，予遂來南京。"此"記"當指汝弼所作

《既醉軒記》，今不存。據《明憲宗實錄》卷十五："（成化元年三月）己巳，陞左春坊左庶子兼翰林院侍講王㒜爲南京翰林學士"，則汝弼作記當在本年。又本年九月，李應禎、李庭芝南還（詳下文），則既醉軒之雅集當在此前，姑繫於二人南還條前。

又按，汝弼不善飲酒而易醉，又邀友朋同飲陪醉，醉後於衆人前伸紙作草書，發其天趣，則其醉飲狂書似有表演性。

九月既望，作《送李瑞卿南還序》。時李應禎、李庭芝應吏部銓選，而得告南還，汝弼以充、容爲告。

張世綬本《文集》卷一《送李瑞卿南還序》："今年二子皆待選天官，而得告南還，予獨留京，將別，咸欲贈言。予素不能爲世俗相諛悅之言，二子亦不以是望我也。乃告應禎曰充，告瑞卿曰容。夫容人者容于人，窘人者窘于人。君子容人，無求容于人。寧窘于人，無窘人。海匯百川而不盈，川日歸海而或溢，容與不容也。瑞卿以容自克，善充則宏，宏則著，著則動，動斯成。善不著，與不善幾。與不善幾，而少不自力，則入于不善，順流而舟挾之以風也，應禎以充自勵。雖然，瑞卿而充則容矣，應禎而容則亦充矣。所愧弼乃北轅太行以適越，且指人以途者也。二子將以徒言廢耶？將容我耶，亦將充我也？毋徒右我也。歲月流邁，志業荒墮。言則激心，行則鋼俗。弼恐溺焉，終弗克濟矣。方賴二子援之，而又別去，四顧索然，將獨抱遺經，問古人所以處我者何如耳。二子歸，明年胥會于此，共有以考成也。天順八年九月既望張弼書。"

按，李應禎、李庭芝皆未登進士第。文林《文溫州集》卷九《南京太僕寺少卿李公墓誌銘》："公諱應禎，字貞伯。……會試禮部，中乙榜不就，卒業太學，文名日盛。"《明憲宗實錄》卷二十三："（成化元年十一月）癸酉，選……監生張駿、戴曦、沈瑜、李應禎俱陞爲中書舍人。"《明史》卷七十四："大約舍人有兩途：由進士部選者，得遷科道部屬；其直兩殿、兩房舍人，不必由部選，自甲科、監生、生儒、布衣能書者，俱可爲之。"李應禎於明年授中書舍人，李庭芝於成化初任弋陽縣令（見成化五年譜），則汝弼云"待選天官"，當指二人準備以舉人身份直接做官。

冬，劉子鍾拜湖廣參議，顧能爲寫竹一幅，汝弼題詩其上。

張弘至本《詩集》卷四《題竹》序曰："玉田劉子鍾拜湖廣參議，潞河解后戶部副郎遼陽顧宜用，爲寫此圖，致寮寀舊好。予遂書其實歸之。"詩曰："劉郎不作桃花夢，胸中秀氣何湞洞。公暇時時露一斑，腕指所到清風動。霓裳霞袂不沾塵，玉節翠旗同跨鳳。洞庭野潤天陰陰，湘浦波寒雲溕溕。扁舟載月歌月明，半窗環珮聲相送。箇中真趣祇自知，苦求形似俱庸衆。大笑前朝李息齋，俗筆刻鏤堪覆甕。九龍山人真我師，太常清卿應伯仲。城東解后顧虎頭，平生三絕人猶重。鵝溪鞿材白雪光，徂徠松爐玄雲凍。脫袍解帶寫遺之，一醉酒錢三月俸。揭來示我索我題，局束詩懷空唸喏。小窗短燭理枯桐，竹枝謾撫《江南弄》。"

按，《明憲宗實錄》卷十一："（天順八年十一月）癸丑……陞工部員外郎劉子鍾爲湖廣布政司佐參議，專撫治荊襄、漢陽流民，從巡撫都御史王儉之請員外置也。"又據詩中"鵝溪"一聯，其赴任似在本年冬季。"城東解后顧虎頭"即序中所言劉子鍾於潞河邂逅顧宜用。劉子鍾，字廷振，貫山東兗州府東平州。"玉田"或爲其祖籍郡望（《雁門集》序有款云"成化二十一年……賜進士第朝列大夫致仕參議寓古兗玉田劉子鍾廷振謹書。"）正統七年進士，初授戶部主事，陞湖廣布政司參議。參見《正統七年進士登科錄》及《楊文懿公文集》卷十二《送湖廣參議劉君序》。

嘉靖《遼東志》卷六《人物志》："顧能，宜用。定遼前衛人。性直而剛，與人寡合。由進士授戶部主事。有清操，一生不受一錢。……遂陞本部員外郎，將大用，至京卒。成化初，選天下清官四員，能居都御史楊繼宗之次，憲廟刻其名于便殿金柱之上，時尚寶卿郭宗進所刻圖書，見之，傳其事於鄉人，曰：'吾輩做官，焉能到此？'"

本年前後，同鄉王桓《雪航稿》成，汝弼有序，言其措意鑄辭，動合矩矱。又請楊守陳作序，守陳久未作，汝弼乃徑造其舍，坐等其序。

張弘至本《文集》卷一《雪航稿序》："雲間之文，二陸名世。晉室平吳，亦推稱之，不已盛乎！自後作者，代頗有人。……雪航蚤欲有爲，學無不講，出游兩都，名動縉紳。與之論事，悉中肯綮。故冢宰蕭山魏公驥亟稱其有仕材，非苟言也。落魄不偶，而以詩鳴，夫豈其得已哉？然其措意鑄辭，動合矩矱，不爲叫呼吒咤之豪、寒酸唧嚶之陋、掇拾摹擬之工、雕鏤剔抉之巧。蓋欝其疏遠之才而發之於詩，其勢自爾也，其不可與諸前輩差肩接踵而並傳耶？……"

楊守陳《楊文懿公文集》卷十二《東觀稿》之《雪航稿序》："鄉貢士華亭張汝弼雅與余善，嘗持其鄉人王公玉所爲詩什曰《雪航稿》者，請余書其端。更四三載未之書。一日日高舂，汝弼造余申請語，往復良久，觴之不怡，几之不燕，載言曰：'自余之有是請也，屨半弊於先生之門，言屢食於公玉之簡矣。幸矜而惠之在今夕，不然，敢侍坐以逮旦。'遂伸紙涉筆，促余書。余弗獲已，乃索前詩與之評。"

按，《楊文懿公文集》中《東觀稿》位列卷六至卷十五，卷六卷端"東觀稿"下有小字注曰："起己卯天順三年，盡丁亥成化三年，自三十五歲至四十三歲所作。"大體按時間先後編排。《雪航稿序》爲《東觀稿》第七卷第一首，其前二首即《東觀稿》第六卷倒數第二首爲《送劉君仗和赴浙江憲副序》，應作於天順八年（據《明憲宗實錄》卷八，劉釪（字仗和）於是年由監察御史陞浙江按察司副使）。則汝弼之序當作於天順八年前後，姑繫於此。汝弼自少年起即與父執王桓定交，詳見正統五年譜。

楊守陳，字維新，浙江寧波府鄞人。景泰二年進士，改庶吉士，除翰林院編修，歷侍講、洗馬，進侍講學士，再進少詹事，擢吏部侍郎。卒贈禮部尚書，諡文懿，有《晉庵》《桂坊》《鏡川》《東觀》《金坡》《銓部》等集。傳見《明史》卷一百八十四。汝弼與守陳相交甚深，張弘至本《詩集》卷一《酬楊編脩維新》有句云："抗走京華塵，款曲謝知己。素心爲我傾，瑤琴爲我理。言別川塗長，夢寐相汝爾。"

評童軒《清風亭稿》，云其詩工緻。

童軒《清風亭稿》卷端題："門人蘭溪儒學訓導李澄編集，翰林侍讀青齊劉翊、進士華亭張弼評，雲南按察司僉事四明俞澤重評"（見圖4），則汝弼評《清風亭稿》應與劉翊評時間相當，而在俞澤重評之前。汝弼既稱"進士"，其時似尚爲舉人，或登第後尚未授予正式官職。《明憲宗實錄》卷二："（天順八年二月）庚子……賜敕陞……中允孫賢、劉翊，贊善牛綸俱太常寺少卿兼翰林院侍讀。"則劉翊自天順八年二月始可稱"翰林侍讀"，汝弼評詩亦當在此後，及成化三年正式授官（詳該年譜）之前。本年童軒尚在京城任户科給事中，明年即左遷壽昌知縣（見下年譜），故汝弼得其詩稿細加評點，以本年最爲可能，姑繫於此。《清風亭稿》卷末曹安《清風亭稿序》："進士陶□□□序其雄渾清雅。武選張公汝弼稱其工緻，而太常卿學士劉公叔溫又歷評其所長，固無間然矣。"

又按，《清風亭稿》中凡劉翊、俞澤所評皆以雙行小字排於詩後，且分別冠以"劉評""俞評"，其餘以"評曰"爲標誌者或即爲汝弼所評。今該本《清風亭稿》中有乙酉（成化元年）、戊子（成化四年）、庚寅（成化六年）年所作詩文，皆在本年之後，然其後均無評點，則當爲汝弼評點之後所增益者。

張弘至本《詩集》卷二有《書童志昂詩後》，或亦作於此時，姑錄於此："雪貌霞裾一美人，衹將遺珮寄情親。湘皋有路無由見，幾

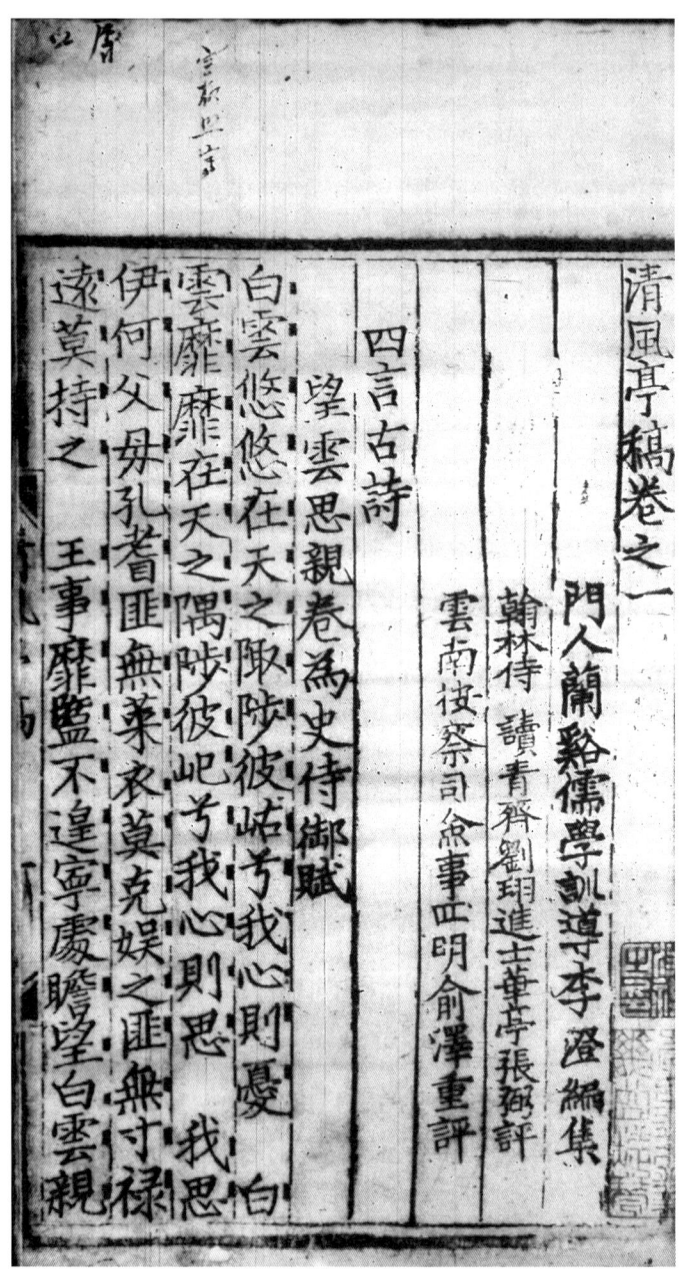

圖4 童軒《清風亭稿》 明成化刻本 中國國家圖書館藏微縮膠捲
原書藏臺北"故宮博物院"

度東風草自春。"

童軒，字士昂，江西鄱陽人，僑寓南京。景泰二年進士，除南吏科給事中，改户科，進都給事中，謫壽昌知縣，擢雲南提學僉事，進太常少卿，再進本寺卿，擢右副都御史，總制松潘軍務，進南吏部侍郎，再進南禮部尚書。卒贈太子少保。有《清風亭稿》《枕肱亭文集》等。參見《明武宗實錄》卷一三四"弘治十一年二月乙酉"條。

與卞榮、奚昌皆以詩名於京師。汝弼尤長於紅同韻詩，和者甚多。奚昌動輒以徐爲韻，汝弼嘗作《訓奚元啟》詩六首，皆徐韻也，又以小草書之。

陸釴《春雨堂稿》卷一《送思南太守邵文敬序》："癸未甲申間，京師以能詩名者，江陰卞郎中華伯，姑蘇奚進士元啟，華亭張太守汝弼。華伯在京師久，其詩遍於四方；汝弼有紅同韻詩，和者以百數。元啟則動以'徐'爲韻，凡酬謝送贈羈愁旅思有可言者悉依之，余嘗謂之'奚徐'。"按，陸釴既云"癸未甲申間"，汝弼所歷癸未、甲申年僅有上年與本年，姑繫於此。

按，汝弼所作紅同韻詩，如張世綬本《詩集》卷四《題芭蕉》二首："穠綠叢中吐茜紅，直從盛夏到深冬。于今始信王維畫，能寫當時雪裏容。""休説高臺月與風，芭蕉花發半年紅。也能粧點庭中草，都在濂溪意思中。"又張弘至本《詩集》卷二《胡陵城》："漢楚英雄逝水東，蕭蕭荒壘幾秋風。金戈鐵馬酣争地，付與尋常負耒翁。"卷三《宜興好寄弋陽尹李端［瑞］卿兼柬諸公》其二："故人宦轍各西東，欲到荊南恐未逢。地主何須尋李尹，洞名元是屬張公。紅灰酒美衣須當，紫竹筍肥詩自工。有箇墨翁應識我，謾憑醉筆記行蹤。"《松風餘韻》卷二十六《寄荊溪諸友》："茶芽香碧竹菇紅，陽羨溪山夢寐中。寄語游人休浪占，洞名原是屬張公。"以上諸詩創作年月不詳，姑録於此。與汝弼唱和詩中用紅同韻者，有程敏政《篁墩程先生文集》卷七五《次同年張汝弼韻贈錦衣林公》、吴寬《匏翁家藏集》卷八《次韻張汝弼見寄》等。

又張弘至本《詩集》卷三有《誚奐元啟》四首，《停雲館法帖》卷十《張東海書》則録汝弼小草詩六首，其中含張弘至本《誚奐元啟》四首，其後二首與前四首同以"徐"爲韻，六首後有跋云："元啟先生以諸名公倡和之作索和，黽勉如右。所愧作者既衆，弼亦不能一一盡讀，能無雷同剿說乎？一笑而賦之，覆瓿乃可耳。友弟張某頓首。"今存汝弼書法多爲晚年之作，小草並不多見。《誚奐元啟》六首雖無明確繫年，然奐昌以徐韻詩聞名京師當在本年其後，其卒在成化七年，則《停雲館帖》所刻可作汝弼中年書風之代表。

楊昕卒。

據柯潛《竹巖集》卷十六《壽光知縣楊君墓誌銘》。

【時事】正月，英宗朱祁鎮卒，太子見深即位，是爲憲宗。二月，補錦衣指揮僉事門達，流放廣西。三月，毀錦衣衛新獄。十月，立武舉法。本年，松江海溢，民饑。

明憲宗成化元年乙酉（1465） 四十一歲

二月望，卞榮將歸江陰，汝弼過其寓所，跋其詩集。

卞榮《卞郎中詩集》卷末張弼《跋卞郎中詩集後》（圖5）："成化元年二月望，蘭軒先生將趣裝歸江陰，弼適過其寓所蔣仲學之既醉軒，得讀先生平日所著詩，猶飫我以瓊漿珠糜，殆不可以言盡其味也。三嘆敬服，書此以識。"

按，此云"蘭軒先生"，而今卞氏傳文中未見云其號蘭軒者，其另一別號"蘭堂"更爲常見，《卞郎中詩集》卷首寧良《卞郎中詩集序》："蘭堂詩各體凡若干首……"《千頃堂書目》卷十九載"卞榮《蘭堂集》七卷"。此跋既附於《卞郎中詩集》之後，則"蘭軒先生"即指卞榮。檢《古今名扇録》中有卞榮《采芝亭主者再

年譜　明憲宗成化元年乙酉（1465）　四十一歲　109

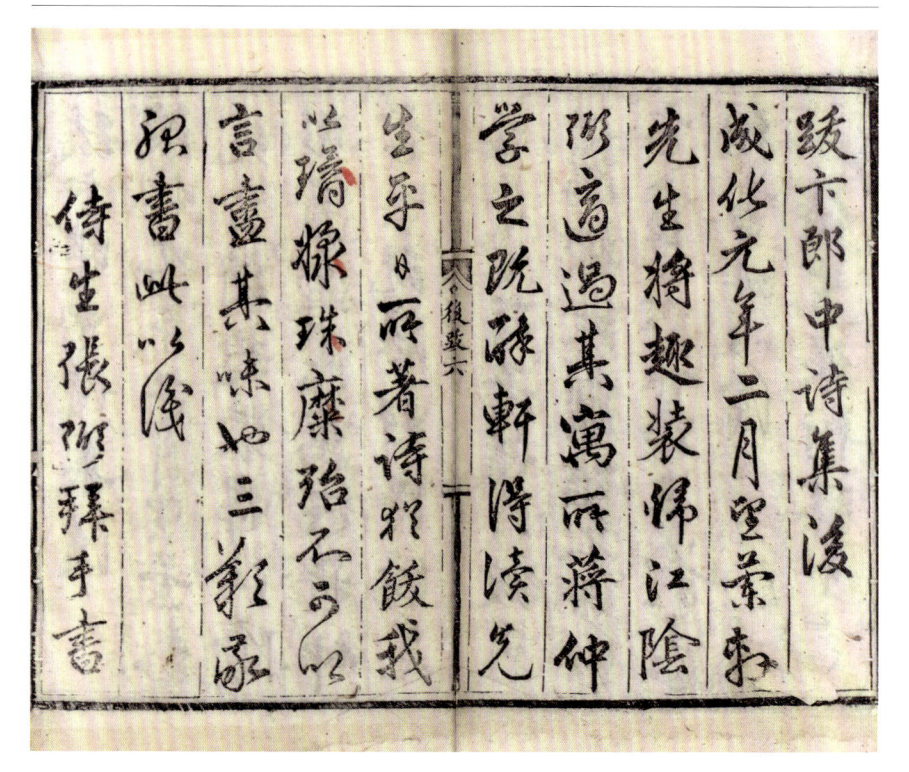

圖5　張弼《跋卞郎中詩集後》
見《卞郎中詩集》　明成化十六年吳縱刻本　南京圖書館藏

題》，款"江陰卞榮"後有小字"蘭軒""華伯"等，應爲印章釋文（卞榮字華伯）。據此，卞榮或亦有"蘭軒"之號也。

秋，國子監祭酒司馬恂乞假歸省，諸生雲會都門送别，汝弼作《瑞龍吟》，贊其忠孝兩全，寄欽佩祝福之意。

張弘至本《詩集》卷四《瑞龍吟·送司馬祭酒省親》："秋光好，正遇月窟香清，天街凉早。諸生雲會都門，斯文宗主，今朝出道。爲親老，常念承顏無便，陳情有表。天恩暫許南歸，捧觴戲綵，增延壽考。　金帶緋袍趨拜，古今如此從來少。司馬相公曾孫，全盡忠和孝。越山溧水，千載相輝耀。娱親暇，松風蘿月，幽情傾倒。祇恐丹山鳥，口啣一紙天風曉，催入蓬萊島。東閣下還，將絲綸來草。爕調二氣，萬年熙皞。"

按，自景泰至成化年間，司馬氏任祭酒者僅有司馬恂。《明憲宗實錄》卷二："（天順八年二月）庚子……賜敕陞……詹事府少詹事司馬恂兼國子監祭酒。"同書卷十五："（成化元年三月）戊午，以視學禮成。國子監祭酒司馬恂率學官諸生上表謝恩。"同書卷三十二："（成化二年秋七月）辛巳……詹事府少詹事兼國子監祭酒司馬恂卒。恂字恂如……乙酉，以登極恩命兼國子祭酒，以父老乞假歸省，還卒。"據此，則司馬恂當卒於歸省還京途中或至京後。其於成化元年三月尚在京城，而汝弼詞作於秋季，則其以國子監祭酒之身份歸省祇能在天順八年秋或成化元年秋，姑繫於此。詞中"司馬相公曾孫，全盡忠和孝""幽情傾倒"之語極盡欽佩之情，"爕調二氣，萬年熙皞"又飽含祝福之意。汝弼與司馬恂之交往今似僅有此《瑞龍吟》可參，汝弼或於游太學時從師之，並有感於其爲人風度。

《明史》卷一五二："司馬恂，字恂如，浙江山陰人。正統末，由舉人擢刑科給事中，累遷少詹事。憲宗立，命兼國子祭酒。卒贈禮部左侍郎。恂強記敦厚，與物無忤，居官無所表見。"

冬，與山僧飲於寺中。時有二子在旁，皆能詩。汝弼以詩和邢讓。

張弘至本《詩集》卷一《和邢修撰遜之》："老甕浮醅半猶凍，飲懷便欲吞雲夢。故人可奈公府忙，杯盤且與山僧共。大郎小郎俱能詩，惹我翩然高興動。氣含蔬笋湯惠休，語帶烟霞李供奉。充厨幸賜四方珍，買炭便拚三月俸。酒寒已命阿宣溫，盤重須教阿舒捧。家人竊咲驚且疑，今朝也作彌陀供。誰識詩僧作俗流，十年道誼交情重。參廖不負六一知，佛印偏同老坡閑。數杵鐘聲催客歸，踏雪長安馬蹄送。"

按，據《明憲宗實錄》卷十五："（成化元年三月）癸丑，陞翰林院……檢討邢讓爲修撰，以各官九年滿也。"卷三十三："（成化二年八月）壬戌，陞翰林院修撰邢讓爲國子監祭酒。"則邢讓任修撰在成化元年三月至成化二年八月間，據詩中"酒寒""踏雪"之語，當爲冬季所作，故繫於本年。詩中有"杯盤且與山僧共""誰識詩僧作俗流""數杵鐘聲催客歸"之語，推測汝弼此詩作於北京寓所慶壽寺（詳下文）。

阿宣、阿舒本爲陶淵明之子，此似指隨汝弼在京之子。時汝弼已有三子：弘正、弘宜、弘至。弘至僅四歲，尚不能侍以溫酒、端盤。則此二子或即弘正、弘宜（十三歲）。

童軒左遷壽昌知縣，汝弼賦題竹詩贈之。

張弘至本《詩集》卷一《題竹贈童志昂黃門出補壽昌尹》："空梁兮有罝，周道兮有阻，眷清風兮兩土。睇篁村兮草莽，爗若木兮伊誰與伍？翩翠旂兮翔舞，控重華兮何所，中躊躇兮悵千古。"

按，"黃門"爲給事中古稱（據《稱謂錄》卷十四《給事中古稱》）。嘉靖《壽昌縣志》卷四《宦蹟》："童軒，鄱陽人。由進士授户科給事中，成化元年左遷壽昌知縣。"童軒《清風亭稿》卷八《題墨蘭》叙云："歲乙酉冬，予謫官壽昌，邑庠徐生雋出此圖以索詩。"故童軒由户部給事中改壽昌知縣當在本年冬（參見《沈周年譜》第77頁），汝弼賦詩亦當在此時。

本年，王㒜陞南京翰林學士，汝弼賦詩一首，又有序爲之贈行，並薦南京李應禎。一日睡起，又爲作草書《梯雲樓歌》。

張弘至本《文集》卷一《送學士王先生之南京翰林院序》："毘陵王先生廷貴拜學士之命之南京翰林，聞者咸以斯任優游恬曠，若在風塵物表，所謂吏隱者也。弼竊以原荼豐芑、岐鳳囿麟待以發舒於咏歌者，蓋有年矣。今先生往履其地，撫其迹，質其事，仰聖謨之淵弘、左右之忠藎，而所以篤無疆之基業者，不於此時而述之，將何俟乎？……況南京之職文事者，惟先生而已。少暇，則應四方之求，銘功焯以垂金石，亦所以著國家之盛治於攸久也。先生何能自暇哉？有鄉進士李應禎者，生長於南都，好古博洽，百年之迹，頗言之有據。先生敘述於咏歌間，其亦容贊一辭乎？弼辱先生之知，於斯行，不敢徒羨先生之暇也。尚聽雅、頌之音，洋洋盈耳，駕皇明於成周之上矣。先生何暇自逸哉？"

張世綏本《詩集》卷三《送王廷貴掌南京翰林院事》："白玉堂中偉丈夫，獨攜文印向南都。百年禮樂歸編帙，四面江山入畫圖。李白酒船乘月汎，謝安棋局掃雲鋪。八磚花影休高枕，綸閣相將屬大蘇。"

故宮博物院藏張弼草書《梯雲樓歌》："君不見，運甓翁，夢生八翼凌剛風，便欲飛閶天九重。九重深嚴不容入，閽卒怒叱轟霹靂。舉杖一觸之，勁翩頓時戢。安得知，青雲自有梯，一級一級堪攀躋，直上太虛八十四萬里。登登周道懸紫霓。王夫子，真絕奇。更作層樓接上梯。道我登者孔與姬。由賜夾我腋，遷固攝我齊。子雲相如捧我足，信步凌躐風纚纚。十載不停足，兩足幾成胝。行行忽至梯之極，下視九州一丸泥。……而我有綸綍，付汝悉掌之。上與日月增光輝，下與華夷掃粺粃。姬孔事業令汝爲。王夫子，真奇絕。梯雲之樓兀立天地間，四海蒼生瞻巍嶪。咳唾隨風落半空，爭持錦囊收玉屑。噫嘻悲哉！九曲迷樓貯歌舞，豪華都飼晉陽虎。建章宮館候群仙，劉郎終歸茂陵土。何如王夫子梯雲樓，烈烈功名震千古。右是歌爲翰林學士王廷貴先生作，日長睡起，提筆適興。汝弼。"（《中國古代書畫圖目》第二十册京1-1056，詩亦見於張弘至本《詩集》卷四，題爲《王內翰梯雲樓歌》。）

按，《明憲宗實錄》卷十五："（成化元年三月）己巳，陞左春坊左庶子兼翰林院侍講王㒜爲南京翰林院學士。"卷八十九："（成化七年三月）甲午……陞南京翰林院學士王㒜爲南京國子監祭酒。"據此，王㒜任南京翰林院學士在本年三月至成化七年三月間。汝弼之序，當在王㒜受命不久之後作。《梯雲樓歌》雖未題年月，然據詩意，似賀王㒜之陞任，則當作於本年三月之後，故並錄於此。又《明英宗實錄》卷三百五十七："（天順七年九月）己卯，陞翰林院編修王僖爲本院侍講，以任滿九年故也。"翰林院編修爲王僖初授官職，至天順七年任滿九年（丁憂三年不計），至本年已過十載，與詩中"十載不停足"之語相合。此點於龍德俊所撰《明代早中期松江草書研究——以張弼爲中心》已揭示，可參閱。故該詩作於本年最有可能。李應禎爲汝弼摯友，於天順八年南還（詳上年譜），王僖此次赴任，或能與之相見，故於贈序中及之。

王僖，字廷貴，武進人。景泰辛未第三人及第，授編修，遷侍講，陞春坊右庶子，改南翰林學士，進國子祭酒，擢南吏部侍郎，召爲户部侍郎，進南户部尚書，尋進南吏部。卒贈太子太保，諡文肅。有《思軒文集》存世。參見《明孝宗實録》卷一百"弘治八年五月甲辰"條。

徐泰以嫌授羅田令，汝弼作序，以忠厚、正直、勤果爲贈。

張弘至本《文集》卷一《送徐士亨知羅田序》："景泰丙子歲，京闈大比，學士劉文介公儼司黜陟，士亨名在第一。以文介之公忠，二憸人負權力，欲私其子而不得，乃誣曰：'泰乃江南鉅家，殆有私也。'憤怒抗章，取士亨覆試于禁密地，其文果允稱，其計莫遂。逮入會試，又以嫌屈。近者妙選才具，試法律之學於御史臺，曉暢精鍊，焯焯著聲，然竟以嫌而左授羅田令。士亨始若不平，曰：'使凍餒我父兄，而道始可行耶？富貧皆天，順受而已。'噫！富者，人情之所欲。士亨之出，乃以其富，屢嫌而屢屈，士之貧亦不可少哉？……君子之道，顧自脩何如耳。惟君子爲能處嫌也。吾又有爲士亨慮者。今往羅田，事上官處寮寀少或非恪，將嫌曰：'有挾也。'視小民少或非邮、御吏卒少或過嚴，必嫌曰：'不體貧窶也。'蒞官伊始，情志未孚，處嫌尤不可不慎也。雖然，懲羹吹虀、因噎廢食，君子所不取。敢曰忠厚、正直、勤果以爲士亨臨別贈，嫌弗嫌，亦何必計哉？吾之論有未悉也，士亨尚有以復我。"按，據嘉靖《羅田縣志》卷三《官師志》，徐泰知羅田即在本年。

《楚紀》卷五十《登續内紀後篇》："徐泰，字士亨，江陰人。景泰間劉文介公主順天試，時大學士陳循子瑛、都御史王文子倫下弟，以泰居首選，循、文誣奏考官，俱謫戍，上命覆試，連中，授知羅田縣，教民務農，發粟賑饑，善治日彰。擢守荆門，會夷陵缺守，檄往治之，有鳩巢于廳。以憂歸卒。尚書吳寬誌其墓。"

楊守陳弟守阯、守隨皆中鄉試，守阯繼守陳為解元，汝弼次守陳詩韻賀之。

張弘至本《詩集》卷三《次楊編修維新聞喜韻》序："維新兩弟同中乙酉鄉試，而一弟繼維新為解元，維新喜而有作，次其韻。"詩曰："喜氣朝從驛使來，金函桂籍到容臺。千人入試百人中，兩弟登科一弟魁。都下群公誇競秀，關西諸子總奇才。黄封内醖須多領，更向東風聽泞雷。"其二曰："韋編同見伏羲來，鼎立春風畫卦臺。楊葉已穿三葉破，梅花還占百花魁。鳳凰池上文章伯，鵷鷺行中柱石材。愧我無能惟渴睡，梨床鼻息殷如雷。"

按，《景泰二年進士登科錄》："楊守陳，貫浙江寧波府……弟守防、守隨、守阯、守爲、守隰、守陸、守臧、守隅。"嘉靖《浙江通志》卷五十一《選舉志》："成化元年……寧波府二十三人，楊守阯（解元）、吕欽、楊守隨、孫福……"據此，守陳二弟中鄉試當在本年。

作二絶懷張駿弟，時張駿陞中書舍人。

張弘至本《詩集》卷四《懷天駿弟二絶》二首："海國茫茫獨鷹飛，仲宣樓上又斜暉。杏園春信催行李，好製燕都遠客衣。"其二云："倚天長劍重須磨，越砥鵝膏今若何。聞道有人占北斗，雙龍紫氣近尤多。"

按，《明憲宗實錄》卷二十三："（成化元年十一月）癸酉，選……

監生張駿、戴曦、沈瑜、李應禎俱陞爲中書舍人。"陸深《儼山文集》卷五十一《送光禄卿張南山先生致政序》："皇帝青宮之臣最舊者，宜莫如南山先生焉。先生起家中舍，明年召值文華殿。"汝弼詩中"聞道有人占北斗，雙龍紫氣近尤多"二句即賀張駿授中書舍人，有機會接近天子。而汝弼屢屢進士不中，故借王粲登樓之典發懷才不遇之憂，又以"倚天長劍重須磨"自相勉勵，故詩當作於成化元年張駿授官之後，汝弼成化二年登第之前。高明一《明代中期松江狂草的樞紐——張駿〈桂宮仙詩〉〈思補堂詩〉軸》一文已考，可參閱。汝弼自天順七年至成化二年似皆在京城，則汝弼作詩時張駿當尚未還京。李應禎與張駿同時被授予中書舍人之職，其於天順八年"待選天官，而得告南還"（詳該年譜），或亦與張駿同時。

陳璲卒。昔李本素司教華亭，嘗以陳璲言永樂間纂修之事告汝弼，汝弼録之於陳璲墓銘後。

據王璵《思軒文集》卷十七《江西按察司僉事逸庵陳先生墓表》，陳璲卒於本年。張弘至本《文集》卷四《書陳僉憲先生墓誌後》："故國子學録安福李先生本素司教吾華亭時，嘗謂弼言，台郡陳先生璲提學江西，語學者曰：'永樂間修《大全》諸書，始欲詳，緩爲之，後被詔促成。諸儒之言，間有不暇精擇，未免牴牾，虛心觀理，自當得之，不可泥也。'又聞宣德間章丘教諭餘姚李應吉疏于朝，言《大全》去取有未當者。下其議於禮部，禮部下之天下學校，許兼采諸説，一斷以理。噫！纂脩臣言如此，廷議如此，蓋以萬世至公之論開來學也。泥者中無權度，執以爲斷，陋哉！"按，此文年月不詳，姑繫於此。

嘉靖《浙江通志》卷四十六《人物志》："陳璲，字廷嘉，臨海人。永樂九年進士，改翰林庶吉士，授編修，奉命纂修五經四書、《性理大全》。書成，以疾乞歸，十餘年足迹不入公府。召起廣西按察僉事提學，日與諸生講學，務以見諸踐履爲先，士皆振起。甫三載，遂乞休致，有梅浦田數頃，減租以舒農力，陳員輅與子選、林一鶚皆出其門。年八十二卒。"

汝弼登第前，寓居北京西城慶壽寺逾年。一日，金文、李廷美、丘霽過慶壽寺夜話，汝弼適未與，題小齋作"獨吟窩"。汝弼常與寺僧智訢等好吟咏者在窩中講議，《獨吟稿》或即此時所作。時賀欽亦同寓寺中，汝弼嘗與其論南北口音。

張弘至本《文集》卷一《送訢怡庵歸漳州序》："予嘗寓北京慶壽寺者逾年，寺僧之好吾儒經書、耽吟咏、善筆箚者，時來獨吟窩中講議，多秀質美姿、敏於進業，而深嘉嘆之。若智訢者，尤溫雅謙虛。讀經雖未得指授，亦領解其義，往往有造微處，規倣趙文敏公書法，已得形佀，詩亦清婉可觀，顧其年甫逾冠，駸駸而進，良可畏也。……吾謂訢之此行亦喻俗之礪也，其同袍需言以贈，遂樂爲之書，訢號怡庵。"按，智訢，其人不詳。慶壽寺即雙塔寺，《帝京景物略》卷四《西城內·雙塔寺》："西長安街雙磚塔，若長少而肩隨立者，其長九級而右，其少七級而左。……雙塔地，元慶壽寺也。"張世綏本《詩集》卷三《早春金員外尚德、李主事廷美、丘主事時雍過慶壽寺夜話，余適不與，次韻嘲之》："良宵無幸聽雲和，《桯史》閑看對岳珂。納納乾坤人自老，悠悠今古事何多。春回短褐憑誰送，客厭寒氈不我過。從此蓬門更深揜，小齋題作獨吟窩。"按，據詩意，汝弼似在自此事件後有室名"獨吟窩"。詩題中丘時雍即丘霽，天順四年進士（據《天順四年進士登科錄》），任主事年月不詳。金員外尚德即金文，《明英宗實錄》卷之三百四十二："（天順六年秋七月）乙未，陞……行人司行人金文爲刑部雲南司員外郎。"《明英宗實錄》卷三百六十："（天順七年十二月）庚子，擢進士楊繹、祁順、李廷美、李銳、周銓俱爲主事。"則李廷美任主事在天順七年十二月，此可視爲本詩上限。張弘至本《文集》卷末張弘至跋云："念先人……北游有《寄寄軒》

《獨吟稿》，登仕後有《天趣》《面墙》《使遼稿》。"據此，《獨吟稿》所記當爲汝弼登仕前不久在京所作詩文，至成化二年登仕後，汝弼則移居天趣軒，有《天趣稿》（見下年譜），故《早春……》詩當以成化二年汝弼登第爲下限，姑繫於此。

上海博物館藏張弼《草書論南北口音頁》："北音。北人大率無合口之音，故侵韻混而爲新（此字點去）親，覃韻混而爲檀，如此類者皆繆矣。甚繆者，以入聲爲平，見諸吟咏篇章，亦有不自覺其失者，此皆方言之病也。南人最多方言，然道正韻則開合俱全，四聲咸備，而不甚失。所失者，輕重疾徐之間耳。若江西、閩、廣則又不能道正韻者多矣，又不可以此論也。聞河南之音最正，惜未與熟較之，亦一欠事。遼陽賀克恭與予同寓慶壽寺，因論及此，遂識之。華亭張弼（圖6）。"

賀克恭即賀欽，字克恭，別號醫閭先生。遼東廣寧後屯衛人。成化二年進士，初授戶科給事中，終官至陝西右參議。師事陳獻章。傳見《明史》卷二百八十三。賀欽《醫閭先生集》卷九《哭張東海》有句云"東溟居士金蘭契，筆底龍蛇滿我家。"可知二人交情甚篤。汝弼常與賀欽談論理學，略引二則于此："同年張汝弼嘗曰：'吾夢中得二恨語：恨司馬遷早死，《史記》之書不完；恨蘇東坡早生，伊、洛之道不信。'先生曰：'此何足恨也，縱使司馬遷遲死，《史記》得完，先黃老而後六經，退處士而進姦雄，貴勢利而羞賤貧等病能免之乎？古人貴親炙，蘇子親見二程，尚不信其道德，若使生於其後，何能信之乎？縱使隨衆而信之，亦虛文耳。此二者皆不足恨也。'"見《醫閭先生集》卷一，又同書卷二："張汝弼傳某達官之論，以爲前代取士以辭賦，故有道學之說。今時取士則純用經義矣，更說甚道學？先生應之曰：'是先正所謂爲己耶，爲人耶？躬行耶，誦說耶？精切耶，鹵莽耶？以是辨之，則謂務經義而即爲道學者，其亦誤矣。'"

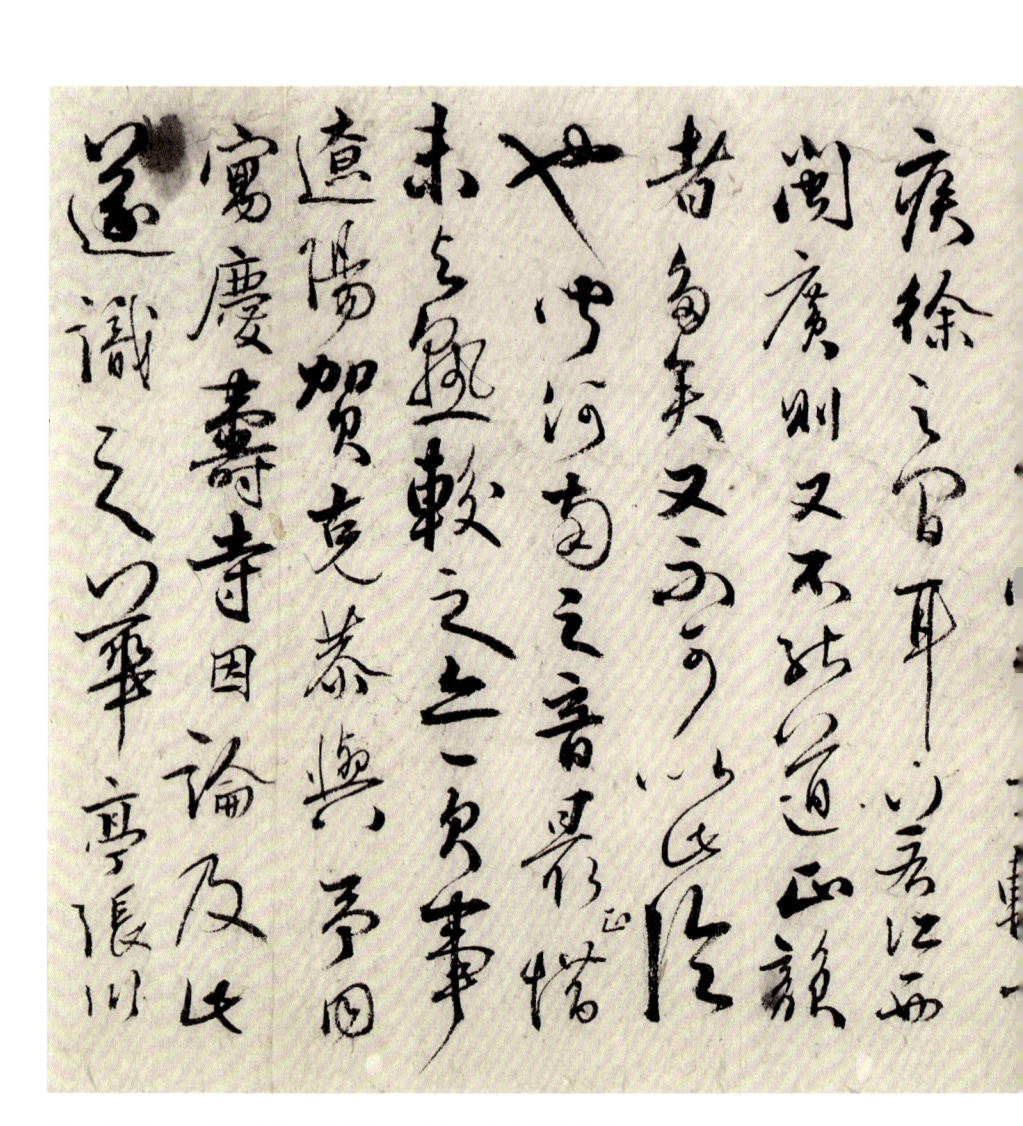

圖6 張弼《草書論南北口音頁》 紙本 上海博物館藏

北音

北人大率無жен口之音故侵韻混而為真覃韻混而為寒（覃）檀如民穎者皆緣其甚謬者以入聲為平見諸吟哦篇章之有不自覺其失者比比方言之病也南人則最為方言所汨之正韻則開合俱失四聲咸謬

徐象梅《兩浙名賢録》卷二十八《開封府知府金尚德文》："金文，字尚德。麗水人。監察御史愷之子。弱冠登景泰辛未進士第，選翰林庶吉士，詞藻翰墨雅重文苑。出守開封，剖斷獄訟不避權勢，奉勑審理南畿刑獄，受誣得雪者以沉香木刻像祠之。又上《便民十事》，詔頒行天下，以爲定式。"

正德《姑蘇志》卷四十《宦蹟四》："丘霽，字時雍。鄱陽人。舉進士，歷刑部郎中。成化壬辰來守郡，性穎利彊記，意度恢廓，舉事沛然，重祀郊民，養士正俗。……治未一年，諸廢畢舉。然性頗侈汰，家人少戢，竟以流言罷歸。"按，汝弼與丘霽交往甚密，張弘至本《文集》卷二有《恩壽堂銘並序》，乃汝弼爲丘霽父母而作。

【時事】二月，昭雪于謙獄。三月，荆襄流民在房縣大石廠起義。

中編　成化二年至成化十二年

明憲宗成化二年丙戌（1466）四十二歲

二月會試，汝弼中試第九十四名。三月殿試，汝弼中第二甲第十五名賜進士出身。

《成化二年進士登科錄》："（第二甲九十八名賜進士出身）張弼，貫直隸松江府華亭縣。民籍。國子生。治《詩經》。字汝弼。行二，年四十二。……應天府鄉試第一百五十七名，會試第九十四名（圖7）。"《皇明進士登科考》卷八成化二年丙戌："第二甲九十八名賜進士出身：第十五名張弼，直隸華亭縣人。"

《明憲宗實錄》卷二十六："（成化二年二月）己卯，命太常寺少卿兼翰林院侍讀學士劉定之、翰林院學士萬安爲會試考試官，賜宴于禮部。……壬辰，禮部尚書姚夔等奏：'會試天下舉人三場已畢，此乃皇上龍飛第一科。爰自二月初旬以來，陰寒少霽。惟就試三日，天氣晴朗，風恬霧收。茲蓋皇帝陛下重道崇儒，求賢圖治，天人交感所致。伏望寬其額數，多取正榜，以符天人之慶。將來賢才必有資於聖治者。'上命取正榜三百五十人。"同書卷二十七："成化二年三月壬寅朔，上御奉天殿策試舉人章懋等三百五十人……甲辰，上御謹身殿，拆卷填榜，出御奉天殿，傳制唱名。

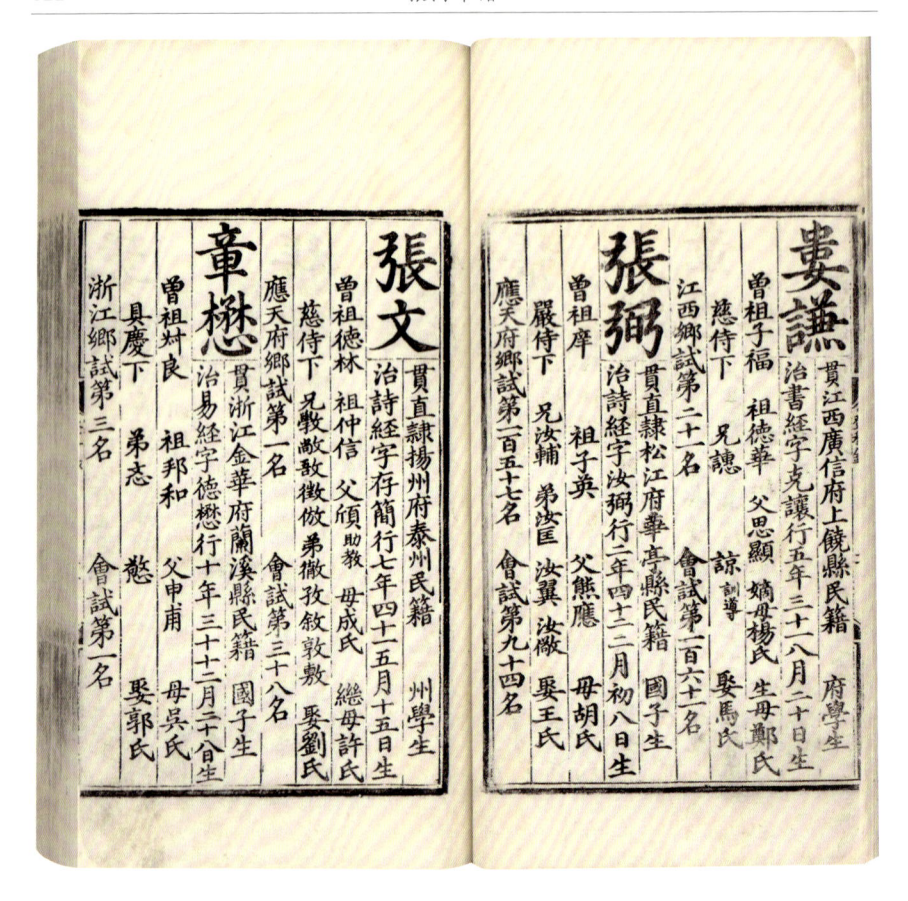

圖7 《成化二年進士登科錄》 明成化刻本 中國國家圖書館藏

賜羅倫等三人爲第一甲進士及第，李琮等九十八人爲第二甲進士出身，劉烜等二百五十八人爲第三甲同進士出身。"

作《題折桂》，有心懷蒼生之意。

張世綬本《詩集》卷一《題折桂》："東風吹春濃若酒，狀元花枝忽入手。廣寒殿上嫦娥迎，爲道此花相待久。青霞裾映歌霓裳，紫金丹成白玉臼。清歌緩舞勸飽餐，去問蒼生甦息否。復把天河挽入瓢，醉灑餘波作星斗。"

按，據首句"東風"之語，推測是詩作於春季，既云"狀元花枝忽入手",則當爲春闈及第後所作。詩中"清歌緩舞勸飽餐",或即指禮部賜宴之時。《成化二年進士登科録·恩榮次第》:"成化二年……三月初四日,賜宴於禮部,宴畢,赴鴻臚寺習儀。"

有官邸名曰"天趣軒",在長安城南。《天趣稿》或自此時而作。

故宫博物院藏張弼《千字文》引首有"天趣軒"朱文長方印,跋云:"余以足瘡久不趨朝,日坐天趣軒……成化二年丙戌,張汝弼在北京之長安南第書。"後有"汝弼"朱文方印,"丙戌進士"白文方印。(見圖8)據跋文,"天趣軒"即长安城南之第宅。今存汝弼詩文翰墨款署中常見"天趣軒",如陳焯《湘管齋寓賞編》卷一《跋文信國公墨迹》款曰"後學華亭張弼在兵部之天趣軒謹識",《東垣傷寒正脈》張弼序款曰"東海居士張弼在兵部之天趣軒識",則天趣軒爲汝弼之兵部官邸名。周瑛有詩題爲《題友人張汝弼天趣軒》(見周瑛《翠渠摘稿》卷七),其所云"天趣軒"應即爲汝弼官邸。今存汝弼翰墨常見"天趣軒"朱文引首印,汝弼出守南安後亦有書法作品鈐"天趣軒"之印,如上海博物館藏《學稼草堂記》《跋蘭竹石圖》等,則"天趣軒"亦可視爲汝弼齋號。

張弘至本《文集》卷末張弘至跋:"念先人履歷……登仕後有《天趣》《面墻》《使遼稿》。"則《天趣稿》或爲汝弼初登仕途時所作詩文稿。姑繫於此。

五月,狀元羅倫以論李賢起復,謫福建市舶司提舉。汝弼有詩相贈,慷慨激烈,聞者悚然。

張弘至本《詩集》卷三《送羅應魁調官福建》:"江右衣冠此丈夫,纔於玉陛聽傳臚。百年事業丹心苦,萬世綱常赤手扶。郭隗臺前折疏柳,考亭祠下掃寒蕪。問渠榮辱升沉事,天際浮雲自有無。"卷五王鏊撰《墓表》:"翰林脩撰羅應奎[魁]上疏忤時宰得貶,人無敢送者,公賦詩贈之,慷慨激烈,聞者悚然。"按,聞者悚然,在《震澤先生集》卷二十六《中議大夫江西知南安府張公墓表》中作"膾炙人口"。

本年三月，李賢父卒，賢乞終制再四，上皆不允。（見李賢《古穰文集》卷二《乞終制》《再乞終制》《三乞終制》《四乞終制》。）羅倫爲汝弼同科狀元，據《明憲宗實錄》卷三十："（成化二年五月）癸酉……翰林院修撰羅倫言：'比聞朝廷援楊溥故事起復大學士李賢者，臣竊以謂李賢大臣，起復大事，綱常所關，風化所繫，言雖若迂，所關甚大，事雖若緩，所繫甚切。惟陛下亮之。夫爲人子者，未有不孝於親而能忠於君者也；爲人君者，未有教其臣以孝，而得其臣之忠者也。是故爲君者當以先王之禮教其臣，爲臣者當據先王之禮其事君。臣不暇遠舉，請以宋言之。……臣願陛下以宋爲鑒，以禮處賢，使其盡孝於親，而不得罪於名教，此臣之願也，亦賢之分也。夫陛下之任賢在信與不信，而不在起與不起也。賢身不可起，賢口則可言。宜降溫詔俾如劉珙，不以一身之戚而忘天下之憂，使賢於天下之事，知之必言，言之必盡。陛下于賢之言，聞之必行，行之必力。則賢雖不起復，猶起復也。……惟陛下矜賜優容，使讜言日進，曲加保護，使士氣日振，則天下幸甚。'疏入不出，翌日，有旨：'羅倫狂妄粗疏，難居近侍，吏部其調除外任。'遂黜爲福建市舶司副提舉。"則知羅倫論李賢起復被貶事在本月。

羅倫，字應魁，號一峰。江西南昌府永豐縣人。成化二年進士第一甲第一名。初授翰林院修撰，歷官泉州市舶司提舉，南京大理評事。終復翰林院修撰，贈官左春坊諭德，諡文毅。傳見《明史》卷一百七十九。

六月十六日，跋王恕所藏石鐘山今古題咏。

王恕輯《石鐘山集》卷七張弼記："弼，東吳人也，未嘗一至彭蠡湖口。但誦蘇東坡記文，知所謂石鐘山焉，漫不加之意。今年取進士，觀政兵部之武庫，而郎中王尚忠出是山古今題咏觀之，快讀一過。……嗚呼！人之於山，非有情以蔽忌之也，知者尚如此其鮮，人以渺然之身，寄於百年之間，必欲人之盡知，知之必試，試之必當，不已惑乎？所以古之豪傑恒鮮遇也。雖然，事不目見耳聞而臆斷之如此，必有能詳其實者，幸以告我，亦茲山之遇也。"後又有識語云："按酈道元字善長，而蘇記但曰酈元，而無道字，因李渤之舊耶？然名書亦有然者，豈別有所自耶？予因蘇而去道字，然《水經》又有郭璞注，固無傳矣。……郎中公銳意以完石鐘山文字，將刻梓以廣之，入石以久之，亦桑梓之敬厚之道也。凡有關係之者，尚當博訪，以慎考之。弼又識。是歲成化丙戌，六月望後一日也。"（記文收入張弘至本《文集》卷四，題爲《石鐘山記跋》，無識語，文字略有異同。）

按，據跋中"今年取進士，觀政兵部之武庫"之語，《石鐘山記跋》當繫於本年。張弘至本《文集》卷二《司馬莊記》："弼遷歷武庫、武選、車駕者十年。"其中首言"武庫"，當指觀政於武庫司。觀政即除狀元、庶吉士之外進士所當經歷之崗前實習期，該制度始於洪武年間。《明太祖實錄》卷一七二："（洪武十八年三月）丙子……其諸進士，上以其未更事，欲優待之，俾之觀政於諸司，給以所出祿米，俟其諳練政體，然後擢任之。……其在六部及諸司觀政者，仍稱進士。"其後一直到崇禎年間幾乎皆沿用洪武舊制。（參見章宏偉《明代觀政進士制度》一文。）

又按，郎中王公尚忠即王恕，據《明憲宗實錄》卷三十五："（成化二年冬十月）丁未，命……兵部郎中王恕为副使。"卷八十六："（成化六年十二月）乙丑，陞兵部郎中王恕爲廣東布政司右參議。"楊守陳《楊文懿公文集》卷十六桂芳稿《石鍾山銘》有句曰"兵部正郎王尚忠嘗讀書於山之佛閣"。則汝弼於兵部武庫司觀政時王恕恰任本司郎中也。

嘉靖《九江府志》卷十三《人物》："王恕，字尚忠，湖口人。由進士景泰間任兵部主事，陞郎中，復陞廣東參議。諳天象，熟兵法。時征猺寇,恕爲副貳,而閫帥倚賴,遂獲捷焉。卒于官。"
時患足瘡,久不趨朝,日坐天趣軒。七月九日,徐璺來訪,適值雨作,新涼襲人,汝弼以蘭蕊筆書《千字文》相贈,助廷章子卣習書之用。

故宮博物院藏張弼《千字文》跋云:"余以足瘡久不趨朝,日坐天趣軒,常厭可人期不來也。七月九日,乃徐廷章至,適值雨作,新涼襲人,清興浩發,遂捉蘭蕊筆書《千字文》一通以歸廷章,付其子卣爲臨池之助云。成化二年丙戌,張汝弼在北京之長安南第書。"(圖8)按,汝弼傳世作品有年款者以此爲最早。龍德俊《明代早中期松江草書研究——以張弼爲中心》一文已揭示,可參閱(第32、49頁)。

按,徐廷章,當即徐璺,與汝弼爲同鄉(詳正統六年譜),又同游

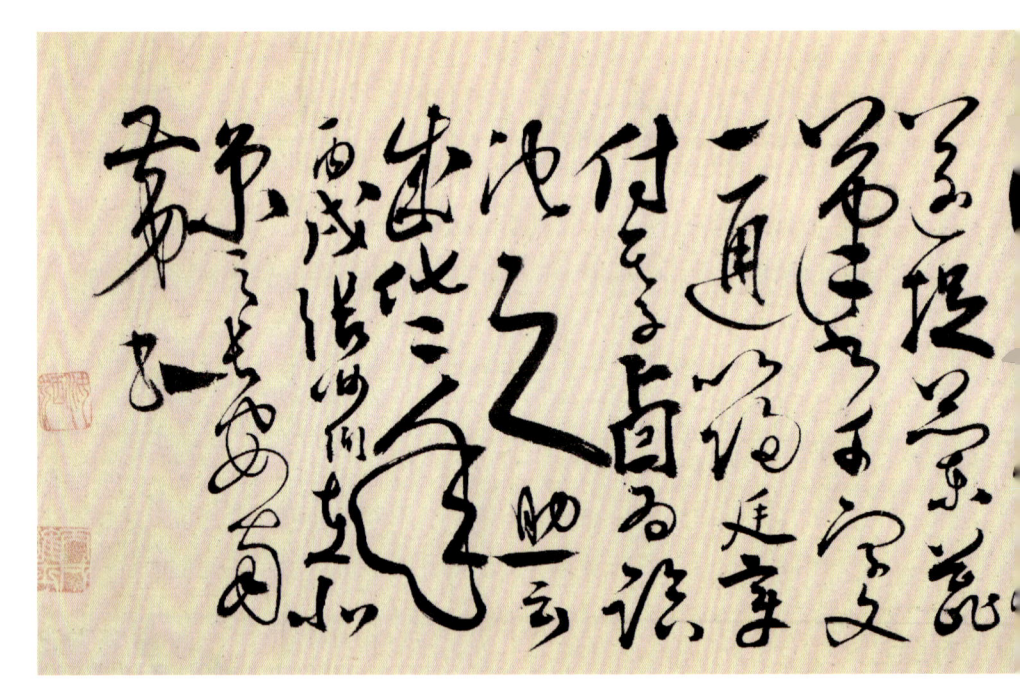

圖8 張弼《草書千字文跋》 故宮博物院提供

京師（見天順元年譜），感情甚篤。徐瓛無登科記載，當以舉人任永平通判，年月不詳（弘治《永平府志》及康熙《永平府志》皆失載，未詳其故）。

汝弼一生寫《千字文》頗多，爲世所珍。今存者除此之外，尚有山東濟南市博物館藏一册、美國大都會藝術博物館藏一卷。《鐵漢樓帖》8A孫克弘跋《千字文》："東海翁流風餘韻，爲後進標格。其草書《千文》不下幾十本，寰宇珍之，何啻拱璧。"收入張世綬本《文集》附錄，同卷又有卞榮題辭云："余宗弟式之素嘗資其麗澤，亦徃徃臨池寫柿葉，凡得其片紙隻字，必珍藏之。近承惠《千字文》，蓋珍而又珍，不啻寸珠拱璧，置諸左右，日摹倣焉。久之，將臻其妙，庶幾無'無過王右軍'之恨哉！"

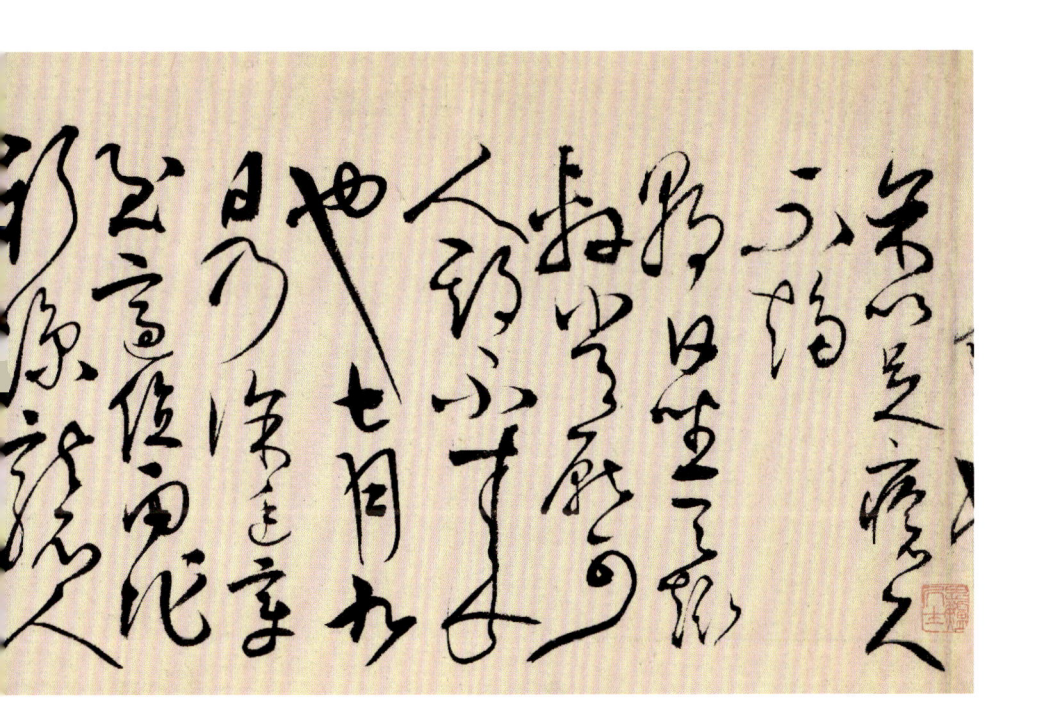

八月，書《千字文》卷於天趣軒。

《青琅玕館摘鈔十百齋書畫錄》卷五《張弼千字文卷》："（'汝弼'長。）成化二年秋八月之吉華亭張弼書于兵部天趣軒中。（'張弼'方。）"

按，原作未見，待考。

秋，秦夔將還南京武庫主事之任，汝弼有詩贈別，兼束王㒜。

張世綬本《詩集》卷三《送秦主事還南京兼束王學士》："錫山詩社重南州，中有奇才秦少游。美價連城真趙璧，神光貫斗舊吳鈎。春風催起乘金榜，秋日相逢倒玉甌。莫說明朝分手別，天涯獨客正多愁。"又："望鄉頻倚仲宣樓，況復題詩送舊游。彩筆錦箋空寫恨，紅亭畫舫不知愁。夢回落月蛩聲夜，興入西風雁影秋。若見玉堂王學士，爲言重理釣鰲鈎。"按，詩亦見於秦夔《五峰遺稿》卷二十三附錄，題爲《送夏官主事秦君廷韶還南京》，署名"張弼"，詩句異文頗多："乘"作"登"，"秋日"作"夜雨"，"甌"作"舟"，"別"作"事"，"鄉"作"明"，"題"作"吟"。"秦主事"即秦夔。同書卷二十四附錄文有彭華《送南京武庫主事秦君考績還任序》："無錫秦君廷韶自進士拜南京武庫主事，三載于茲矣。以其績上天官卿，既奏最，越明日，辭丹陛下，復之任。京師士大夫凡重君者，咸往餞之城南。"汝弼詩題云秦夔"還南京"，按秦夔自天順六年拜南京兵部武庫主事（據程敏政《篁墩程先生文集》卷四十八《中奉大夫江西等處承宣布政司右布政使秦公神道碑銘》），至本年已滿三年。本年爲戌年，正當外官入京覲見之年（詳天順六年譜）。汝弼詩中有句云"春風催起乘金榜，秋日相逢倒玉甌"，則前一句似暗指自己已考取進士，後一句言與秦夔相逢於秋季。其二"興入西風雁影秋"亦點明時節，故繫於此。王㒜自成化元年起任南都（見該年譜），至本年尚未滿三年，留任南京，故汝弼詩中有"若見玉堂王學士"云云。

本年，陳騏由大理寺左評事改任江西僉事。汝弼作《原訟》，以南土之訟繁於北土之由相問。

> 張弘至本《文集》卷三《原訟》："然以天下觀之，南土則文於北土者也。北土寡訟，而南土之訟乃繁。以南土較之，江右若文於諸邦者。諸邦寡訟，而江右之訟實繁，何哉？豈習經好文之士反工爲口語、巧於評訕乎？古稱鄒魯之士，斷斷守禮，不聞其蠹政毒民如是也。豈經不當習、文不當好耶？豈小人鄙夫假經詭文，以飾其詐耶？彼習經好文，卒爲賊義蔽知之事，何若椎魯樸鄙者目不接書，而自信其天耶？南海陳公夢祥由大理寺副拜江西僉事，其操高，其學碩，熟爛天下之故者。於其行，予原訟以問之，必有以復我也已。"

按，南海陳公夢祥即陳騏。據文意，《原訟》作於陳騏出任江西僉事之前。《明憲宗實錄》卷二十五："（成化二年春正月）己巳……任左評事黃箎、陳騏……俱僉事……騏，江西。"故繫於此。

陳騏，字夢祥，南海人。少喜技藝，工畫能醫。三十一舉于鄉，連登進士，拜大理寺評事，晉左寺副，修撰羅倫以剛許之。陞江西僉事，發奸摘伏，有能名。陞雲南副使，落職家居，年八十餘卒。參見《焦太史編輯國朝獻徵錄》卷一百二黃佐撰《雲南按察司副使陳公騏傳》。

同年遼陽畢用因婚禮未行，奉詔而歸。汝弼作序贈別，言司馬相如歸蜀時衆人郊迎實爲陋習，當引以爲戒。

> 張弘至本《文集》卷一《送畢進士歸遼陽序》："昔司馬相如歸蜀，太守以下郊迎，縣令負弩矢前驅，時人榮之，史遷述之，至唐，詩人猶誇之。然高識者讀之，未嘗不陋之，予亦嘗竊思之。是時，當洙泗絶學，伊洛未奮，斯道不明，人之失正，宜其是陋也已，豈獨相如、史遷哉？然來京師，聞一二宦成而歸者，亦踵此

弊，復見過於太守縣令，豈陋習猶未泯哉？今年與予同登進士者三百五十人，奉詔而歸者半，予與厚者皆以此言告之。遼陽畢廷用乃以婚禮未行，奏允而歸之鄉。鄉之先達數公命爲文以贈之，且曰：'廷用以妙年取高科，儒先君子所謂不幸焉者，當有以戒勉之。'予受簡而增愧，蓋廷用質美而識超，若高視千古，欲与豪傑之士爭衡者，彼陋夫何足云哉？但余與廷用亦不可謂不厚，此情宜無隱，但勵學飭（周文儀本作"飾"，張世綬本作"飭"。當从張世綬本。）行，其道多端，此誠不足論矣。然則今人之善，未必無史遷述之，亦未必無詩人咏之。遼陽多君子，公是公非予必聞之，廷用行且勉之，勿謂我陋。"按，畢進士即畢用，爲汝弼同年進士（據《成化二年進士登科錄》），既云"今年與予同登進士者三百五十人，奉詔而歸者半，予與厚者皆以此言告之。"則序當作於本年。汝弼以司馬相如歸蜀時衆人郊迎爲陋習，檢汝弼詩文中除本篇外有《送丁編修歸省詩序》亦言及（詳成化九年譜）。本年汝弼或多有贈別同年之作，惜今不傳。序又云"余與廷用亦不可謂不厚"，則二人至本年相識已久。

嘉靖《歸德志》卷五《官師志》："畢用，字廷用，博平人。成化丙戌進士。初知汾州，以憂去。十七年，補知本州。性剛毅正直，不事阿徇。廉察民隱，恤其饑困。……考最，陞懷慶府同知。"

同年好友林瀚之弟自京還閩，汝弼有詩贈別。

周文儀本卷末林瀚《東海翁記後序》："予自景泰天順中爲布衣時，與先生同游國學，殆十載。比成化初，釋褐爲同年，筮仕爲同朝，交好久而益篤。"張弘至本《詩集》卷一《送翰林林亨大弟還閩》："去年閩中來，訪兄兄著褐。青燈共夜深，攤書助檢閱。今年辭兄歸，兄著綠羅衣。玉堂晚進食，道路有餘輝。傳語鄉人道，無如讀書好。矧彼癡愚夫，變形從釋老。訩訩如聚蛆，食我農畝儲。有識者三嘆，滔滔將何如。家翁二千石，休官尚憂國。有子紹箕裘，此機良可息。登堂捧壽卮，誦我送行詩。青雲佇待爾，慎勿來遲遲。"
按，"玉堂晚進食"之"進"字，於周文儀本中作"退"，是，當據改。《成化二年進士登科錄》："林瀚，貫福建福州府閩縣。……父元美，知府。母鄭氏，封孺人。具慶下。兄濬。弟瀫、淮、渭。"弘治《八閩通志》卷六十三《人物》："林元美，名鏐，以字行，閩縣人。……天順初擢撫州知府，年六十致仕。成化初詔進階亞中大夫。卒後以子瀚恩加贈中議大夫。"由此知當爲"退食"。且周文儀本有林瀚之跋，張弘至本無之，此詩或經林瀚校改。汝弼與林瀚同爲本年進士，據詩意，"兄"爲林瀚，"弟"爲林瀚之弟。

張駿本年起值文華殿，有官舍在玉河東畔，名曰"小星槎"，汝弼有詩志之。約於此時松人以張駿書法與汝弼齊名，並稱"二張"。

張弘至本《詩集》卷二《天駿弟小星槎》："玉河東畔小星槎，穩繫扶桑看日華。吟渴何愁飲無酒，舉頭東海浩無涯。"

陸深《儼山文集》卷五十一《送光祿卿張南山先生致政序》："皇帝青宮之臣最舊者，宜莫如南山先生焉。先生起家中舍，明年召直文華殿，累遷至光祿寺卿，四十有餘年矣。……深少聞吾松有二張先生者，博學洽聞，人望也。蓋謂東海公與先生爾。"按，張駿"起家中舍"在成化元年（見上年譜），故入直文華殿當在本年。張駿有草書《桂宮仙詩》軸，有款云"文華殿直中書，華亭張駿書於玉河東之小星查。"則張駿有小星槎之官舍當以成化初年爲最早。高明一《明代中期松江狂草的樞紐——張駿〈桂宮仙詩〉〈思補堂詩〉軸》一文已考。

李紹文《雲間人物志》卷一《張南山》："公名駿，字天駿，號南山，華亭人。十歲能詩，游郡庠，與張東海齊名，時號'二張'。工書法，八分、行草入神。景泰癸酉登科，成化初，命吏部嚴選中書舍人，與選者七人，公與焉。"何三畏《雲間志略》卷八《張宗伯南山公傳》："張駿,字天駿,號南山,華亭人也。十歲能詩,出口有佳句。長工書法,行草隸篆入妙入神,與東海齊名,時號'二張'云。景泰登癸酉科,不第。至成化初,命吏部嚴選中書舍人,與選者七而公居一焉。"

按,《雲間人物志》成書於萬曆三十九年(據李紹文《雲間人物志自序》),《雲間志略》約成於天啟三年(據何三畏請張宗衡作《刻雲間志略序》),時間相當,二篇相校,前者簡而後者詳,且顯然同出一源,當從墓誌碑文而來,云二張以書法齊名,當亦屬實。

陸深序中云張駿"起家中舍,明年召值文華殿,累遷至光祿寺卿,四十有餘年矣,中間嘗佐天官,參大藩,登容臺,實未嘗去文華一日也。"沈德符《萬曆野獲編》卷九《內閣·兩殿兩房中書》:"文華殿本主上與東宮講學之所,視唐之延英、宋之集賢,其地最爲親切……其中書房入直者,稱天子近臣,從事翰墨。"據此,張駿本年由中書舍人入直文華殿,爲"天子近臣"。汝弼登第前已略有書名(見天順八年"既醉軒"條),本年登第,聲名更盛,又自本年起有作品傳世。張駿所任文華殿中書舍人爲司禮監所轄,故張駿與京城文士交往甚少。二張並稱,當係松人爲抬高地方聲望而爲之,推測以本年爲最早,姑繫於此。

司馬恂卒。

【時事】三月,白圭在南漳破荊襄流民義軍。本年,松江饑。

明憲宗成化三年丁亥(1467) 四十三歲

正月,朝廷賜假。與台州林克賢、黃孔昭、謝鐸於天趣軒開筵小酌,共聯長句,至於深夜,時汝弼二子在側彈琴誦詩。

張弘至本《詩集》卷二《天趣軒小酌聯句》序曰："天台林僉憲克賢、黃亞卿孔昭、謝祭酒鐸，時成化丁亥春正月在京聯。"詩曰："天趣軒中樂事並（林），偶憑文字訂交盟（黃）。風流地主雲間彥（謝），真率賓僚浙右英（張）。賜沐尚當餘假在（謝），開筵試把好壞傾（林）。大兒宛轉彈《魚麗》，小子趨蹌誦《鹿鳴》（張）。香篆刻痕詩促就（黃），花枝傳鼓令催行。興吞湖海風烟濶（謝），胸洗塵氛冰月清（林）。樹杪落霞天欲暝，牆陰殘雪夜猶明（張）。競吟忽漫成長句（黃），欲別仍留不盡情（林）。豈爲儒林添故事，要令人世識昇平（謝）。聯鑣載得清歡去，禁鼓鼕鼕已報更（黃）。"

按，四人相會於天趣軒，即汝弼兵部官邸（詳成化二年譜），則謝鐸云"風流地主雲間彥"當指汝弼，林克賢、謝鐸、黃孔昭皆浙江台州府人（詳天順元年譜），故汝弼云"真率賓僚浙右英"。據《明憲宗實錄》卷三十八："（成化三年春正月）戊寅，以上元節賜文武群臣假十日。"聯句正當上元假期，故謝鐸云"賜沐尚當餘假在"。又聯句中汝弼云"大兒宛轉彈《魚麗》，小子趨蹌誦《鹿鳴》。"時汝弼已有三子：弘正、弘宜、弘至。未詳"大兒""小子"分別所指。然據張弘至本《詩集》卷四《書吳山雨別聯句後》末句"詩成還付阿宜歌"，則弘宜似有音樂天賦，弘至本年六歲，正當學詩之齡，故大兒、小子或即弘宜、弘至。

又按，汝弼與浙江人交往甚多，同年進士中又多有浙江好友。張世綏本《詩集》卷四《答柯在亨同年》爲同年柯燉所作，其首句云："浙省同年七八人，相思無復更相親。"

春，陳選將督學政于南畿，特領異賜，汝弼有詩贈之。

張弘至本《詩集》卷三《送陳士賢御史督學南畿》序云："凡大臣陛辭則賜酒飯，御史未有也。而士賢此行，特領異賜，故首及之。"詩曰："曉辭清蹕沐殊恩，金闕東頭賜玉樽。豈爲憲臣虞醉飽，要令文教布乾坤。淵淵洙泗有流派，渺渺江淮無點渾。更喜春風報消息，幾多桃李在公門。"

按，謝鐸《桃溪類稿》卷二十三《送陳御史序》："成化丁亥春三月，御史陳君士賢以廷議出督學政于南畿。命下，吾同鄉薦紳士往過焉。"又據"更喜春風"之語，汝弼作詩贈別當在本年春季。

授承直郎兵部武選主事。

張弘至本《文集》卷四《先君村居先生墓誌》："子男五。長汝輔；次即弼，初名汝弼，狀元羅倫榜進士，授兵部武選司主事。"

按，上年譜云汝弼登第後觀政於兵部武庫司，明代觀政期限長短不一，短則三月，長則數年，視崗位空缺情況而定（參見章宏偉《明代觀政進士制度》）。本年五月跋沈粲草書《千字文》款署云"後學張弼在武選之署書"（詳下文），則知其最晚至本年五月已正式授予兵部武選司主事一職，姑繫於該條之前。

《明史》卷七十二《職官志·兵部》："尚書一人（正二品）……武選、職方、車駕、武庫四清吏司，各郎中一人（正五品）……員外郎一人（從五品）。正統十年增設武選司員外郎一人（從五品）……主事二人（正六品）……"《明會典》卷六《吏部五·散官》："洪武二十六年定：凡白身人入仕，並雜職人等初入流者，與對品初授散官。"又"正六品，初授承直郎"。汝弼所任兵部武選司主事為正六品官，故初授散官為承直郎。成化四年汝弼作草書詩軸錄《登遼舊城》《望城西佛閣》詩後即署"賜進士出身承直郎兵部主事華亭張弼書"（詳下年譜）。

五月八日，跋沈粲草書《千字文》於武選之署，向沈度、沈粲致高山仰止之思。

吉林省博物館藏沈粲草書《千字文》，款識云："足庵徐先生之孫橙好學不群，侍其尊府來京師間，持此卷求書《千文》，因寫以答，庶足以酬其世契之好云。時正統丁卯四月廿又七日，簡庵書於南薰里之官舍。"拖尾有張弼《書沈先生草書後》:"簡庵乃吾沈先生之號也。先生名粲,字民望,仕至大理寺少卿。先生之兄名度,字民則,仕至翰林院學士,而自樂乃其號也。兄弟際遇太宗文皇帝,翰墨重天下,爲當時學者之宗匠,至今傳其法者,稱'沈門字'云。此卷乃簡庵爲徐繼升所書,迨今且二十餘載矣。後生不得前輩執法,紛紛藉之何以哉?因附名於末簡,以叙高山仰止之思云。成化三年丁亥夏五月八日,後學張弼在武選之署書。"鈐"汝弼"朱文方印、"丙戌進士"白文方印。(見《中國古代書畫圖目》第十六册吉1-014。《石渠寶笈》貯御書房卷四著録。)

按,沈度、沈粲兄弟,皆明初華亭翰墨名家,書史並稱"二沈"。張世綬本《文集》卷三《跋諸公遺墨卷》云:"自樂沈先生名度,字民則,仕至翰林學士。弟粲字民望,仕至大理寺卿。……此皆吾華亭先輩也。"又香港中文大學文物館藏汝弼《評書卷》云:"沈民則書如瑶環瑜耳,令人玩弄不能釋手。沈民望書如强弓勁弩,盡力挽縱。"(詳見成化七年譜。)

七月四日,跋武選郎中俞欽所藏蘇軾自書詩帖,言學之者寧失其綿,要得其鐵乃可耳。

《石渠寶笈·貯養心殿》卷四:"宋蘇軾自書詩帖一卷(上等日一)……又張弼跋云:'此卷兵部武選郎中新昌俞振恭先生之所藏也。前輩嘗評東坡書云'温潤豐腴,如純綿裹鐵。'觀此信然。學之者寧失其綿,要得其鐵乃可耳。成化三年丁亥七月四日,雨霽新凉,展閲數過,遂書。寅末華亭張弼識。'"按,新昌俞振恭先生即俞欽,其任武選郎中在成化元年前後。《明憲宗實録》卷二十四:"(成化元年十二月)甲午……遣兵部郎中俞欽齎功賞勘合二百道往鴈門關紀録官軍功次。"

《本朝分省人物考》卷四十九《俞欽》:"俞欽,字振恭,新昌縣人。景泰辛未進士,選爲翰林院庶吉士,授禮部儀制司主事。天順初，陞郎中。癸未，會試場火，左遷松江府同知。成化改元，召還，改兵部武選郎中。乙酉，征山東蠻寇有功，陞太常寺少卿。壬辰，陞禮部右侍郎。丁外艱，起復爲兵部左侍郎，制終，始就任。九載秩滿，加正二品俸，卒於官，年五十四。訃聞，賜祭葬如例。欽通敏有才幹，處事善思慮，而不失所居，皆號稱職，蓋能臣也。"

中秋，宋訥將之揚州董漕，汝弼賦詩送之。

張世綏本《詩集》卷三《中秋送宋近仁主事之揚州董漕》："中秋時節景偏新，禪院空廷集縉紳。共賞團圓今夜月，可堪離別故鄉人。幽並涼雨思歸切，淮海停雲入望頻。聞說東南方苦潦，到時急爲濟斯民。"

按，萬曆《揚州府志》卷八《國朝秩官紀・管河工部分司》："宋訥，直隸華亭人。成化三年任主事。"故繫於此。正德《松江府志》卷二十六《科貢下・進士・國朝・天順元年丁丑・華亭縣》："宋訥，近仁。歷兵部員外郎、江西參政。"

冬，章懋、黃仲昭、莊昶因上疏諫上元張燈得罪調官，汝弼有詩送之，兼及羅倫。時以章、黃、莊與羅倫並稱"翰林四諫"。

張弘至本《詩集》卷三《送翰林三同年調官》序："翰林編修蘭溪章德懋、莆田黃仲昭、檢討江浦（按，原作"浦江"，據周文儀本改）莊孔易俱以丙戌進士初受職，不易旬，上疏得罪，德懋知臨武，仲昭知湘潭，孔易判桂陽。先是，修撰豐城羅應魁亦建大議，出爲市泊提舉，乃榜元也，故時人有'丙戌四諫'之稱。"詩曰："堂堂翰苑三君子，侃侃伊川一輩流。日月當天容直道，雷霆震地肯低頭。衡湘路遠何須恤，州縣官閑且自由。寄語南閩舊提舉，此生端不愧同游。"

按，末句所云"寄語南閩舊提舉"，即福建市舶司提舉羅倫（詳見上年譜）。《明憲宗實錄》卷四十九："（成化三年十二月）辛丑……調翰林院編修章懋爲湖廣臨武縣知縣；黃仲昭，湘潭縣知縣，檢討莊昶，桂陽州判官。時以明年上元張燈，命翰林詞臣撰詩詞。懋等上疏，以爲陛下張燈之舉，或者兩宮皇太后在，上欲極孝養，奉其歡心。然大孝在乎養志，臣等伏覩兩宮母后恭儉慈仁之德著于天下，坤儀貞靜，豈以張燈爲樂哉？況今兩廣弗靖，四川未寧，遼東賊情難測，北虜尤當深慮。江西湖廣亢旱數千里，民不聊生。雖蒙優詔賑邺，而公私匱乏，計無所出，可爲寒心，此正宵旰焦勞不遑暇食之時，兩宮母后同憂天下之日。至如翰林之官，以論思代言爲職，雖曰供奉文字，然鄙俚不經之詞，豈宜進于君上？……上曰：'元宵張燈，儒臣應制撰詩，歷代有之，祖宗以來不廢此典。朕今視舊減省，止存其概，以奉兩宮聖母，豈至妨政害民？懋等不通典故，妄言譏議，難居文翰之職，命杖之，調外任。"

章懋，字德懋，浙江金華府蘭溪縣人。成化二年進士，改庶吉士，授編修，坐諫上元張燈，謫臨武知縣，改南京大理寺左評事，進福建僉事，致仕，起南京國子監祭酒，再乞休，復起南京太常卿、南京禮部侍郎，皆不就。即家進南京禮部尚書。卒贈太子少保，諡文懿。有《楓山集》四卷。傳見《明史》卷一百七十九。

黄仲昭，名潛，以字行，別號衛宣，晚號退嵒居士，莆田人。成化二年進士，改庶吉士，授編修，坐諫上元張燈，謫湘潭知縣，遷南京大理評事，進寺副，乞休。弘治初，起江西提學僉事，尋致仕。有《未軒公文集》十二卷。傳見《明史》卷一百七十九。

莊昶，字孔暘，應天府江浦縣人。成化二年進士，改庶吉士，授檢討，以諫謫桂陽州判，遷南京行人司副，進禮部郎中。天啓初，追諡文節。有《定山集》。傳見《明史》卷一百七十九。

本年，同鄉盛綸由工部郎中陞江西布政司右參政，汝弼有序贈行。

張弘至本《文集》卷一《送參政盛公以端之江西序》："吾鄉盛公拜江西參政，而聊一問之。公積學有聞，凝然重負，謙厚慎密，內明外和。嘗任兵部之武選，而釐弊設條，績效獨著。近任工部之營繕，甫逾三月，上下咸愜，真良吏也。化民成俗之本立矣，恊恭寮寀，期以歲月，頑風陋俗，縱不能頓革，寧不少爲止息以從善良耶？吾不信也。昔人謂天下無難事，書以俟之。公名綸，字以端，以戊辰進士起家云。"按，序文年月不詳，據《明憲宗實錄》卷四十四"（成化三年秋七月）己巳，陞工部郎中盛綸为江西布政司右參政"，則盛綸赴任當在本年。

顧清《東江家藏中集》卷二十七《祭盛宜人陳氏文》題注云："代邢治中作。宜人，參政綸之配，給事中張弘至外母也。邢時年八十二。"由此知張氏與盛氏聯姻。

《雲間人物志》卷一《盛以端傳》："公名綸，字以端。華亭人。正統戊辰進士，積學有聞，凝然重負，謙厚縝密，內明外和。任武選郎，釐弊設條，績效獨著。轉營繕郎。甫三月，上下咸愜。陞江西參政。張東海作序送之，未幾歸。"

時松江顧惟謹妻歿，汝弼以鄉里之好，爲作墓銘。

張弘至本《文集》卷四《顧安人衛氏墓誌銘》："安人太常寺丞顧惟謹之妻，誥封榮祿大夫都督衛文伍之女，今宣城伯穎之姑也。……景泰庚午，太常公歿。安人訓飭二子，恪遵父教，以忠報國。嘗有退斥之士往依之居，安人敕諸子姓曰：'人誰無患難時？不可以其勢退身窮而少忽之。'館穀周旋，久而愈厚，士有負其德，卒反眼按劍者亦不計，由是人益稱松江顧氏忠厚家風爲不可及云。蓋顧本松江令族，與衛爲里閈相頏頡者，故作官於京，以締婚焉。……成化丁亥十二月日，安人歿，壽七十有三。卜以明年正月，窆于京城翠微山之原，與太常公合塋。予以鄉里之好，雅聞懿德，恒嘆炎涼趨背，盛衰易節，世之士大夫亦往往蹈之。安人訓其子、待廢退之士如此，可謂厚矣。"

按，顧惟謹，松江人，歷大德觀祠官、陞太常博士。（據徐有貞

《武功集》卷三《贈太常博士顧惟謹序》。）

戴冕由校官陞任華亭縣尹，汝弼請楊守陳作序。

楊守陳《楊文懿公文集》卷十五《東觀稿》之《送戴大尹序》有句云："今禮部尚書姚公乃以爲請，有詔從之。於是吏部集天下校官之以攷績至者拔其尤，得二人焉，皆授之縣尹，而戴君廷章褎然首選，拜尹華亭，華亭大夫士若武選主事張汝弼者，屬余文餞之。"按，戴君廷章，即戴冕。正德《松江府志》卷二十二《守令題名·華亭縣·國朝》："戴冕，字廷璋，四川巴縣人，鄉貢進士。成化三年應天府學訓導陞任，九年罷歸。"又楊守陳《東觀稿》"起己卯天順三年盡丁亥成化三年"，故楊守陳序祇能作於本年。序中云禮部尚書姚公，即姚夔。其爲校官發不平之語，可參姚夔《姚文敏公遺稿》卷八《均才解》。

約於本年與劉大夏交。

張弘至本《詩集》卷四《寄職方劉時雍同寮》有句云"我有故人職方劉，青鸞骨相懸珠眸。……我心如蟻才如鳩，也曾十載同君游。"按，劉世節編《劉忠宣公年譜》卷一："憲宗純皇帝成化元年乙酉年三十，授兵部職方司主事。"詩中"拜官偶作司馬儔"句，"司馬"爲兵部古稱，汝弼至晚於本年正式授官兵部武選司主事，得以與劉大夏爲兵部同事。

劉大夏，字時雍，湖廣岳州府華容縣人。天順八年進士，選庶吉士，改兵部主事，歷員外、郎中，弘治二年進廣東布政使，改浙江，擢副都御史，進户部侍郎，兼左僉都御史，移疾歸，起右都御史，拜兵部尚書，加太子太保賜歸。以忤劉瑾逮繫遣戍肅州，赦歸。卒贈太保，諡忠宣。傳見《明史》卷一百八十二。

張氏約於此際買宅於慶雲橋，汝弼聞而甚悔之，曰："子孫必敗於此。"

張鼐《寶日堂初集》卷二十二："昔東海張公世居草蕩，既任官，其家買宅於陶行橋，公聞而甚悔之，曰：'子孫必敗於此。'公六子，五廢産，獨一子三世傳，而賢書不絕。雖不盡如公料，要知城市不如郊郭，郊郭不如鄉村，先輩之先見，真不可及也。"按，汝弼至晚於本年正式授官，姑繫於此。

陶行橋，即慶雲橋。正德《松江府志》卷十《橋梁》："慶雲橋，俗呼陶行。洪武二十五年里人陶予津建，初木橋，成化間通判鄒文著改爲石，朱應祥爲記，龕於西林寺前牆內。"

【時事】八月，《英宗實錄》成書。

明憲宗成化四年戊子（1468） 四十四歲

正月，朝廷賜假。徐瑒將回鄉，前來索詩。汝弼錄《登遼舊城》《登城西佛閣》二詩歸之。

故宮博物院藏張弼《草書詩軸》錄詩二首，《登遼舊城》詩云："初試春衣脫弊裘，攜壺同上古城游。望窮燕冀數千里，感慨遼金四百秋。玄武諸關山北拱，青蛇一道水東流。長風忽起吹烏帽，還憶禪房捧茗甌。"《登城西佛閣》詩云："城西佛閣鬱嵯峨，歇馬橋邊試一過。金碧耀空新結構，石碑眠地未鐫磨。憑闌不盡山川勝，入座翻驚粉黛多（時燒香諸女婦填橋）。卻與野人長嘆息，幾多赤子困徵科。"跋曰："維茲正月，蒙朝廷賜假，故每與朋遼游賞，以樂鴻恩。詩文宿債，悉不暇辦也。而練川徐瑒敬夫回鄉，乃來索詩。念敬夫乃進士德充、德宏之從子，不可無言，遂錄二詩歸之。敬夫雅好文墨，豈以予爲迂耶？賜進士出身承直郎兵部主事華亭張弼書。時成化戊子歲也。"鈐"賜進士第"白文方印（圖9）。按，《明憲宗實錄》卷五十："（成化四年春正月）壬申，以上元節賜文武群臣假十日。"故汝弼書此二詩於上元假期。據《登遼舊城》詩中"弊裘""禪房"之語，此詩當爲入仕前寓北京寺中所作。又《登城西佛閣》末云"卻與野人長嘆息，幾多赤子困徵科。"則可能作於登科前。故所錄者或爲舊作。

《書史會要》卷十云："徐忻，字德充，號雲崖，嘉定人。天順舉人。善楷書、行草，宗《聖教序》，落筆瘦硬，但乏姿媚。徐博，字德宏，號竹居。忻之弟。舉進士，官御史。善草書，清勁不凡。"據此，跋中所云"德充、德宏"即徐忻、徐博，皆善書法，又爲嘉定人，與汝弼當爲舊交。

吳寬《匏翁家藏集》卷六十二《鄉貢進士徐君墓誌銘》："蘇之嘉定有以兄弟同登鄉貢者，徐德充、德宏也已。……君諱忻，其字德充。先世爲汴人，從宋高宗南遷，至嘉定之黃渡家焉。族屬蕃盛，遂爲東吳大姓。有諱俊傑者，生子英，以高年受章服之錫。子英生承事郎述，娶陳氏，生君兄弟三人，其仲即君也。"按，汝弼跋云"敬夫乃進士德充、德宏之從子"，徐忻、徐博爲徐述之二子、三子，故徐瑒爲徐忻長兄之子。參見《古書畫過眼要錄》第794頁。

春夏之交，與程敏政、倪岳、李東陽、彭教、宋應奎、汪諧游梁氏園，燕飲賞花，又分韻作詩，相與竟日。

程敏政《篁墩程先生文集》卷二十八《梁園賞花詩引》："京師養花人聯住小城南古遼城之麓，其中最盛曰梁氏園。園之牡丹、芍藥幾十畝，每花時，雲錦布地，香苒苒聞里餘。論者疑與古洛中無異。成化戊子春夏交，予以詩約同寅汪伯諧、彭敷五、倪舜咨、李賓之、宋爾章五太史及同年張汝弼駕部倡爲茲游。是日，諸君子以予詩分韻，各當四章，而飲宴歌呼，相與竟日，故詩或成，或不成，或半成。"張世綬本《詩集》卷四有《梁園賞花》四首，或即作於此時。

按，據《明憲宗實錄》，彭教自天順八年三月起任翰林院修撰（卷三），李東陽、倪岳自成化元年八月起任編修（卷二十），程敏政自成化二年起任編修（卷二十七），汪諧自成化三年八月起任修撰

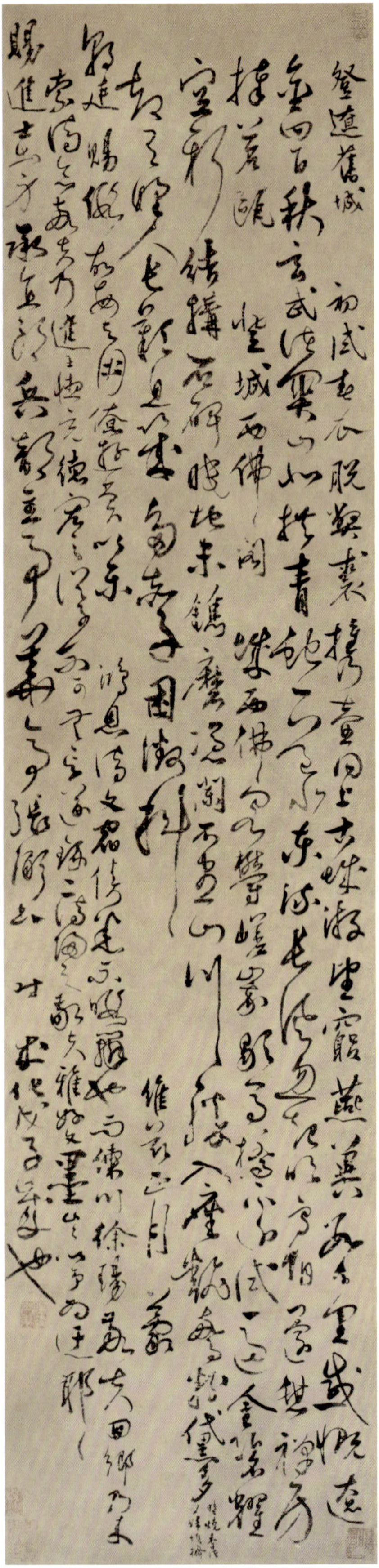

圖9　張弼《草書詩軸》
故宮博物院提供

（卷四十五），宋應奎自成化三年冬十月起任編修（卷四十七）。本年六人皆在翰林院任職，故程敏政稱其餘五人爲"五太史"，"太史"即翰林官之俗稱。又，本年汝弼仍在武選司主事任上，程敏政稱"張汝弼駕部"乃就汝弼在京最後官職車駕員外郎而言。

梁氏園，程敏政編《明文衡》卷三十七有劉定之《游梁氏園記》："梁氏園在今京師西南五六里，其外有舊城者，唐藩鎮遼金別都之城也。元遷都稍東，於是舊城東半遂入于朝市間，全無迹可見，而西半猶存，號爲蕭太后城，即梁氏園所在也。"

李東陽，字賓之，號西涯，湖廣長沙府茶陵州人。天順八年進士，改庶吉士，授編修，累遷侍講學士，歷左庶子太常少卿，擢禮部侍郎，直文淵閣，參預機務，進太子少保、禮部尚書、文淵閣大學士，加少傅，再加少師。卒贈太師，謚文正。有《懷麓堂集》一百卷。傳見《明史》卷一百八十一。

彭教，字敷五，江西吉安府吉水縣人。天順甲申第一人及第，授修撰，進侍講。有《東瀧遺稿》四卷。參見《明憲宗實錄》卷二〇五。

程敏政，字克勤，號篁墩，徽州府休寧縣人。成化二年以進士第二人及第，授編修。歷左諭德少詹事，兼侍讀學士。以事罷官。尋起復，改太常卿，仍兼侍讀學士。進詹事，再進吏部侍郎，贈尚書。有《篁墩程先生文集》九十三卷。傳見《明史》卷二百八十六。

倪岳，字舜咨，應天府上元縣人，尚書謙子。天順八年進士，選庶吉士，授編修，歷侍讀，遷學士，拜禮部侍郎，進本部尚書，加太子少保，歷南吏部兵部，入掌吏部。卒，贈太保，謚文毅。有《青溪漫稿》二十四卷。傳見《明史》卷一百八十三。

汪諧，字伯諧，仁和人。御史澄之子。登天順四年進士第，改翰林庶吉士，授編修，纂修《英廟實錄》，一時稱爲良史。錄成，進修撰，陞右庶子，選侍東官講讀，誠心啟誘，孜孜夙夜。及孝皇帝登極，進少詹，兼侍講學士，充經筵講官，修《憲廟實錄》，充總裁，擢禮部右侍郎兼學士。屢疏乞休歸。參見《明孝宗實錄》卷一五六"弘治十二年十一月己未"條。

宋應奎，字爾章。登成化二年進士，選翰林庶吉士，授編修，卒於官，素志未售，士大夫惜之。參見《焦太史編輯國朝獻徵錄》卷二一劉定之撰《宋編修應奎墓表》。

四月初一，於京邸望海樓爲褚能作《夢椿記》。

張世綬本《文集》卷二《夢椿記》："竹溪褚能之父元禮，倜儻有立者。甫三十有二，以宣德九年五月十八日卒。越三月，妻趙氏生子能。稍長，人告之以父所言，則泣。視父所遺，則泣。歲時與兄廉奉祭祀，則泣而慟問於母，問於祖，問於家老，問於鄰，問於父行，凡有云識父者，則戚然而問之惟謹，或若有見之，有聞其謦欬時，由是寢則屢夢之，寤乃以狀告人，或然或否。其從叔父友桂翁元璞曰：'此孝思之至也。'乃署其讀書處曰：'夢椿'，蓋燕山竇以椿擬父也。予能之兄弟行，乃告之曰：《周禮》六夢，有思夢焉，此之謂矣。夢有吉凶，此吉歟？夢其父，一跬步不敢辱其父，思自樹立，以光其父，吉孰大焉。嗟嗟乎能，毋徒思也。是爲記。成化四年戊子四月初吉賜進士出身承直郎兵部武選司主事張弼書于京邸之望海樓。"

按，汝弼詩文中常見"望海樓"，然非指一地。如張弘至本《詩集》卷三《九日登望海樓》首句云"東吳無處可登高，望海樓頭破寂寥。"當在江南一帶。張世綬本《詩集》卷三有詩《十一月八日在慶雲書舍之望海樓秉燭書付弘宜》，當在松江。此云"京邸之望海樓"，未詳其地。

又按，序中所及褚能之從叔父友桂翁元璞，即褚珉。張弘至本《文集》卷二《友桂翁傳》："友桂翁資貌魁梧，鬚髯脩美，平生好交結而重然諾。嘗遍歷三吳，遠走燕趙。……一夕聞風播桂香，開户視之，撫掌大笑，曰：'吾得友矣，是老桂也。不獨氣味可人，而其節操不渝，非桃李質也。吾真得良友矣。'遂大書'友桂'榜於軒，人因以'友桂翁'稱之。翁褚姓，珉名，元璞字。松江黃浦之陰，其世居也。"據《夢椿記》，褚能生於宣德九年後第三年，乃正統二年，汝弼長褚能十二歲。又張氏與褚氏有世交（詳宣德六年譜），故汝弼云"予能之兄弟行"，並爲作記。

八月一日，應同邑陸佾之請，作《春暉堂記》，以彰其父陸賢養母之孝。

張世綬本《文集》卷二《春暉堂記》："松江郡城北出過湟之梁，折而西，又過石梁，行二百步許，有陸氏居焉，名賢，字士希。其先世居城南，自士希出贅于鄔氏，始居于此，士希痛父早世，事母劉甚謹，乃署其所居之堂曰'春暉'。士希之子佾由郡庠登胄監，筮仕將有日，乃來謁余請記，云：'將欲寄歸其兄傳刻置于堂。'予曰：予嘗造子之堂矣。堂之棟梁規構如常居，不必記也。特以而翁養母之孝，不可無聞耳。蓋士希事母，極力以致溫軟甘膩，出入啟處，無不適志，良可謂能孝矣。……成化四年歲舍戊子，八月吉旦，賜進士出身承直郎兵部主事同邑張弼著。"

本年前後，跋右副都御史臣楊璿所藏楊士奇書宣宗皇帝詩，以爲此乃楊氏真迹無疑。

張世綬本《文集》卷三《跋宣宗皇帝詩》："右副都御史臣楊璿所藏宣宗皇帝御製《上林春色詩》一首，兵部尚書兼華蓋殿大學士少師臣楊士奇所錄，臣弼伏覩御製，如仰太虛，莫能描畫。但或疑者，非少師真筆，蓋未多見之耳。弼寡陋見亦不多，近得少師與禮部尚書楊翥皆布衣時，客遇武昌，往復篇章數十餘牘，益信少師之筆無疑矣。彼特精潤，少年時所書耳，敢併識之，以袪觀者之惑。"

按，據《國朝列卿記》卷五十三《都察院左右副都御史》："楊璿，詳河南巡撫。直隸無錫人。歷户部右侍郎。成化四年改本院右副都御史。"則此跋所作時間以本年爲上限，姑繫於此。

天子旌表劉實妻張氏。汝弼聞僚友郭璽言張氏之節，爲作傳。

張弘至本《文集》卷二《東平劉節婦傳》："節婦張氏名某，東平劉實之妻也。既嫁甫三日而夫歿，時年十有七耳，慟絕而甦，即斥去脂粉之具，華靡之飾，凛然以節自持，雖幼穉童子亦未嘗輕與言接。……正統初，傅某爲州守廉階，莫敢干以私。嘗詢節孝可表者，各縣以名上，得六七人。傅訪察餘年，乃揚言曰：'惟劉實之妻真節婦也。'遂獨以聞。禮部議：節婦年未五十，例未可旌，俟年至舉奏。迨今三十年餘，齒六十八矣，始終一節不少。渝州復上其事，天子降旨，旌表其門，永蠲丁役。……華亭張弼曰：予在兵部，聞僚友武城郭文瑞云：'吾兗府諸州縣稱節婦者有矣，百年來惟東平劉氏尤難能也。'蓋初婚即寡，又力貧以養舅姑以及二叔，劉氏之家賴以弗墜，豈尋常稱節婦者哉？所恨公道難行，自傅太守獨舉其節，去後三十餘年無復問者。太守之所不取者，反先得旌，今之此舉乃天理人情之所不容已也。又聞節婦本亦劉姓，乃劉克己之女，今祥符尹縉之姊也。以其祖嘗爲張氏後，許嫁時姓未復，故不知同姓之嫌耳。噫！此非節婦失也，併著之，以祛談者之惑。"

按，據嘉靖《山東通志》卷三十五《列女》："劉實妻張氏，東平人。……成化四年旌表。"本年距正統元年爲三十二年，與傳中"正統初……迨今三十年餘"之語相合。汝弼作記當在旌表劉節婦之後不久，姑繫於此。武城郭文瑞即郭璽，本年當在兵部主事任上，故稱"僚友"。

郭璽，字文瑞，城武人。天順八年進士，初選庶吉士，授工部主事，遷員外郎卒。參見李東陽《懷麓堂文稿》卷二十四《明故兵部武選員外郎郭君墓表》。

季子弘至約於本年就外傅，父熊應聞之，有書來，屬令弘至讀小學、做根基。

張世緩本《詩集》卷一《至京口驛憶壬辰歲過此與三兒弘至剃頭作此示之》有句云："爾祖愛爾有遺誨，作人當如孔明小范輩，特立乾坤庶無愧。"跋云："先君武庫公鍾愛此子特甚，聞其在京就外傳，即書來云，必令其讀小學，做根基，如古人諸葛孔明、范文正公等輩事錄出，為講書，日令其講誦，則久而耳熟心融，自不肯為下流人也。"

按，弘至本年七歲，恰為入學之齡，其就外傳當在本年前後。又汝弼父卒於成化五年（見該年譜），則其有書來京，至晚在本年，姑繫於此。

【時事】四月，加番僧封號。本年，從韓雍請，分設廣東、廣西巡撫。

明憲宗成化五年己丑（1469） 四十五歲

正月二日，跋《荆南倡和詩集》。是集由李庭芝攜至京，汝弼與李應禎同閱之。

馬治、周砥撰《荆南倡和詩集》卷末錄張弼《書荆南倡和詩集後》："弋陽尹義興李瑞卿至京，出《荆南倡和集》以示余與中書舍人金陵李應禎閱之，且論五先生之世，而痛其不幸，蓋高季迪、徐幼文、馬孝常、周履道、鄭元祐一時豪雋，用不究其萬一，而死於刑禍者過半。後學當為之諱而不忍言者，何其不幸如是之甚歟！幸而各有所傳，不隨時漸盡耳。聞瑞卿將為之入梓，以垂不朽，誠幸也已。嘆慕之餘，敬識於後。若五先生之詳，中書君之筆可徵也。時成化己丑正月二日，華亭張弼書。"

按，李應禎、李庭芝於天順八年南還，汝弼有序（詳該年譜），至成化元年十一月，李應禎授中書舍人（據《明憲宗實錄》卷二十三），當已還京。據同治《弋陽縣志》卷五《學宮》："天順六年，知縣吳澮又新厥制，功未竟。成化三年，知縣李庭芝踵成之。"下又云"成化丁亥宜興李庭芝來知縣事。"則李庭芝至晚於成化三年爲弋陽尹。本年爲丑年，時當入覲（詳天順六年譜），故來北京，與汝弼有此會。

正月九日，父熊應辭世。閏二月十六日，汝弼得聞訃告，哀號摧痛，上書辭行。介友耿裕拜請葉盛作《墓表》。三月，始歸松守制。

葉盛《涇東小稿》卷八《張處士墓表》："兵部武選主事華亭張弼於余爲鄰郡，未之識也，而往往得其清才藻思於觚翰間。一日衰絰立門下，介其友翰林修撰耿好問拜予而泣曰：'弼父不幸死矣，惟墓道有石表之文，幸矜畀之。弼父不死也。'好問，不妄與人者。弼其知自重，且知重其父母者歟。遂不辭。"張弘至本《文集》卷四《先君村居先生墓誌》："有明成化五年乙［己］丑正月九日甲子日加於辰，先君村居先生卒於家。閏二月十六日辛未，報至京師，弼哀號摧痛，强存視息，俟陞引給劄而辭。又兩洽旬，而始克歸。荒迷倉卒，止得禮部侍郎崑山葉盛墓表一通而已。……弼遂述墓表曰：……處士諱熊［應］，字維吉……戊子十二月，乃具舟入城，又至黃浦南北，與諸親友永訣。過黃浦，復舉手曰：'吾再不游此矣。'皆不之信。歲除日，遍別諸隣。明日，病作，猶起受家人賀禮，亦若別然。追歿，身後事纖悉皆有治命。嗚呼天乎，痛哉！弼何忍及此也。乃百拜而志之，仰冀同愛親之心者，全此一丘，以永世也。嗚呼天乎，痛哉！"

葉盛，字與中，一字與之。蘇州府崑山人。正統十年進士，除兵科給事中，進都給事中，出爲山西右參政，擢右僉都御史，巡撫兩廣，改左僉都御史，巡撫宣府，進禮部侍郎，改吏部。卒，謚文莊。有《水東稿》《開封紀行》《菉竹堂稿》《涇東小稿》等。傳見《明史》卷一百七十七。

耿裕，字好問，河南盧氏縣人。景泰五年進士，改翰林院庶吉士，授户科給事中，又改工科。謫泗州判官，改定州。成化初，召還翰林，歷國子司業祭酒，勤教誨，有恩義。十二年，陞吏部右侍郎，轉左。二十二年，進尚書。改南京禮部，改南京兵部。弘治初，召入爲禮部尚書，轉吏部。弘治八年卒，贈太保，諡文裕。參見《明孝宗實錄》卷一〇八。

九月廿九日，葬父熊應，與胡氏合葬。刻墓表一碑於道之左，虛其右以俟褒贈。後又受兄汝輔之命，作《張氏墳記》，勒諸碑陰。

張弘至本《文集》卷四《先君村居先生墓誌》："有明成化五年乙〔己〕丑正月九日甲子日加於辰，先君村居先生卒於家。……擇以九月廿九己酉葬。長兄汝輔謂墓誌必詳實，如墓表足矣。弼遂述墓表曰……"同書卷二《張氏墳記》："曾祖守株先生別卜此地，當所居之艮隅。……既葬守株而下二世，景泰庚午葬先母胡氏安人，今先君村居先生合葬焉。……今所治先君墓，惟刻墓表一碑於道之左，虛其右以俟褒贈敕命，從俗以義也。吾兄汝輔命作墳記，於是直述其詳，勒諸碑陰。嗚呼！自祖宗來，守儒業農二百載於茲，保有一丘，以安體魄，其所以望於後人者，何如爲後者？將嗣而葺之乎，抑利而售之乎，棄爲閑丘隴乎？不敢知，也不忍言也。而凡仁人君子則亦將有動於衷者矣。"

本年，作《禽言》一首寄曹安與陸容，陸容次其韻。

曹安《讕言長語》卷上："吾松張弼以草書擅名，不如其古文詩超邁等夷。《禽言》一首寄予云：'得過且過，飲啄隨時度朝暮，得隴望蜀徒爾爲，未知是福還是禍。'跋云：'此禽寒號蟲也，古人未作，予故補之。予與以寧先生萬里相思，無以寄意，聊書一通云。'時予在滇之臨安，成化五年也。"詩見張弘至本《詩集》卷一。按，曹安云"在滇之臨安"，指其任臨安府訓導（詳下引本傳）。

陸容《式齋先生文集》卷十四《禽言次張汝弼見寄韻》："得過且過，日出未須愁日莫。衝霄薄漢鬪高飛，莫是丘隅穩無禍，得過且過。"陸容既有次韻，則知汝弼先有此詩寄之。

天啟《滇志》卷十一《官師志·臨安府》："曹安，以寧，華亭人。舉人。成化間任府學訓導，經學精通，出腹笥之緒餘以及經生，隨叩而應。"

本年前後，聞同年好友鄭昱父公勉卒，作哀辭。

張弘至本《文集》卷三《哀鄭豐城辭》序云："余取進士，與御史常山鄭時暉同年，情契甚密稔。聞其尊公豐城少尹之賢，而惜位不滿德，又恨不得與接，爲後生之益。適訃至驚悼，矯望千里。哀之以辭，庶洩余衷。"

按，鄭昱登科時，爲"嚴侍下"（據《成化二年進士登科錄》），則其時父存母故（參見《菽園雜記》卷一）。據《明憲宗實錄》卷五十六："（成化四年秋七月）乙酉，擢進士……鄭昱、薛爲學、張玉……爲試監察御史，……昱、爲學、玉俱雲南道。"卷六十九："（成化五年秋七月）丁亥，實授雲南等道試監察御史薛爲學、張玉、鄭昱……俱爲監察御史。"卷之一百一十："（成化八年十一月）戊申……復除監察御史鄭昱於貴州道。"鄭昱於成化五年七月授雲南道御史之後，成化八年十一月授貴州道御史之前有丁憂之事（詳下引本傳），則鄭昱父卒至晚當在本年。

《蘭臺法鑒錄》卷十一《成化朝》："鄭昱，字時暉。浙江常山縣人。成化二年進士。四年，除雲南道御史，丁憂。十年，復除本道、巡按福建。十二年，巡按貴州，養病。十五年起，補本道，巡按陝西。失儀，謫京山知縣，纍陞太常寺少卿，疏請致仕。"

郯城令李楷歸鄉省親，事竣戒行，錢溥偕鄉之縉紳耆俊以餞，汝弼有序贈之，陳其治郯聲名赫赫之由，冀其有始有終。

張世綬本《文集》卷一《送李大尹詩序》："吾友李廷式令郯城者三載，將上天官書考，念母夫人老於堂，亟歸松江省侍，且恢拓厥祖尚書公父參政公墓地，加飾封樹，備隧道儀物，皆成父兄之志也。事竣戒行，翰林學士錢先生偕鄉之縉紳耆俊以餞，取杜子美尊酒論文之句分韻，詩成，授簡於余，曰：'吾嘗記其德政矣，是詩也，子當序之。'予敬諾。問於先生曰：'古之論循良，足所至無赫赫聲，恒有去後思。何廷式治郯不三月，四民頌美，列邑承風，而信于州郡，達于藩臬，聞于朝宁，何赫赫若是其甚耶？與古人似相戾也。及考績而行，民皆流涕攀號，惟恐其或去，又若有去思意，與古人同者，豈廷式能兼古之循良所不能兼者耶？豈所值之時異耶？'先生曰：'公知醫乎？參朮、姜附異功同濟，參朮養人于平時，姜附活人于垂死，養人于平時者無近功，活人于垂死者有急效。人垂死而遽活，雖嬰孺之子，亦且驚愕感嘆，矧有知識者乎？廷式至郯，歲適大侵，人齕草木根膚殆盡而且相食矣。廷式至，即發所儲，供貨移易，百方賑給，流殍乃甦。此姜附之劑起人于垂死者也。雖欲不赫赫，能不赫赫耶？使此時而加參朮之政，郯民殆無孑遺，既而興學墾田，補弊苴漏，則撤姜附，而參朮日進矣。是以久而益赫赫也。'予曰：'然此不可以拘常論也，諸作咏歌揄揚之，夫豈過情哉？然而靡不有初，鮮克有終？古之明戒也。予敢舉以爲贈，母〔毋〕徒赫赫于始焉耳。'遂書爲贈行詩序。"

按，康熙《郯城縣志》卷六《名宦志·知縣》："李楷，直隸華亭縣人，由舉人。成化初年任郯城令。"同書卷十一《藝文志》載孔公恂《重修廟學記》："雲間李楷，字廷式，禮部尚書敬齋之孫，陝西參政志雲之子也。來令是邑，歲值凶荒，民不聊生。……明年稍稔，乃鳩工掄材，大新學校。……是舉也，經始於成化三年三月，落成於四年七月。……乃遣廩膳生員劉昇、李敏以書求記廟學之成，吾固嘉李侯之賢也。"據此，李楷於成化初年任郯城令，離開郯城、歸松省母當在成化四年之後。

又按，翰林學士錢先生當爲錢溥。《明憲宗實錄》卷二十八："（成化二年閏三月）壬申朔，復廣東順德縣知縣錢溥爲翰林院侍讀學士致仕，從溥乞恩也。"崇禎《松江府志》卷三十八《人物》："錢溥，字原溥，華亭人。……甲申坐内侍王倫事，出知順德縣。成化丙戌，復故官閑住。癸巳，起掌南京翰林院事。"錢氏"偕鄉之縉紳耆俊以餞"，則當在松江以故官閑住時，汝弼與焉，則不早於本年。

錢溥，字原溥，華亭人。正統四年進士，授翰林院檢討。景泰三年，陞左贊善兼檢討。七年，修《寰宇通志》成，陞左諭德兼編修。天順間改尚寶少卿，陞侍讀學士，賜二品服。充東宮講讀官，奉使安南，賜一品服。坐内侍王倫事，出知順德。成化間復故官，閑住尋起掌南院事，秩滿赴京，擢南吏侍，入賀聖節。乞歸，命以本部尚書致仕。參見《明孝宗實錄》卷一四"弘治元年五月辛未"條。

徐觀卒。

詳下年譜。

【時事】本年，以禮部侍郎萬安入内閣預機務，安結宦官，與憲宗所寵萬貴妃爲内援。

明憲宗成化六年庚寅（1470） 四十六歲

正月三日，徐觀落葬。汝弼自徐觀處所師甚多，嗟良友之殁，爲作墓銘。

張弘至本《文集》卷四《奉政大夫兵部郎中徐君墓誌銘》："觀字尚賓，號瀼西。……己丑四月八日乃終，後事悉有治命，得壽五十二而已。……庚寅正月三日壬午，葬所居錦衣村之祖塋。稷詣予，乞銘于墓。嗚呼！予忍銘吾尚賓乎？予齒少于尚賓，又晚出。然每會輒商今確[榷]古，搜奇抉怪，連日夜不休，所師者多矣。及承乏武選，異時而同事，又吾吏師也。豈止鄉里之好而已哉？銘不可得而辭也。其世裔之詳，有祭酒陳緝熙先生墓碑、學士錢原博先生《竹庭墓誌》可稽也，予得而略，銘之曰：嘉木千尋，寸弗朽也。樛枝器車，擇薪樌也。弗棟弗梁，匠斯醜也。風摧火燼，天所取也。誰其類之，我良友也。嗟我良友，胡弗黃耇也。我心孔疚，匪私疚也。勒銘貞石，詔悠久也。"

按，銘文所及陳緝熙墓碑、錢原博《竹庭墓誌》今皆不存。

十一月十二日，與華亭王皋同泛，汝弼有詩。

《中國法書全集》明代卷第一冊第九七件作品《行書書札卷》收李東陽、張弼書札八通，其中第四通爲張弼札，云："白鶴城東斜日陰，蓬窗高咏鐵簫吟。百年耆舊但塵土，試問誰能和好音。成化庚寅十一月丙戌與王皋舜臣同泛。舜臣出此卷，讀畢，書一絶以識。張弼。"

王皋，字舜臣，號一明，以誼行稱。成化十一年進士，授行人，歷禮部員外郎，屢典藩封，以父老乞歸。參見光緒《重修華亭縣志》卷十四《人物三·列傳上》。

本年，王績母徐氏卒。汝弼與王績交久，嘗拜徐氏於堂，故應績之請而銘之。

《新中國出土墓誌·上海天津》下册《明封王宜人徐氏墓誌銘》："南京工部虞衡清吏司員外郎王績，推恩封父以中如□□，母徐宜人□□□□，歸松江，既□地以□，及禫，母卒，成化六年八月四日。□謀以是年十二月廿七祔葬，而泣謂其鄉友兵部主事張弼曰：'績不幸洊遭大故，忍死將□，先妣墓上之石，子其誌之。'弼念與績交久，嘗拜老宜人於堂，竊知其概，□不辭而□□……賜進士出身承直郎兵部武選清吏司主事同邑張弼撰，賜進士出身中憲大夫□□等處提刑按察司副使同邑吳玘書，賜進士□□□□□□四川重慶府合州知州同邑唐珣篆。"

嘉慶《松江府志》卷五十一《古今人傳》："王績，字公偉，華亭人。景泰五年進士，授行人，歷官常德府知府。持身清介，人不敢干以私。歲大旱，竭誠祈禱，親詣龍門洞，引繩而下，必窮其處。天大雨，士民感悅，以考滿卒於途，囊無餘貲，妻子不能還，同知胡琮及士民相與厚賻之。"

題古端硯於龍潭精舍。

李日華《味水軒日記》卷四："（萬曆四十年十二月）十二日，晴。方巢逸從蘇來，出一硯，古端也。鐫其背草書數字云：'成化庚寅，在龍潭精舍，張汝弼記。'乃東海居士物。"

按，本年汝弼尚丁外艱在華亭，此"龍潭精舍"或在龍潭寺中，龍潭寺即西禪寺。正德《松江府志》卷十八《寺觀上》："西禪寺，府西白龍潭上。宋嘉定間僧法因建。端平間賜額'西禪興福寺'，又名'龍潭寺'，歸併寺一。"

又，張世綬本《詩集》卷四有《龍潭寺有聽雷處，乃吾二郎弘宜讀書所也。寺南有故友持畫竹索題，遂咏其實而歸之》詩。本年弘宜十八歲，或在龍潭寺中讀書。

夏㫤卒。汝弼嘗評其畫，贊其寫竹工妙。

張弘至本《詩集》卷四《夏仲昭畫竹爲吳進士題》有句云："九龍山人王友石，毫素爭先化工力。當時揮灑未足珍，于今一紙千金直。太常清卿得真傳，風流瀟灑與差肩。宛如指活妙書法，陽冰古勁張旭顛。紫宸朝回寫此幅，遠近縱橫萬枝玉。鷓鴣吟雨下江皋，猿猱號烟度岩曲。湘靈瑤瑟廿五絃，淒淒切切如流泉。長日相看竟忘寐，箇中妙趣言難傳。乃知此老真奇絕，飽弄清風與明月。古來數輩皆其儔，興酣還陋芭蕉雪。……嗚呼！若人不可作，浩蕩高懷竟何託。反復衛公淇澳詩，目送翩翩海天鶴。"

按，"九龍山人王友石"即王紱，字孟端，號友石，又號九龍山人，無錫人。夏㫤曾任太常卿，畫竹師法王紱，故云"太常清卿得真傳"。

汝弼評夏㫤畫竹，又見於張世綬本《文集》卷三《書張廷崙銘志後》，云："永樂已來寫竹名者，錫山王孟端、崑山夏仲昭以及海虞張廷尚耳，然皆善詩，胸次中自有竹意，積習而至工妙也。"以上二首皆未詳年月，姑錄於此。

夏昶，字仲昭，崑山縣人。永樂十三年進士，改庶吉士，歷官太常寺卿。善畫竹石。傳見《明史》卷二百八十六《文苑二》。

【時事】五月，北京、山東、河南大旱。六月，順天、河間、永平諸府旱後又大水。民食草木幾盡。

明憲宗成化七年辛卯（1471） 四十七歲

四月廿日，坐望仙樓閱法書卷，得素楮，書評宋廣、沈度、沈粲、陳敬宗書法諸語，以此四家各臻其妙。

香港中文大學文物館藏張弼草書《評書》紙本手卷："宋昌裔書如白雲出岫，連綿不絕，悠揚卷舒，無不自得。宋仲溫書如鵬搏九萬，全仗扶搖。沈民則書如瑤環瑜耳，令人玩弄不能釋手。沈民望書如強弓勁弩，盡力挽縱。陳祭酒書如緣壁枯藤，勢多屈曲。"跋云："四月廿日，潦暑初作。坐望仙樓，偶披此卷，得素楮，遂寫書評數段塞白。時成化辛卯歲也。張弼識。（見圖10）"《平生壯觀》卷五著錄張弼"《評書》，黃紙。評宋昌裔、宋仲溫、沈民則、民望、陳祭酒又跋。"當即此作。望仙樓當在松江，未詳其地。張弘至本《詩集》卷四《古意》亦及之，詩云："望仙樓上仙人宴，口吐晴虹眸閃電。引盃酌海海欲乾，舉筆向天天亦旋。瑤箋錦襲紫金藤，欲向九重天上獻。青鸞黃鶴未歸來，樓下碧桃開幾編。"

張世綏本《文集》卷三《評三宋草書》："宋仲珩名璲，乃潛溪先生之子也。其書深得晉人法度，評者謂'如花橫青瑣，鶴舞瑤

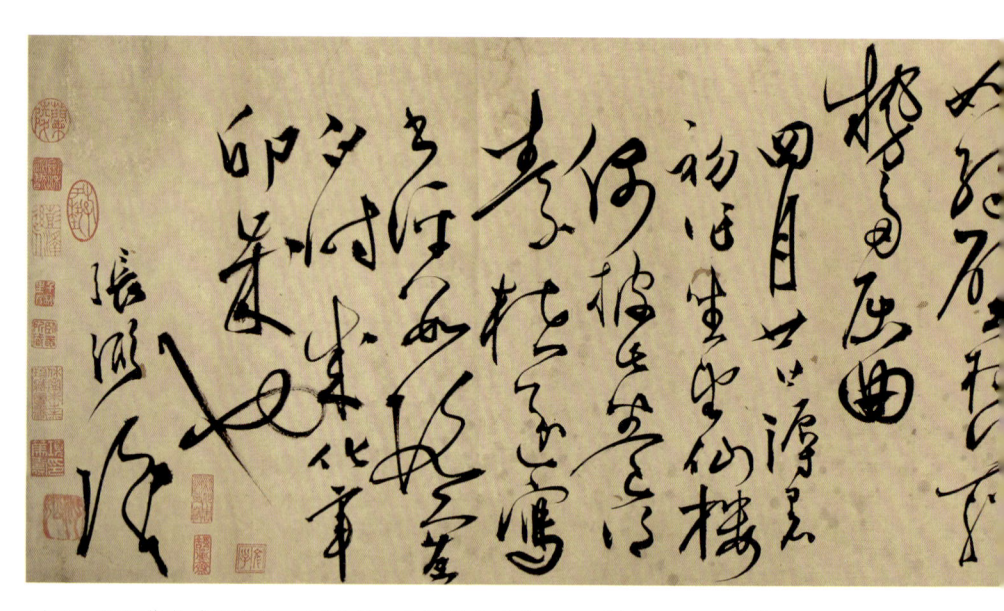

圖10　張弼草書《評書》　1471年　水墨紙本手卷　26.5厘米×102.5厘米
北山堂惠贈　香港中文大學文物館藏　藏品編號：1996.0123

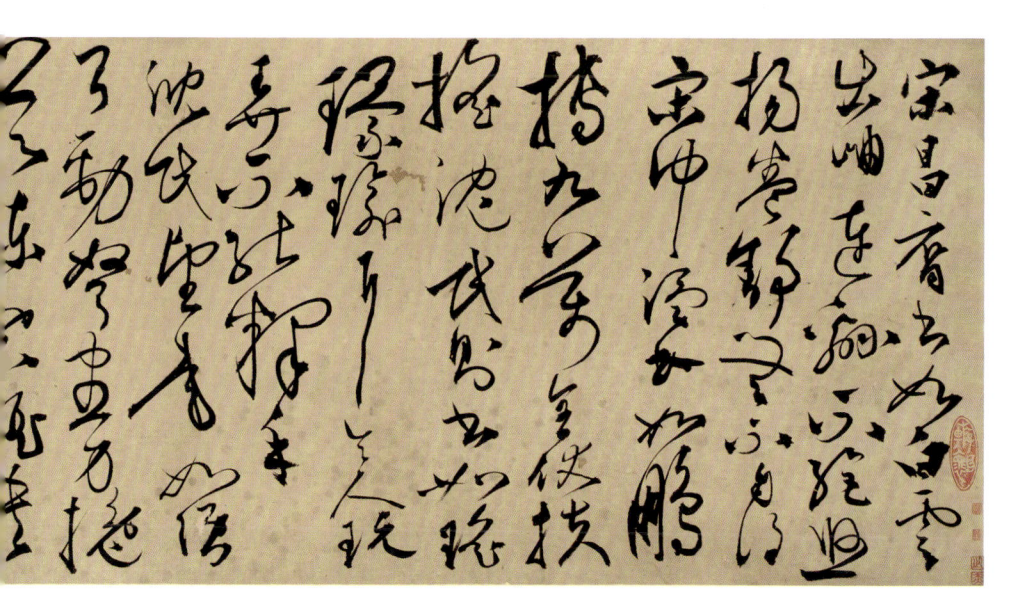

年譜　明憲宗成化七年辛卯（1471）　四十七歲

臺'。宋昌裔名廣，倜儻善書。評者謂如白雲出岫，悠揚卷舒，連綿不絕，無不自得，誠顛旭之後一人而已。宋克字仲温，書法鍾元常，直造堂奧，評者謂'如鵬搏［搏］九萬，全仗扶搖'焉。皇明初，書家之擅名者有三宋，即仲珩、昌裔、仲温也。談者以昌裔爲尤，誠以其自然又老健也。然精神飄逸，各臻其妙，未可遽短長也。"按，此評可與香港中文大學文物館藏卷並參，可知汝弼以爲三宋各臻其妙，並極爲推崇。

陳祭酒，即陳敬宗，永樂二年進士，官至南京國子監祭酒。傳見《明史》卷一百六十三。《書史會要》卷十云其"行草任筆成形，如倉虬老檜，鐵屈銀蟠，但欠圓熟耳。"

十一月八日，陳震携錢選山居圖卷至，汝弼跋之。

郁逢慶輯《續書畫題跋記》卷十《霅溪翁山居圖卷》張弼跋："予釋禫服未行……偶得陳起東携此卷至，展閱一洗我俗，殊用快然，乃書以識。時成化辛卯十一月八日也。華亭張弼書。"按，"霅溪翁"爲宋末元初畫家錢選自號，錢選傳見《畫史會要》卷三。陳起東即陳震，長洲人。據嘉靖《寧德縣志》卷四《教諭·本朝》："陳震，字起東，號秋堂，直隸長洲人。由舉人授山東濟陽訓導，成化五年陞任。"則本年陳震當在寧德教諭任上。而明年爲成化八年，正逢辰年，陳震當於正月進京述職，寧德距京師路途遥遠，其啟程必在本年，故能途經華亭與汝弼有此一會。據《沈周年譜》，成化十六年陳震任江山教諭時亦有述職之行（第160頁），此亦可爲一旁證。

正德《姑蘇志》卷五十四《人物》："陳震，字起東，長洲人。少穎異。數歲，屬對警絕，時目爲奇童。弱冠領鄉薦，授濟陽訓導，陞寧德教諭。所至能率其職。都御史張瑄薦于朝，不報，以例改江山縣卒。震爲人類簡率，而清慎不苟。作官三十年，家猶赤貧。先是，震嘗受知於郡守朱勝震，後考浙江鄉試。其子懷金投之，震峻拒不與見，士論益高之。"

本年，釋禫服，籌劃兒女婚姻之事。女某約於此際歸竹岡李觀。

郁逢慶輯《續書畫題跋記》卷十《雪溪翁山居圖卷》張弼成化辛卯跋："予釋禫服未行，而向平之婚嫁方殷，日汩汩于塵事。"按，汝弼自成化五年三月歸家，至本年六月，已滿二十七月。"向平"用東漢高士向長（字子平）之典。後以"向平"指兒女婚姻之事。

李紹文《雲間雜識》卷三："張東海舊有一支居東土，東海至，留酌相陪者鄉人李檜庭（小字注：原本恒齋）。東海一見曰：'此君南人北相，子孫必昌。'竟日談論，多依名理。東海甚敬之，約爲婚姻。李辭謝再三。東海曰：'吾意已決。'竟以女字。其子恒（小字注：原作桂）軒公李世居竹岡，惟事耕織。張氏所生子始讀書，爲三尹令，遂爲巨族。屯部南湄、大參約齋、太守易齋，皆其後也。可見前輩眼力之玅。"何三畏《雲間志略》卷十五《李水部南湄公傳》："李昭祥，字元韜，號南湄，上海竹岡里人。李自恒軒公娶東海張公女，生子龍浦公塾、雲浦公序，而雲浦生公，龍浦乃撫公爲嗣云。"《竹岡李氏族譜》卷二《世譜·七世》："璠，字廷琬，號檜庭。宣德戊戌五月十二生，弘治丙辰十一月廿一卒。配呂氏，葬二墓次昭位，有誌銘。子三：觀、巽、復。"八世欄："觀，字容若，號恒軒。……配張氏，南安太守東海公弼女庶張氏，葬第四墓主穴，子三：塾、序、學；女二：長適褚，次適金，俱嫡出。"按，李氏爲竹岡人。本年李觀十九歲，其子即汝弼外孫李塾生於成化十年（詳該年譜），即在三年後。李觀迎娶汝弼之女當在松江，而汝弼自成化八年至十年皆在京，不得爲兒女操辦婚姻。故其女或即於本年歸李觀。又按，張世綬本《詩集》卷四有詩題爲《寄李顒若賢壻》，則李觀之字，當爲顒若，作容者，避清帝諱也。

聞張業被誣落職，又墜馬傷足，汝弼寄詩慰之。

張弘至本《詩集》卷三《寄張司業振烈被誣家居》："少司成下老門

生，十載追思萬種情。埃墨却疑顔子餓，濁流難汙伯夷清。百年邃閣塵誰掃，萬丈陰崖雪自明。聞説先生渾不計，酒尊詩句寫和平。"其後一首爲《寄張司業歸休墜馬傷足》："天上歸來萬想空，馬蹄偶爾踏東風。翻身忽斷青絲鞚，跛足聊憑紫竹筇。野渡漁舟人競趣，名園縱酒客能供。玉堂璧水浮生夢，從此都將付塞鴻。"

按，《明憲宗實錄》卷八十九："（成化七年三月）辛卯……禮部左侍郎邢讓、國子監祭酒陳鑑、司業張業俱坐罪除名。……業，字振烈，江西安福縣人。景泰辛未進士，改庶吉士。授檢討。九年考滿，陞國子監司業。嘗署掌監印，而皆在未以錢折鈔之前。及折錢，業未嘗一支用。故其被鞠祭酒邢讓頗爲業稱冤，而法司併坐之，亦除名。"據此，張業被誣除名即在本年，上引二詩既前後相屬，則墜馬傷足當在被誣家居後不久，姑並錄之。

嘉靖《江西通志》卷二十九《吉安府》："張業，字振烈，安福人。景泰辛未進士，由翰林庶吉士檢討陞國子司業，凡八年，坐詿誤落職，士論惜之。平生誠篤，力學不倦，爲文溫雅。"

賦詩送同窗吳玘整飭陝西洮河、岷州等處兵備。

上海博物館藏張弼《草書送吳仲玉詩》軸，首行題"送陝西吳憲副仲玉守備洮岷詩一首"，詩云："獨攜長劍守窮邊，洮水岷山路幾千。五月氈裘踏冰雪，三更笳鼓報烽烟。巴茶宛馬僧徒市，羌語番文譯史傳。且喜班超身未老，賢勞深得聖明憐。"款云："窗弟張弼頓首。"鈐"汝弼"朱文方印、"東海居士"朱文方印、"天趣軒"朱文橢圓引首章。（見《中國古代書畫圖目》第二册滬1-0337。）

按，吳仲玉名玘，傳見宣德八年譜。《明憲宗實錄》卷九十五："（成化七年九月）庚寅，復除廣東按察司副使吳玘于陝西，整飭岷州等處兵備。"卷一百三："（成化八年夏四月）癸酉整飭陝西洮河兵備按察司副使吳玘奏：岷州衛城守士卒僅三百五十人……"

據此，吳玘前往陝西，汝弼賦詩贈行，當在本年。

作《鵲巢解》，破陰陽家拘忌之説。

張弘至本《文集》卷三《鵲巢解》："《淮南子》云，鵲巢開户背太歲。世以爲然。予歲驗之，或背或向，亦未必然，背者亦偶然耳。今歲在辛卯，觀家西之古椿有鵲巢，户正向東，可指以祛古今繆誤矣。大率子書雜記不足信者多，人皆信之，以其傳之自古，不復致察故也。舉此一節，亦足以破陰陽家拘忌之説矣。"

作《端硯銘》，硯即天順三年劉侃所遺者。

張弘至本《文集》卷二《端硯銘》序云："天順己卯至京師，涇州守嘉善劉侃克剛遺此，成化辛卯銘之。"銘文云："吾書不古若，嗟爾日勩。吾迹無定居，與爾俱詣。不惟爾之多眼，爲誰爾之礪。"

按，汝弼所作硯銘甚多，張弘至本《文集》卷二除此篇外，還收録《馬肝石硯銘》《銀星石硯銘》《倭硯銘》《漆查硯銘》《硯蓋銘》，清秦震鈞輯《寄暢園法帖》第一册亦收録汝弼書唐庚作《古硯銘》一首。

約於本年納羅氏爲妾。

成化八年汝弼北上，其紀行詩中有一首題爲《渡江》，中有句云"今日老夫成大笑，瘦妻小妾□□游。"（詳該年譜）則羅氏至晚於本年歸汝弼。

張弘至本《文集》卷五《張母羅碩人傳》："羅之先，江右著姓，隸尺籍于松，子孫遂交婚于郡人。諱榮者，慷慨惇信義，有古烈士風。生女幼而警慧，凝樸純孝，出於天性，榮鍾愛之，曰：'他日必適名家。'有聞其賢而欲委之禽者，弗輕以字。甫笄，東海先生張公納之貳室。入門即求其職之當脩，與其分之所安者，蚤夜以圖事先生惟謹，先生之元配禔其母，而元配亦愛之視其妹。一宫雝雝，罔有間言。"按，羅氏爲松江羅榮之女，羅榮史傳無徵，《張母羅碩人傳》中亦未言及其宦蹟，當常在松江，汝弼與羅氏成婚亦當在松江。成化五年至本年夏汝弼丁外艱，不能娶妻納妾。成化五年前汝弼最後一次在松江爲天順六年（詳該年譜），若在其時納妾，汝弼四子弘圭（即羅氏所生第一子）似不至晚至成化十年前後才出生（詳該年譜），則汝弼於服闋後納妾最有可能。《禮記·內則》："女子十有五年而笄。"則羅氏入門時約十五歲，故其詩稱"小妾"。

本年前後，陳瑜即松江細林諸景倡爲八咏，王逵、姚綬、卞榮、曹泰、曹時中、張寧、周鼎與汝弼次第咏之。汝弼作《西潭夜月》。

萬曆《青浦縣志》卷一《山川·細林山》"八景詩並錢學士小序"下引錢溥序略云："去府城西北二十里，有山曰細林，舊名神山，天寶六年改今名。山有元旌義士夏椿之墓碑。有仙翁彭素雲，洪武間夢感于上，嘗遣使整其墓。有石洞窈而深，其春雲冉冉，由此而出。有溪潭一傾，澄徹如鑑，人多泛月其中。有石罅甃井，源深色瑩，大旱不竭；有石波漾沙，日光射人，星點點如金。有道院曰崇真，居民聽其鐘聲以爲作息。有遺址，云鉅族夏友文蒔菊之所，作亭曰晚香，亭雖廢而址猶存，皆勝迹也。……矧生長於斯，如陳君廷璧者哉。廷璧嘗即諸景爲八咏，見咏于縉紳間，不異瀟湘之咏八景，柳州之咏八愚也。……成化七年辛卯夏五月初吉。"下引王逵《義士古碑》、姚綬《素翁仙家》、汝弼《西潭夜月》、卞榮《洞口春雲》、曹時和《丹井靈泉》、曹時中《金沙西照》、張寧《崇真曉鐘》、周鼎《晚香遺址》。汝弼《西潭夜月》詩云："寒月澄潭萬頃波，涼風一曲羽衣歌。畫船美酒呼龍伯，玉臼長生搗素娥。鷗鷺灘晴漁火澹，芙蓉洲冷露華多。秋來直欲通宵醉，白晝歡娛有幾何。"（亦見於張世綬本《詩集》卷三，詩題作《咏西潭夜月》，小字題注："細林山八景之一"。）按，錢溥《細林八咏序》當與縉紳題咏同時或稍後，然序作於本年夏，汝弼詩中則多爲秋冬之景，故而亦可能作於本年之前，時汝弼必在松江，姑繫於此。

陳瑜，字廷璧，嘉定人，正統九年舉人，官至江西廣昌縣學教諭。（據萬曆《嘉定縣志》卷十《選舉考·鄉貢·正統甲子科》。）

戴昕纂《陳州志》成，汝弼與其弟戴春、戴曦同朝，知其盡心於民事，故爲之作序。

張弘至本《文集》卷一《陳州志序》："知州戴侯景升乃於政務之暇，留心記纂窮搜精覈，而遺墟湮谷、塵庋敗篋之間，殆無留良矣，猶且欿然。繆以予亦頗知往事，以書來訊，遂屬以序。予念與景升生同郡，其弟郎中景元、中書舍人景暉又同朝而親與，知景升之盡心民事熟矣。觀此，豈徒以簿書期會爲事者哉？蓋爲州治百世計也。予曩嘗見學正張廷采纂《陳州志》，侣若過簡，正坐無徵，力又不迨也。近聞河南提學副使劉欽謨撰《中州勝覽》，殊稱精覈，將入梓而行，則陳州亦在所錄也。今又獲見吾景升此志，一何快哉！景升名昕，文獻世家，宜其爲政卓卓，而克舉廢墜也。"按，戴侯景升即戴昕，其弟郎中景元、中書舍人景暉即戴春、戴曦（詳下引本傳）。《明憲宗實錄》卷三十二："（成化二年秋七月）丁丑……吏部言：各處巡撫巡按等官奏保府州縣正佐等官陝西西安府知府余子俊等四十八員廉能公正，撫字勤勞，乞賜誥敕旌異：陝西平涼府知府王正……臨漳縣知縣戴昕……疏入，上悉從之。"正德《臨漳縣志》卷七《國朝職官·知縣》："戴昕，直隸上海。由舉人。陞知州。"《明憲宗實錄》卷一百四十五："（成化十一年九月）辛亥，命河南陳州知州戴昕復任，升俸二級。州人言：本州與軍衛雜處，旱澇相仍，盜賊竊發。昕勞來勸相，盜息民安。今秩滿當去，願留之，以慰人望。"據此，戴昕由臨漳知縣陞陳州知州或即在受旌表之後。至成化十一年當滿九年，才可稱"秩滿"，則戴昕任陳州知州當自成化二年起。既云"近聞河南提學副使劉欽謨撰《中州勝覽》"，則本序當作於劉昌在河南提學任期間。《明憲宗實錄》卷九十六："（成化七年閏九月）己未，陞河南按察司副使劉昌爲廣東布政司左參政。"則本序當以成化七年爲下限。姑繫於此。

《雲間人物志》卷一《戴湛庵》："公名昕，字景昇，湛庵其號，上海人。正統丁卯鄉薦，授臨漳令，卓有異政，有《臨漳政績錄》。陞知陳州，政績尤著，州人爲立生祠。尋乞休，進階朝列大夫，致仕卒。"同卷《戴未庵、西溪》："未庵公名春，字景元。西溪公名曦，字景暉。上海人。同受業於周編修廷參之門。景泰庚午俱應試……是科果同領鄉薦……天順甲申春成進士，差往浙江，纂修《實錄》。授南京考功主事，歷員外郎、郎中，兩管大計，人服其公。陞順慶守，未任卒。曦學優才敏，外坦內嚴，屢蹶禮闈，授中書舍人，陞南刑部員外郎，卒於官舍。"

邢讓卒。

據岳正《類博稿》卷十《明故前嘉議大夫禮部左侍郎邢遜之墓銘》。

奚昌卒。

據《涇東小稿》卷六《奚進士墓誌銘》。

【時事】三月，以久旱，運河乾涸。王恕濬揚州河四百五十餘里，役九萬餘人。四月，以京師連年飢饉，發倉粟八十萬石平糶。憲宗朱見深自本年起不復召見大臣。

明憲宗成化八年壬辰（1472） 四十八歲

春，北上赴京，過丹徒縣，有詩贈同年楊峻。

張世綏本《詩集》卷三《簡丹徒尹同年楊惟高》："君在江湖要路津，我爲南北往來人。鶯花曾記三年別，鷁舫重來兩度親。冉冉青春欺白髮，浮浮綠酒洗黃塵。明朝又過瓜洲渡，一覽樓頭送目頻。"

按，此詩爲《鐵漢樓帖》1A第一首，拓片部分字迹不清。詩題前有隸書"□□□帖卷□"，編者釋爲"鐵漢樓帖卷□"，並注云："此卷數應爲'二'。"疑卷一版毀，故以卷二爲首。容庚《叢帖目》録《鐵漢樓帖》目次，云"卷二：北上紀行詩、《太白酒樓賦》"，《太白酒樓賦》作於本年北上途中（詳下文），對應版號爲2B—3B，則自本首至《太白酒樓賦》之前，當皆爲北上紀行詩。

又按，汝弼於成化五年奔喪南下途中或亦與楊峻相見，往返皆在春季，故云"鶯花曾記三年別"。楊峻爲汝弼同年（據《成化二年進士登科録》），正德《丹徒縣志》卷二"名宦楊峻"條中僅言"成化間任知縣"。

楊峻，字惟高，江西進賢縣人。成化二年進士，授丹徒知縣，陞監察御史，歷廣東按察司僉事，以父喪去。服闋，改福建汀、漳兵備，陞浙江按察司副使，尋轉左布政使，陞南京光禄寺卿，弘治末引年乞休，正德八年卒。爲人剛毅，政事精敏，居官能守廉。參見《明武宗實録》卷一百一"正德八年六月甲子"條。

舟留鎮江，與李庭芝相會，喜不可言喻。與之同游甘露、金山諸處，有詩。

《鐵漢樓帖》1A《連日西南風盈漬，行李舟不至。予留鎮江，適太僕丞義興李廷卿至，瑞卿與予同京邸而知己者，相見之喜，不可云喻，遂與同游甘露、金山諸處》："未得長風送客舟，老天留我作清游。三吴好景歸詩卷，萬里長江入酒甌。老馬能諳南北路，閑鷗不識古今愁。明朝各跨雙黃鶴，直到金山最上頭。"按，此詩亦收入張世綬本《詩集》卷三，題爲《舟留鎮江，適太僕丞義興李瑞卿至……遂與同游甘露、金山諸處》。李庭芝，字瑞卿。汝弼書寫時誤作"李廷卿"。詩後有跋，云："游金山寺，僧官☒、指揮李隆亦與焉，無待臨風舟□。"據正德《丹徒縣志》卷首《丹徒縣地理圖》，金山在丹徒縣城西北，甘露寺在丹徒縣城北，故當在告別丹徒尹楊峻後有此一游。

至瓜洲，見奚綱、周維善欣欣候於沙際，汝弼攜妻妾登岸。

張世綬本《詩集》卷一《渡江》："洪濤洶洶風颼颼，鳴笳擊鼓渡中流。今日老夫成大笑，瘦妻小妾□□游。郭璞墟墓已非是，孟姜衣亭真繆悠（雙行小字注云："孟姜女脫衣亭乃玉山古佛閣也，往來舟人繆以為然，土人亦覺其非者鮮矣，可笑可笑。"）。收帆轉舵忽瓜步，故人拍掌候沙頭。"跋云："老妻輩登江砥船，初不敢仰視，舟人云'孟姜女脫衣亭'，乃競望焉，神思亦朗也。知此為勝游矣，及至瓜洲，奚綱、周維善欣欣候于沙際，遂登。"

按，詩即《鐵漢樓帖》1B第一首，版右首起三行字皆不可辨，僅有詩後"老妻輩……"之跋。據《中國歷史地圖集》第七冊明應天府附近圖，瓜洲在金山北，故繫於此。

奚綱、周維善，皆不詳。

過淮安，遇同年游佐，有詩兼簡石淮、屠勳。

張世綬本《詩集》卷三《淮安過游汝弼，兼柬石宗海、屠元功主事》："同志同年字亦同，朝朝聚首鳳樓東。吳山涕淚三年別，淮海風波此日逢。季子自嗟爲客久，阮生何用哭途窮。尊前一笑皆青眼，又送天涯北去鴻。"

按，本詩題雖云"兼簡"，然詩意僅及於游佐。游佐字汝弼，成化二年進士（據《成化二年進士登科錄》），故首云"同志同年字亦同。

汝弼呈石宗海、屠元勳詩見於張世綬本《詩集》卷四，二首連屬，《淮安簡呈屠元功主事》云："賈生年貌賈生才，聖世渾無絳灌猜。自是詩人多水部，嘲吟風月過淮來。"《簡呈石宗海主事》云："清江浦上會同年，笳鼓頻催過壩船。回首淮南戀風景，淡烟疏雨杏花天。"再用韻："相逢草草惜流年，共醉燈前蘭玉船。還約木犀花發候，長安珂馬共朝天。"

按，《鐵漢樓帖》18A右端有兩行字云"成化八年三日弼識"。當爲上一首詩之識語（上一首已殘）。其後即《淮安過游汝弼兼柬石宗海屠元功主事》詩，與《淮安簡呈屠元功主事》詩相連屬，後者未題詩名，僅於詩後署"爲呈元功"，其後又録《簡呈石宗海主事》，亦不題詩名，詩後署"爲呈宗海"，後録"再用韻"一首。推測以上四詩皆作於成化八年，當歸入北上紀行組詩中，今《松江博物館藏鐵漢樓帖》編入18A恐爲錯簡。又自18A至20B内容前後連屬，似皆爲北上紀行時所作，詳後文。

四首詩題或詩文中皆點明地點在淮安，《簡呈石宗海主事》其一又以"淡烟疏雨杏花天"點明時節爲春季。《淮安過游汝弼》詩中云"吴山泣涙三年別，淮海風波此日逢"，末又云"又送天涯北去鴻"。按汝弼出仕後北上經過淮安似僅可能在本年，則知汝弼成化五年南下奔喪時或即與游佐相逢，又泣涙而别，此時重逢，舊友又將送汝弼北去也。

又按，據萬曆《淮安府志》卷二《秩官表·國朝·管倉户部》："石淮，主事。江浦人，成化丙戌進士。"同卷《國朝·清江廠工部》："屠勳，平湖縣人，進士。"則石淮、屠勳本年當皆在淮安任上，《淮安簡呈屠元功主事》有句云"自是詩人多水部"，暗用何遜、張籍任官水部之典，稱讚工部都水司主事屠勳亦有詩才。汝弼書屠元勳之名，常作"元功"。

游佐，字汝弼，廣東南海縣人。成化二年進士。官至南寧知府，參見嘉慶《廣西通志》卷二十六《職官表·明·知府》及《成化二年進士登科録》。

屠勳，字元勳，平湖人，別號東湖。成化五年擢進士，授工部都水主事，擢都察院右副都御史，巡撫順天等府，陞右都御史，陞刑部尚書，加太子太保，正德十一年卒。參見《焦太史編輯國朝獻徵錄》卷四四顧清《屠公勳行狀》。

石淮，字宗海，應天府江浦縣人。成化二年進士，入翰林庶吉士，出爲户部主事、員外郎，歷四川、河南提學僉事。參見陸簡《龍皋文稿》卷十《送石僉憲序》、萬曆《江浦縣志》卷三《選舉表·進士》。

李廷美因忤權貴貶衡州判，汝弼遇於途，有詩慰之。

《鐵漢樓帖》18A最後一首《送李衡州》："入市獨持衡，群販交惡憎。持衡不可棄，甘心郊外行。"18B首有小字跋云："李君廷美，福州人，由進士仕刑部員外，勘事江西，忤權貴意，貶衡州判。予與舊好，遇于途，以此送之。"收入張世綏本《詩集》卷三。

按，此詩在《淮安過游汝弼兼柬石宗海屠元勳主事》四首之後，作詩時間當與呈游佐三人詩相距不久。據康熙《衡州府志》卷九《秩官志·通判》："李廷美，由刑部員外郎以勘吉安知府許聰，事不實，降謫。成化七年任。"汝弼詩云"遇於途"，時當李廷美自京南下赴任，汝弼還京北上，李廷美於成化七年有衡州之命，其啟程赴任當在本年春季，才可與汝弼相逢。

過沛縣歌風臺，感古懷今。因三年前過此，與知縣雷應春匆匆而別，此時重逢，又有感於京師舊游，以詩贈之。

《鐵漢樓帖》18B第二首："昔云歌伯風，王風猶有（"有"字原闕，據刻集補）在。一歌當塗高，王風從此改。今日過荒臺，落日悲風來。此予廿年前過。"收入張世綏本《詩集》卷一，題爲《過沛縣歌風臺》。同卷七言古《贈沛縣雷大尹》："昔年我過歌風臺，沛尹夜半登舟來。秉燭相看即相別，又驚三度桃花開。東風桃花開又落，我乃重來臺下泊。郵筒達報已先知，一笑情懷宛如昨。翻思京國曾同游，黃塵烏帽俱黑頭。歲月奔馳官落魄，星星兩髩我先秋。念子棲遲淹百里，於今好逐風雲起。明廷擢用卓魯流，豸冠繡服烏臺裏。"《鐵漢樓帖》19A首即此詩，然版片右上方已漫漶不清。雷大尹，嘉靖《沛縣志》卷四《職官志·國朝下》有"雷應春，四川人。"爲惟一雷姓知縣。其前後二任知縣古信、馮時中分別於景泰元年及成化十一年上任，故汝弼所遇舊友、時知沛縣之雷大尹即雷應春。其人生平不詳，嘉靖《四川總志》卷八《叙州府·科第》："尹清，雷應春，謝英，俱景泰癸酉鄉試……以上俱富順人。"可知應春與汝弼同年中舉，二人或在北游京師時相識。嘉靖《沛縣志》卷八《古蹟志》："歌風臺，在泗水西岸。高祖征英布，還過沛，宴父老於此，因歌《大風》之辭，後人因以"歌風"名臺，立石刻辭于上。"

遇同年陳廷璉，爲其父作賀壽詩。

張世綬本《詩集》卷三《壽同年陳廷璉乃翁醫官，時廷璉知徐州》："烏帽翼翼袂翩翩，半是詩翁半是仙。郗下錦袍三二子，寰中花甲幾千年。家傳自有君臣藥，祿養何須子母錢。讀罷《黃庭》春睡起，彭城山色酒盃前。"亦見於《鐵漢樓帖》18B，後半段版片下方字已漫漶不清，詩在《過沛縣歌風臺》後，姑繫於此。

按，陳廷璉知徐州起始時間不詳，嘉靖《徐州志》卷六《學校》："州儒學在城東北隅……天順六年知州王叙拓大之，垂成滿去。成化六年，知州陳廷璉續成，重建堂齋樓閣，有眉山萬安、淳安商輅並爲記。"此似爲陳廷璉在徐州最早治績，同卷"東察院"條下云"成化九年知州陳廷璉重修。"則本年陳廷璉當在徐州任上，汝弼爲其父作賀詩，當應其請。

嘉靖《徐州志》卷十一《宦蹟傳》："陳廷璉，字宗器，湖廣攸縣人。成化中以進士知州事，才識通敏，善獎進士類，敦勸風俗，治蓋得其大者。遷南京刑部員外郎，歷官延平守。"

作詩四首寄濟寧知州祝祥，寓相思之意，自云襟懷無復舊時狂。

張世綬本《詩集》卷四有《過沛縣寄濟寧知州祝廷瑞》四首："沛

邑纔過望濟陽，河流淺澁覺途長。故人此際應思我，高咏清風燕寢香。"又，"別後吟髭半染霜，襟懷無復舊時狂。琳宮梵宇金臺下，回想清游是夢鄉。"又，"塵編消遣坐蓬窗，不覺春歸燕子忙。千里黄花無寸草，有情何處覷花香。"又，"心事摇摇欲話難，高樓何處可憑闌。匣中三尺清水在，不向人前一浪彈。"

按，詩亦見於《鐵漢樓帖》19B，然有殘缺。第三首"花"字，刻帖中作"沙"。

又按，濟寧在沛縣北，"不覺春歸燕子忙""千里黄花無寸草"之句皆指明時節在春季，故當在北上時所作。

乾隆《靜寧州志》卷四《官師志》："祝祥，字廷瑞，別號鶴朧。北直武功中衛籍，江西浮梁人。饒文學，襟懷瀟灑。由學人歷官廣西道監察御史，因言事被謫知山西沁水，尋知濟寧，會丁内艱，成化十一年補知州事。祥務實政，如築外關、興水利，州中諸所建置，至是乃爲大備。二十一年歲大饑，出倉糧二十餘萬石賑濟，全活甚衆。九載報最，陞河南汝寧知府，時號'三寧太守'。"

四月十日，自石佛閘乘肩輿，欲訪過璘。至趙村閘，遇張盛，飲驛舟中，時應天府丞白昂亦至，而至暮不見過璘，作一絶，志與張盛相見之狀。十一日，爲過璘書《千字文》。

《鐵漢樓帖》20A第二首《自石佛閘乘肩輿，欲至濟寧訪過太樸冬官。至趙村閘，遇工部張克謙，飲驛舟中。而應天白府丞亦至。追暮，還石佛舟中，不果見太樸。作一絶，記與克謙相見之偶狀也》："肩輿十里緑楊陰，飽聽黄鸝送好音。津吏忽傳官舫至，一尊聊話故人心。四月十日也。明日舟淺趙村閘下，爲過太樸學書《千文》一本。"收入張世綬本《詩集》卷四。

按，趙村閘在濟寧東南二十里（據嘉靖《山東通志》卷十四《橋梁》）。石佛閘，道光《濟寧直隷州志》卷五之三《名勝志》："石佛寺在石佛牐河東，内有玉皇閣。"又同書卷二之六《山川志》:"石佛牐五里至趙村牐。"應天白府丞即白昂,《明憲宗實録》卷一百一:"成化八年二月戊辰朔,以刑科都給事中白昂爲應天府府丞。"卷一百五十七:"(成化十二年九月)丁未,陞應天府府丞白昂爲南京大理寺右少卿尚寳司卿。"則白昂任應天府府丞在成化八年至十二年間,汝弼本年回京之後到成化十二年皆在京城,不可能與白昂在濟寧相遇,故推測本年白昂南下赴任途中與汝弼有此一會。詩題中所及過大樸即過璘,古人名與字相配,則其字當爲"大璞"(《成化二年進士登科録》過璘條載"字大璞"),而汝弼常書作"大樸"。過璘名列雍正《山東通志》卷二十五《職官志》"工部分司"條。張克謙即張盛,嘉靖《山東通志》卷十四《橋梁·兗州府》"金口堰"條下注云:"成化八年工部主事張盛復修滚水石堰。"則本年過璘、張盛皆以工部官之身份在山東。

過璘,字大璞,別號一齋,以僑居松江,又號爲半松。天順五年由平湖貢入太學。成化元年領鄉薦,二年成進士,授工部主事,分司吕梁洪,再管濟寧閘。改刑部,陞員外郎、郎中,奉詔賑飢山東,還陞江西憲副,成化二十三年致仕。享年七十有九卒。參見顧清《東江家藏中集》卷二十九《明故江西按察司副使致仕過公墓表》。

《毘陵人品記》卷七:"張盛,字克謙,宜興人。天順庚辰進士,授工部主事,佐理河道有功,累陞山東參政。爲人廉直負氣,遇事少容,僚佐忌之。左遷福建運同,時年老,或勸其稍營歸計,輒面折之。未幾,謝病免。家才舊屋數楹,門人邵賢輩爲之釀金改築焉。"白昂,字廷儀,直隸武進縣人。天順元年進士,授南京禮部給事中,歷陞刑科給事中、應天府丞、南京大理寺少卿、南京都察院右僉都御史、右副都御史,南京兵部左侍郎,改刑部左侍郎,陞都察院右都御史,刑部尚書,加太子少保,進太子太保,乞休得請,進太子太傅,賜敕給馹以歸,卒年六十九歲,賜祭葬,贈太保,謚康敏。(據《明孝宗實録》卷二百一。)

過璘岳丈俞仲學來濟寧視女，汝弼有詩戲贈之。

《鐵漢樓帖》20A—20B《俞仲學號橘隱，過冬官乃其壻也。仲學來濟寧視女，予以橘語戲之》："古人云橘不逾淮，何事于今過濟來。還駕長風賦歸去，洞庭千頃洗黃埃。東海居士識。"收入張世綏本《詩集》卷四，在《欲至濟寧訪過太樸冬官》後，題爲《俞仲學號橘隱來濟寧訪壻，予以橘語戲之》，與刻集順序相合。推測張世綏本雖分體編排，然北上紀行組詩在同一體裁下則以刻帖順序爲先後。

按，俞仲學不見於史志，疑"仲學"爲其字，其名不詳。其人其行，汝弼《橘隱詩後序》言之甚詳。今略引於此："吾友俞君仲學繼世業醫，嘗以'橘隱'自號，徵文於予。予以巴叟怪說、蘇耽僊術諸作屢及之，無庸贅言。姑舉原之所以頌橘者復之，庶幾爲身心之益。蓋仲學遭時處地雖與原異，然溷迹於市而不爲市道，不競贏邪，不射乾沒，衝素自持，雅有志操者，其亦有侶於橘乎？侶於橘而隱於橘，使愈進而大，愈大而彰，則又橘之一遇云爾。尚俟予過隱所，調商弦，揚楚聲，歌《橘頌》，將復有起於仲學也夫？"（張弘至本《文集》卷一。）

時過璘語以嘉興丞善睡及猛鵲事，汝弼記之。

《鐵漢樓帖》2A有《睡丞》一文，云："嘉興丞某善睡。嘗訪一鄉貴，坐俟其出，輒睡。主人出，恐覺之。相對默坐，亦睡。丞覺，不欲妨主人睡，坐待，又睡。主人既覺，丞猶睡。猶不欲覺之，又睡以待。丞覺，晚矣，主睡方酣，遂不及相見而去。噫！豈特睡丞哉？吾聞諸工部主事過大樸[璞]云。大樸[璞]，嘉興人。"亦見於張弘至本《文集》卷三，題爲《睡丞志》，其後一首《猛鵲志》云："都水過大樸[璞]分司濟寧，廨傍巢，鵲哺雛幼子，命家僮升樹，探得其一。鵲俟間輒搏僮網髮之巾，啄頭攫面流血，僮舉手不及捕而去。少頃，客至，僮持茶出，鵲又入户啄攫，會七鵲成群，噪搏不已。幼子走避入室，還其雛，乃散去。……"此二志於文集中既相連屬，又皆與過璘相關，疑同時所作。上云過璘本年分司山東，汝弼北上與之會晤時或即聞此佚事，姑繫於與過璘相關條目之後。

行至濟南，忽見麥浪翻濤，有詩志喜。

《鐵漢樓帖》20A第一首《魯橋南見麥》："久旱淮陽無麥苗，濟南忽見翠翻濤。客懷深爲蒼生喜，欲典青衫醉一瓢。"收入張世綏本《詩集》卷四。

齊魯間雖久旱而舟得不阻，麥苗猶多，寔山東憲副陳公堆土之功，汝弼有詩記之。又逢姜立綱於東昌，以所見次其韻。

張世綏本《詩集》卷一《土堆高》："土堆高，河底深。勞人力，快人心。天公久旱泉胍澁，漕河寸水如寸金。百萬億國賦自南北，百萬億行旅自北南，若令河底塞，將何以爲國？安得甘雨應時來，土堆攤平種禾麥。"詩前有序，云："山東憲副莆陽陳公督視漕河，沙壅水淺，輒勒民具畚鍤筐囊入水，舁沙土登岸，各自成堆，以程勤怠，故沿河而北，土堆纍纍列於兩岸者良多，是以雖久旱，舟得不阻，皆公之功也。爰作《土堆高》以美之焉。"詩即《鐵漢樓帖》2A第一首，無序，版片上方殘損。

張世綏本《詩集》卷四《東昌書所見次姜中書立綱韻》："千百饑民走渡河，爲聞齊魯麥苗多。不知亦被連年旱，了却公私有幾何？"詩即《鐵漢樓帖》2A第二首，版片上方殘損，跋云："東昌逢姜中書立綱，次其韻。"

又《鐵漢樓帖》19A—19B《淮濟旱》："淮濟旱，旱之極。秋無禾，夏無麥。身何衣，口何食。嗚呼，淮濟之民烏乎而不爲賊？"跋云：淮濟間三年不雨，非不雨也，間有微雨，未嘗一沾足耳。有司憂勞，亦無可奈何。舟中無事，偶識之。"收入張世綏本《詩集》卷一，在《土堆高》詩前一首。

按，以上所録三首或於刻帖中相連屬，或於刻集中相連屬，且皆言及齊魯旱災，其《鐵漢樓帖》版號皆對應北上紀行之作（詳上文），當作於同一時期，故繫於此。據道光《濟寧直隸州志》卷一之二："成化六年大旱，泉流枯竭。七年大饑。八年旱，運河水枯。"與《淮濟旱》序"三年不雨"之語相合。《明清江蘇文人年表》繫《淮濟旱》一詩於景泰八年（第82頁），似不確。

姜立綱，字廷憲，浙江瑞安人。七歲以能書命爲翰林院秀才。天順七年，授中書舍人、内閣制勅房辦事。成化二十一年，陞吏部郎中，官至太僕寺少卿。參見《焦太史國朝獻徵録》卷二十二《内閣書辦太僕寺少卿姜立綱》。

阻舟濟寧艎下數日，與過璘及祝祥登太白酒樓，感李白之才瑰奇而濩落無所施，作《太白酒樓賦》。

張弘至本《詩集》卷一《太白酒樓賦》："駕東吳之舟兮，泝淮泗而北游。阻脩程於濟艎兮，爰登茲樓。憑危欄以四望兮，慨古今之遼悠。攄余懷之耿耿兮，與先生而孰籌。夫人鮮不樂飲兮，胡先生之名獨留？彼八仙六逸兮，亦附驥而垂休。豈飲果卓異兮，將才猷之寡儔。抱三靈之純英兮，乘六氣以夷猶。隘渤澥其曠瀁兮，俯衡華之崒崷。揆先生之姱辭兮，誠千載之特。金鑾寶狀兮，邁時英辟。胡《清平》之新詞兮，乏《卷阿》之遺則。謂時不可語兮，豈苟天光之烜赫。使妖蠱之罔間兮，寧免委身乎狎客。終往比之弗審兮，幾幽圄而隕魄。荷汾陽之再造兮，莫逭夜郎之遠謫。豈邂逅而招尤兮，亦時命之迫阸。君子不諱罪辱兮，視在吾之順逆。彼徒以詩豪而興羨兮，誰撫音塵而致惜。重曰：氣邁往兮才瓌奇，竟濩落兮弗少施。技雕蟲兮耀世，丈夫之顏兮忸怩。嗟先生兮罹此，又麴蘗兮涵之。雖曠懷兮弗計，何鄙陋兮吁嚱。申誓言兮貞固，幸毋惕兮險夷。叩廓寥兮黔默，聊醑卮酒兮矢吾詞。忽靈風兮撼戶，恍先生兮歸徠。"此賦被刻入《鐵漢樓帖》，版片號爲2B—3B，稍有殘損，末有跋云："阻舟濟寧牐下數日，與工部☐過大璞、太守番易祝☐賦此，成化八年☐。"

按，太白酒樓，陳仁錫等輯《類編箋釋國朝詩餘》卷一王世貞《太白酒樓作》注："在濟寧南城上。太白客任城，賀知章觴之於此。"《古今游名山記》卷五引明劉楚《登太白酒樓記》，曰："太白酒樓在故濟州，今濟寧府南城門上，壯麗雄偉，四望夷曠。有汶、泗二水經其前，開河、安山、山湖諸水匯其西，鳧繹、龜蒙、徂徠、岱宗諸山復左顧聯絡于東北，皆紆青浮白，以舒斂出没於雲烟縹緲之際，而齊魯方千百里之勝可指顧而具矣。"

又按，跋中所及太守番陽祝☐當爲濟寧知州祝祥，上文引乾隆《靜寧州志》卷四《官師志》言其爲"江西浮梁人"（成化《山西通志》同）。此時鄱陽、浮梁皆江西饒州府屬縣，然饒州府原名鄱陽府，故汝弼所云"番陽"爲饒州府之古稱。

又按，張世綏本《萬里志》皇甫濂題辭云："余嘗見雲間東海公遺翰，知其擬懷素筆法，如所題任城太白樓作，乃其寖得意者，因嘆世之學懷素者，皆止得其糟粕。而得其旨趣者，惟東海一人而已。"按，《鐵漢樓帖》3B《太白酒樓賦》爲小字行楷書，與懷素之大草不類，後汝弼或以草書重書舊作，亦未可知。

有詩題《舒溪漁隱》卷。

張世綏本《詩集》卷四《題舒溪漁隱卷》二首："紫笠青蓑緑竹竿，舒溪石上坐荒寒。幽情盡付滄浪咏，寫向菰蒲葉上看。"又，"春水桃花雙鯉魚，老薑新酒付行厨。丁寧童子休輕剖，甫里先生恐寄書。"

按，此詩在刻集中在《書東昌所見次姜中書立綱韵》之後，汝弼原稿刻入《鐵漢樓帖》2A，姑繫於此。

至張家灣，有詩寄同年陳策。

《鐵漢樓帖》2B第一首《至張家灣簡陳嘉謨冬官主事》："纔離

艨衝又儗車，客行已喜近京華。元龍是我同年契，濯足清醪肯爲賒。"又，"麻衣歸去又重來，月色團員四十迴。蕭颯吟髯今半白，故人相見莫驚猜。"刻入張世綬本《詩集》卷四《題舒溪漁隱卷》之後。據"麻衣歸去"之語，此詩作於汝弼釋禪服後北上途中無疑。

萬曆《順天府志》卷一《地理志》："張家灣，通州城南，即白河下流，元萬戶張居。"

陳策，字嘉謨，蘇州吳縣人。成化二年進士，初授兵部主事（據正德《姑蘇志》卷六《科第表下·進士·國朝·吳縣》），餘不詳。汝弼與陳策或在成化二年同科及第時相識。然此詩題云"冬官主事"，則陳策此年或已由兵部改工部。待考。

北上途中經高郵、徐州、濟寧、河西務等處索詩者甚多，汝弼皆應所求，並作一絶自嘲。

張世綬本《詩集》卷四《道中索書者甚夥，有涉水攀舷拜索懇至者，余皆執筆應之。至河西務將登陸，而舟師又以十紙請予，既爲書，作四句自笑云》："山陰老嫗初惜扇，得價重來不與書。我怪右軍胸次隘，隨求隨與亦何如？"按，汝弼原稿刻入《鐵漢樓帖》2B第三首，部分文字漫漶不清，題作《道中索書者甚夥，高郵一吏涉水攀舷，訴必以好字之酷。徐州四吏晚至舟，行拜索懇。至濟寧一游，檄卒亦然。余皆執筆應之。逮至□西務，將捨舟趨陸，而舟□□以十秊請。予既爲書，作四□自咲云》。

時聞丘霽除蘇州太守，作詩以報離情。

張世綬本《詩集》卷四《聞丘時雍除蘇州太守，作一絶俟見而呈之，否，亦當寄也》："我向北來君向南，未知何地接幨幰。綠楊啼鳥蓬窗午，先報離情寫一函。"

按，正德《姑蘇志》卷四《宦蹟四》："丘霽，字時雍，鄱陽人。舉進士，歷刑部主事，成化壬辰來守郡。"據此，丘霽本年除蘇州府知府，據汝弼詩首二句，似希望北上途中與丘霽相遇，姑繫於此。

至京，由兵部武選司主事改武庫司主事，陞承德郎。

張弘至本《文集》卷二《司馬莊記》："弼遷歷武庫、武選、車駕者十年。"卷五王鏊《墓表》："公諱弼，字汝弼，人稱東海先生。……年四十始登進士第，歷武選、武庫主事，車駕員外郎。"按，同句在《震澤先生集》中作"公諱弼，字汝弼。……既長，始中南畿鄉薦，成化丙戌登進士。授兵部武選主事，改武庫，進車駕員外郎。"）

按，汝弼於成化二年取進士，觀政武庫，成化三年授兵部武選司主事（詳成化二年、三年譜）。據《明史》卷七十二《職官志一·吏部》："凡內外官給由，三年初考，六年再考，並引請九年通考，奏請綜其稱職、平常、不稱職而陟黜之。"則汝弼當在成化五年滿考，然時以丁憂歸，而未及初考，故於《先君村居先生墓誌》中僅言己"授兵部武選司主事"。本年回京，至成化十年，汝弼父熊應"照見授職事"贈兵部武庫主事（詳該年譜），則汝弼任武庫主事一職當在成化八年至十年間。推測汝弼回京後即由武選主事改任武庫主事，如此則成化十年復將三年考滿，得以封贈升遷。

又按，《明會典》卷六《吏部五·散官》："洪武二十六年定：凡白身人入仕，並雜職人等初入流者，與對品初授散官。任內歷俸三年，初考稱職，與陞授散官。又歷俸三年再考，功蹟顯著，方與加授散官。……已經初考，合得陞授，遷調改除，仍係本等品級者，照見授職事，與陞授散官。……（正六品：初授承直郎，陞授承德郎。）"由此，由武選主事到武庫主事為平調，皆正六品（詳成化三年譜引《明史》卷七十二《職官志》），此時當由承直郎陞授承德郎。成化九年汝弼作《西郊笑端集序》中自署"賜進士出身承德郎兵部主事"，即為其證。

七月，翰林院檢討李昊改南京禮部給事中，六科諸公餞之。汝弼應王瑞之請，爲之作序，以正誼明道，不計功謀利望之。

張弘至本《文集》卷一《送李給事中之南京序》："比歲命下妙選進士之文行雅飾者，任以翰林檢討，隨侍忻王講讀，蓋將爲府屬也。而南京李志遠以進士有名，乃與焉，聞命驩然，略無幾微不足意，聞者嗟異之。未幾，王薨，而改授南京禮科給事中，人交賀其脫藩府而即清要，且衣錦而歸，爲鄉里榮。志遠又夷然不以喜，人益嗟異之。六科諸公醵具以餞，而王良璧又其同年者，乃屬予序之。予謂君子遇事，貴有定識。識既定，則榮辱得喪均不足以搖其中矣。衆方詾詾，我獨坦坦，非有卓邁之識，能之乎？若志遠者，可謂有識也已。董、賈輩固未敢以擬議，然志遠方處言路，《天人》《治安》之策，正敷奏之秋，又不待問而後發也。又嘗怪賈之痛哭流涕，頗失於激，方今崇言激論，猶弗克一振委靡，未可以此深戒而狃循默也。南京，祖宗根本重地，久遠清蹕，怠弛不少，志遠必有剴切之論，以副朝夕之注聽乎？正誼明道，不計功謀利者，斷有望矣。"按，《明憲宗實錄》卷一百六："（成化八年秋七月）甲辰，改翰林院檢討李昊爲南京禮科給事中，待詔王相爲南京國子監學錄，中書舍人獨孤高、胡琛爲光祿寺署丞。昊等皆預選以備忻府官屬，至是忻王薨，故改任之。"據此，李昊改任當在此時。

《本朝分省人物考》卷十二《李昊》："李昊，字志遠。先世崑山，洪武初以間右占籍上元。成化己丑進士，忻穆王出閣，詔選講讀官，除昊翰林檢討，侍王左右。昊於訓詁之外，敷陳諄愷，王甚重之。有小疾，輒遣中官問遺。甫四月，即爲昊父母請封。既得請，以上尊文綺致賀，皆異數也。改南京禮科給事中。丁內艱，服闋，補工科。秩滿，陞浙江參議。……以外艱歸，遂請老。以'坦拙'自號，退然不求榮進，以壽考終於家。"

王瑞，字良璧，安慶府望江縣人。成化五年進士，授吏科給事中。瑞正色立朝，多所建白。成化十七年，進都給事中。傳見《明史》卷一百八十。

爲致仕兵部尚書程信作《晴洲述游賦》。程信讀之，口稱奇才。

張弘至本《詩集》卷一《晴洲述游賦》題注曰："爲大司馬程公作。"賦云："溟陽先生泛舟徽溪，弟子空同侍焉。……遥見偉丈夫者荷綸竿而行吟，其聲若擊石而撞金。先生却立締視，顧謂空同曰：'是夫也，如龍躍春江，鶴盤秋空。非逃虛之士，殆蓋世之雄耶？試即而問之。'空同攝衣而前。丈夫應曰：'我晴洲之釣者，與世若隔絶矣。子何爲而來耶？'空同還以告。先生憮然，曰：'吾目其矇乎？釣者乃若斯乎？嘗聞之棘津之望，莘野之摯，皆逃于畊釣，若終身而忘世。是夫其斯人之流歟？試更問之。'空同乃促武而進，致恭以俟。丈夫曰：'子去而復來，將有説乎？試坐我磯石，罄子所懷，無卒遽也。'空同坐定，乃曰：'羲軒紹統，人文耀芒。轇轕萬有，橐籥三靈。以之佐運撫世，而登虞軼唐者，丈夫嘗任之已乎？'咲而不答，曰：'戮蚩戩黎，秉樞握奇。陰陽倏變，風霆交馳，以遏絶亂略而京觀鯨鯢者，丈夫嘗爲之已乎？'咲而不答。空同莫窺其涯，而復問曰：'乾坤鼎爐，水火匡廓。不穀而飽，不樂而樂。氣馬颷輪，周游六幕。其丈夫之謂矣，無以釣詿我也。'丈夫艴然曰：'此神仙之流，荒怪之術，先王之世，所謂左道而必誅者，子何以待我之淺耶？'空同惘然自失，不知所云，反命於先生。先生躍然曰：'吾知之矣。談文武則咲，心領而貌隨也。欲泯迹而逃名，故弗答耳。儗以神仙之流，誠厚誣之矣，予往謝焉。'乃亟趨而前，曰：'丈夫誠文武之偉器，輔世之碩人，胡値兹亨泰，猶假蹇而弗信，得無忽生民而絶大倫乎？'丈夫曰：'不敢。走也無似，竊嘗試之，今且休矣，尚何言爲？'遂不通姓名而別，但持竿兀兀而已。先生載行載顧，依依不舍，登舟夷猶，拒弦再鼓而歌，曰：'塞我懷兮晴洲，偉碩人兮寡仇。驥脱羈兮廣漠，龍既雨兮深湫。税埃壒兮遠逝，嗟碩人兮遺我心憂。'"賦亦見於弘治《休寧志》卷十九，前有序云"兵部尚書兼大理卿程公既得請養疾，還休寧，號其所居之洲曰'晴洲'，而以'晴洲釣者'自名。弼嘗在屬官之末，又與公子克勤侍講君進士同年，勉爲《晴州賦》以獻，不勝塵瀆之罪云。"

按，《新安文獻志》卷十六《晴洲記》（程信撰）云："晴洲，予别號也。……長兒編修命家人伐茅結廬，爲吾投老之計，且遍求名勝詩賦咏而歌之，裝潢成卷，馳以寄壽。予得之甚喜，因記其始末以見志焉。成化八年秋八月望日，晴洲釣者書。"又《篁墩程先生文集》卷五三《與南安張太守汝弼書》曰："向蒙惠賜《晴洲賦》，先公僅嘗一讀，口稱奇才，命諸子寶藏之。"程敏政爲汝弼同年，汝弼作賦或即應其請，或亦被裱入卷中，爲程信賀壽。若所言不誤，則賦當汝弼回京之後所作，程信記作於本年八月，當以此爲下限，姑繫於此。

程信，字彦實，徽州休寧人。舉正統七年進士，授吏部給事中，擢太僕卿，改左僉都御史，巡撫遼東，召爲刑部右侍郎，起兵部右侍郎，尋轉左，進尚書，提督軍務，進兼大理寺卿，改南京兵部，參贊機務。致仕，逾年卒，贈太子少保，諡襄毅。傳見《明史》卷一七二。

秋，王霽由南京刑部郎拜黄州守，汝弼應中書舍人沈瑜之請爲作序，云學古知道之士，身雖縻於爵禄之中，心自立於爵禄之外。

張弘至本《文集》卷一《送黄州王太守序》："昔百里奚爵禄不入於心，飯牛而牛肥。夫爵禄之心，何奪於芻牧？而牛之肥瘠係焉。今之牧民者，上以爵禄誘之，下以爵禄承之，知誠於愛民者幾何哉？宜民多瘠而少肥也。學古知道之士，身雖縻於爵禄之中，心自立於爵禄之外，則無往而不用其誠矣。……嘗與吾鄉王景明論此，撫几浩嘆，又患察於誠僞之間者不多見也。今景明拜黄洲守，中書舍人沈廷美与之厚，屬予言以贈之。景明由進士仕南京刑部，歷職正郎，其聽訟善矣，操履正矣。聞黄之民頗習墮窳，健鬭訟，皆不足治也。特愛民誠僞之辨，敢舉而瀆告焉。學古知道者，必不爲流俗之所拘也。"

按，本卷小目詩題作"送王景明太守序"，秦夔《五峰遺稿》卷十六《送王黄州太守序》："八年秋，朝以南京秋官郎中王君景明爲湖廣黄州守。"弘治《黄州府志》卷五《人物》："王霽，字景明，上海人，成化間知本府。"秋官即刑部官。王霽既於成化間知黄州，則秦夔所言"八年"當即本年，汝弼作序亦當在此時。

李紹文《雲間人物志》卷一《王拙庵》："公名霽，字景明，號拙庵。上海人。天順庚辰進士，歷大理卿，以憂歸卒。知黄州府，有去思碑，巡撫山東，有荒政。歷官三十五年，其間侍經筵、讀進士卷，不悉恩數。居鄉，人尤頌之。"

康熙《上海縣志》卷十《人物·文苑》："沈瑜，字廷美。明成化初以舉人預修《英廟實錄》，授中書舍人，遷尚寶司丞。弘治中，遷少卿，陞南京太常寺少卿。卒，賜祭如例。瑜美姿容，善談論，文藝政事有可稱者，以重聽故，不獲擢用云。"

冬，范文由兵部郎中陞廣西參政，汝弼於兵部嘗師之，服其清操高標，於其行亦有詩相贈。

張世綬本《詩集》卷三《送范參政之廣西》："昔年曾共縉雲司，清操高標是我師。流水光陰驚忽過，浮雲踪迹本無期。垣西甲第今新主，窗外丁香祇舊枝。且盡都亭一尊酒，蒼蒼八桂隔天涯。"

按，據《明憲宗實錄》卷一百九："（成化八年冬十月）丙寅，陞兵部郎中范文爲廣西布政司右參政。"則范參政當爲范文。又汝弼詩云"窗外丁香祇舊枝"，則其赴任似在冬季。范文自天順元年起即任兵部主事（據《明英宗實錄》卷二七六），資歷長於汝弼，至本年改官，汝弼當從其處所師甚多。

本年，蕭顯登進士第，汝弼有詩賀之。

張弘至本《詩集》卷四《紅梅贈蕭文明進士》："昔年夢踏西湖月，湖邊萬樹臙脂雪。誰是東風第一流，格韻繁華更高潔。飛瓊玉面醉霞漿，姑射羅裙淬新血。冷落逋仙招不來，白鶴無聲翠禽咽。朅來騎馬踏京塵，恰遇曲江紅杏春。天上玉音傳賜宴，綠袍烏帽探花人。醉中彷彿西湖夢，笑倩王郎爲寫真。王郎健筆回造化，領將紅紫一番新。"按，據"朅來騎馬"以下四句，詩當作於蕭顯中進士後不久，蕭顯爲本年進士（據《成化八年進士登科錄》），故繫於此。

蕭顯，字文明，號履庵，更號海釣。以山海衛學生舉天順己卯京闈第二，成化八年登進士第，擢兵科給事中，出爲鎮寧同知，改衢州，遷福建按察司僉事。正德元年卒，年七十六。據李東陽《懷麓堂文後稿》卷二十七《明故福建按察司僉事致仕進階朝列大夫蕭公墓誌銘》。

與李應禎、邵珪、沈瑜、程敏政、蕭顯等吟詩聯句。

陸簡《龍皋文稿》卷六《題真愚齋賞燈詩卷後》："予家亦有《燈夕聯句》一卷，蓋成化壬辰歲張汝弼、李應禎、邵文敬、沈廷美、程克勤、李世賢、蕭文明諸君所咏。先此卷又十年，而數人者升沉離合存歿之感，俛仰今昔，殆不勝懷，真有不繫於流連光景之間而已者，惟涉世深者當知之，安得起先輩賢達，如吾晦翁東坡其人而與之論此意哉？"聯句今不存。

按，李世賢即李傑，蘇州府常熟縣人。據《明憲宗實錄》卷九十四："（成化七年八月）庚申……翰林院編修李傑乞歸省親，許之。"卷一百一十六："（成化九年五月辛卯）朔……翰林院編修李傑省親復任。"則本年李傑似並不在京，待考。

邵珪，字文敬，宜興人。成化五年進士，授戶部山西司主事，陞貴州思南知府，改嚴州知府，半載而疾作，弘治元年卒，享年四十有八。參見王僎《思軒文集》卷十八《嚴州知府邵君墓誌銘》。徐伯齡《蟫精雋》云其"素以詩名，文翰妙一時。詩與民部郎江陰卞公華伯榮齊名，而書法與南安守華亭張先生汝弼相上下。"

林瀚起復到京，以閩物贈汝弼，汝弼以薄禮道謝，並乞示翰林院書目。

謝希曾輯《契蘭堂帖》卷八刻有張弼手札，云："恭聞令弟遠來，具爾之情不可云喻也。日縻於官，未克走賀，而返辱閩物囝音之惠，悚仄曷勝，聊以薄物爲洗泥之意，麼頓是荷。弼頓首。亨大先生年兄。聞日在院中，不知天下更有何書可讀也，乞示書目，亦窮漢暴富矣，歆艷之極，聊以言之。弼又拜。"《契蘭堂書畫錄》墨迹著錄"明賢遺墨（四大卷）"，一卷中有"張弼，與亨大兩札，刻《契蘭堂帖》。"《契蘭堂法帖總目》卷八有"張東海與亨大兩劄。"此即其一。

按，徐邦達《古書畫過眼要錄·元明清書法》（貳）著錄《令弟帖》，並有徐先生按語云："此帖是給林瀚的手札。考林瀚字亨大，閩人，和張弼是成化二年的同榜進士，所以稱'年兄'，又說'向日在院中'，是林氏成化中在翰林院任編修的時候。"（第795頁）可從。據魏寧楠《明代福州林浦林氏家族與文學研究》附錄《林瀚年譜》，林瀚成化二年登第，入選翰林院庶吉士，三年，丁母憂還鄉，又遇父喪，成化八年三月乃起復到部，此後至成化十三年汝弼出知南安前，似均在京城，故其自家鄉福州閩縣遠道而來，當在本年。

本年前後，汝弼與蕭顯、邵珪皆以草書名於京師，蕭、邵謂當北面汝弼，一時學書群宗焉。

林俊《見素集》卷二十八《跋張東海小草千文》："成化間張汝弼東海、邵文敬半江、蕭文明海釣皆以草書名，半江、海釣皆自謂當北面東海，一時學書群宗焉。"

王㒜《思軒文集》卷十一《跋張汝弼草書前後出塞》有句云："吾鄉邵戶部文敬近亦傑出，與汝弼頡頏。"

按，本年汝弼與蕭顯、邵珪皆在京，並有交往（詳上文），三者以草書相切磋，稱名一時或在本年前後，姑繫於此。

題鄭昱《序齒錄》，以爲同年聚於燕私之所，不以爵而惟以齒，乃忠厚之風也。

張世綏本《文集》卷三《書序齒錄》："成化二年丙戌［戌］賜狀元羅倫等三百五十三人出身，官自有錄。此《序齒錄》乃私錄也，舊無，而今創爲之，則自御史鄭時暉始。同年之士聚會于燕私之所，不以爵而惟以齒，忠厚之風當如何哉？衣冠之盛事斷不可廢。弼謹識其耑云。"

按，鄭昱《序齒錄》今不存。鄭昱任試御史自成化四年七月起，一年後轉正，又丁憂還鄉，至本年服闋至京，命復貴州道御史之職（參成化五年譜），至成化十四年九月，調爲湖廣京山縣知縣（參《明憲宗實錄》卷一百八十二）。汝弼《序齒錄》中既稱"御史鄭時暉"，則應在成化四年之後。本年與鄭昱當同會於京，或可得見《序齒錄》，姑繫於此。

與李震相交。

倪岳《青溪漫稿》卷十九《贈福建參政李君赴官序》："予昔官翰林時嘗識義興李君時亨於兵部東海張汝弼所，時東海所交接多一時文人名士，而時亨方舉進士，癯然列于其間，言議不凡，予心奇之。"按，李震登進士第在本年（據《成化八年登科錄》），倪岳序云"時亨方舉進士"，姑繫於此。

跋吳寬《甘節堂記》。

張弘至本《文集》卷四《書甘節堂記後》："古之引經者不泥經意，唐以前尚然。自後經生舉子規規於單辭雙字之間，以爲能得經意，而經之用則小矣。進士李時亨之母守志名堂以'甘節'，而修撰吳先生原博記之，但云'甘於守節'耳，觀者往往以不合巽卦'九五甘節'之語而疑之，何泥哉？高山仰止，景行行止，六義之興也，何有於進道之咏耶？況原博之記未嘗一言附《易》，意豈叛經耶？予故書于後，以祛觀者之惑。"按，吳寬《匏翁家藏集》卷七十七有《甘節堂記》，《匏翁家藏集》"以年月先後爲序"（李東陽《匏翁家藏集序》），此篇前有《陋清閣記》，作於（成化五年）己丑三月晦，後有《重建覺山寺記》，作於成化八年九月，故此《甘節堂記》當以本年爲最晚，而汝弼之跋亦當作於本年前後。李震，字時亨，宜興人。成化八年進士，授兵部車駕司主事。參見毛憲《古庵毛先生文集》卷七《户部主事芳溪李君墓誌銘》。

劉珏卒。

【時事】五月，京師久旱不雨，運河水涸。七月，蘇、松、揚三府，杭、紹、嘉、湖、寧五府均大水，海溢死萬餘人，鹹潮害稼。

明憲宗成化九年癸巳（1473）四十九歲

正月，秦夔將知武昌，汝弼與之久別暫會，情緒萬端，有詩贈行。

張弘至本《詩集》卷三《送秦武昌復任》："隼旟遙駐漢江濱，江草江花總是春。蘇子堂空仍有月，庾公樓在却無塵。九天雨露隨歸馬，七澤波濤縱涸鱗。會築沙堤迎太守，漢庭黄霸是何人。"亦收入秦夔《五峰遺稿》卷二十三，"總是"作"幾度"，題爲《送武昌太守秦公廷韶復任》，詩後有跋云："予與秦武昌久別而暫會，情緒萬端，悉欲見之詩句，乃怯其所長，舉筆輒沮。姑以此塞白云耳。春郊別意之作，具於他卷，併於求教。毋曰持布皷而過雷門，多見不知量也。"

按，據倪岳《青溪漫稿》卷二十三《中奉大夫江西等處承宣布政使司右布政使致仕秦公墓誌銘》："公諱虁，字廷詔……登庚辰進士第，奉詔賜歸。明年入朝，拜南京兵部武庫主事，進職方員外郎，再轉武庫郎中。成化壬辰，出爲武昌知府。"則秦虁原任南京武庫郎中，此前與汝弼相會在成化二年（詳該年譜），至成化八年壬辰授武昌知府時已有六年，故汝弼云"久別而暫會"。秦虁於上年回京，正當辰年述職（詳天順六年譜），而有武昌之命。又《五峰遺稿》卷七有詩題爲《癸巳正月將之武昌留別諸社友》，知秦虁啟程在本年正月，汝弼詩中有句云"江草江花總是春"，序中又云"春郊別意"，則當作於本年春季，故繫於此。

春，使山海關。二月八日初度日，於永平馬上獨吟感傷。後謁武寧王廟，登鎮東樓，觀遼海，均有詩。遥想京城同年會，有詩贈同年章鑑。未幾，還京，歸途過榆關，望兔耳山，《使遼稿》或成於此際也。

張弘至本《文集》卷末張弘至跋云："念先人履歷，南北且逾三十年……登仕後有《天趣》《面墻》《使遼稿》，在郡有《清和堂稿》，歸有《慶雲稿》。"

按，《使遼稿》今不存，當爲汝弼出守南安之前所作。汝弼使遼未有明確記載，今相關詩文有：張弘至本《詩集》卷一《昔有行》："昔有大官來捄荒，自云富貴世莫當。鞭笞縣吏豐厨傳，五色氀毹鋪滿堂。登廁氀毹少不足，揚袍震怒俱徬徨。鄰邑聞之競儗賚，窮民鬻子典衣裳。歲歲天荒猶可活，奈何一旦遭人荒。我聞此語不忍聽，嗚呼，自古牧羊難用狼，自古牧羊難用狼。"詩後有跋，云："薊卒語及不勝忸怩，蓫以韻語述之，識吾黨之羞也。"同卷後一首《養馬行》（題注云："使山海關作"）："領馬易，養馬難，妻子凍餒俱尫孱。若有芻豆且自餐，安能養馬望息蕃。平原草盡風色寒，羸馬散放聲嘶酸。忽然倒地全家哭，便擬陪償賣茆屋。茆屋無多陪不足，更牽兒女街頭鬻，鄰翁走慰不須悲，我家已鬻兩三兒。"按，《昔有行》題注中"薊卒"當指駐薊州之士卒，薊州爲

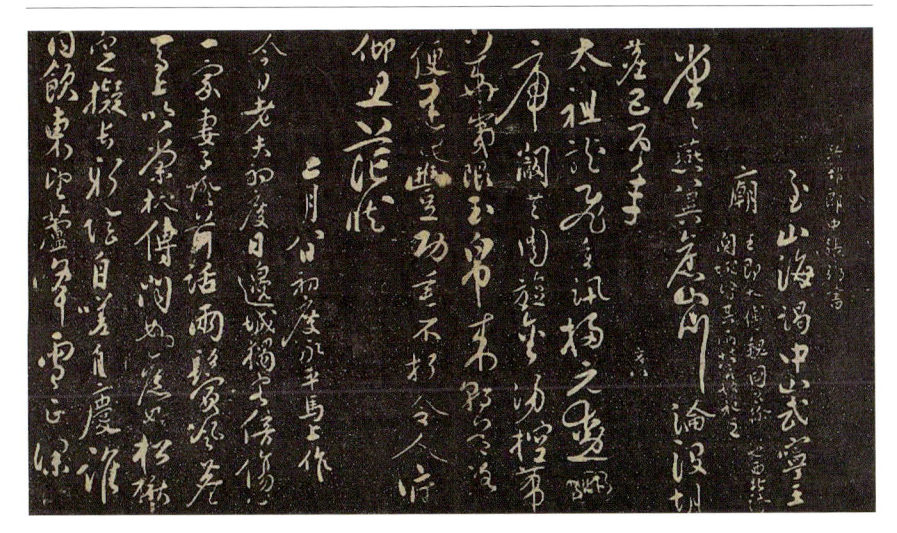

圖11 《寶賢堂集古法帖冊》第六冊張弼書 明拓本 臺北"故宮博物院"藏

自京師出使山海關之途經之地（據《天下路程圖引》卷二《北京由薊州至遼東路程》），且汝弼使遼似僅有一次，故推測二詩當在使遼時作。

朱奇源匯刻《寶賢堂集古法帖》卷第十二亥八"兵部郎中張弼書"收錄《至山海謁中山武寧王廟》，題注云："王即太傅魏國公徐□也。西北諸關城皆其所營，故祀之。"詩云："堂堂燕冀舊山川，淪沒胡塵五百年。太祖龍飛重汛掃，元勳虎闕共周旋。金湯控帶華夷限，玉帛來朝道路便。建此豐功垂不朽，令人俯仰思茫然。"亦見於張弘至本《詩集》卷三。刻帖第二首《二月八日初度，永平馬上作》："今日老夫初度日，邊城獨客倍傷心。一家妻子燈前話，兩鬢風塵馬上吟。棠秋傳聞如舊好，松楸定擬長新陰。自嗟自慶誰同飲，東望蘆峰雪正深。"（圖11，亦收入張世綬本《詩集》卷三。）第四首《登鎮東樓》："步上高城更上樓，憑闌一望思悠悠。山如圖畫催吟興，海作杯圈豁醉眸。箕子故封今異域，管寧舊隱是何州。遙聞胡馬時南牧，未請長纓愧白頭。"收入張弘至本

《詩集》卷三，題爲《登遼陽鎮東樓》。同卷《復過榆關望兔耳山作》《游永平開元寺》《謁山海關武寧王廟》、張世綏本《詩集》卷四《題遼海》（收入《永平府志》卷九，且府志中另有一首。）等，似均作於此時。

按，山海關在永平府治内（參見弘治《永平府志》卷一《疆域》）。《續文獻通考》卷二百三十二《輿地考·邊關上·皇明·薊鎮》："兵部主事一員（駐劄山海關）。"《天下水陸路程》卷四《原城由山海關至北京路》："北有角山，南禁海洋，因名山海關。是關魏國公徐達所設，今兵部主事駐劄，極嚴謹，且險隘，遺出者不糧不征，千無一還，非若別關可比也。"據此，以兵部主事一員鎮守山海關爲當時定例。檢《山海關志》卷四《官師四·部使》："馮續，主事⋯⋯成化三年任；梅愈，主事⋯⋯成化六年任；尚絅，主事⋯⋯成化六年在任；胡贊，主事⋯⋯成化九年在任⋯⋯吴志，主事，成化十一年在任；蘇章，主事⋯⋯成化十三年在任。"其中並未提及汝弼，恐因汝弼在遼時間較短。汝弼在兵部任主事，約始於成化三年，終於成化十年（後改員外郎，詳下年譜），成化三年、四年春汝弼似皆在京，成化五年至八年春汝弼因服喪尚在南方，本年汝弼既有紀永平知府王璽新建社學事（詳下文），則其使遼以本年春最有可能，因其二月間已在永平，姑繫於此。

又按，張弘至本《詩集》卷三有《憶同年會寄章黄門元益》詩，云："春來都下同年會，我在天涯獨自吟。花好空勞元白夢，黍香孤負范張心。征鴻渺渺迷殘雪，啼鳥嚶嚶隔遠林。歸到曲江春尚在，一枝紅杏勸重斟。"張弘至本《詩集》雖整體不編年，然部分連排詩文或作於同一時期。此詩列於《復過榆關登兔耳山作》後第二首。本年春京城恰有丙戌進士同年會，程敏政《篁墩程先生文集》卷二十一《送南京工部主事金公器》："成化壬辰之冬，金公器以工部主事考績來自南京，倡爲同年友之會。會者百十有四人，以嗣歲春正月多賜假，乃以上元後一日畢集於朝天宮之東堂，結綵署其門曰'瀛洲佳會'。"金公器即金𪟝，章黃門元益即章鎰，皆汝弼同年（據《成化二年進士登科録》）。此會汝弼不與，或因使遼之命，故有"我在天涯獨自吟"之語。詩末云"歸到曲江春尚在，一枝紅杏勸重斟"，似暗示汝弼至少於暮春時節即還京師。

章鎰，字元益，浙江鄞縣人。成化二年進士，選庶吉士，改兵科給事中，終官兵科都給事。參見徐象梅《兩浙名賢録》卷二十四《兵科都給事中章元益鎰》。

春夏間，翰林院編修華亭丁溥承恩歸省，同鄉仕於朝者賦詩以贈，汝弼作序，望其衣錦還鄉，不擾百姓，以正流俗。

張弘至本《文集》卷一《送丁編脩歸省詩序》："昔司馬相如拜中郎將，歸蜀，太守郊迎，縣令負弩矢先驅，鄙人榮之。沂公王曾及第，歸青州，郡守軍帥率父老具樂郊迎，公乃從間道，人謁不敢當禮（周文儀本作"公乃從間道入，謂不敢當禮。"）。……吾嘗與翰林編修丁原敬論，竊爲世俗嘆。原敬踔道續學，出自高科，庶期學顔志伊者，若沂公未足以範之。今賜告歸省，吾雲間之仕於朝者，分韻賦詩以贈，道衣錦之榮備矣。予妄以沂公之事望之，亦挽流俗之一機也。噫！國家清華之職，天下人望所在。所以自處其厚，而挽流俗之薄者，夫豈一二可指數哉？矧雲間素多士，必將有紀述以播于今、傳於後者，吾側耳以聽。"

按，丘濬《瓊臺類稿》卷六十九《勅封翰林院編脩文林郎丁公孺人蔡氏墓表》："雲間有厚德君子曰丁公，諱鉞，字孟威，鄉人謂詒穀先生者也。天子以其子溥故封翰林編修階文林郎，其配蔡氏封孺人，受封甫逾年，溥承恩歸省，覲凡三閱月，而公捐館舍，時歲癸巳八月二十六日也，距其生洪武戊寅，享年七十又六。"據此，丁溥"賜告歸省"當在本年。丘濬《墓表》云三月後，丁鉞捐舍。

故丁溥歸當自本年八月二十六日上推三月，爲本年五月。則汝弼作序贈行當在春夏之間，姑繫於此。

李紹文《雲間人物志》卷一《丁原敬》："公名溥，字原敬，華亭人。景泰丙子中應天第二名。成化己丑捷禮闈，廷試第一甲第二名，授翰林編修。未幾歸省，卒於家。"今《鐵漢樓帖》21B有《翰林編脩丁原敬屢約不至，作此問之》《謝趙弘濟進士攜酒至兼柬丁編修》二詩，皆收入張世綏本《詩集》卷四，年月不詳，然汝弼與之交情，由此可見。

九月十五日，汝弼作《西郊笑端集序》，歷數松江詩人，言董紀漫爾而仕，漫爾而歸，其詩文亦漫爾而著。

成化十年周庠刻本《西郊笑端集》卷首《西郊笑端集序》："皇明初，松江之善詩者，御史袁景文爲最。判官陳文東、鄉貢進士陸宅之、江西僉事董良史、處士吳子愚輩亦相頡頏。鐵崖先生會稽楊廉夫避地而居松，其才贍氣雄，震耀當世，則一時才士皆宗之，往往高古不逮，詭怪層出，又景文輩所不屑也。自後漸入纖巧，初學惑之，識者惟宗景文焉。景文有《野中集》，近方板行，而良史輩特間采錄於編類之集耳。光禄少卿周尚文乃吾松世家，其曾祖汝明嘗館良史於塾，祖仲鼎，其弟子也，得其所著《西郊笑端集》者藏於家，父封中書舍人，溥欲板行之而未果。尚文遂躬爲編校而行之，蓋所以厚前輩、成先志、惠後生也。集凡若干卷，詩家諸體咸備，應世之文亦附焉。欲觀良史之全者，無過是矣。蓋良史涉歷艱虞，竄伏田野，漫尔而仕，漫尔而歸，歸潔其身而已。詩文亦漫尔而著，弗冀有傳也。今光禄公乃俾爲不朽之盛事，其忠且厚，當何如哉？惜良史素務韜晦，其出處之詳，宦業之大，不得備見以爲後法，而徒以詩文鳴，亦云不幸矣。幸而有傳，光禄公之力也。又安得如光禄者，皆蒐羅前輩之作，併刻而傳之，使後之學詩者以鄉人而師，鄉人氣味相近，不至頗僻，以成吾松之雅音云。成化九年癸巳九月望賜進士出身承德郎兵部主事郡後生張弼謹序。"

按，此序爲手書上版，款後摹刻陽文方印"汝弼"。汝弼端楷極罕見。序文亦見於張弘至本《文集》卷一。汝弼所歷數之松江詩人，袁景文即袁凱，陳文東即陳璧，陸宅之即陸居仁，吳子愚即吳哲。《西郊笑端集》作者董紀，字良史。周尚文即周庠，傳見天順七年譜。

冬，南京禮部主事沈鍾陞山西按察司提調學政，汝弼以寒不及出餞，賦詩見誚，有"可憐東郭先生履，不及西清學士韉"之句，一時和章甚富，倪岳、陸容等均有詩和其韻。

倪岳《青溪漫稿》卷五《駕部張員外汝弼以寒不及出餞，賦詩見誚，遂用韻二首，一以贈沈，一以答張》："月落盧溝客渡河，狐裘驄馬曉寒多。重來會接郎官舃，此去應留刺史韉。酌別情深渾不醉，紀行詩好更須哦。河汾舊地餘桃李，一道春風定若何。"小字注曰："時仲律提調學政。"又："休文一別隔關河，況復城東路不多。興到肯迴高士棹，醉歸懶脫謫仙韉。空勞折簡逢人寄，不及揮毫對客哦。獨擁寒爐成底事，定從灰裏撥陰何。"小字注曰："時雪始霽，故汝弼有'可憐東郭先生履，不及西清學士韉'之句，一時和章甚富，亦一奇也。"

陸容《式齋先生文集》卷六《和汝弼送仲律韻》："曉蹋層冰度玉河，此情應爲故人多。從教十里風吹帽，不減五更霜滿韉。小館臥雲虛夢寐，野橋看雪稱吟哦。沈郎舊是青雲契，契闊其如此去何。"

按，倪岳詩注云時沈鍾提調學政，據《明憲宗實錄》卷之一百十五："（成化九年夏四月）丙子……陞……南京禮部主事沈鍾爲山西按察司僉事提調學校。"則倪岳詩中"河汾舊地"即指山西，又倪岳詩云"狐裘驄馬曉寒多"，注稱"時雪始霽"，故餞別當在冬季，姑繫於此。

沈鍾，字仲律。其先長洲人，洪武中占籍上元。天順四年登進士，授驗封主事，請便母養，改南客司，陞山西僉事提學，內艱起，仍舊秩。除湖廣理刑，秩滿，遂擢副使提學。尋以山東學政不舉，特改公往。南歸，年五十七。卒，享年八十有三。（據《焦太史編輯國朝獻徵錄》卷九五魯鐸《山東按察司副使沈公鍾墓誌銘》。）

工部郎中邵能卒。汝弼應兵科給事中張以弘之請，爲作墓表。

張弘至本《文集》卷四《工部郎中邵君墓表》："秀王將建府於汝寧也，上命工部妙選公勤有心計者董其役，營繕司員外郎邵公乃往。時荊襄間劉、石二寇始戢，歲又屢侵，民力未甦。……公趣功撫民，晝夜焦勞者又二年，乃得羸疾，形神頓異。及還京，故舊道遇有不能識者，由是奄奄，遂至不起。癸巳歲十二月廿七日也，齒纔四十有九耳。兵科給事中張裕夫，其子相之婦翁同里同業者，經紀其後事。未幾，相聞訃奔至，裕夫乃具狀率相詣予，徵文表于墓。顧予何能爲役哉？予以裕夫意不可固卻也，按狀書之。公諱能，字舜寶。……景泰庚午，取浙江鄉試，辛未，賜柯潛榜進士，觀政工部，受命爲大臣營塋，往廣西犒軍。癸酉，授南京工部營繕司主事。乙亥，以內艱去。服闋，改兵部車駕司。初考蒙推恩，封其父如其官，母、妻皆安人。嘗出較牧。及兩廣寇起，奉敕調南畿軍以往，皆著能聲。癸未，陞員外郎。未幾，乞歸祭掃，賜楮幣以資路費。丙戌至京，改虞衡司，遂董秀府之役。"

萬曆《紹興府志》卷四十一《人物志七》："張以弘，字裕夫。山陰人。性寬簡凝厚。成化中以進士起家，拜吏科給事中。凡所建白，識大體。出爲江西參議。尋致政歸，居鄉恂恂，無賢愚皆謂長者。"

本年，永平知府王璽新建社學，汝弼紀其事。

弘治《永平府志》卷三《公署》："社學，在城隍廟後。成化九年知府王璽建，主事張弼紀其事。"同書卷十《永平府新建社學記》（小字注：張弼，兵部主事）："永平郡密邇京師，控帶邊徼，軍旅務殷，供需費重，故守此者於凡學校禮文之事，率多弛緩而鮮整備，亦勢然也。近歲鰲屋王侯廷用以名御史來守茲郡，明敏和厚，弊革政成，而謂學校之教，忠孝之倡，乃無形之干鹵也，可緩於城池乎？遂於郡邑學宮、廟祠、壇壝靡不葺建。計惟里社之間，雖間有私塾，而官無典設，幼學子弟何所於成？乃相地於城隍廟之傍，創建社學。……是役凡四越月乃成，書來徵記其槩，冀來者有聞，嗣而葺之，侯之意亦厚矣。"按，此云"書來徵記"，則或爲汝弼回京之後所作。然汝弼與王璽相交，知其政事爲人，則當在使山海關期間。

雍正《陝西通志》卷五十七上《人物三》："王璽，字廷用，鼇屋人。正統辛酉鄉魁，任武陟訓導，躬爲講解督課，士習丕變，文教大興。後遷武陟尹……遷永平知府，調襄陽，撫恤流民以數萬計。後致仕歸。"

林克賢任福建按察使僉事，汝弼有詩送行，謝鐸次其韻。

張弘至本《詩集》卷二《送林一中福建僉憲》："握手與君別，此情難具陳。空庭花落後，高樹鳥啼頻。白簡持三尺，清風扇八閩。新題如有便，爲我洗京塵。"謝鐸《桃溪淨稿》卷七《次韻張汝弼叙別一中之作》："客情渾欲亂，盃酒豈勝斟。遠水終投壑，飛花已別林。勢分堪下石，金盡況交心。真賞今餘幾，無絃漫試音。"按，《明憲宗實錄》卷一百十四："（成化九年三月）辛亥，陞……刑部員外郎林克賢……爲按察司僉事……克賢，福建。"又卷一百七十四："（成化十四年春正月）丙戌，……復除按察司僉事……林克賢于福建……俱丁憂服闋也。"成化十四年汝弼已離京往南安任（詳該年譜），而《送林一中福建僉憲》詩末句云："新題如有便，爲我洗京塵。"則其時汝弼應尚在京，故送行祇能在本年。林家驪《謝鐸及茶陵詩派》第八章《謝鐸事迹詩文繫年》據《桃溪淨稿》詩文編次，將謝鐸次韻詩繫於本年（第344頁）。

太子少保兼吏部尚書姚夔薨，汝弼爲其門生，又爲其子之僚友，聞訃往哭。又作祭文，言其善始善終。

張弘至本《文集》卷三《祭姚冢宰文》:"嗚呼,士之生世,克全者鮮。……惟公早魁科第,經書義疏,爲天下式。雖南荒北徼,亦所傳誦,公之文章何如哉?釋褐即居諫垣,徑擢少司寇,爲大宗伯,爲冢宰,而至孤卿,公之際時何如哉?獻納左右,弛張斡旋,稽古宜今,動中肯綮。至於大事大疑,衆方洶洶,一言而定,公之政事何如哉?人有小善,稱揚不置。人有小惡,掩覆不暇。曾參殺人、茅焦墮井之訕,若蠱䘇之過於前而莫較也,公之德量何如哉?耳順之年,正寢而薨。病也,天子遣醫賜饌;薨也,天子致祭賜葬,贈爵定謚,公可謂善始善終矣。況有子爲大夫、爲冑子,可謂世濟其美矣。百年以來,如公之際遇者能幾何人哉?某等皆公門之桃李、令子之僚友,聞訃往哭,未盡下情。柳舉將發,合辭陳奠。儀刑如在,盼蠻[嚮]潛通。尚饗。"

按,《明憲宗實錄》卷一百十三:"(成化九年二月)庚午……太子少保吏部尚書姚夔卒。夔,字大章,浙江桐廬縣人。自少穎悟不群。正統間,以《春秋》舉鄉試、會試皆第一,進士出身,擢吏科給事中,多所論列。己巳之變,尤憤激奮發,遇事敢言。景泰改元,拜南京刑部右侍郎。逾年,改南京禮部,奉命考察雲南官吏。還朝,留任禮部。英廟復辟,調南京刑部。未幾,驛召至京,進禮部左侍郎,改吏部,尋擢禮部尚書。甲申,上登極,一切大典禮皆所掌行。己丑,轉吏部尚書。九載秩滿,加太子少保,錫賚甚至。至是以疾卒,年六十。訃聞,上震悼,賻祭營葬給驛歸其喪,贈榮禄大夫少保,謚文敏,賜誥命。夔儀觀魁偉,器度弘博。與人言,表裏洞達,喜獎拔後進。在禮部知貢舉,遇知名士投試卷,必令主者加意謄對,恐其或有遺失。主司偶失之,必極力推求,得而後已。及掌銓衡,留心人才,極力詢訪,至於黜陟之際,尤不苟。雖讒口中傷,屹不爲動。朝廷有大事,大臣集議疑未能決者,夔一言而判，衆心服之。"又楊守陳《楊文懿公文集》卷二十一《金坡稿》之《姚冢宰誄並序》："成化九年二月九日，太子少保兼吏部尚書桐廬姚公薨于長安里第，其子兵部郎中璧奉柩以歸。"由此知姚夔子姚璧時任兵部郎中，故汝弼自稱"令子之僚"也。

時京城尚交謁，汝弼一切謝絶。有嘉召必赴，嘗自言曰"嬾於投謁，勤於赴宴。"後府護月，值邏人四出，行不如法，見者辟易。汝弼舉懸牙示之曰："我武庫張某也。"邏人莫不斂迹。

張弘至本《文集》卷五王鏊撰《墓表》："初，公之在朝也，後府護月，邏人四出，行不如法，見者辟易。公舉懸牙示之，曰：'若欲知我乎？我武庫張某也。'"

按，此句在《震澤先生集》卷二十六《中議大夫江西知南安府張公墓表》中作"公仕京師時，方尚交謁，每正歲投刺紛然，人馬交道，公一切謝絶。有嘉召必赴，嘗自言曰'嬾於投謁，勤於赴宴。'後府護月，邏人行不如法，人皆辟易。公舉牙牌示之，曰：'若欲知我乎？我武庫張某也。'"

馮時可《馮元成選集》卷四十九《南安太守張東海先生傳》："初在朝，往後府護月，值內豎邏人四出，衝突縉紳，遇者辟易。公舉懸牙示之，曰：'我武庫張某也。'莫不斂迹。其後相戒，無犯張武庫。"

按，汝弼任"武庫"在成化八年至十年間，姑繫於此。懸牙，在京朝士所佩，刻官號爲別。陸容《菽園雜記》卷二："凡在內府出入者，貴賤皆懸牌，以別嫌疑。"沈德符《萬曆野獲編》卷十三："本朝在京朝士，俱佩牙牌，然而大小臣僚皆一色，惟刻官號爲別耳。"

【時事】北京、山東、河南等處水旱，大饑。以水災免蘇、松、常、鎮四府秋糧四十三萬石。

明憲宗成化十年甲午（1474） 五十歲

正月二十日，跋同僚張敷華世藏文天祥書東坡詞於天趣軒。

陳焯《湘管齋寓賞編》卷一《文文山書東坡詞》後錄汝弼《跋文信國公墨蹟》："此有宋丞相文信國公所書東坡詞也，文山其號。吾同寅車駕郎中安仁張公實世寶藏之，重加粧褫，首以示弼。弼拜手揚言曰：'火無容贊其熱也，冰無容贊其寒也，日月無容贊其明也，於公何容贊其忠乎？二百年來贊公之孤忠大節者多矣，曷嘗有單辭隻字之過諛哉？斯其所以爲至也。世之稍知義理者，聞公之名，輒不覺動容稱嘆。君子撫茲手澤，當何如耶？宜張氏世寶之，非徒注意於其筆墨之間也。成化十年甲午春正月丙午，後學華亭張弼在兵部之天趣軒謹識。"

張敷華，字公實，江西吉安府安福縣人。景泰初因父洪扈從土木卒，爲國子生。舉天順八年進士，選庶吉士，除兵部主事，纍遷郎中，出爲浙江布政司右參議，進右布政使。弘治初，遷湖廣，擢右副都御史，巡撫山西，改撫陝西，十二年改右都御史，又改南京都察院，遷刑部尚書。正德元年召爲左都御史。卒贈太子少保，諡簡肅。傳見《明史》卷一八六。

又按，汝弼嘗爲其父洪作哀辭，即張弘至本《文集》卷三《哀文江張御史辭》。據左贊《桂坡後集》卷四《書張御史墓銘後》："正統己巳秋八月，監察御史安成張公淵潘扈駕北征，統幕師潰，死之。朝廷嘉其節，賜敕褒異，而復廕其嗣人。景泰庚午，公之子敷華兄弟祗奉所遺冠衣葬里之官原山。"則張洪卒於正統十四年，汝弼時在華亭，年二十五，尚未與張敷華相識。而哀辭中有句云："有孤縈縈兮，抱麟經而獨傷。"張弘至本《文集》卷一《送浙江參議張公實序》："吾與安成張公實同官兵部者幾十年，日與同事者幾一年。"據此，汝弼入仕後與張敷華同官兵部，推測哀辭亦作於成化年間。

六月十一日，和馬治題馬琬倣巨然秋巒烟樹圖詩，應李震三年前所徵者也。

《汪氏珊瑚網名畫題跋》卷九《馬文璧倣巨然秋巒烟樹》題注："款云：'文璧爲彝齋作'。"後録馬治題詩："樹沈沈兮獨古，山藹藹兮相雄。思石梁兮徑度，沈陰磵兮多風。"跋云："雪泉先生出此畫徵題，時朱旦方有執熱之嘆，故云。馬治。壬戌夏五月廿又五日。"其後録汝弼題詩與跋，云："泉潺潺兮作聲，嵐霏霏兮欲雨。望江南兮嘆歸與，悵嬾人兮何許。時亨李進士以高［馬］孝常先生題畫詞徵和，爲□太九十三年後甲午，乃成化十年也，閏六月十一日亦執熱而書云。後學張弼。"（《式古堂書畫彙考》卷五十四著録同。）

按，時亨李進士即李震，本年三十九歲（據《成化八年登科録》）。馬孝常見正德《建昌府志》卷十二《秩官·洪武·同知》，在"梁伯達（二十三年任）"之前。又萬曆《宜興縣志》卷八《文學》："馬治，字孝常。少好學，精通經史，爲詩文典雅衝澹。善真行書。洪武間仕至建昌府同知。所著有《荆南倡和集》。"則馬治任建昌府同知在洪武初。

《畫史會要》卷二："沙門巨然，江寧人。山水筆墨秀潤，善爲烟嵐曉景，而古峰峭拔，宛立風骨，又于林麓間多爲卵石，如松栢草竹，交相掩映。旁分小徑，遠至幽墅，于野逸之景甚備。"卷四："馬琬，字文璧，號魯鈍，松江人。山水宗董源，善平遠曠潤之景，官撫州太守。"

約於此際考滿封贈，父熊應封承德郎兵部武庫主事，母胡氏、妻王氏贈安人。汝弼作《内子王安人像贊》。

正德《松江府志》卷之三十一《人物十·封贈》："張熊應。成化甲午以子弼貴贈兵部主事。"《清代硃卷集成》第十八册道光庚戌科張雲望："十三世祖熊應，字維吉，號村居。晉贈承德郎兵部主事。"張弘至本《文集》卷二《內子王安人像贊》："所常者不侈不逸，所異者不妬不嗔。此吾之妻，而今封安人者也。"

按，《明會典》卷六《吏部五》："國初，在京品官逾年實授給本身誥勑。三年考稱，始得封贈。後京官免試職，初授散官，待考滿始給誥勑，並與封贈。"又"凡推封，洪武二十六年定：一品贈三代，二品三品贈二代，四品至七品贈父母妻室。凡文官一品至七品，止封贈散官職事。其合封一代二代三代者，俱照見授職事。父母見任者不封。已致仕並不在任者封之。能在任棄職就封者，聽。"又"洪武二十六年定：正一品至從七品曾祖父、祖父、父各照見授職事，依例封贈。……正從五品母妻各封贈宜人，正從六品母妻各封贈安人，正從七品母妻各封贈孺人。"據此，父熊應得封贈，當在汝弼任武庫司主事考滿之時，汝弼自成化八年回京自武選改武庫，至本年爲第三年，又於本年陞任車駕司員外郎（詳下文），姑繫於其改官條之前。

汝弼於詩文中稱父爲"武庫先公""武庫先君"（如《司馬莊記》："故人稱先君爲司馬而名莊。"張世綬本《詩集》卷四《四兒作對句賦此》："我方幼穉能作對，武庫先公向客誇。"），即"照見授職事"封贈。兵部武庫司主事爲正六品（詳成化三年譜），故"母妻各封贈安人"。

陞兵部車駕司員外郎，授奉訓大夫。

張弘至本《文集》卷五王鏊撰《墓表》："公諱弼，字汝弼……年四十始登進士第，歷武選、武庫主事，車駕員外郎。"按，本年十月沈瑜陞尚寶司丞，汝弼贈序中自稱"駕部郎張弼"，"駕部"爲"車駕"之古稱（雷禮輯《國朝列卿紀》卷四十六《兵部序》："［洪武］二十九年，改司馬爲武選，駕部爲車駕，庫部爲武庫，職方仍舊。"）又本年張腕卒，汝弼爲作墓銘自稱"其友兵部員外郎張弼"，則知汝弼由兵部武庫司主事改任兵部車駕司員外郎當在本年，姑繫於此。張弘至本《文集》卷五程敏政《東海像贊》："四十而策名甲科，五十而爲郎駕部。"本年汝弼恰年五十，亦可爲一旁證。

《明史》卷七十二《職官一·兵部》："武選、職方、車駕、武庫四清吏司，各郎中一人（正五品）。員外郎一人（從五品）。"《明會典》卷六《散官》："從五品，初授奉訓大夫，陞授奉直大夫。"據此，車駕員外郎爲從五品官，應初授奉訓大夫。《鐵漢樓帖》9B《拙女詞》跋："予任主事久之，方備六品章服，俄遷員外郎，則弗稱矣。方備五品，俄陞南安守。"其中"方備五品"即指汝弼改任車駕員外郎後當著五品章服。成化十三年汝弼跋《四烈婦圖》款云"賜進士出身奉訓大夫兵部員外郎華亭張弼書"，可知其所授散官爲奉訓大夫。

十月，沈瑜由中書舍人陞尚寶司丞，汝弼撰序贈之。

張弘至本《文集》卷一《贈尚寶司丞沈廷美序》："中書舍人東吳沈廷美遷尚寶司丞，有議者曰：'廷美才猷器局可任劇曹，可執邦憲，可牧大郡，可幹大藩，可參大政。昔者以其藝文俾典中書，用一而遺八九，論才者猶惜之。今以之守天子璽符，重固重矣，無乃枉其所抱負、蓄其所設施乎？'駕部郎張弼聞之，曰：過矣，過矣！……夫天子左右必才具衆長，緩急有濟，與當一面、領一事者殊科。此廷美之遷，用人者沈思却慮而然。膚見噪議，能知之乎？雖然，人之才也，勉而脩，日宏；滿而弛，日削。廷美其容自滿乎？嚮用駸駸，何所不至也？是爲贈。"

按，據《明憲宗實錄》卷一百三十四："（成化十年冬十月）己亥，陞中書舍人沈瑜爲尚寶司司丞。"繫於本年。

十一月四日，張畹卒。汝弼哭之哀，欲作墓銘，奈未詳其宦業，墓表未成。

張弘至本《文集》卷四《奉政大夫四川按察司僉事張公墓表》：

"四川僉事張茂蘭既致仕家居，成化十年十一月四日卒。訃至京，其友兵部員外郎張弼爲位哭之哀，既而具筆札爲墓銘，曰：'此吾二人之素約也，今將三十年矣，可食言乎？'柰未詳其宦業，亟走書問其子鐩索年譜。

冬，有書寄都憲鄉兄大人，告以白圭、張畹逝世及項忠、董方到任之事。

朵雲軒藏張弼草書《致都憲札》："白尚書大人十二月廿卒。廿七日命下，以刑部項大人來兵部，都憲董大人來刑部，俱到任矣。張茂蘭以冬至日卒，可惜可痛，人便萆此奉報，餘無他云。恕草草，弼頓首。都憲鄉兄大人。"（見《中國古代書畫圖目》第十二册滬7-0006。）

按，"都憲"爲都察院、都御史之別稱。都憲鄉兄大人，不詳。《明憲宗實錄》卷一百三十六："（成化十年十二月）辛丑……太子少保兼兵部尚書白圭卒……丙午……改刑部尚書項忠于兵部，召巡撫大同右都御史董方爲刑部尚書。"據此，刑部項大人即項忠，都憲董大人即董方。白圭卒於十二月辛丑爲當月二十日，與汝弼所言相合。項、董二人到任在丙午爲廿五日，汝弼云"廿七日"。又據上引《奉政大夫四川按察司僉事張公墓表》，張茂蘭畹卒於是年十一月初四，公曆爲十二月十二日，此云"冬至日"，或因汝弼得聞訃告，而未詳其卒之日。本札之作，或在本年年終，或在明年初，姑繫於此。

與蔣悦暢飲於既醉軒，懷念十年前之雅會，賦詩一首。

張弘至本《詩集》卷四《飲蔣仲學既醉軒》："昔年既醉軒中醉，雨散星離誰復會。轉頭不覺十載餘，小鐺骨董重相對。一杯一杯復一杯，聚頭話舊渾忘寐。李中書，聞在姑蘇新卜居。李太僕，滁陽府寺閱攻駒。王祭酒，南雍禮樂領群儒。卞民部，吳山楚水歌唐虞。劉左轄，嶺南海角今何如。矯首數公不可見，起舞擊節成嗟吁。徐詹事，楊學士，玉堂退直勞文思。肴香酒熟不我過，我與玉山聊適志。瓶笙咿咿鸞鳳吟，蔬盤簌簌冰雪深。凍硯頻烘滾玄浪，短燭屢爇流黃金。乃拚今晚復既醉，論窮萬物情狀天地心。莫爲功名嘆遲暮，莘伊渭呂逢時作。時來土苴亦雲霄，時未英雄且高卧。静中看破古與今，果是奇才當若箇。南陽卧龍久塵埃，姑蘇小范呼不來。胸中欝勃與誰論，翩然便欲飛步登蓬萊。我思蓬萊神仙何足道，終身山澤成枯槁。何如汗滂大醉三千場，與爾同看天地老。"王㒜《思軒文集》卷十一《書既醉軒卷後》："汝弼飲時用所，與題仲學軒壁，時獨應禎、瑞卿在，予與華伯、維新雖同在京師，而不與會。然而汝弼作記賦詩，乃屢及焉，相厚之道也。……汝弼作記之明年，予遂來南京。後十年作詩，華伯、應禎、瑞卿亦相繼散去。"

按，汝弼十年前與李應禎、李庭芝等飲於既醉軒，並題壁作記，詳天順八年譜。李中書，指李應禎，任中書舍人，本年因省親在蘇州。李太僕指李庭芝，本年任太僕寺丞。王祭酒，指王㒜，本年任南京國子監祭酒。卞民部指卞榮，本年致仕在常州。劉左轄，不詳。徐詹事指徐溥，楊學士指楊守陳。據《明憲宗實錄》卷一百三十四："（成化十年冬十月）癸卯，左春坊左庶子兼翰林院侍講徐溥服闋至京，詔陞詹事府少詹事，兼翰林院侍講學士。"同書卷一百三十八："（成化十一年二月）戊子……翰林院侍講學士楊守陳以母喪去任。"汝弼既云"玉堂退直勞文思"，則作詩時徐溥、楊守陳二人皆在京城，則詩當作於成化十年十月至成化十一年二月間，因詩中有"冰雪深"及"凍硯頻烘"之語，則大致在冬季所作，故繫於此。

本年，于準陞松江府同知，汝弼應舒清之請爲作序，論治教一源而同流。

張弘至本《文集》卷一《送松江府同知于公之任序》："吾松江近得同知府事者，曰于先生準。早務講學，篤於躬行，語言文字之末不屑屑也。嘗爲舉子者十餘年，爲衛輝通判又十年，所在以五經授受，弟子林立，一以謹儀矩、破驕吝、明體用、指聖賢爲的，施之於政，忠厚明果，上下安之，識者以爲能兼治教之吏也，然而以授經爲教，則知之亦淺矣。徵科、獄訟、追捕、擊斷、送迎、游燕、辭受取與，顯而袵庭，隱而袵席，無非教也、治也，治教一源而同流者也，豈從以講授爲哉？……先生將行，工部員外郎舒本直以弼居先生治下，謂宜有言，乃敢以是告鄉之父兄子弟，當求教於先生，徵科、獄訟、追捕、擊斷之外，而不徒以講授爲也。若於先生何敢云贈？弼雖遠在京師，當側耳以聽新政，則授教亦侈矣。"

按，于準任松江府同知當在本年（詳下引本傳），故繫於此。

正德《松江府志》卷二十四《宦蹟下》："于準，字世衡，江西安仁人。以鄉貢入太學，通判長沙、衛輝二府。成化甲午，陞同知松江府事。爲政本仁恕，先教化而後刑罰。"

舒清，字本直。德興人。登成化丙戌進士，授工部主事，自營繕郎中陞河南參議，陞四川參政，轉廣西左布政，以疾乞休致。清操持端恪，望重士林。（據嘉靖《江西通志》卷九《饒州府·人物》。）

作《陳文達墓誌銘》，矜其子陳雍之志，將以勸孝。

張弘至本《文集》卷四《陳文達墓誌銘》："文達姓陳氏，諱剛，文達其字也，別號清庵。世居會稽山陰之錢清江。……考仲彰。洪武廿四年，郡邑有燧黃冊者，遂坐謫戍遼東之廣寧前屯衛。文達與妻徐氏侍行，既至，以居販致奇贏，養親頗給。越四歲，代父役，而晝夜謀歸父母於鄉。永樂四年丙戌，始遂所謀。又十年丙申，徐氏卒，年甫三十。生子雍，在山陰理祖業……又廿三年戊午，雍來迎，與馬氏同歸山陰。時火伴頗衆，雍欲舁母櫬同行，而各懷非沮，不果。文達歸，而田廬不廢，生計給足，日與故舊棹酒船，徜徉山水間，以樂暮景，人皆譽其有子。正統十年乙丑十二月二十八日卒，壽六十八。明年冬，雍奉柩蓋禹會鄉，仍虛其壙之左，俟歸母櫬。……成化九年癸巳秋，又治裝而往，誓死畢其志。委曲百至，乃果得歸。蓋距其母之殁五十有九年矣。十年丙午夏，過京師，鄉里之仕者、客者咸駭異競走慰勞之，雍乃告兵科給事中張君裕夫曰：'雍犬馬之齒六十又五矣，始得母骨歸，將擇今年某月某日與先子合窆，則吾志願殆畢矣。特恨未得文墓上之石，保吾父母之遺魄于永久也，京師文章之林，能爲我一念乎？'裕夫乃率雍以其内姪貢士周時中狀抵予以請，然文達夫婦遠萬里外，其平生德善狀不能詳，特記其生卒往返歲月耳。嗚呼！雍之情事五十餘年而始伸，其難矣哉，非堅其志、苦其身、挫釿而不回者能之乎？故予銘文達之墓，實矜雍之志，將以勸孝也。人孰無是心，以心感心，則雖千百世之遠，其誰忍犯文達之墓乎？銘曰：'有封斯土，歸越重阻。親魄乃安，子心良苦。我昭其心，以告終古。'"

按，墓誌言陳雍"十年丙午夏，過京師"，此"十年"當承上文"成化九年癸巳秋"，故爲成化十年，"丙午"爲"甲午"之誤，汝弼作序亦當在本年前後。

爲程敏政題碧桃翠竹圖，感嘆沉溺篇章翰墨，才過五十而白髮已生，又寓脫塵出世之意。

張弘至本《詩集》卷四《碧桃翠竹圖爲程克勤賦》："我本東海餐霞仙，擲弄日月旋坤乾。爲溺篇章戲翰墨，謫來下土三千年。而今年纔過五十，也随塵世變華顛。甕盎醯雞時起滅，轆轆過眼真堪憐。夜來夢到清都府，碧桃翠竹鬥清妍。便欲據此混沌窟，小結一間天趣軒。元規塵坌飛不到，洪厓風月浩無邊。白面青童吹紫玉，花蚪穩跨參軒轅。乃知舊懷作舊夢，可奈茫茫未了緣。題詩馳寄玉堂子，鮮飇涼灑欝藍天。"

按，據"而今年纔過五十"，詩當作於汝弼五十歲之後，姑繫於此。

羅氏約於本年生弘圭，爲汝弼第四子。

張弘至本《文集》卷五謝鐸撰《墓誌銘》："子男六：長弘正，次即弘宜，以進士拜今官。次弘至，邑庠生，次弘圭，次弘玉，次弘金，弘圭以下側室羅氏出也。"張弘至本《文集》卷五賈咏《張母羅碩人傳》："生子三人：弘圭、弘玉、弘金。"故宫博物院藏張弼《行草書詩文卷》第六首爲《至贛而回兒輩出迎》詩，其後跋云："圭將五期，玉已三期，圭夢予事有驗，亦可寄也。因及之。弼。"（見《中國古代書畫圖目》第二十册京1-1055。）據此，弘圭約長弘玉一歲半。弘玉約生於成化十二年（詳該年譜），故羅氏生弘圭當在本年前後。

按，張弘至本《詩集》卷三《諭内教子》云："四兒六歲五兒三，莫與肥甘習口饞。"然張世綬本《詩集》卷三在本詩題下有小注云："《西湖志》刻作聶大年。"則此詩作者存疑。且詩句不如《至贛而回兒輩出迎》之跋語明確，故當以跋語爲準。

外孫李塾生。

何三畏《雲間志略》卷十五《李水部南湄公傳》："李自恒軒公娶東海張公女，生子龍浦公塾、雲浦公序。"《竹岡李氏族譜》卷二《世譜·九世欄》："塾。字養蒙，號龍浦。府庠生，入太學，仕福建延平府沙縣主簿。……成化甲午生。"

葉盛卒。

【時事】五月，開列妖書名目，榜示天下，禁傳習，違者治罪。

明憲宗成化十一年乙未（1475） 五十一歲

五月十三日，張盛拜山東布政司左參議，汝弼有詩相贈，頌其都水之功。

張世綬本《詩集》卷一《贈張水部歌》："天下雄藩山之東，一堂列坐皆名公。義興張公拜參議，清勤才識聞九重。東兗泉源百餘所，縷分派別絲毫蓬。滙陽沂泗濟海運，民勞財費難爲功。張公見此如饑渴，精思直與神明通。運石畚土成巨壩，壩成舍口眠長虹。一年勞費百年逸，父老欣躍真奇逢。嗚呼！張公主事乃如此，不負平生事經史。大碑深刻垂蒼穹，後人嗣法垂無已。"

按，汝弼詩題稱"張水部"，詩中又稱"義興張公"，則此人當爲張盛（傳見成化八年譜）。《明憲宗實錄》卷之一百四十一："（成化十一年五月）辛酉……陞……工部員外郎張盛、吏部員外郎楊景爲布政司左參議。盛，山東，景，江西。"詩云"義興張公拜參議"，則當作於其受命後不久，姑繫於此。張盛都水之功，可參見《謙齋文錄》卷四《重修兗州府龍神廟記》。

本月，滿剌伽國貢火雞白馬等，汝弼親見之。火雞好食火炭，汝弼又試喂之。

沈周《石田先生客座新聞》卷五《滿賸伽國貢火雞白馬》："成化乙未，滿臘伽國貢火雞，高二尺餘，毛似黑綿羊亦粗，項上無毛，皮如斜皮絞，項上一黑角。投小塊帶火炭，即啄之。又白馬，瑩白無比，長項而高身，紅嘴。朝廷賜絹二千疋，價值千六百兩，飼以白砂糖和菜荳。時華亭張汝弼爲車駕正郎云。"陸容《菽園雜記》卷五："近日，滿剌加國貢火雞，軀大於鶴，毛羽雜生，好食燃炭。駕部員外郎張汝弼親見之。"慎懋官《華夷花木鳥獸珍玩考》卷七《火雞》："滿剌加火雞軀大如鶴，羽毛雜生，好食火炭。駕部員外張汝弼親試喂之。張揖曰：'崑雞似鶴，黃白色。'"

按，據《明憲宗實錄》卷一百四十一："（成化十一年五月）甲寅，滿剌加國遣正副使端馬密等進金葉表文並象、馬、火雞、白鸚鵡、金錢豹等物，賜宴及襲衣綵段表裏。並以綵段紗羅錦歸賜其國王及王妃、王子有差。"五月甲寅爲五月六日，汝弼親見火雞、以火炭試喂之，亦當在本月。

滿剌伽國，莫旦《大明一統賦》卷上："滿剌伽國，在占城之南。前代不通中國，永樂三年始來朝貢，賜印，誥封爲王。九年，其嗣王親率妻子來朝，厚賚而還……天順三年，請命嗣位，遣使封之，至今朝貢不絕。"

九月廿八日夜，忽夢與高舉會，猶道及天順六年徐州老鴉事。汝弼與高舉久未相見，覺而將攜酒往，同洗襟懷，先之以歌。

張世綏本《詩集》卷一《徐州老鴉歌》序曰："天順壬午，予赴會試，道遇四川僉事張茂蘭，遂過其舟，行數程，又遇南京刑部主事高汝賢，馳驛而北，以驛舟行速，又與茂蘭過驛舟，三人皆松江而素交契，乃晝夜談笑，洽旬，至張灣，將登岸，汝賢忽指柳上鴉而大言曰：'此徐州老鴉，何以又至此也？'左右舟人皆驚愕，以目力之精如此。予與茂蘭亦絕倒，蓋戲也。自此別去，今十五年矣，會輒道及鴉事以爲笑。茂蘭去歲卒於家，汝賢以僉事致仕，居京師東巷。予碌碌兵部，動輒逾年不得見。九月廿八夜，忽夢與汝賢會，猶道及鴉事，覺而識以歌，且將攜一榼往，同洗老懷也。先之以歌，曰：徐州老鴉今有無，張灣柳樹半凋枯。同舟三人兩人在，夢中相見亦胡盧。胡盧笑罷還嘆息，茂蘭已作泉臺客。兩人居京相見稀，年齒參差髮俱白。平生事業不盡懷，誰洗磊落挑抑塞。我有江南酒一尊，君烹庭中雞一隻。沈醉重溫舊笑談，何須俛仰乾坤計寬窄。"

按，張輗卒於成化十年十一月，據歌序中"茂蘭去歲卒於家"，當繫於本年。又云"汝賢以僉事致仕"，高舉致仕年月不詳，其由浙江按察司僉事改任四川在成化九年十一月（據《明憲宗實錄》卷一百二十二）。本年距天順六年壬午僅有十三年。云"今十五年矣"，恐爲約數。

冬，王弼知應天府溧水縣，汝弼有題贈之語云"秉義以聽命，斯命也"。

張世綏本《文集》卷三《題贈王存敬大尹》："世俗有不顧義而委

之命者，鑽刺倖得，曰：'吾命當爾也。'雖掃門捧溺弗恤也。倖而未得，曰：'吾命未至也。'爲之益力。噫，是豈君子所謂命哉？命果如是哉？秉義以聽命，斯命也。因謝侍講、林司正二先生之命，遂申之，以曉世俗。筆凍紙短，不盡言。"按，大尹爲太守之古稱。王弼爲本年進士，知溧水，陞刑部主事、員外郎，後又出守興化（詳下引本傳），則稱王弼爲"大尹"在其知溧水或興化時皆有可能。何喬新《椒丘先生文集》卷十一《送興化王太守赴任序》："弘治三年春，天下藩臬郡縣百司各率其職來朝……於是刑部員外郎天台王弼存敬有興化太守之擢"，則王弼知興化時汝弼已歿，故本題贈之文祇能作於其授命溧水縣令之時。萬曆《溧水縣志》卷六《名宦傳·國朝》："王弼，字存敬，黃巖人，成化十一年任。"又汝弼跋語云"筆凍紙短"，故繫於本年冬。

又按，題贈之文乃應"謝侍講、林司正二先生之命"，謝侍講當即謝鐸，《明憲宗實錄》卷一百四十四："（成化十一年八月）癸卯……陞翰林院編修謝鐸爲侍講。"謝鐸與王弼同爲台州府人，故有此請。林司正，不詳。

《兩浙名賢錄》卷二十八吏治《興化府知府王存敬弼》："王弼，字存敬，黃巖人。以進士知溧水三年，績最，入爲刑部主事，轉員外郎，出守興化。"

本年，張敷華出爲浙江參議，僚友賦詩餞行，汝弼與之共事多年，欽其才，服其量，信其守，序其首簡，以遠到之器望之。

張弘至本《文集》卷一《送浙江參議張公實序》："吾與安成張公實同官兵部者幾十年，日與同事者幾一年，始欽其才，繼服其量，今而益信其守矣。正賴其磨鑢澄汰，以求寡過爾。朝廷命下，邊擢浙江參議而往使，弼何能已於情耶？然公實之往，專理銀鑛之務。……廉以澄其源，容以弭其變，吾知公實當臥治矣。臥治多暇，益勵所學，則程子之能察能克亦無難矣。陞方岳，列卿佐，其所成就，豈與錄錄者等乎？公實遠到之器，吾計日而望之，擴事而覈之，不敢苟焉以諛也。行且有日，僚友飲餞以詩，弼僭序首簡云。"

按，安成張公實即張敷華，傳見上年譜。據《明憲宗實錄》卷一百四十七："（成化十一年十一月）辛亥，陞……兵部郎中張敷華爲浙江右參議。"又謝鐸《桃溪净稿》卷九《送張公實少參得周字》，繫於本年冬（參見《謝鐸及茶陵詩派》第356頁），故汝弼之序亦當作於此際。"遠到之器"典出《晉書》卷六十六《陶侃傳》："尚書樂廣欲會荆揚士人，武庫令黄慶進侃於廣，人或非之，慶曰：'此子終當遠到，復何疑也！'"後遂以"遠到之器"指人前程遠大。

同窗好友計瓊既宰封丘三年，有司考之，皆曰廉曰愛，欲致仕而不得。汝弼有序送其復任，以行己惟恃乎公論屬之。

張弘至本《文集》卷一《送封丘縣計廷玉復任序》："計廷玉之宰封丘也，既三年考績，遂將以致仕告。兵部員外郎華亭張弼乃其同窗友也，沮之，曰：'年未及，政方成，斯君子行志之秋也，何以遽歸？'廷玉曰：'古之仕也行志，今之仕也事勢。行志者惠民，事勢者厲民。厲民者以才稱，惠民者負庸名。厲民以事勢，抑志以偷安，顧吾能爲之乎？是以欲歸畊於黄浦之上，讀吾舊書，養吾素也。'弼遂以其事稍訪諸當道者，當道者曰：'藩司書其考，曰廉曰愛；臬司書其考，曰廉曰愛；府書其考，曰廉曰愛。每歲巡視，憲官報其績，皆譽之，殆無間言也。'夫守令以是爲最，使年及猶難於去，況年未及耶？徒勞章疏，恐未遂志也。廷玉浩嘆而已，乃怫然促裝赴任。弼屬之曰：'子之廉而愛，大本立矣。俯仰事勢，雖流俗常態，亦有分所當者，然其要皆尊上而安下也，何欲乎？況聞嘗有一二不足於子者矣。然觀所書考，曷嘗枉夫人心之公耶！君子之行己，惟恃乎公論之在也。彼嘵嘵呶呶者，若蚊虻之過耳，奚較焉？然而自反之道則不可廢。我廉矣，或明未足以悉事；明矣，或威未足以憚奸。弗明則欺，弗威則玩。矧封丘，邇都會之所，當往來之道。下多游民，上逼大僚，奸偽滋熾，徵發卒迫，爲之宰者可弛威而憚鞭朴之繁乎？憚鞭朴之繁則徒潔己，而無以立事，何以行吾志，而大惠於民乎？用威在明，毋憚繁也。往矣，吾日聽子之威明，何以歸爲哉？吾與子生同歲，得歸當同歸也。'遂舉酒成禮而別。"

按，據順治《封邱縣志》卷五《職官·守令·明知縣》："計瓊，直隸上海縣人，舉人，成化七年任。"則計瓊任封丘令至成化十年已滿三年，而本年爲未年，正當外官入朝覲見述職（詳天順六年譜），故計瓊入京考績、汝弼序以送其赴任當在本年。

應同僚郭璽之請，爲其祖著表文，又序而銘之。

張弘至本《文集》卷四《贈承德郎兵部武庫司主事郭公墓表》："此敕贈承德郎兵部武庫清吏司主事郭公之墓也。公名浩，字泰然。……壽六十四，天順丁丑八月十五日歿，葬邑城北之金莊社。配劉，先卒。賈、郝，其側室也。子瑩、玘、瓚、玫、璽、璞、琮、瑪、琦、瑄、瑁，凡十一人。瑩領鄉薦，仕至慶府紀善，璽由進士任兵、工二部，推封於公。璞任醫學訓科。女四，皆歸士族。孫男十八人，曾孫三人。既葬十有八年，璽陞兵部武選員外郎，與予同寅且厚，俾著表文。予故論其所當表，序而銘之。銘曰：偉哉是夫也，邑之望乎！美哉是丘也，地之望乎！過者必恭也，永保厥藏乎！"

按，郭璽任兵部武選員外郎年月不詳，郭浩既葬於自天順元年丁丑，表文又云"既葬十有八年"，則墓表當作於本年。

王鏊居崇文門城樓下，與汝弼比屋，二人數相會晤。

《鐵漢樓帖》42B王鏊《南行雜興詩跋》有句云："予昔居崇文城下，與東海比屋，數相會晤。"按，王鏊爲吳縣人，其與汝弼比屋，當在京城。崇文城，《欽定日下舊聞考》卷四十五《城市》：

"增文明門即哈達門，哈達大王府在門内，因名之。臣等謹按：《明史·地里志》，文明門正統間改爲崇文門，本朝仍其名。"吴寬《匏翁家藏集》卷四十《贈周原巳院判詩序》："自予官於朝，買宅於崇文街之東，地既幽僻，不類城市，頗於疏懶爲宜。"其中"崇文街"即崇文門大街。《京師五城坊巷衚衕集》："南薫坊，八鋪。正陽門裏順城牆往東至崇文門大街，北至長安大街。"後列"兵部工部"，又有"東江米巷""玉河中橋""玉河北橋"等，爲汝弼詩中常見地名，張弘至本《詩集》卷四《送奚元啟》有句云"南薫樓頭一分手"，張世綬本《詩集》卷三《送張貢士》有句云"南薫庭院雨疏疏"，推知汝弼當時寓所（或即天趣軒）即在南薫坊中，與崇文門不遠，故能與王鏊比鄰。

又按，王鏊於成化十年中鄉試第一，本年舉進士，授編修，十四年告歸（據劉俊偉《王鏊年譜》），汝弼於成化十三年擢守南安（見該年譜），故二人於京毗鄰相會晤祇可能在成化十一年至十三年之間，姑繫於此。

郭璽卒。

據李東陽《懷麓堂文稿》卷二十四《明故兵部武選員外郎郭君墓表》。

【時事】十一月，立祐樘爲皇太子，改諡郕戾王爲景皇帝，大赦天下。

明憲宗成化十二年丙申（1476） 五十二歲

正月十九日，丙戌進士百餘人會於京城報恩寺。汝弼作《同年會誡》，述同年之道，敦天下朋友之倫。

張弘至本《文集》卷三《同年會誡》："同年會非古也，以義舉也，衣冠之盛事也，古之道存焉。丙戌進士三百五十有二人，受職中外。越十年，歲乃丙申，正月甲子，在京師者幾百人會于報恩寺。有議所以處同年之道者，華亭張弼遂述其意，作五誡。其一曰：列職崇庳，各安厥分。毋亢而傲，毋詔而隨，毋恃故而凌，毋昵情而隳。其二曰：仕之遇合，有幸不幸。不幸致尤，於道實競，宜拯邮之，自孽而自棄焉者亦矜之。其三曰：小過則容，大過則攻。容毋淬其鋒，攻毋暴其蹤。其四曰：寸長尺短，才各攸宜。勿忌勿蔽，勿疆勿棄。其五曰：夫既厚其身，寧遽忽其後。蓋世講其好也。於戲，噫嘻！惟茲五誡，敦天下朋友之倫也，豈直同年而已哉？凡我同年，庶其聽之。"

按，汝弼同年陸簡、程敏政皆有文記報恩寺同年之會。陸簡《龍皋文稿》卷五《同年會題名賦》序："成化丙申春正月十九日丙戌，同榜士會于京城東北報恩寺方丈。翟黃門廷光實倡之。蓋三百五十人之衆，週十年之間，爰自癸巳初會，迄今篋載會又會，止百人，亦可以感離合去來之不常，而茲會之不可易也。"程敏政《篁墩程先生文集》卷十三《同年會記》："成化丙申春，今天子郊祀既成，百官皆有賜假。吾榜之士乃以上元後四日會於城東報恩僧舍，會者幾百人。……噫！丙戌今天子臨軒第一科，收士三百五十有三人，可謂盛矣。然自戌抵申十年之間仕于兩京者、于州縣者、奉使于四方者、以事在告者、陟者、黜者、物故者不可枚舉。而茲會未及其半焉。……主釀事者兵科給事中翟廷光、工部員外郎張志學。"

按，與會人數，汝弼言"幾百人"，陸簡曰"止百人"，程敏政言"而茲會未及其半"，則不及兩百人也。

二月四日夜，夢與中書舍人張文元同訪方瑜，賦詩一首，覺後以所記結句"東風二十四迴春"足成一絕，又加二絕，寄張、方二人，作《續夢詩話》。

張弘至本《文集》卷三《續夢詩話》："二月四夜，夢與中書舍人張文元同訪南陵守方文美於家，閱其書櫃，尋予秀才時詩稿不得，乃借其《大事記》一册、《本雅》一册而回，且賦詩一首，止記結句云

'東風二十四迴春'，覺而足成一絕，又加二絕，寄文美、文元。其一曰：'故人家在泖西濱，夢裏相尋宛是真。却筭南都同折桂，東風二十四迴春。'蓋予與文美交久矣，同登癸酉鄉試則廿四年。然此句乃白樂天舊詩云。其二曰：'少日揮毫鬼畫符，《鶴城》舊稿久應無。故人篋笥如收得，還付家人覆醬瓿。'蓋《鶴城稿》乃舊詩稿名也。其三曰：'借書真似鼠嚙薑，入眼何曾記半行。却笑夢中空費力，不知雙髩久蒼浪。'諺有云：'借書不能讀，老鼠嚙生薑。'故用之。然書目不聞有《本雅》，豈夢之妄耶，抑予淺陋而未聞耶？併識以俟博雅君子。時成化十二年丙申歲。"

按，汝弼云與文美交久，且同登景泰四年鄉試第，又云其家在泖西濱，則當為松江人（松江有九峰三泖）。檢正德《松江府志》卷二十六《科貢下·鄉貢·華亭學》，與汝弼同年中舉者有方瑜，在縣學欄，為汝弼同學，疑"文美"為其字。弘治《夷陵州志》卷七："方瑜，華亭人。成化初知州，善書翰。"然汝弼云其為南陵守，待考。又張弘至本《詩集》卷二有《方文美畫》一首，推知其人亦善繪事。

中書舍人張文元，其人不詳。童軒《清風亭稿》卷六有《送張文元秀才下第歸吳》。謝肇淛《五雜組》卷七《人部》："近日姑蘇有張文元者，最工美人，其綽約明媚令人神魂飛越，俗筆中之神手也，而名不出里閈，悲夫！"或即此人。

九月，劉洪由武選司郎中陞廣東布政司左參政，僚友為之餞行，汝弼撰序，言其遜避自晦，知之者鮮。

張弘至本《文集》卷一《送廣東左參議政劉公文裕之任序》："弼二十年前聞鄉先生御史施仲告云：'吾教浙江之定海，得一佳士曰劉洪、字文裕者，年少質敏，器偉量宏，用世之俊傑也，子他日必自識之。'及弼取進士至京，問諸人，則知者鮮。其知者亦但曰'劉某攻場屋之業，能古詩辭'耳。弼以謂此出身之資、應世之藝耳，未足論也。又聞其初嘗授官南京刑部，精法律，善讞詳耳。今官武選，勤簿書，習條例耳，是皆因官脩職，士之常也，遂不以爲異。及弼備員兵部，幸與文裕爲同僚，始見其凌己者若不聞，惠己者若不知，職事紛攘，泊然以應。不難難，不易易。暇則弄琴書，若不知身在聲利塲中者，乃信其不自表暴以取名，宜憒憒者之不知，沉浮郎署廿餘年，視之如常也。嘗出佐軍旅，事於西北，運謀必當，奏功必欵，下馬磨盾鼻作露布，爽闓動人，斯言（"言"字周文儀本作"信"，是，當據改。）軍旅非其所短矣，然未試民牧，且曰民事非所長也。……文裕循資至郎中，以西北功食四品禄亦久矣，久而未遷，憒憒者必笑其固，此則誠固於義命，不能巧宦也。然公論不廢，一遷輒至廣東左參政，則亦何待於巧宦而速化哉？今爲參政，則岳牧之寄也，於民事將果能邪？……文裕行，僚友出祖，俾弼作序。弼重文裕之遜避自晦，知之者鮮，故聊言之，非佞也。我思古人，必有知者。"按，據《明憲宗實錄》卷一百五十七："（成化十二年九月）甲辰……陞兵部郎中劉洪爲廣東布政司左參政。"故繫於此。鄉先生御史施仲，未詳其人。

嘉靖《定海縣志》卷十二《人物》："劉洪，字文裕，登景泰五年進士，積資陞武選郎中，劬勞國事，諸司推最，賜四品俸……陞廣東參政，竟落職歸，時年四十二。卜居鄞之月湖，日爲詩文曰娛。有《夢軒稿》，暇則蒔蔬種藥，茹荼攻苦，如儒生然。洪天性伉直，人不得干以私云。"

秋，曹安之京，除武邑教諭。汝弼有詩送之，稱其所纂《比干錄》《王文忠公錄》皆有關於世教。

曹安《讕言長語》："吾松張弼以草書擅名……十二年秋，予之京，除武邑，又送一詩云：'三十餘年走宦途，壯心牢落雪盈顱。著書祇欲明忠義，垂橐何曾計有無。天地恩私蒙聖主，河汾事業在諸徒。嗟予鄉曲無窮意，都付臨岐酒一壺。'小序云：'先生所纂

《比干録》《王文忠公録》皆有關於世教，詩故及之。'"

按，此詩"著書祇欲明忠義，垂橐何曾計有無。"一句被收入張世綬本《詩集》卷三《贈曹以寧》，有題注云："摘句。曹安，字以寧。正統甲子舉人，任武邑教諭。"

又按，曹安云"予之京，除武邑"當指其任武邑教諭之事。同治《武邑縣志》卷六《明教諭》："曹安，華亭人，舉人。成化十六年任。"似不確，成化十六年時汝弼在南安，無法與曹安在京相會。

曹安有《太師比干録》三卷、《殷太師忠烈録》十卷，今皆存。

同年石淮任四川提學僉事，汝弼有詩送之。

張世綬本《詩集》卷三《送石宗海僉事提四川學政》："五色龍章敕一函，遠將天語教西南。山川無復登天險，草木都沾化雨覃。諸葛祠前頻薦豆，相如橋下嬾停驂。同年此別何時會，且對黄花共醉酣。"

按，《明憲宗實録》卷一百五十七："（成化十二年九月）辛亥……陞户部員外郎石淮爲四川按察司僉事提調學校。"又萬曆《四川總志》卷三《省志·秩官·僉事下》："石淮，江浦人，進士，成化十三年任。"據此，石淮在本年九月受命任四川按察司僉事，十三年到任。汝弼以詩贈別當在本年，據尾聯"黄花"之語，應在秋季。

本年，同年黎福以監察御史出守鎮江，汝弼贈之以《長江歌》。

張弘至本《詩集》卷四《長江歌送黎天與之任鎮江》："長江萬里岷峨來，奔流到海如奔雷。江邊山際乃有鎮江府，襟喉三吴百粵何雄哉！況迩南都根本地，掌司管鑰須雄才。同年進士黎天與，豸冠白簡居烏臺。九重特命守此土，萬姓渴望陽春回。……嗟予荒繆百無用，却有健筆能品裁。是時爲君書德政，磨平北固爲穹碑。"

按，黎天與即汝弼同年黎福，據乾隆《鎮江府志》卷三十四《名宦下》："黎福，字天與……成化十二年以監察御史出守鎮江。"故繫於此。

黎福，字天與，江西樂平縣人。成化二年進士，授監察御史，改襄陽，復改寧國，進雲南左參政，兩廣布政使，擢都察院右副都御史，撫治鄖陽，以南京兵部右侍郎卒。參見《明孝宗實錄》卷一百七十八。

聞同鄉舊友唐珣由刑部郎中出知福州，有詩寄之。

張世綬本《詩集》卷三《聞秋官唐君廷貴補福州守寄詩送之》："紫宸朝罷見除書，舊友新乘五馬車。滄海月明天蕩蕩，關山春到雨徐徐。芭蕉影轉黃堂靜，茉利香浮繡閣虛。愧我兵曹素餐吏，麟符何日換金魚。"鄭紀《東園文集》卷五《光風霽月亭記》云："福之郡庠有亭翼然於明倫之東……成化丙申，華亭唐君以司寇正郎出守是郡。"

唐珣，字廷貴，號足庵。華亭人。天順丁丑進士，知合州，興學勸農，盜賊解散，民立生祠。遷刑部郎中，知福州府。歷湖廣參政、布政，入爲順天府尹。遷右副都御史，巡撫薊州等處，以母喪歸。服闋，會南蠻弗靖，即家拜右都御史，巡撫兩廣地方，疾聞，賜敕獎勞，將大用，未幾卒。參見《雲間人物志》卷二《唐足庵》。

聞杭州西湖重建書院，喜而有作。

《鐵漢樓帖》21A《聞杭州西湖建書院祀孔子，喜而有作》："千載西湖今可書，梅花香裏素王居。乾坤有意留斯境，塵土何曾污太虛。山鬼亦知明禮樂，濤聲自洗宋姦諛。清風一艇輕如葉，容我來時給掃除。杭亦天下都會之所，西湖又據杭之勝，而建書院，□□山而關□，豈□哉。使果得人以司俎，□□止一方之化也。聞□□公鎮云，作此識喜。後學張弼拜手書。"收入張弘至本《詩集》卷三，題作《西湖書院》，無跋。

成化《杭州府志》卷二十六《書院》："西湖書院，舊在宋故岳武穆王飛第宅故基。……（洪武）十一年改爲仁和縣儒學。天順三年，學遷舊貢院，其基今入按察司。成化十二年，浙江左布政使寧良重建於孤山三賢祠右舊萬壽寺基，巢寄老人夏時正記。"按，汝弼生前僅有一次重建西湖書院，即在本年。

姚綬作《秋江漁隱圖》贈汝弼。

故宮博物院藏姚綬《秋江漁隱圖》上端有姚綬題詩，後有跋語，云："予晚年酷愛松雪趙承旨畫法，近得其《秋江漁隱圖》，朝夕玩繹，自謂頗有所向入。一日，坐古鼎齋碧窗下，罷臨晉帖，用紫袍生硯，召楮穎二子，驅玄兔以鬥朱鉛，奉寄東海翁，作慶雲山莊清賞。成化丙申建子月四日，大雲姚綬書。"見《中國古代書畫圖目》第二十册京1-1045，《虛齋名畫録》卷八著録。

按，慶雲莊爲汝弼晚年居所，嘉慶《松江府志》卷七十七《名蹟志》："慶雲山莊，在景家堰。"而汝弼此時當在京城，存疑。

本年前後，羅氏生弘玉，爲汝弼第五子。

張弘至本《文集》卷五賈詠《張母羅碩人傳》："生子三人：弘圭、弘玉、弘金。"張以誠《張宮諭酌春堂集》卷九《先考見峰府君行實》："東海……第五子弘玉，號笏洲。"按，成化十三年十月汝弼赴南安任途中，弘玉痘瘡痊愈，有詩報嬰醫，跋云"士傑之于嬰醫真天下之絶也"。（張世綬本《詩集》卷二《柬嬰醫張士傑》。）《針灸大成》卷十《識病歌》："男兒兩歲號爲嬰，三歲四歲幼爲名。"則其時弘玉約兩歲，其生當在本年前後。

兄汝輔以書來，急欲訂家訓，爲子孫法禁。汝弼記其實，作《椿庭記》，又徵諸咏歌，以備其事。

張弘至本《文集》卷二《椿庭記》："吾兄孝友……今年五十又七，而身後事咸悉自備，人又以爲達云。弼從大夫後寓京師，不見者動輒數年。近書來急欲訂家訓，爲子孫法禁。覩椿庭居士之號，遂記其實，且將徵諸咏歌，以備其事焉。作《椿庭記》。"

按，本詩繋年詳洪熙元年譜。汝弼云"且將徵諸咏歌"，今見爲兄汝輔所徵詩，有程敏政所作《張汝弼駕部求椿庭詩壽其兄》（見《篁墩程先生文集》卷六五），詩云："貽謀能是守株人，東海家家説異椿。壁上古陰回夕照，庭中新幹薄秋旻。衣冠幾葉能詩禮，堂構當時亦奐輪。張仲平生知孝友，連枝應願八千春。"詩題稱"駕部"，與汝弼本年所任兵部車駕司員外郎一職相合。

同年薛爲學撫按荆襄流民，汝弼以詩贈行。

張弘至本《詩集》卷四《薛御史撫治荆襄流民》："無土不養人，無人不樂生。况聞荆襄土，菑畬良稱情。所以羣疲民，會集圖自營。困翼赴林莽，窮鱗縱深溟。誰能遏奔逝，採訪徒煩刑。君今去綏撫，要當重哀矜。逐逐行者止，惴惴居者寧。庶幾暢皇澤，毋苟急時名。如何羊公石，令人淚縱横。"

按，《明憲宗實録》卷一百五十三："（成化十二年五月）丁卯……敕都察院左副都御史原傑往荆襄等處撫治流民，時左都御史李賓言，荆襄流民必立州縣衛所以統治控制之，可免後患。望簡命練達廷臣堪副委任者乘傳以往。上從之，乃命傑。"又同書卷二百六十六："（成化二十一年五月）乙丑，致仕太子少保都察院左都御史李賓卒……其畫奏處置荆襄流民最爲得宜，及擇人往彼撫視，衆謂都御史原傑爲宜。傑時年暮，且新續弦，不欲行。及命下，知御史薛爲學爲賓所任用，意爲學陷己，遂奏帶爲學同行。"據此，薛爲學隨原傑撫按荆襄流民在本年。阮東升《程敏政交游研究》已考，可參閲（第201頁）。汝弼詩有句云"君今去綏撫，要當重哀矜"，則當爲送别詩，姑繫於此。

《毘陵人品記》卷七《国朝》："薛爲學，字志淵，武進人。成化丙戌進士，授御史，按荆襄，撫流民，請設州縣，立衛所，宣威布德，衆賴輯寧，争呼曰'慈父'。未幾，卒于官。爲學歷臺中十有二載，風標峻爽，論事剴切，中貴咸畏憚之，呼'薛繡衣'。既没，荆襄之民皆立祠。"

時江南訛傳汝弼已仙去，汝弼聞之，嘆曰："若然，則草書增價矣。"

張弘至本《文集》卷末李東陽弘治六年題詩有句云："草書今日真增價，消息誰應酹九泉。"跋云："鄉進士張時行持乃翁東海先生遺墨相示，悵然感之，且憶先生嘗與人書云：'上有傳吾死者，果然，則草書增價矣。'嗚呼！孰謂其遽至此耶！"張世綏本《文集》附錄屠滽題辭："成化間公仕於京，江南有訛傳公已仙去，公聞之，嘆曰：'若然，則草書增價矣。'"

按，汝弼"仕於京"始於成化二年，終於成化十三年秋。成化五年至八年汝弼在華亭守喪，江南訛傳汝弼仙去，以成化八年後、成化十三年以前最爲可能。姑繫於此。題辭者屠滽爲汝弼同年（據《成化二年進士登科錄》），故其所言當爲屬實。

汝弼沉浮郎署多年，鬚髮已白，作《自贊》。

張弘至本《文集》卷二《自贊》："爾視弗遠，爾貌弗揚。爾德弗固，爾才弗長。拙於趨附似簡，癖於嗜古似狂。人弗知爾，弗自反爾。弗知人，弗自覆。雖爾所慕，忠厚正直。視爾所履，曾何有得。沈浮郎署，鬚髮已白。顧像自慚，庶求去愿。"按，此贊未知何時所作，既云"沈浮郎署"，當在成化十三年秋有南安之命前作，姑繫於此。

仲子弘宜約於本年娶凌氏。

莫如忠《崇蘭館集》卷十九《明故福建建陽縣知縣雲川張公墓誌銘》："東海先生……生六子，其仲廣東按察司副使後樂翁，娶凌氏，封恭人。"嘉靖《淄川縣志》卷六孫光輝撰《廣西副使張公配凌恭人墓誌銘》："恭人生而沉慧柔則，許婚憲使，蓋相距百里。時久暵，溪涸舟淺，議方艱於往聘，既卜日，則大雨盈溢，里閈皆評爲賢婦起家之兆焉。"

按，凌氏即華亭凌汶之女（參宣德五年譜）。明年冬十二月，凌氏生一女，未知是否爲長女（詳成化十三年譜）。孫光輝撰墓誌稱其婚嫁時久旱初雨，然檢松江府縣志中言及成化間旱情者僅有成化十七年辛丑，恐凌氏歸弘宜時並非大旱，故府志不載。本年凌氏廿三歲，弘宜廿四歲，正當適配之齡，既於明年生一女，則凌氏歸弘宜當不晚於本年，姑繫於此。

【時事】九月，始命太監汪直偵事。

下編　成化十三年至成化二十三年

明憲宗成化十三年丁酉（1477）五十三歲

正月十九日，有詩題懷柔縣弘善寺壁。

朱奇源匯刻《寶賢堂集古法帖》卷十一有張弼《題弘善寺壁》詩，題注："俗稱邵渠弘善，乃天順間賜額也。"詩云："好山圍繞老僧居，碧玉環中一紺珠。塵鞅偶來分半榻，便忘身世在寰區。成化丁酉正月十九日，東海居士識。"（亦見於張弘至本《詩集》卷四。）

按，弘善寺在懷柔縣，光緒《順天府志》卷二十五《地理志七·寺觀·懷柔》："宏［弘］善寺在縣東邵渠莊。寺在鳳林山下，本宏［弘］善寺。故址明正統中常德公主捐資興建，規制宏麗，屋宇幽邃。勅賜寺額曰'宏［弘］善寺'，久傾圮，有正統九年祭酒李時勉碑。"

秦夔誦《復竹茶爐詩》，京師諸名碩和之，汝弼亦有詩和韻。

吳鉞輯《竹爐圖咏》貞集陸簡《復竹茶爐記》："出錫城西里許，惠山稍折北，庵曰聽松。洪武初，詩僧真性海嘗織竹為爐，高不盈尺，圓上方下，類今學仙家流稱乾坤之象者。規製絕精巧可玩，邑先達、耐軒王學士諸名家率賦詩賞之。真公沒，爐淪落於城中右族,亦已兩易主。成化丙申冬,武昌太守秦廷韶閑得歸,過庵中,誦諸先達詩,嘆曰:'物各有主,茲爐固惠泉之物也,而他人何有?'慨然許爲物色歸之,復爲詩飭其徒,俾世守焉。和者自京師諸名碩下得數十家,竹爐之名,不獨傳一方,而遂以聞天下。"同卷《和復竹茶爐詩》題下依次有陸簡詩十首,程敏政、李傑、許天錫、張弼、李穆詩各一首,汝訥詩十首,邵珪、吳珵、錢福詩一首,蕭顯詩四首。汝弼詩云:"此君元自愛逃禪,禪榻相依幾許年。甘瀹清泉供唄梵,誤投塵俗伴嬋娟。倪迂仙具更新主,秦觀高情續舊緣。對此不須增感慨,楚珩趙璧是誰傳。"跋云:"是日席上所和,稿在公署,記不能全,想像足成,必有異同,尚祈訂正。東海居士張弼。"(汝弼此詩手迹刻入清車萬育輯《螢照堂明代法書》。)秦夔有跋云:"竹爐之復,余既爲詩,具諸別卷。頃來京師,偶與考功郎中鄉友陳公誦之,辱不鄙,首賜和章。既而,朝之縉紳若翰林侍講同郡陸公、新安程公、夏官副郎華亭張公輩聞之,皆相繼賜和。旬日間,凡得詩餘四十首,亦富矣哉!何物竹爐,遭此奇遇。余以諸公之意不可虛辱,彙次成卷,既求侍講陸公雄文記之,不揣復用韻勉製四律,一以賀此爐之遭,一以答諸公勤懇之意。南歸有日,併付聽松主僧收藏,用傳爲山中它日故事云。時成化丁酉歲春二月吉,邑人秦夔書於金臺寓館。"

按,據陸簡記文與秦夔跋語,秦夔于去歲冬來京,朝廷縉紳數十首和詩當於本年閏二月前已經搜得,姑繫於此。

三月初四,跋沈瑜藏元人畫《四烈婦圖》,並作隸古。

廣州藝術博物院藏元代佚名《四烈婦圖》卷首有姜立綱楷書"四烈婦圖",其後爲汝弼跋云:"四烈婦者,婕妤當熊、漸臺沈水、凝妻斷臂、平妻殺虎也。尚寶司丞吾鄉沈廷美得此四圖,嘉其有關風教,乃粧潢成卷,各述其事於圖之左,古今之咏歌者附焉,而豈徒爲玩好哉?昔歐陽子錄王凝妻於《五代史》,特甚馮道之無恥也。

俾諂夫媚子、背君親買[賣]僚友者，視此四圖，寧不有泚於顙乎？噫，誠頑鄙之礪，匪特婦女之師矣。予爲作隸古，併引其端云。成化丁酉三月辛未賜進士出身奉訓大夫兵部員外郎華亭張弼書。"（參見陳偉安《形不拘俗　匠心獨運——廣州藝術博物院藏元代〈四烈婦圖册〉釋讀》。）

按，汝弼跋中有言"予爲作隸古"，此卷跋尾有隸書大字"四烈婦圖"，無款識，或即汝弼所書，然汝弼隸書墨迹未見，存疑。其後又有吳寬跋尾。此作雖未見於歷代書畫著録，然程敏政《篁墩程先生文集》卷八十二有《題沈廷美尚寶所藏四烈婦圖》詩四首，清錢載《蘀石齋詩集》卷三十《四烈婦圖歌》有句云："四烈婦圖沈家寶，誰其題者姜立綱。張弼吳寬引復跋，能使觀者神彷徨。"可知觀者甚多，且流傳有序。

本月，同年范珠由行人選浙江道御史，李能偕僚友賀之，汝弼作序。

張弘至本《文集》卷一《贈范繡衣嘉龍序》："吾同年蜀郡范嘉龍昔侍其先君國子學録于京師，時穎敏已有聞，負才望之士咸樂與交，學植日富。景泰丙子遂領鄉薦，成化丙戍[戌]登進士第。同年中推嘉龍之文敏博，豈蜀中山川所鍾、有蘇氏父子之風者邪？然既明經，要諸伊洛之旨，誠有異於彼矣，豈虞文靖所謂'蜀廚濃醯厚醬'者耶？尋拜行人，以廉勤聞，軺車所至，岳郡縣悉悚敬之。甫三載，即拜御史。噫！世嘗患置泗者於陸，馳者於江湖，操耒耜者命之纂組，枉才而僨事者多矣。以嘉龍爲御史，則異於是。蓋其爲行人時，於事之利害、民之趨背、吏之臧否已嘗熟究，而欲規爲之，持（周文儀本作"特"，是，當據改）未施設耳。……行人司正李時舉亦同年也，偕嘉龍舊僚友賀之，俾予言，嘉龍擇焉。"按，《明憲宗實録》卷一百六十四："（成化十三年三月）甲申……实授……行人賀元忠、司馬垔、范珠……俱爲監察御史……垔，四川道。珠，陝西道。"故繫於此。

《蘭臺法鑒錄》卷十二《成化朝》："范珠，字嘉龍。四川富順縣人。成化二年進士。十三年，由行人選浙江道御史，陞淮安府知府，致仕。"

嘉靖《內黃縣志》卷七《選舉·進士·成化丙戌》："李能，時舉，號龍村。授行人司行人。性廉介。兩使冊封藩府，凡所餽贐，堅卻不受，縉紳重之。歷司副、司正，陞兵部職方郎中。"

春，石瑭出宰上杭，有詩贈之。

張弘至本《詩集》卷三《送石廷堅進士出宰上杭》："三禮聲華聞九州，上杭作宰邁時流。鐵爐賦足民無恙，銅皷山鳴歲有秋。不愧王喬曾賜履，懶看卓茂早封侯。兩京襟珮紛如雨，回首春風憶舊游。"

按，石廷堅名瑭，據康熙《上杭縣志》卷六《職官·知縣》："石塘［瑭］，餘姚進士，（成化）十三年任。以憂去。"則石瑭受命出任上杭知縣當在本年。汝弼於本年秋冬之際出守南安（詳下文），而詩中無一語及之，又據尾聯"回首春風"之語。似在春季所作，姑繫於此。

石瑭，字廷堅，紹興府餘姚縣人。成化十一年進士，官至上杭知縣。參見《成化十一年進士登科錄》。《鐵漢樓帖》36A有汝弼寄上海典教單先生札，云："第三兒弘至在京時，蒙石先生瑭授以禮經，粗知大意，即別去。"據此，弘至後以《禮記》登科（據《弘治九年進士登科錄》），石瑭當有教誨之功。

七月，錄王執中所撰《東垣傷寒正脈》二冊寄外甥俞寰，屬其於書中肯綮處質諸姚蒙先生，又別錄一本歸弘正，願有借錄者輒與之，庶廣其傳。

萬曆八年雲間姚氏世徵堂刻本《東垣傷寒正脈》卷首有汝弼手書上版之序，云："此書乃醫家之所秘者，得之於紹興章文潛，錄成二冊，又有《醫壘元戎》三大冊，方進御而未暇錄之。此寄甥寰熟究之，其肯綮處當質諸姚梅趣先生，仍別錄一本，此則歸吾大兒弘正，願有借録者輒與之，庶廣其傳也。成化丁酉七月壬申東海居士張弼在兵部之天趣軒識。"按，姚梅趣先生，即儒醫姚蒙。此云"甥寰"，當爲汝弼外甥、俞庚之子俞寰。《愛日吟廬書畫別録》卷一《明名人詩翰彙册》有無名氏行楷詞一闋："東海先生詞。菩薩鬘。"所録詩即宋王詵《蝶戀花·鐘送黃昏雞報曉》。末題"爲甥俞寰書"。紹興章文潛，其人不詳。

《雲間人物志》卷一《俞允寧》："公名寰，字允寧。青村人。樸愿沉靜，喜讀書，工詞賦、醫藥、卜筮、斲琴、刻篆，無所不通，然不求人知，甘貧守分，終歲不一入城，人亦少知之者。郡志載之，子孫莫考。"

萬曆《上海縣志》卷十《方藝·國朝》："姚蒙，家百曲港，善醫。都御史鄒來學巡撫江南，召蒙視疾。蒙診其脉，曰：'大人根器上別有一竅，出污水。'鄒大驚，曰：'此予隱疾，甚秘，汝何由知？'姚對：'得之左手闕脉。'鄒索藥。姚曰：'不須藥，還南京便愈。'以手策之，曰：'今是初七，計十二日可到。'鄒解其意即治行，果十二日晨抵南京而卒。"

八月，得姚福報稱二兒弘宜中應天府鄉試，賦詩志喜。

《鐵漢樓帖》41A—41B（收入張世綬本《詩集》卷四）："報道□（據刻集，此字當爲"吾"。）家第二郎，溮闈簾外踏秋香。又馳行李趨金闕，此際相將過大江。姚世昌與弘宜同年，故以此報之耳。"

按，正德《松江府志》卷二十六《科貢下·鄉貢表·（成化）十三年丁酉科府學》："張弘宜（弼之子）。"據詩意，弘宜本年秋試中第，將往北京參加明年會試。

《古今圖書集成理學彙編·文學典》第一百十八卷："姚福。按《江寧府志》，福字世昌，世襲千户，居近青溪，有屋甘楹，扁曰'青溪精舍'，每遇俸入，輒以置書訓諸子姪，里中多從問字，喜談不倦。有求詩若文者，亦輒應之。嘗以職守所羈，不得時時親青燈、磨鐵硯爲恨，著《有樹稿》《定軒集》《青溪暇筆》《窺豹錄》《避喧錄》諸書。"

汝弼嘗數直言忤吏部尚書尹旻、兵部張鵬等，又傳因作《假髻曲》爲當道所嫉，本年秋，命出守南安。

張弘至本《文集》卷五王鏊撰《墓誌銘》："時濟南尹恭簡當路，禮絶百僚，公引其裾，曰：'冢宰公耶？'又數以直言忤大司馬，當道積不能平，故出之遠郡，人多惜之，而公自得也，曰：'吾學可以少試矣。'"《震澤先生集》卷二十六《中議大夫江西知南安府張公墓表》同段作："又數以直言忤司馬，當道者積不能堪，故出之南安，而公自得也。曰：'吾學可以試矣。'"

馮時可《寶善編選刻》卷下《南安太守張東海先生傳》："尹恭簡掌銓，遇百僚貴倨甚，公引其裙裾曰：'大臣貴休休，何訑訑也？'常往謁一貴客，閽者不啟，題一詩志感，後不再謁。又以直言忤大司馬。當道積不能平，出之遠郡，公略不屑意。"

《鐵漢樓帖》9A第二首《假髻曲》："東家美人髮委地，辛苦朝朝理高髻。西家美人髮及肩，買粧假髻亦峨然。金釵寶鈿圍朱翠，眼底何人辨真僞。夭桃窗下來春風，假髻美人歸上公。"（收入張弘至本《詩集》卷一。）周思兼《周叔夜先生集》卷九《張東海卷跋》："甲寅歲，首峰兄與余同避倭奴之亂僑寓松城，攜此卷見示。……卷中《假髻曲》海內傳誦，翁在當時，才名冠世，而爲當道所嫉，徒以此耳。……"亦見於《鐵漢樓帖》13B、15B（上下文分屬不同版片，當爲編號之誤），有款云："嘉靖乙卯春正月四日後學周思兼拜手謹記。"（收入張世綬本《文集》附錄。）李紹文《雲間雜識》卷二："張東海作《假髻篇》諷刺時貴，當路銜之，出守南安，不得調而終。邵二泉作挽詩云：'張公不作南安守，祇説文章止潤身。滿路棠陰蓋棺後，忌公人是愛公人。'"
按，張弘至本《文集》卷五與《震澤先生集》卷十六中所收王鏊撰《墓誌銘》存在異文，其中最要者，爲《震澤先生集》未提及汝弼忤逆濟南尹恭簡即尹旻之事。文徵明《甫田集》卷二十八《太傅王文恪公傳》云："時制策以教養爲問，公舉《周書》'無逸'、《易》之'自強不息'以對，大要言保治在勤，勤在教養備，教養備而王道成矣，反復數千言，皆當時利害，人所難言者。時承平久，朝廷頗怠於政，故公以是爲言，言激而直，當國者惡之，假以冗長不可讀，欲抑置次甲。尹恭簡爲冢宰，不可，曰'朝廷策士，取其能言。言而抑之，豈能臨軒之意乎？'因力爭，得賜及第。"據此，尹旻於王鏊有恩，成化十一年王鏊廷試時，尹旻爲其力爭，乃列第一甲第三。王鏊《震澤先生集》卷三十六《復尹太宰書》有句曰："有司入試大廷，愚不識忌諱，奏其猖狂之説，當道者欲擯斥之，獨公奮然不顧，謂其辭雖狂，其心何皋，是以卒寘之一甲。雖公之爲此非有私於鏊，而鏊之懷德有不能忘者，區區之私欲一布之左右，爲日久矣。"感恩之情溢於言表。同書卷四又有《尹冢宰壽詞二首》，可見二人相交甚密，故王鏊幾不可能在汝弼墓表中有"時濟南尹恭簡當路，禮絶百僚"之語，此句既出自張弘至本《文集》卷五，或爲張氏後人改易。張氏後人編訂文集改易原文亦有旁證，如張弘至本《文集》卷五所收謝鐸《墓誌銘》，與謝鐸別集《桃溪類稿》卷三十四《南安府知府華亭張君墓誌銘》相較，亦有頗多異文，《桃溪類稿》中在張弼落葬年月前空闕，張弘至《文集》中補全，可知此亦爲張氏後人所爲。

尹旻自成化初任吏部右侍郎，成化五年五月陞吏部左侍郎（《明憲宗實録》卷六十七），成化九年三月起任吏部尚書（《明憲宗實録》卷一百十四），本年仍在其任。"冢宰"即吏部尚書之古稱（見《明史》卷七十二《職官一》）。汝弼"引其裾曰：'冢宰公耶？'"當在尹旻任吏部尚書之前。自成化二年汝弼入朝爲官至成化九年二月，姚夔任吏部尚書。而"夔素與尚書尹旻不協"，至本年六月，夔子姚璧外調廣西思明府同知，即與尹旻有關（參《明憲宗實錄》卷之一百六十四、一百六十七）。而汝弼自稱姚夔之門生，對姚夔極爲景仰（詳成化九年譜所引《祭姚冢宰文》），又與其子姚璧爲兵部同僚，私交甚密。（張世綏本《詩集》卷三《送姚良甫二守之京》首句云："青衫同作縉雲郎，漂泊東南各一方。"）本年尹旻勾結汪直，屢興大獄，兵部尚書項忠因請聯合各衙門堂上官署名奏革西廠而遭革職爲民，汝弼同僚武選司郎中姚璧調外任（參《明憲宗實錄》卷之一百六十七），汝弼難免有不平之氣，或形之於外，而爲尹旻所忌歟？

又按，張弘至本《文集》卷五《墓誌銘》言及汝弼以直言忤"大司馬"，而《震澤先生集》言"司馬"，未明言其人。明代兵部官皆可稱"司馬"，兵部尚書稱"大司馬"（《明會典》卷五十一《禮部九》）。張世綏本《文集》附錄薛應旂《憲章錄》："致仕南安知府張弼卒。弼……舉進士，歷兵部郎中，數以直言忤尚書張鵬，出守南安。"（此中言汝弼歷"兵部郎中"當爲"員外郎"之誤。）據"國朝殿閣部院大臣年表·成化十三年兵部尚書"欄："（項）忠，六月除名。余子俊，青神人，辛未科，七月任。"汝弼與項忠、余子俊是否發生衝突，尚不可考。又據《明憲宗實錄》一百六十八及《明孝宗實錄》卷五二，張鵬自本年七月起由右副都御史陞兵部右侍郎，至成化十八年起任兵部尚書，並以此終官。薛應旂《憲章錄》所云"尚書張鵬"或即王鏊《墓誌銘》中所謂"司馬""大司馬"。然汝弼緣何忤逆張鵬今不詳，張世綏本《文集》附錄都勞勘《國朝憲章類編》言張弼"數以直道忤長部"，則"長部"或許尚有他人。張弘至本《文集》卷二有《言箴》一篇，云："弼弗明於學，舉多放言，因箴自警，曰：易言縱口，咎言痛心。已克不力，病根日深。過曰能改，德猶可欽。知過弗改，乃獸乃禽。庶幾夙夜，毋忝厥箴。"作箴年月未詳，然汝弼放言致禍可知矣。

又按，以《假髻曲》作爲汝弼出守南安之由，始于周思兼之題辭，周思兼雖與汝弼之孫張其悰（號首峰）交，然與汝弼出守相隔時間較遠，未必能得其實。與汝弼同時之李東陽等僅言《假髻曲》係汝弼名篇，爲時所傳誦（《麓堂詩話》），陸簡亦云其爲汝弼平生佳作（詳成化十四年譜），皆未言及汝弼因《假髻曲》而出守。較周思兼稍後之江盈科則以爲"張東海有《假髻美人》詩，……其旨爲下第作，甚有古意。"（見《雪濤詩評》。）待考。

十月，名士大夫皆爲汝弼賦詩送行，李東陽以喬維翰之意作《守南安送行詩序》。

龍美術館藏《張東海守南安送行詩序卷》有張弼引首云："此予出守南安時在京諸故舊送行卷也，行促未及書，乃留於翰林編脩喬師召所……止有今翰林學士李賓之先生序及今思南太守邵文敬登數詩而已，空紙尚多，吾三弟北溪汝匡之子弘左深欲得之，遂以予近作填其空而與之。……成化乙巳正月望後南安府知府致仕東海翁以付弘左，而引於前如此。"（《龍與士——明代中國的書法和繪畫藝術特展圖錄》第51頁，圖12）據此，該卷詩文共兩部分：一爲汝弼在京時士大夫贈行詩序，其餘爲汝弼成化二十一年重得該卷後所錄填空詩。思南太守邵文敬即邵珪，其任思南太守在成化十八年（據《邵半江詩》附錄李東陽《送邵文敬知思南序》款署"成化十八年壬寅秋九月九日"），本年尚在京。汝弼云其重得此卷所見"止有今翰林學士李賓之先生序及今思南太守邵文敬登數詩而已"，思南太守邵文敬即邵珪（詳下文），然審卷中送行詩序字迹各首不同，似非邵珪一人所錄。

卷中李東陽《送南安守張君序》云："華亭張君汝弼，博學工詩，

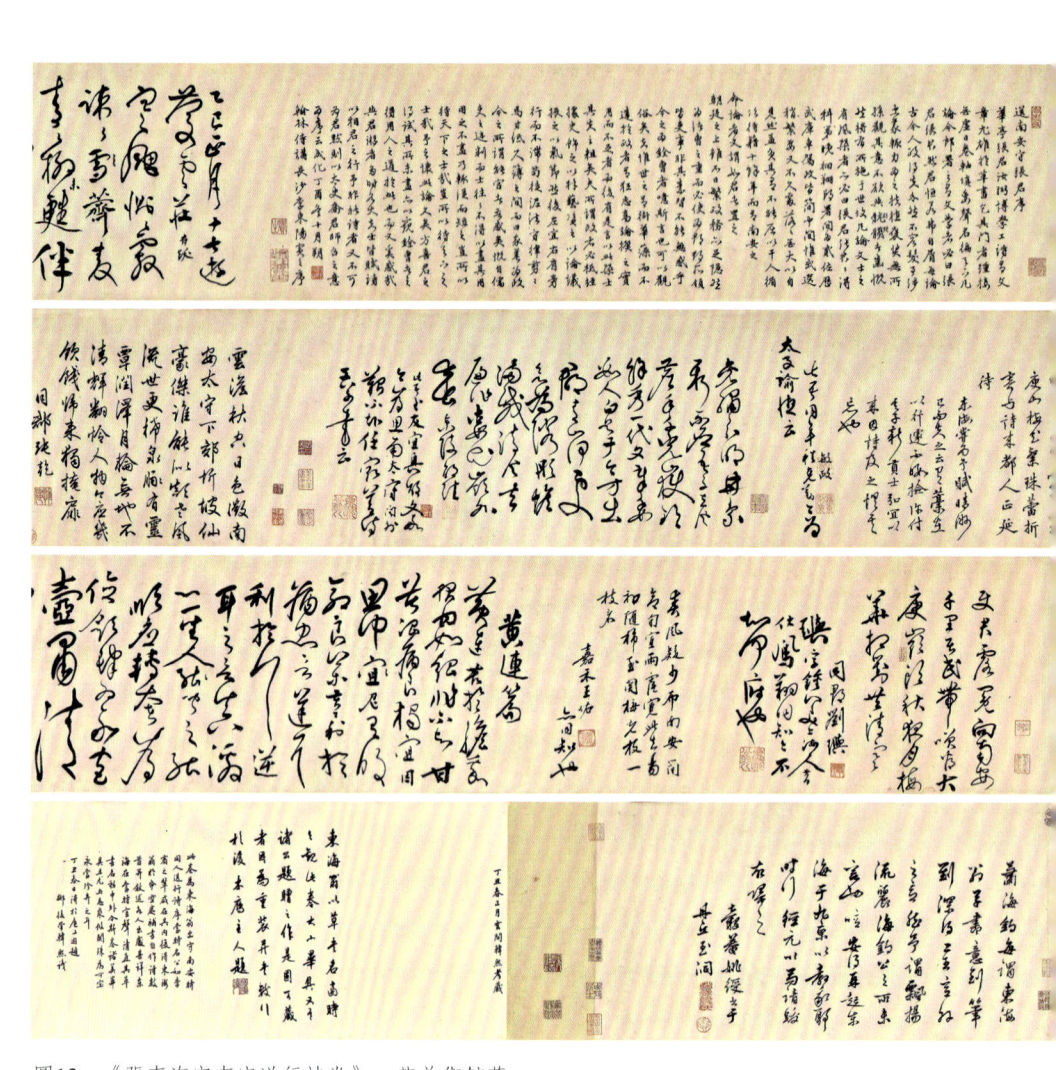

圖12　《張東海守南安送行詩卷》　龍美術館藏
見《龍與士——明代中國的書法和繪畫藝術特展圖錄》

年譜　明憲宗成化十三年丁酉（1477）　五十三歲

有文章，尤雄於草書，乞其門者踵接無虛日。卷軸填委，聲名遍天下。凡論今郎署之有文學者，必曰'張君張君'，然君恒若弗自屑。每論古今人政得失，介然不容髮。事涉忠義，輒力爲之扶植褒獎無所孫。觀其意，不欲與齟齬者齒，慨然思有所施于世。故凡論文士之有風槩者，亦必曰'張君張君'。君得科第晚，徊翔郎署間，爲貳佐，歷武庫、車駕，政皆簡，中間惟武選稍繁要，又不久處，落落無大以自見，然益負其有不能屈以干人，循次待籍十餘年，而有南安之命。論者又謂：'如君者置之朝廷之上，雖不日煩政務，亦足隱然爲諸曹之重，而必使爲郡。郡所領皆吏事，非其素習，不能無惑乎今之爲銓曹者。'噫！斯言也，可以觀俗矣。夫惟世之有銜華藻而不達於政者，有狂志高論揆之實用而不足者，而後有是言。以此槩士，其失之粗矣。夫所謂政者，必柢經擄史，飾之以材藝，資之以論議，振之以氣節。然後左宜右有，旁行而不滯，苟徒泥法守律，剪剪焉寸紙尺簿之間，而曰"我善爲政"，今之所謂能官者，吾惑矣。慨自儒吏之迹判，而士往往不得以盡其用，用之不盡，乃輒從而短之，豈所以待天下之士哉？豈所以待天下之士哉？予之懷此論久矣。方喜君之得用人之道，於其所未盡，亦以窺銓曹者之得用人之道於此也，而又奚惑哉？與君游者，多時名大夫士，皆賦詩以相君之行。予非工詩者，又不可爲君默，則以太史喬君師召之意爲序云。成化丁酉冬十月朔翰林侍講長沙李東陽賓之序。"鈐"賓之"朱文方印、"懷麓堂"朱文長方印。

卷中有諸家贈行詩作共七首，各家詩後皆有汝弼跋語，補述作者成化二十一年時所任官職及與汝弼之交往，與填空詩書於同時。各家贈行詩依次有：

程敏政詩一首，曰："吾友人中龍，落落張東海。起家兵曹郎，回翔十餘載。揭分五馬符，袍帶荷恩改。迢遞南安城，橫浦一川匯。知君足儒吏，舉筆見風采。想當行縣時，江天凍雲靆。百丈大庾

年譜　明憲宗成化十三年丁酉（1477）　五十三歲

山，梅花粲珠蕾。折寄與詩來，都人正延待。東海嘗爲予賦《晴洲》，已而失之，云有稿在，以行遽不暇撿，許付其子新貢士弘宜以來，因詩及之，懼其忘也。敏政。"字迹與張弘至本張弼別集卷首程敏政《詩跋》（手書上版）風格一致。鈐"篁墩"朱文橢圓引首印、"克勤"朱文方印、"瀛東別業"朱文方印。（詩亦見於《篁墩程先生文集》卷六及張世綏本《東海集》附錄。）按，程敏政言及弘宜將攜汝弼《晴洲述游賦》舊稿赴京師（參成化八年譜），則因弘宜於本年冬將北上赴會試（詳下文）。

又邵珪詩曰："袞繡分明鼎象新，不應吾子在風塵。千年光嶽鍾餘秀，一代文章委數人。白首於今方出郡，青山何處願爲鄰。舻艟滿載清風去，遍作梅花嶺外春。東陵邵珪。"（亦見於《邵半江詩》卷四《送張汝弼守南安》，第二句作"獨憐君子在風塵"。）鈐"文敬"朱文方印，字迹可與廣東省博物館藏邵珪、桑悅合卷行草書《滕王閣序並詩》相對照（《中國古代書畫圖目》第十三册粵1-0038）。汝弼跋曰："此吾至友宜興故文敬公，爲思南太守，聞外艱不赴任，最善詩、工草書云。"鈐"東海翁"朱文方印。

又張乾詩云："雲澹秋空日色微，南安太守下郊圻。坡仙豪傑誰能似，顏老風流世更稀。泉脉有靈覃潤澤，月輪無地不清輝。翻憐人物今應幾，飲餞歸來獨掩扉。同郡張乾。"鈐"惟健"朱文方印。汝弼跋曰："此上海張惟健，任福建□縣而卒。"按，正德《順昌邑志》卷四《列宦志·知縣》："張乾，直隸松江上海人，成化十六年任。"疑即此人，名乾，字惟健。

又喬維翰詩曰："五十專城孰謂遲，老成人物正相宜。潁川曾借重臨拜，蜀郡難忘萬古師。坡老祠前頻駐馬，梅花嶺上漫題詩。祖筵未散添行色，報是侯郎折桂枝。同郡喬維翰。"鈐"師召"朱文方印。跋曰："此即喬師召也。"據正德《松江府志》卷二六《科貢下·進士·（成化）五年己丑張昇榜》："喬維翰，舊名樊，字師召。終翰林編修。"

又李傑詩曰："吾榜名人東海翁，襟懷磊落千夫雄。文章筆法老愈工，聲望藉藉二沈同。十載低徊郎署中，鬚髮半蒼顏玉紅。酒酣詠哦氣如虹，俯觀世事真雞蟲。一麾出守何怱怱，南安望遠江天空。梅花嶺上饒春風，待君揮拂蘇疲癃。紫綬金章秩已崇，誰云詩人倒應窮。吳鄉風流不數公，雨散星離西復東。都門送別心忡忡，那堪目斷孤飛鴻。海虞李傑。"鈐"世賢"朱文方印、"國史經筵官印"朱文方印。汝弼跋曰："此吾同年世賢，今為翰林侍講，而海虞即常熟縣也。同縣有凌鴻臚遠，字季行，號清嬾，今没矣。其風流瀟灑，常在人目焉。弼記。"鈐"東海翁"朱文方印。

又劉璵詩曰："使君露冕向南安，千里其民帶笑看。大庾嶺頭秋夜月，梅花相對無清寒。同郡劉璵。"鈐"鍾美"朱文方印。跋曰："璵字鍾美，上海人，昔仕鳳翔同知，今不知何府也。"鈐"東海翁"朱文方印。《雲間人物志》卷一："劉璵，字鍾美，上海人，天順己卯舉人。鳳翔、真定同知，建寧知府，志稱平易近民，所至有惠政，各祀名宦。"

又王佑詩曰："春風疑少布南安，簡令旬宣雨露寬。此去易和隨斾至，關梅光枝一枝看。嘉禾王佑。"跋曰："亦同知也。"按，其人不詳。

時章服不及備，僚友有致笑者，汝弼作詩以自解。

《鐵漢樓帖》9B《章服詞》："團扇初成梧葉秋，夾羅欲試又重裘。也知不是時來蚤，拙女囊空自晚謀。"又，"拙女囊空自晚謀，清寒到底未為羞。盈箱錦綉依時著，多在春風十二樓。"跋曰："予任主事久之，方備六品章服。俄遷員外郎，則弗稱矣。方備五品，俄陞南安守，則四品者，卒不能備。僚友有致咲者，乃賦此自解之。"據跋文，當作於汝弼擢南安知府後不久，姑繫於此。詩亦見於張弘至本《詩集》卷二，題為《拙女詞》，無跋。

於潞河買棹南下，時秋雨初收，有詩。

張弘至本《詩集》卷二《潞河》："買棹潞河頭，南風麥浪秋。正當人欲去，恰值雨初收。長劍終須試，寒氈且自留。舊時陳仲子，情逐水東流。"按，潞河爲汝弼南下北上之必經之所。據"正當人欲去""長劍終須試"二句，知詩當作於汝弼南下赴任之時。

過山東德州，遇諸同年，情緒多端。然因官程有限，匆匆告別。

張弘至本《詩集》卷三《德州遇諸同年》："德州南下水如煙，忽報青簾繡柱船。舊太守逢新太守，老同年見少同年。官程有限留難久，情緒多端話不全。分手匆匆空悵望，野雲沙樹夕陽邊。"按，詩中既云"舊太守逢新太守"，則汝弼作詩之時已有南安之命，汝弼在南安六年，後致仕歸松，似未嘗北上，亦無法再經德州，故祇能在此赴南安任途中有"官程有限留難久"之感。又汝弼南下在本年秋冬之際，明年爲戊年，外官亦當於本年秋冬啟程進京，確保正月參加朝覲（參見天順六年譜），自山東至北京走必經德州（參《天下水陸路程》卷一《北京至山東布政司路》），推測汝弼所遇同年皆因述職而北上。

過東昌府臨清縣，遇嘉興尹陳璧入京述職，有詩贈之。

朱奇源匯刻《寶賢堂集古法帖》卷十二《贈嘉興尹瑞卿》："嘉禾溪頭黃花秋，舉杯送客神京游。清名久上徹宸旒，繡衣白簡當爾酬，佇看清風播九州。"後有小字跋曰："瑞卿尹嘉興，清聲美政藉藉在人耳，玆行必將有綉衣之擢矣。述職之行，予遇於臨清，走筆以贈。"（亦見於張弘至本《詩集》卷一。）

按，嘉興尹瑞卿即陳璧（與洪武間松江書家陳文東璧同名），字瑞卿。萬曆《嘉興府志》第十卷《邑職一·皇明·成化》："（甲午）陳璧，令，陽縣人。"同治《武邑縣志》卷六《秩官志·明知縣》："陳璧，陽曲人，進士，十七年任。"則陳璧任嘉興尹在成化十年甲午至成化十七年間。汝弼云"述職之行"，此間僅有成化十一年乙未、十四年戊戌、十七年辛丑爲外官朝覲之年。"臨清"即山東東昌府臨清縣，成化十一年前後汝弼在京，十七年前後在南安，則汝弼經過臨清與陳璧相遇僅能在本年南下赴任途中。

陳璧，字瑞卿。山西太原左衛人。成化八年進士。授嘉興知縣，改武邑，擢監察御史，巡畿郡、山東。弘治間陞山東按察司副使，整飭臨清兵備。陞按察使，進南京太僕寺卿。正德初，陞都察院右副都御史，整飭薊州等處邊備，兼巡撫順天等府，遂致仕，正德九年卒。參見《明武宗實錄》卷一百十八。

十月廿二日晚，在徐州沛縣，以詩報嬰醫張士傑，云幼子弘玉出痘瘡後果無恙，如其所言。

張世綏本《詩集》卷二《柬嬰醫張士傑》："我家第五郎，舟中出痘瘡。渾身祇一箇，正在左臁傍。嬉笑渾無恙，何須用藥方。感念勤倦意，因風達報章。士傑之于嬰醫真天下之絕也。嘗云：'此子痘疹必稀。'今果然，故報之。十月廿二晚在沛縣書。"按，弘玉爲汝弼第五子，而其三子弘至明確生於天順六年。天順六年之後、本年之前，汝弼經過沛縣僅可能在成化五年春奔喪或成化八年春服闋回京途中，皆與本詩所題月份不合。本年南下後，汝弼似未再北上。又沛縣在徐州境內，而本年十月汝弼恰經徐州見徐兗大潦（詳下文），故詩當繫於本年。

本月，見徐兗大潦，有詩。

《鐵漢樓帖》23A第一首："潦退水痕山樹腰，蒼生魚鱉又枯焦。黃樓太守能知否，厄運重逢第幾遭。成化丁酉歲，徐兗大潦，蓋古來之所罕聞也。予十月過之，樹腰長根須正水痕耳，因賦一絕記之。"收入張世綏本《詩集》卷四，題爲《過徐州》。嘉靖《徐州志》卷三《天文志》："國朝……成化二年大饑，十三年大水。"

過淮安，夜雪，舟中無事消閒，以名紙作書甚多。經高郵城，有詩。

張弘至本《詩集》卷三《淮安雪夜》："自怪平生酒量慳，舟中無事可消閑。雜書數卷看來厭，名紙千繙寫付還。篷背雪聲何颯沓，牀前燈影半闌珊。瓦爐砂罐空相對，誰在春風醉夢間。"同書卷一《高郵城》："蒼狼猰子厭柘衣，白駒亭戶豎牙旗。高郵城中困狐兔（"兔"，《鐵漢樓帖》作"鼠"），簡書忽下縱鯨鯢。鯨鯢南徙三江水，汨日滔天亂天紀。黃菜葉搖風雨聲，不知淮泗真龍起。真龍起，鯨鯢死，高郵城中花爾爾。"按，以上二首在《鐵漢樓帖》23A—23B《過徐州》詩後，當作於同一年。《淮安雪夜》詩後有"□□□朔也"，上云過沛縣在十月廿二日，則過淮安當在"十一月朔"。《高郵城》詩後有跋，然文字漫漶。

至鎮江京口驛，憶成化八年過此與三兒弘至剃頭，又憶及先君鍾愛此子特甚，屬必令其成才，不覺潸然，作詩示之。

張世綬本《詩集》卷一《至京口驛憶壬辰歲過此與三兒弘至剃頭，作此示之》："昔年京口驛停舟，喚取鑷工薙爾頭。今日歸來已冠矣，眼中歲月如奔流。南去北來吾老矣，舊業詩書付諸子。爾兄已著青雲鞭，接翅騰飛今在爾。今在爾，將奈何，豈止一經期決科？爾祖愛爾有遺誨，作人當如孔明小范輩。特立乾坤庶無愧。"跋曰："先君武庫公鍾愛此子特甚，聞其在京就外傅，即書來云，必令其讀小學，做根基，如古人諸葛孔明、范文正公等董事錄出為講書，日令其講誦，則久而耳熟心融，自不肯為下流人也。嗚呼！先君墓已拱爾，弘至成長頗解悟，為學可緩乎？因剃頭處感觸而書之，不覺揮淚。弼謹記。"

按，京口驛屬鎮江府（據《明會典》卷一百四十五），汝弼詩云弘至"今日歸來已冠矣"，朱熹《家禮》第二《冠禮》："男子年十五至二十皆可冠。"弘至生於天順六年，弘至"冠"時與汝弼一同經過此地，僅可能在本年，時弘至十六歲。

過常州，訪同年陸簡不遇，以詩戲贈之。既去，陸簡復命毘陵驛吏送梨數顆，汝弼亦有詩答之。

張弘至本《文集》卷末弘治六年陸簡題辭云："成化丁酉冬，同年張駕部汝弼擢守南安，士論若爲公未滿者，公欣然就道。所至以辭翰自娛，雖古稱蘇白豪情，莫是過也。時予方得告南歸，先公一月。公過常來訪，適僕展墓，不及見，乃戲留詩云：'始知東閣先生貴，不放南安太守參。'傳者遂以爲予真避之，可咲也。既去，復令驛吏裹送武城梨數顆，亦侑以詩云：'毘陵驛裏饋生梨。'蓋叶梨爲離，亦戲耳。然此後彼此往來北南不復一見以終焉，殆若讖然，亦異矣。"（題辭亦見於《鐵漢樓帖》42B，後半段文字闕。）

按，陸簡《龍皋文稿》卷十五《奉政大夫南京户部郎中陸公事狀》有句云："成化丁酉，簡得賜歸省侍左右逾年，即趣起還朝。"故本年陸簡以省親賜歸，得在常州。汝弼詩云"毘陵驛裏饋生梨"，毘陵驛在京口驛南（見《明代驛站考》附圖三《南京驛路分布圖》），故繫於京口驛條後。

又按，汝弼戲留陸簡之全詩，最早見於《堯山堂外紀》卷八十六："張東海赴南安，道經毘陵。時陸詹事簡方得告南歸，張訪之，適展墓不及見，乃索紙筆題一絕於陸世經堂徑去。詩曰：'雲意模糊雪意兼，六龍城下晚風尖。始知東閣先生貴，不放南安太守參。'詹事歸，亟追之，已行遠矣。"嘉會堂本《詩集》卷四《訪陸學士不遇戲題于壁》爲補版新增篇目，前兩句作："毘陵城下朔風尖，日暮天寒雨雪間。"

陸簡，字廉伯，一字敬行。號冶齋，又號龍皋子。常州府武進縣人。成化元年鄉試第一，二年進士，授翰林院編修，陞詹事府少詹事，兼侍講學士。弘治七年，特陞詹事兼侍讀學士，卒，年五十四。（據《懷麓堂文後稿》卷二十二《明故嘉議大夫詹事府詹事兼翰林院侍讀學士贈禮部右侍郎陸公墓誌銘》。）

仲子弘宜將赴會試，汝弼賦詩二首，勉之以直道遜詞，戒之以權門利祿。

《鐵漢樓帖》17A："出守南安便道歸，治裝送尔赴春闈。舟車到

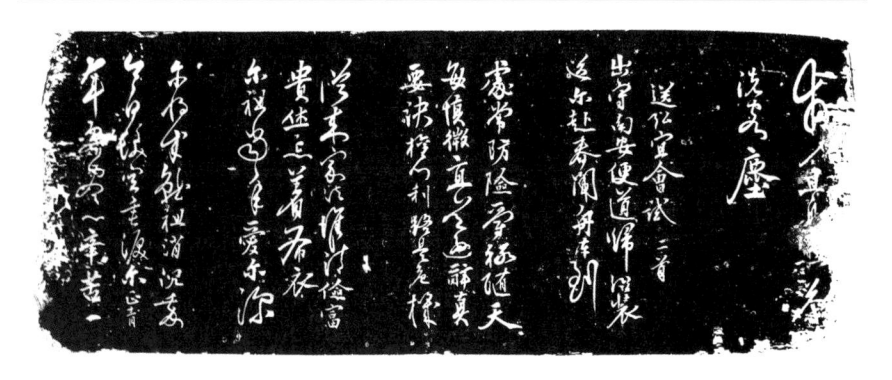

年譜　明憲宗成化十三年丁酉（1477）　五十三歲　　239

圖13　張弼《送弘宜會試》二首　《鐵漢樓帖》17A　見《松江博物館藏鐵漢樓帖》

處常防險，爵祿隨天每慎微。直道遜辭真要訣，權門利路是危機。從來家法惟清儉，富貴然忘著布衣。"又，"爾祖當年愛爾深，爾將成就祖消沉。我今白髮空垂淚，爾正青年要盡心。辛苦一兄支世業，參差諸弟嚮儒林。立身事主無多説，忠厚清脩是好音。東海居士□□□□與弘宜詩☐。"（圖13）收入張世綏本《詩集》卷三，其一"從來家法"在刻集中作"傳家數世"。張弘至本《文集》卷末羅璟跋："張東海之出守南安，……今觀其《南行褲興》所以語其子弘至者，謂其方事經術，不必留意詩草。又述其考訓，教諸孫以古人事業，使之耳熟。末簡又勉之以直道遜辭，戒之以權門利路，其始終一出於正，尤可敬也。"（按，此跋手書上版，亦見於《鐵漢樓帖》42A，雖行款不同，然據字形，可知同出一源。推測刻帖依據原稿，刻集限於行格，依原稿重排。）

按，弘宜中舉在本年秋（據正德《松江府志》卷二十六《科貢下·鄉貢》），將赴明年會試。此二詩錄於南安紀行詩册，汝弼於本年十一月訪蘇州吳寬時示之（詳下文），則二詩當作於訪吳寬前。姑繫於此。

十一月十一日，至蘇州城，訪吳寬於脩竹書館，示以紀行詩册，吳寬跋之。

  周文儀本卷末吳寬《詩跋》云："右張駕部出守南安紀行詩若干首，雖皆一時率尔之作，然而天時人事之變，家人朋友之情，皆可考見，亦張氏詩史也。至送其子弘宜會試，有'權門利路'之戒，則有見于近日喪名檢而害身家之人，最入仕者之所當知也。歲丁酉仲冬十一日，扁舟道吳，過宿脩竹書館，示以此册。讀之一過，書其後而還之。吳寬。"（亦見於吳寬《匏翁家藏集》卷四十九《題張汝弼南行詩後》。）

  按，吳寬《匏翁家藏集》卷六十一《先考封儒林郎翰林院修撰府君墓誌》："府君諱融……卒以成化乙未八月戊子……初寬居京師聞府君病，凡再上章，始賜歸省。未至家之七日而凶問至。"據此，吳寬於成化十一年乙未八月乞歸省親，後居家服喪，故本年在吳。"脩竹書館"爲吳寬在蘇州之書齋名，張丑《清河書畫舫》卷七下《巨然山寺圖》下錄吳寬跋即有款云"戊戌正月十六日書于脩竹書館，吳寬。"

十二月十二日，孫女某生。

  孫承恩《孫文簡公襄溪草堂稿》卷五十七《高室張氏孺人墓誌銘》："高子廷諤國華甫喪其配張氏孺人。及葬，將謁銘于其友宫寀氏孫子，而先屬其内弟鄉進士張子孚一述狀，曰：我張氏世爲松之華亭人。孺人者，我南安守東海府君之孫，廣西憲副後樂府君之女，武岡學正頤元高先生之家婦，今太學生國華廷諤之配也。及笄而於歸，五十八而卒。……生於成化丁酉十二月十二日，卒以嘉靖十三年六月三十日。"據此，該女爲汝弼仲子弘宜所生。

【時事】正月，置西廠，以汪直督之，屢興大獄。直用宦官韋瑛，濫捕無辜。五月，大學士商輅、兵部尚書項忠等率九卿劾直，憲宗罷西廠，未幾重置。

明憲宗成化十四年戊戌（1478） 五十四歲

二月初八，將往南安，飲於司馬莊，長兄汝輔、姊夫俞庚暨諸子姪甥婿咸在祖筵，適遇生辰，感慨良多，有詩。

龍美術館藏《張東海守南安送行詩序卷》中有《戊戌歲二月八日，予生辰也，將赴南安，長兄椿庭、姊夫俞南金暨諸子姪甥壻咸在祖筵，予賦一律》詩，云："今年初度五十四，壽酒相將別酒同。綵服兒孫群拜舞，白頭兄弟各西東。春光灕灕風吹柳，寒意亭亭雪在松。莫忽馬村莊上醉，未知何日更相逢。"跋云："是日飲馬村莊，即姪弘直之業也，故及之。去年甲辰，余幸致仕歸，則此詩亦有徵矣。弘左須之，遂填于此。"（見《龍與士——明代中國的書法和繪畫藝術特展圖錄》第51頁，詩即張弘至本《詩集》卷三《司馬莊飲餞適遇生辰》。）按，據詩題及汝弼跋語，此爲卷中填空詩之一（詳上年譜），作於本年，跋於成化二十一年。

又按，張弘至本《文集》卷二《司馬莊記》："司馬莊者，吾兄椿庭翁別業也，以武庫先君遺命置之。武庫乃周官司馬之屬，故人稱先君爲司馬而名莊，以之記所始也。……椿庭今以莊付子弘直治之。"司馬莊本年仍爲汝弼長兄汝輔之別業，汝輔以司馬莊付弘直，事在成化十八年，詳該年譜。

二月十三日，與葉萱、周同軌、古中靜觀虞世南摹《蘭亭序》於楊士傑之衍澤樓。

故宮博物院藏虞世南行書摹《蘭亭序》帖卷末有張弼跋："成化戍戍[戊戌]二月丙午，葉萱、周同軌、古中靜與予同觀于楊士傑之衍澤樓。張弼記。"（見《中國古代書畫圖目》第十九册京1-188。）

按，董其昌《容臺別集》卷二："唐相褚河南臨《禊帖》，白麻墨迹一卷……吾鄉張東海先生觀於曹涇楊氏之衍澤樓，蓋雲間世家所藏也。"據此，衍澤樓在漕涇。然董其昌云褚河南臨，非也。

又按，葉萱，字廷茂，景泰五年進士。《明憲宗實錄》卷一百一十六："（成化九年五月）丙申，陞兵部郎中葉萱爲河南布政司右參議。"同書卷二百八："（成化十六年冬十月）壬子，復除河南布政司右參議葉萱于舊任。"則葉萱本年或因省親或丁憂而在華亭。汝弼與葉萱同鄉，又曾同官兵部（張世綬本《詩集》卷四《送野鷄與葉廷茂》有句云"縉雲司裏舊同游。"），可知二人相知頗深。

咸豐《固安縣志》卷五《官師》："周同軌，直隸華亭，監生，成化間任縣丞。廉勤和易。"

古中靜，沈周《石田先生集》七言律三有《古中靜學寫菊，舊號鐵梅，改爲菊堂，次張碧溪韻》詩，知其爲沈周之友，號鐵梅，更號菊堂，且善畫。（參見陳師正宏《沈周年譜》第65頁。）

汝弼在華亭時，嘗詣顏正而不得見，乃寄詩敘舊。顏正又訂期邀之，二人聯榻夜話。

嘉慶《松江府志》卷五十一《古今人傳》："顏正，字廷表，華亭人。……張東海弼與正同筆硯，且同年生。出守南安，詣正言別，亦不得見，乃寄詩敘舊。正乃訂期邀之，聯榻夜話，其耿介絕俗多類此。"

按，顏正與汝弼爲華亭縣學同學（詳正統六年譜），又同年中舉（見正統七年、景泰四年譜），故相知頗深，汝弼寄顏正詩今不存。

又有王桓老先生以詩文贈行。

張弘至本《文集》卷三《祭雪航王先生文》："我守南安，先生耄矣。執手罄情，篇章盈几。"

得見王祐所撰張畹行狀，且面論其詳，參諸京師所聞蜀人徐禴之語，乃作墓銘。

張弘至本《文集》卷四《奉政大夫四川按察司僉事張公墓表》："適弼拜南安之命，過家，得見廣東僉事王宗吉所撰行狀，且面論其詳，參諸京師所聞蜀人徐山甫輩語，乃序而銘之。參諸京師所聞蜀人徐山甫輩語，乃序而銘之。……獨念茂蘭早卻紈綺之習，勵清苦之志，急欲聞善，能受盡言。事職不苟避難，寧代人兼理。在四川，有軍功輒不上，曰：'行陣之士出死力，吾儕忍分其功，後何以責其盡力？'蓋是時用事者往往欲自厚，且及左右坐食之徒，而履險者反不與，故茂蘭舍己以矯之，公論甚偉，惜不究其施，而大缺民望也，吾茂蘭實無愧焉。拜手抆淚，銘于墓之碑，曰：英姿夙慧，勇卻紈綺。德藝在人，憤弗歸己。今古畢鑒，纖遠悉理。曰有昧焉，行將柅矣。拜官司刑，惟慎惟明。既遷蜀憲，乃兼典兵。兵克妥衆，刑各當情。夙志素抱，亦云著行。征車亟旋，云何乃竟。孝有遺悲，忠有遺政。佘山之原，佹儷斯並。尚何憾焉，百爾維命。知己述碑，雖陋匪佞。爰保茲丘，永世有慶。"

萬曆《四川總志》卷八《郡縣志·人物·隱逸》："徐禬，華陽人，字山甫。成化舉人，性恬淡，工詩文，適山水，不求仕進。巡撫薦之，除夷陵判官，不受。有詩行世。"

王祐，字宗吉。松江華亭縣人。景泰二年進士，歷官大理寺副，陞廣東僉事致仕。參見正德《松江府志》卷二六《科貢下·進士表》。

三月八日，游虎丘萬頃雲閣，適張廷壽進士來別。時戒不作詩，因送別而不得已爲七絕一首。

茅一相摹勒《寶翰齋國朝書法》第六册張南安書第一首《三月八日游虎丘萬頃雲閣，適張進士廷壽來別，以詩送之》："海湧峰頭萬頃雲，天風鵬背忽逢君。此行已是蓬萊客，袖得還丹與我分。"跋云："此閣舊名'千頃雲'，取蘇東坡詩語也。太守番易丘時雍易之以'萬'云。"又小字雙行注云："自別松江戒不作詩，故此游亦無作。送別蓋不得已耳。"（即張世綏本《詩集》卷四《游虎丘寺送別》。）

按，《寶翰齋國朝書法》所刻張南安書共收汝弼詩八首，其第八首寄姜伯温詩後有謝丕題云："秋堂公孫孚一同觀，是日風雨飄驟，豈蛟龍在卷，不容輕展耶？"又有茅一相記云："此卷乃其赴南安時道路所紀之作，瀟灑縱逸而不之（按，疑爲"失"之訛）矩度，尤公書之合作者。"據此，則原稿似爲完整一卷，卷中諸首係赴南安途中所作詩文。然從詩文内容看，除本首外，其餘《重九登金鰲閣燕集》等諸詩皆至南安後所作也。本首爲刻帖中"張南安書"下第一首，題"三月八日"，若確爲赴太守任途中所作，則祇能在本年三月。

又按，跋語中所及太守番易丘時雍即丘霽，成化八年春汝弼服闋北上，聞丘霽出知太守，有詩寄之（詳該年譜），則其時丘霽尚未到任，亦未有易"千頃雲"爲"萬頃雲"之事。且成化八年汝弼有北上紀行組詩（見《鐵漢樓帖》卷二），不當有"戒不作詩"之語。自成化八年至成化十三年秋，汝弼皆在京，惟有成化十三年南下赴任時才有可能經過蘇州，有虎丘之游，此亦可證詩當繫於本年。丘霽罷蘇州知府後不再任職（詳成化元年譜所引本傳）。跋云"太守"，當指其原職。

又按，張弘至本《詩集》卷二有《戒詩》一首，或亦作於此際，詩云："年來詩作祟，努力戒吟哦。忽與景相會，其如興到何。水中難接瓠，絃上肯留笴。揮筆且掃掃，伊誰問華陀。"

詩題所及張進士廷壽，其人不詳。

春，陸簡有書來，云卞式之書已親付，又乞寫汝弼平生佳作《禽言》《假髻曲》《楊白華》等，並求作世經堂詩。

陸簡《龍臯文稿》卷六《與張東海太守書》："別後不逾月，即喜榮擢。雖爲吾兄大慶，然竊念人生聚散不常。此後入京，朋簪之會，不能無睽遠之嘆矣。軒蓋過弊邦，覬得一專顏采爲别。晨起操舟至驛前，追送弗及，蓋深慨慕。令郎至，又辱惠音，荷惓惓之意。式之書已親付之，諒不失信於執事。京中辱知愛十餘年，取得草法，轉手多爲他人取去。今當遠別，不能無暴殄奇寶之悔。昒四幅附式之處，乞爲留意書數字小卷一通，乞寫平生佳作如《禽言》《假髻》《楊白華》等曲，得數十篇爲期。向家父寄聲，求世經堂詩，倘得賜數語，尤荷尤荷。因式之便，力及布此，不盡。孟春猶寒，伏惟爲道珍攝，不宣。"

按，陸簡云"榮擢"，據汝弼上年所作《章服詞》，知其升職僅有兩次。若"榮擢"指由兵部主事陞員外郎，則當在京任職，陸簡不當有"軒蓋過弊邦"之語。故此"榮擢"即指汝弼由兵部員外郎改南安知府，由從五品陞四品。而"軒蓋過弊邦……蓋深慨慕"即指汝弼赴南安知府任道經常州訪陸簡不得，陸簡亦送之未及。其云"令郎至"，當指汝弼仲子弘宜北上赴會試時曾受汝弼之命道訪陸簡（詳上年譜）。

又按，陸簡札云"式之書"，張世綏本《文集》附錄卞榮題辭云："汝弼余友也。渾厚其德性，清介其操行，詞理足其爲詩文，且善書，爲今之人所退讓。余宗弟式之素嘗資其麗澤，亦往往臨池寫柿葉，凡得其片紙隻字必珍藏之。"據此，式之乃卞榮之宗弟，同爲常州府人，與陸簡同鄉，當相知悉。式之喜汝弼書法，汝弼別集中又有《送卞式之》詩（張世綏本《詩集》卷一），故陸簡札中"式之"當爲卞式之。又式之有弟名讓字退之（見成化二十一年譜），《卞郎中詩集》卷六有詩題作《贈別卞式之、退之》，則"式之"亦當爲其表字，未詳其名。

又按，汝弼《禽言》詩詳成化五年譜。《假髻曲》見上年譜。《楊白華》疑即張弘至本《詩集》卷二《楊花詞》："楊花袞袞隨風颺，悠悠揚揚低復高。海天空濶任尔去，莫來沾我木綿袍。""世經堂"或即陸簡書齋名，國家圖書館藏張弘至本《文集》卷末陸簡跋有引首章"世經堂"（朱文方印）。

又按，張世綏本《詩集》卷三《寄陸廉伯諭德》首句云："前書未到後書催，千字曾無一字回。"可知陸簡常常向汝弼乞詩。

吳寬有詩贈別。

吳寬《匏翁家藏集》卷五《贈張汝弼知南安》："闕下五色雲，爛爛非煙霧。吳會天東南，却因風吹度。鳳禀澤物心，終爲濟時具。迢迢大庾嶺，人出南中路。既滋九齡松，亦復溉梅樹。觸石此其時，終焉遍天下。攬之願少留，飄然不予顧。"按，上年十一月，汝弼曾造訪吳寬修竹書屋。《匏翁家藏集》"以年月先後爲序"（李東陽《匏翁家藏集序》），本詩在《與啟南游虞山三首》詩之後第六首，吳寬與沈周游虞山在本年二月二十日（詳《沈周年譜》第141頁），則本詩當作於本年三月前後，而據本詩末句，此時汝弼似與吳寬重逢於蘇州，姑繫於此。

與友人夜話，有詩，沈周、史鑑皆和其韻。臨行，汝弼登岸冒雨作草書，沈周又以詩道別。

沈周《石田稿》第一〇二葉《次張汝弼與友人夜話詩韻》："南安太守有清詩，文物風流似晉時。空向人家看醉墨，幾篇風雨濕烏絲。"第一〇四葉《送張汝弼出守南安》："五馬南安去，南安民定安。偏方衆所畏，賢者獨無難。中聖從人乞，梅花閣酒看。懸知頌卧治，嶺石有新刊。"第一〇五葉《與張東海別口號，時東海登岸冒雨作草書》："順便南安路，朱旛刺史舟。相逢驚白髮，未到説黃州。細雨傳杯落，浮雲傍席流。臨岐更揮翰，不復有離憂。"按，《石田稿》依年月編排，以上諸詩皆繫於本年（參見陳師正宏《沈周年譜》第142頁）。又《送張汝弼出守南安》《與張東海別口號……》詩分別在《慶雲庵牡丹》詩前後，《慶雲庵牡丹》首句曰"三月十日天半晴"，則沈周與汝弼相逢、唱和、道別亦當在三月前後。

史鑑《西村集》卷四《和張東海韻》："墨花成陣醉題詩，寶帶橋頭客散時。記得松陵南下路，驛樓聽雨鬢絲絲。"按，松陵，指吳江。史鑑此詩與沈周《次張汝弼與友人夜話詩韻》同韻，且韻腳字亦同，當作於同時，姑繫於此。

沈周，字啓南，長洲人。世其家學，終身不仕。文摹左氏，詩擬白居易、蘇軾、陸游，字仿黄庭堅，並爲世所愛重。尤工於畫，評者謂爲明世第一。傳見《明史》卷二百九十八。

史鑑，初字未定，後字明古，自號西村，吳江穆溪里人。世力稽起家，弱冠即知務學，凡經史羣籍無不窮覽，命使郡將以下咸待殊禮。鑑偉貌豐髯，好著古衣冠。與人論事，辨説超踔，坐客不能屈。嘗患巫覡惑衆，上書縣官，欲盡除之。爲文章紀事有法，詩不屑爲近體。家居水竹之勝，尤好藏三代秦漢器物、唐宋書畫。晚歲築小雅堂，亦務清曠。參見吳寬《匏翁家藏集》卷七十四《隱士史明古墓表》。

過嘉善，作《南歸散詞》示王桓等，以"一挑行李兩船書"況南下之狀，王桓亦有詩贈行。

張弘至本《詩集》卷四《南歸散詞》："東海先生歸也，南安太守新除。一挑行李兩船書，被人笑道癡愚。書，書，寒不堪穿，飢不堪煮，收拾許多何用處。況而今，白髮蒼顏，坐黄堂之署。乘五馬之車，安得工夫再看渠，又將載到南安去。古人糟粕，誰味真腴？枉説道，黄卷中與聖賢相對語。"亦見於《鐵漢樓帖》17B，在《送弘宜會試》二首之後，無題，"收拾許多"以下殘，詩前有序，曰："過嘉善，將至松江口，□□敬詞□□王公玉老先生諸公。"

按，詞中既云"新除"，則似在赴南安之任途中所作。嘉善在蘇、松之南，故繫於此。王公玉即王桓，傳見正統五年譜。《松風餘韻》卷二十八王桓《送張東海守南安》："龍香滿袖下楓宸，出守中朝簡正人。雲錦袍裁金孔雀，天書符刻玉麒麟。昭回星斗文章富，潤沃山林雨露新。自古循良多入相，坐令枯槀沐陽春。"此或與汝弼相會於嘉善時所作，姑繫於此。

至江西新建縣，問候同鄉陸廷玉，有詩。

張弘至本《詩集》卷三《贈新建大尹陸廷玉》："西江城下南安棹，問我東吳小陸郎。書札綢繆鄉信遠，壺觴爛熳故情長。閭閻盡醉春如酒，藩臬交推月照霜。幾度公餘騎瘦馬，滕王閣上看朝陽。"

道光《新建縣志》卷二十八《官師‧明知縣》："陸廷玉，字獻臣，華亭人。舉人，陞大僕寺丞。成化年任。"

四月，到南安，時序清和，於府署內建清和堂並扁之。有《清和堂稿》，或自本年起作。

張弘至本《文集》卷二《梅嶺均利記》："弼自成化戊戌夏到任。"嘉靖《南安府志》卷二十二《崇表志一》："清和堂在府治內知府廨後堂。史昱詩云：'四月清和守郡初，天時人事兩相符。承流謾說調金鼎，新化爭看湛玉壺。量足皆夷尤廣大，介將同惠更廉隅。古來德有偏全別，元氣行當與孔俱。'"萬曆《南安府志》卷十《建置志‧公署》："知府廨內有清和堂，知府張弼建並扁。"

按，史昱爲南安府學教授（詳成化十六年譜）。其詩首云"四月清和守郡初"，當指汝弼新到任之時。

張弘至本《文集》卷末張弘至跋："在郡有《清和堂稿》。"則《清和堂稿》中詩文皆在南安所作，今不存。

時府衙始栽竹，汝弼賦詩志喜。

張世綏本《詩集》卷三《南安府衙始栽竹，成化十四年戊戌歲也》："郡署從來無箇竹，今年四月始移栽。虎斑龍角參差見，鳳管鸞旂雜遝來。涼影舞風當燕寢，淡香和露落深杯。使君最喜能醫俗，公退從容看幾迴。"

備詢橫浦橋成毀之故，欲重修之。

張弘至本《文集》卷二《重建橫浦橋記》："橫浦橋乃南安之襟

喉、天下之通道也。其初無考,自元至今,修建大略具見郡誌。成化甲午毀于潦,知府姚旭欲修而代去,章綸繼之,將成即傾。戊戌夏彌至而備詢成毀之故。蓋山水暴漲,頓起數丈,浮葭巨木,蔽流而下,撞擊橋墩,勢逾萬牛。少有罅漏,則莫可支。此所以難爲功也。況先爲橋墩者,疊石四周,實以沙土石子,遇水流轉,何能爲固?又當橋之上流,沙洲歲積,高塞半江,水勢擁併,益不可禦。故隨成隨毀,虛費浩繁,卒無成績。"

重九日,登金鰲閣燕集,汝弼飲酒賦詩,祈與民共飽。

茅一相輯《寶翰齋國朝書法》第六册《張南安書》有《重九金鰲閣燕集》:"落帽風高客袂寒,金鰲閣上倚闌干。一方文武衣冠會,四面江山眼界寬。老驥未應悲峻阪,閑鷗何事觸驚湍。可憐此地無萸菊,醉把芙容子細看。"題云:"梅嶺駝負盐鋌者日千百驢騾,故有'老驥峻阪'之語,語皆據實也。"其二云:"金鰲高閣嶺雲邊,回首長安路七千。時節已驚重九過,酒杯莫獻再三傳。黃雲繚繞香秔畝,翠蓋凋殘老芉田。太守但祈民共飽,縱無萸菊亦陶然。"題云:"金鼇閣在城上,祀橫浦橋神,故名。成化十四年戊戌歲東海居士記。"

按,第一首即張弘至本《詩集》卷三《九日登金鰲閣》,"四面"作"萬里"。第二首即張世綬本《詩集》卷三《九日再登金鼇閣》,"飽"作"樂",別集中均無題跋,然二詩同韻,在刻帖中前後連屬,似爲同時所作,故並録於此。汝弼本年初到南安,第二首後既有本年款識,似不可云"再登",疑刻集中詩題爲後人所擬。

本月,登梅嶺,聞鷓鴣聲,見木芙蓉,訪張九齡遺迹,均有詩。

《鐵漢樓帖》13A第二首:"曉行梅嶺鷓鴣啼,草樹蒼凉路欲迷。莫道哥哥行不得,馬蹄南北又東西。右《梅嶺聞鷓鴣》,成化戊戌九月既望也。東海居士。"(亦收入張弘至本《詩集》卷二,題爲《曉行》,無跋。)

按，嘉靖《南安府志》卷八《地理志·山·大庾縣》："大庾嶺在縣南二十五里，府治名山也，居五嶺之一。……成化己亥，知府張弼初至，登嶺，祭曲江公祠，有作。"下錄張弼《梅嶺聞鷓鴣》詩。大庾嶺因多植梅，故亦稱梅嶺。府志將該詩繫於成化十五年，然該詩爲禽言，與曲江公祠似無關。

茅一相輯《寶翰齋國朝書法》有張弼詩云："天香幽艷應時開，豈作山鄉厲鬼媒。寄語土人休浪怪，正堪相對倒金杯。"詩前題"九月廿一過梅嶺"，詩後題云："木芙蓉乃地之所宜，故章江至南康縣所在舊稱'芙容江'，有芙容區人乃妄惡之，與木犀同由。俗不重讀書而明理者少耶？亦可怪也。因識。"（詩即張世綬本《詩集》卷四《爲桂花芙蓉雪寃》。）其後有詩題云："梅嶺，張丞相祠遺址。丞相即九齡也。梅嶺乃其所鑿，自昔祀之，今廢。賦此寄南雄太守姜伯溫，蓋其所治云。"詩云："鑿山開道曲江公，古廟遺墟草莽中。我有瓣香無處祝，徘徊松下遡吟風。"題云："過嶺而南，道傍多古松，相傳云張丞相所植，徐觀之，'大甚老'誠舊物，'小老'後人所補耳。"下刻"汝弼"陽文印。（詩收入張世綬本《詩集》卷四《過梅嶺》。）

十月望，跋《如此江山亭卷》，以爲卷中諸名公詩畫之妙超出前代。

《徐邦達審定中國古代書畫精品選集（壹）》所錄第91件作品，爲元明諸家法書絹本《如此江山亭卷》，該卷末有張弼跋云："創物能者，非一人而成也。君子之於學，百工之於技，自三代歷漢至唐備矣。故詩至於杜子美，文至於韓退之，畫至於吳道子。書至於蘇黃米蔡，而古今之變，天下之能事畢矣。今觀《如此江山亭卷》，□末諸名公詩畫之妙，超出前代，謂其精蘊，是以使人可敬、可慕、可感、可嘆而不忍忘，故書以記之。成化戊戌冬十月望，東海張弼識。"鈐"汝弼"朱文方印。徐邦達題識云："此元末明初諸文士游杭州吳山如此江山亭詠序並詩，其中爲序者張昱，詩之者宋璲、張雨等，大都知名之士。而宋氏之篇，尤推可觀，友人攜卷見視，鑒定確以認爲真筆，爲書數言而歸之。癸未夏六月東海徐邦達題。"

十一月，重修橫浦橋。

張弘至本《文集》卷二《重建橫浦橋記》有句云："經始于戊戌冬仲，至明年冬季始通行，又三年始克悉完。"

十二月三日，因南雄、南安兩府過嶺商貨利弗均溉，軍民號訴不絶，廣東按察司僉事趙弘橄會汝弼及南雄知府江璞至中站，合兩府耆老及凡沾利之人，斷以依中途博換舊例，汝弼伐石立碑著其令，郡民始安，食利無窮。

張弘至本《文集》卷二《梅嶺均利記》："梅嶺道路乃南雄、南安兩府共給其役、共享其利者，故騾驢駄載，少壯擔負，皆於中途博換。蓋爲民情土俗以爲定例，自前代已然。……自景泰初，因軍餉故以南贛皆爲廣東行鹽地方，則南雄之貨過嶺者益多，駄擔者可得厚利。南雄之民始創'南貨過北者直至南安城下，北貨過南者直至南雄城下'之議，其議似公，未悉委曲。故官無確斷，民起私争。殺傷狼籍，文移旁午。商旅不通，兩府交病。凡二十年間，屢斷屢争，卒無寧歲。……蓋北貨過南者，悉皆金帛輕細之物。南貨過北者，悉皆鹽鐵麄重之類。過南者月無百駄，過北者日有數千。過北之貨偏多，則南雄獨擅其利矣。南雄擅其利，而應夫役之常固宜。南安既失其利，而夫役之常則不可辭。無利有害，將何以堪？此民之所以必争，雖嚴刑重罰而不能禁也。伊欲禁之，夫役之害，伊誰代之？必共享其利，斯可共給其役。……弼自成化戊戌夏到任，軍民男婦號訴者日數百。徐閲成案，既争而斷，既斷復争。由當時文移鮮得其肯綮，致是紛紛也。遂據父老之辭，明利害之要者，達諸江西、廣東藩臬與巡歷鎮守諸處，乃各以藩臬之行部者躬蒞其地而議之，期會弗齊，又久未諧。乃是年十二月三日，廣東按察司僉事某州趙公弘橄弼至中站，會南雄知府貴溪江公璞，合兩府耆老及凡沾利之人，一一俯詢而公議之，咸交口合辭，曰：'自古中途博換，兩府利害皆得其中。近欲變此例者，居近中站之民，利心無厭之私也，不可為私例而變成法。'遂斷以一依中途博換舊例，軍民驩呼而退。江公即曰：'非紀之於石，又將有私意變亂者。'予紀之，未入石，而南雄陳通又匿情以奏，時當道者識其誣而駁之劄下，兩布政司各府詳勘，而皆以成案報，蓋無復可施行矣。而今而後，南雄之馱擔者，至中站而止。南安邸舍之家，不勾致其來，則各守舊規，而爭端永息矣。舍此無策，以案牘之繁蕪而難閱也，撮其要語，文之於石，以告後來守土之君子云。"張弘至本《文集》卷五謝鐸撰《墓誌銘》："大庾嶺路民素業其商貨往來，雇直之利，後為南雄桀黠所專，民遂以瘵，公亟請諸當道者均而復之。"同卷桑悅《南安郡去思碑》："郡當庾嶺，與南雄為鄰，商貨往來，利弗均溉，樹黨群爭，命多素擲，俟申狀江右廣東二藩，一以中站博換為定。當道是之，伐石立碑，著為令，郡民始安，食利無窮。"

隆慶《永州府志》卷十四《人物列傳》："趙弘，字弘道，道州人。授刑部主事，上疏言廣西邊事，轉員外郎，預典會試。陞山西僉事，復補廣東，屢決大獄，人服其公。歷巡海副使，親平番寇，事聞，賜以金帛。"

嘉靖《南雄府志》下卷《傳一·名宦·皇明》："江璞，字伯溫，江西貴溪人。進士。成化十一年知府，才氣英邁，合兩學為一，創大中書院，重修太平橋，創通濟鎮，居停客貨，取貲以紓民力，疏免稅糧，蘇民包納之困。"

本年，汝弼於南安興學校，勸課農桑，數月而政一新。

張弘至本《文集》卷五《南安郡去思碑》："侯姓張，名弼，字汝弼。……由丙戌進士、夏官員外郎出守兹郡。涖職首興學校，問民利弊，數月而政一新。"

仲子弘宜來南安省親，汝弼因其請，爲兄汝輔作壽序，又命諸子於明年秋登天恩堂爲兄長賀壽。

張弘至本《文集》卷一《壽椿庭居士六十詩序》："吾二兒弘宜來省于南安，將歸，請曰：'明年伯父壽當六十，鄉里皆預擬其儀，齋酒以爲壽，善詩者侑以詩，姻族兄弟、子姪甥壻亦有倡和，以致祝頌意，可無序乎？'……吾謂弘宜曰：'……爾伯父少嘗邁疾，曾祖守株先生早晚面誨之，又書一紙置于巾笥中，曰：'智者能調五臟和。'爾伯父奉持惟謹，一舉動、一飲食不少忘斯言。世之謹疾者，殆不能過也，壽之道也。爾伯父以禮裕身，以禮持家，凡冠婚喪祭，一遵朱子家禮，又倣義門鄭氏家規，歲旦月朔，時講而課之，凡鄙野所習，淫昏之祀，痛拒不爲。里豪俗輩，左右牽掣喧噪而不一，顧可謂勇於行禮者矣，壽之道也。謹疾謹禮，皆左（按，周文儀本、張世綬本作"有"，是，當據改。）所受，而見之明，行之決，非仁者之事乎？非仁者之事乎？'曰：'仁者之事也，宜壽也。'曰：'吾是以知不待祝頌也。然祝頌者，人之至情，古詩三百千萬億之祝多矣，豈徒然哉？爾歸當明年，秋七月廿又六日，伯父誕日也。爾與弘正倡率諸子，登天恩堂爲賀。我亦有詩，曰：東海西燠，壽椿鬱然。爰有居士，億千萬年。蓋椿庭居士乃吾兄汝輔之號也，諸子歌此詩，庶幾慰我數千里外相望之意云。"按，本序繫年詳洪熙元年譜。

爲兄汝輔作《曲水草堂記》及《曲水櫂歌》十首，時汝輔來書云仲穫開河造橋之功不小，又補二首櫂歌，使人傳送之。

張世綬本《文集》卷二《曲水草堂記》："自司馬橋而西名百曲港，村曰曲水村，蓋自黃浦支流南入，折而東行，屈曲甚多故也。……別去廿餘年，吾兄椿庭翁書來南安，曰我在司馬庄惟爾欠草堂記一事，時貽尊俎間，可速辦之。弼遂次第而書之。且念朱子《武夷》《九曲》櫂歌與天壤並垂，蓋以人而重也。顧弼何人，敢髣髴哉？但桑梓之敬不容已也。爰作《櫂歌》十章，使□家子弟歌之，諷勸之意間存焉，亦曲水一段故事也。櫂歌附于後。"後附《曲水櫂歌》十首，又附《補櫂歌》二首，其序云："予既寫《草堂記》，而椿庭兄書到，云筠軒徐仲穫開河造橋之功不小，又補二首，使人得以傳送之。"

按，此詩在刻集中未標明年月，記文及前九首櫂歌又見於《鐵漢樓帖》28B—29B，亦未標明年月。張慧劍《明清江蘇文人年表》據《東海集》繫於本年（第103頁），據"吾兄椿庭翁書來南安"之句，知記及櫂歌皆汝弼抵南安後所作，當以本年為上限，姑繫於此。筠軒徐仲穫，其人不詳。

本年前後，次韻答前任南安太守金潤。

張弘至本《詩集》卷三《次韻答前任金伯溫太守》："路入章江清更幽，棠陰滿地說君侯。昔年作郡淹黃霸，今日升堂愧仲由。戟院鶴鳴松露夜，山田雉鴝麥風秋。仙裾已在蓬萊頂，猶顧塵寰賦舊游。"

按，汝弼僅在南安任過"太守"，此詩未題年月，既有"今日升堂"云云，似作於汝弼到南安任後不久。此前金姓南安知府僅金潤一人，詩題"伯溫"疑為"伯玉"之誤。嘉靖《南安府志》卷二十八《宦蹟傳三》："金潤，字伯玉，上元人。由舉人授兵部司務。景泰中來守，詞翰兩優。政尚簡靜。築城池，修平政橋，俱有功，郡民宜之。"

有詩贈同年楊峻，兼簡陳璉。

張世綏本《詩集》卷三《送僉憲楊惟高同年兼簡陳邦貴》："萬山窮處見同年，不啻生平骨肉緣。休訝形容俱老大，且憑詩酒漫流連，墨華晴洒周臺雨，劍影徐銷庾嶺烟。為問廣西陳仲舉，如何書札竟茫然。"

按，《明憲宗實錄》卷一百八十二："（成化十四年九月）壬戌……陞……監察御史楊峻、刑部員外郎沈銳……為僉事，……

峻,廣東。"卷二百五十五:"(成化二十年八月)乙亥……復除廣東按察司僉事柯燉于浙江,楊峻于福建。"據此,汝弼此詩最早作於本年。

陳璉,字邦貴,江西南昌府進賢縣人。成化二年進士。(據《成化二年進士登科錄》。)

舟泊泰和,與桑悅夜話,有詩。

張世綬本《詩集》卷三《舟泊泰和與桑民懌司訓夜話》:"鸂鶒沙邊夜泊舟,故人尊酒話綢繆。十年北海鵬風小,七日南山豹霧稠。甘旨關心游子恨,文章傳世丈夫羞。袖中何物崢嶸甚,却是任公舊釣鈎。"

按,文洪《文淶水詩》遺文《游黃金臺故址記》:"(成化)戊戌之夏,海虞桑民擇[懌]授泰和訓導,將自京師赴上,乃紆道訪余於淶。"泰和與南安皆在江西。汝弼知南安,與桑悅任泰和訓導,均始於本年。詩歌末句流露進取之心,故當在汝弼上任途中或知南安後不久。姑繫於此。

正德《姑蘇志》卷五十四《人物·儒林》:"桑悅,字民懌,常熟人,少有奇質,書過目輒不忘。年十七領鄉薦,會試禮部,中乙榜,以例抑受泰和縣學訓導,遷長沙府通判,調柳州府歸卒。悅喜莊騷家言,特長於賦。然縱誕不羈,恃其敏悟,下視無人,人多尤之。"

羅倫卒。

【時事】五月,設武舉,分鄉、會、殿試,如文科例。七月,江西人楊福偽稱汪直,威福大張,至福州,方敗露伏罪。

明憲宗成化十五年己亥（1479） 五十五歲

春，龍華山佛殿右桂産靈芝，有詩奇之。

嘉靖《江西通志》卷三十六《南安府·祥異》："靈芝，大庾縣。成化己亥春，龍華山佛殿右桂産靈芝，知府張弼詩以奇之。"詩未録，或即張世綬本《詩集》卷四《芝草》："佛刹靈芝呈上瑞，黌宫舉子破天荒。西方也服中原化，相送英賢佐聖皇。"

六月廿日，有書寄同年陸淵之。

《北京榮寶2022秋季藝術品拍賣會圖録》第1633號拍品爲張弼《致陸淵之信札》，爲汝弼常見書風，筆迹流暢自然，當爲真迹。釋文云："前年冬過淮，見華孟實，聞閣下已釋褿而北行，恨不一見。繼聞漵州之擢，雖爲一方喜，又爲大處惜也。日來諒政通人和，視僕碌碌於此，淵雲之隔矣。同寅羅同府子塈回，謹問候左右。大熱中昏倦，詩不能成章，惟情照萬一。寓南安弼頓首。克深郡侯同年至契。六月廿日也。"

按，"克深郡侯同年"即陸淵之，成化二年進士（詳下引本傳）。陸簡《龍皋文稿》卷十《送禮部員外郎陸克深知叙州府序》："上馭方國十四年，思政有弊於人者，敕吏部大黜外内百司之不職，而遴選名士充之。祠部員外郎陸克深方起復入覲，即被選擢知叙州。"據此，陸淵之出知叙州在成化十四年，與"繼聞漵州之擢"之語相合，"漵州"當爲"叙州"，即四川叙州府。然則札中所云"前年冬過淮"，當即在成化十三年南下途中，故此札當繫於本年。羅同府、華孟實，不詳。

《兩浙名賢録》卷三十三《河南右布政陸克深淵之》："陸淵之，字克深，上虞人。成化中進士，授禮部主事。……未幾，出知叙州府。歲大侵，發粟數萬斛以賑。郡多淫祠，悉毀之，以祀前代之賢者。諭民當孝享其先，不宜崇惑糜費。暇則進諸生，講明理道，興起者甚衆。寬徭省訟，四境大治，即白羅夷民亦帖然向化，叙人至今俎豆之。後參政河南，進右布政使，卒於官。同寅檢其篋笥，僅餘俸金二觔耳。淵之篤行好學，詩文有古意，書善行草，居喪不出戶限，家無宿儲，或干以非義，堅拒不納。部使者移檄爲建坊，亦固辭之，其狷介如此。"

八月，以大庾嶺路險隘，乃稅商傛工，闢使寬平，架橋甃石三十餘里，而民弗知。適值歲歉，福建、江西列郡饑民趨役者日計萬指，荒政暗修，全活甚衆。

張弘至本《文集》卷五《南安郡去思碑》："嶺路開自張九齡，狹隘險峻，狼石朼步，行者病之，而貨旅尤困。侯爲稅商傛工，鑿石砌道，銑磴度壑，架梁步流，弘爲坦途。惜母鄉小茆嶺，民居稠密，磔崖難行，舉爲夷之，鑿過路灘，亂石流，舟航獲安，而水陸有濟矣。"同卷謝鐸撰《墓誌銘》："大庾嶺路民素業其商貨往來雇直之利，……又以其路險隘，乃稅商傛工，闢使寬平，架橋甃石三十餘里，而民弗知也。"張世綬本《文集》附錄桑悅《南安新修嶺路記》中云："華亭張侯由進士任兵部員外郎，出守茲土，首詢厥事，因私計曰：'吾能少勞民，大有逸，矧勞有時，貽逸無涯，吾何憚而不爲耶？'因集父老，率工師，親陟嶺表，顧扼路巨石嘗逃九齡斧鑿者，悉用摧削，取其犖确，以補道陷。如昔負固，今皆獻忠。又砌以石磴，步級而升。開元遺險，脫于迴旋，人可掉臂醉行，負任者昏夜可以陟降矣。顧瞻九齡，不有光耶？嶺路之修，其費不貲，因會鹽商之直，每千稅一，滴水添漲，彼此澪然。然是役之興，適値歲斂，福建、江西列郡，饑民趨役者日萬指計，荒政暗修，全活甚衆。工興於成化十五年八月，次年十月告成。其長二十五里，其濶一丈，悉用碎石塊平砌其中，而青石長條固其邊幅，泥淖若遯，滴雨如鋺。旋取鐵力巨材，遇水架梁，以免病涉。又以餘力補甃城中交衢，城外至迎恩坊而北，則斬新修治，與嶺相準。凡爲路者三十餘里，而學宮前後、寓賢祠後、城址東北及通濟街、謝行頭諸處，置堤捍水，又三百餘丈，皆堅緻不苟，可爲數百年規，陰利生民，功皆非細。《周禮》以通道潴川爲爲政首務，豈無意哉？是役也，巡視刑部侍郎金公紳、僉憲陳公琦、李公轍皆有區畫，以相其成，理宜聯書其名字，以詔無窮。侯名弼，字汝弼。心胸平和，光霽可掬。辭翰傳播，彝夏聞名。及試千里之地，修政立教，百廢具興。其修嶺路之功，識者以爲宜配九齡廟食兹土云。"

按，記文亦見於《思玄集》卷六，"工興於成化十五年八月，次年十月告成。其長二十五里，其闊一丈。"一句在《思玄集》中作"工興於成化十五年八月，次年七月路成。闊十餘尺，長若干丈。""十""七"或因形近而訛，未知何者爲是。

張弘至本《詩集》卷一《梅嶺石》："梅山巨石當關口，祇容匹馬單人走。五丁一旦揮金鎚，百尺崟崒復何有。碎石填澗澗亦平，又令陟岸添圩城。昔年險處今平地，晝夜輪蹄自在行。"

張世綬本《詩集》卷四《平梅嶺》二首題注云："自梅嶺南五里至南雄北二十五里至府治，翁病其隘險，鑿平甃石，遂成坦途。"詩云"梅關新甃磴層層，步入雲霄不覺升。昔日鹽車垂耳者，四蹄風雨足奔騰。"

金紳，字縉卿，應天府上元縣人。景泰五年進士，改翰林庶吉士，歷刑部給事中、都給事中，南京大理寺左少卿，南京刑部右侍郎。江西災，奉命巡視。逾年復任卒於官，年四十九。（據《明憲宗實錄》卷二二八。）金紳爲原南安知府金潤之子，成化十四年起巡視江西（據徐溥《謙齋文錄》卷三《通議大夫南京刑部右侍郎金公墓誌銘》），與汝弼或有交往。

陳琦，字粹之，號冷庵。成化二年進士，授南京大理寺副，歷寺正、江西按察司僉事、貴州按察副使。（據《焦太史編輯國朝獻徵錄》卷一百三王鏊《貴州按察司副使陳公琦墓誌銘》。）成化八年五月至成化十九年三月間任江西按察司僉事（據《明憲宗實錄》卷一百四、二百三十八）。

李轍，自本年六月起任江西按察司僉事（據《明憲宗實錄》卷一百九十一）。嘉靖《湖廣圖經志》卷十七《辰州府·人物》："李轍，字由道，號守黑子。天資穎悟，於書無所不讀。登進士，授大理評事，陞江西僉事。……謫轍雲南蒙化衛經歷卒。所著有《守黑子集》一帙，《醫案》一卷，《杜詩句解》一卷，藏於家。"

正德《姑蘇志》卷五十四《人物》："桑悅，字民懌，常熟人。少有奇質，書過目輒不忘。年十七領鄉薦，會試禮部，中乙榜，以例抑受泰和縣學訓導，遷長沙府通判，調柳州府，歸卒。悅喜莊騷家言，特長於賦。然縱誕不羈，恃其敏悟，下視無人，人多尤之。"

本年歲荒，汝弼建議勸借義官王佐等就於南安本府納銀糴濟，榮以冠帶。又重修大備倉。

嘉靖《南康縣志》卷四《儲邮》："預備倉四：曰東倉，在太平三里河嶺頭；曰西倉，在西門外；曰南倉，在太平一里南水渡口；北倉，在義仁四廂古驛村，俱洪武二十三年知縣吳玄建。……成化四年，同知施奎勸借義官王貫、□陽子瞻、蔡邕寧、劉用舟、王世全、蔡應鍾、郭嘉謀□穀石。十五年，屬時大荒。知府張弼建議勸借義官王佐、楊玉瑩、劉源慶……盧英、李安、王貫魁等就於本府納銀糴濟，榮以冠帶。"

康熙《重修南安府志》卷四《倉庫·府》："大備倉在城西富儲坊……按夫備倉即預備倉，舊在縣治四隅遠近，俱洪武知縣黃宜中創建，景泰四年知縣夏璣脩成，成化十五年知府張弼重脩。"

東門小江水衝府學，汝弼砌石障之。又改建社學。

萬曆《南安府志》卷十《建置志》："府儒學在城東門外，瀕江。……成化十二年，遵詔加孔子冕服、樂佾、籩豆。十五年，章水嚙前岸，東門小江水衝學後，知府張弼俱砌石障之，以修葺廟學。"康熙《重修南安府志》卷六《建置·學校》："社學，天順癸未，江西提學僉事李齡奉詔檄縣開設，時大庾知縣夏璣、南康知縣任燦、上猶知縣周敬創建，成化己亥知府張弼改建。"

重修南安府城隍廟、第一橋。

康熙《重修南安府志》卷六《祠廟》："府城隍廟。在管界都玉池坊，宋舊基也。元元統間毀。同知黑的兒脩。……成化癸巳知府姚旭脩，乙〔己〕亥知府張弼脩，並毀冗製。"同書卷七《橋渡》："第一橋。在府城北門外，舊名朝天，即隍橋也。宋劉强學建。元薛理甃拱。成化己亥知府張弼修。"

江朝宗由翰林院侍讀學士謫廣東市舶司提舉，與汝弼相逢於庾嶺北麓。汝弼惜之，有詩，兼柬鄭延。

張世綏本《詩集》卷三《送江東之廣東提舉兼柬鄭東谷》："十年別去蜀川路，萬里相逢庾嶺陰。年齒幸同憐我老，宦途暫屈惜君深。莫輕南海烟嵐地，總是東坡舊墨林。況與鄭虔爲伴侶，時時沈醉共高吟。"

按，江東之即江朝宗，據《明憲宗實錄》卷一百九十："（成化十五年五月）戊辰……謫都察院右副都御史牟俸戍邊，調翰林院侍讀學士江朝宗于外任……朝宗調廣東市船司提舉。"則江氏於本年有廣東之命，故繫於此。江朝宗約小汝弼一歲（據《景泰二年進士登科錄》），可云"年齒幸同"。江氏爲景泰二年進士，成化三年陞司經局洗馬，遷侍講學士（據《明孝宗實錄》卷二〇二），成化九年二月以母喪去任（據《明憲宗實錄》卷一百十三），十三年十月服闋至京（據《明憲宗實錄》卷一百六十四），則汝弼或自成化九年起即與江朝宗不得相見，至本年已過八年，此云"十年別去蜀川路"，蓋爲虛數。鄭東谷即鄭延，時任廣東市舶司副提舉，詳下引本傳。

《本朝分省人物考》卷一百八："江朝宗，字東之，四川巴縣人。

景泰二年進士，入翰林爲庶吉士，授檢討，與修《大明一統志》。陞編修。秩滿，陞侍講。成化三年與修《英廟實錄》，陞司經局洗馬，俄遷侍讀學士。孝宗在青宮，日侍講讀。尋坐都御史牟俸，累調廣東市舶提舉司提舉，既而累章乞休，吏部覆請，上以其才學可惜，令復原職致仕。家居二十年卒。朝宗早以文譽歷清秩，凡侍經緯，供史事，典文衡，勞勳頗著。嘗以起復病于道，上特命遣醫治之。然性和易，不擇交與，人亦莫有非之者。其卒也，乃效白樂天自述壙志，以識平生云。"

《兩浙名賢錄》卷二《東谷先生鄭世昌延》："鄭延，字世昌，海塩人。其先有元璠、元琰者，俱以學行顯。延性孝友方正，博學能詩文，以《尚書》教授門人，以其業顯者三十餘人，皆尊之曰'東谷先生'。天順壬午，貢太學。成化乙未，授廣東市舶司副提舉，諸蕃無敢以方物及門者。"

與同年韓文相會，感古傷今，有詩贈之。

張弘至本《詩集》卷三《贈韓貫道給事中》："仰斗三年未見韓，忽驚玉節下雲端。郡厨自哂樽無酒，賓館誰歌澧有蘭。鐵漢樓前松葉暗，曲江祠畔杏花寒。悠然感古傷今意，匣底清水再四看。"

按，韓貫道即韓文，爲汝弼同年（據《成化二年進士登科錄》）。據首聯，汝弼作詩時似已離京三年。韓文自成化十一年十月起任工部右給事中（據《明憲宗實錄》卷一百四十六），至本年閏十月陞湖廣布政司右參議，提督太岳太和山宮觀（據《明憲宗實錄》卷一百九十六），故知韓文確有南下之行，則頷聯、頸聯或記二人相逢及所見情形，而相逢之時間，當在本年冬或十六年春，姑繫於此。

韓文，字貫道，山西平陽府洪洞縣人。成化二年進士，除工科給事中，擢雲南左布政使，以右副都御史巡撫湖廣，移撫河南，拜南京兵部尚書，轉户部尚書，以劾劉瑾罷官。世宗即位，復加太子太保，嘉靖五年卒，贈太傅，謚忠定。傳見《明史》卷一百六。

本年前後，有書致弘正等，教弘至從師於上海教諭孫昇，又有書致單教諭，懇請關照弘至。

《鐵漢樓帖》35A："上海縣學教諭先生孫弁，餘姚人。以《禮經》中浙江解元。不知幾時到任。弘至可即往從之，下處借上海近學處如余麟家亦好，但不要在當户役之家熱鬧處。束脩之禮弘正辦，下處之費，弘至自辦。弘宜若在家，正好送去。務要著實清苦用工。其吳先生亦善辭厚禮，謝劄書到，祇便計較，行毋得遲誤。弘宜若未來，先書回報。餘悉平安。正月十四日付弘正等收。有書一封，奉孫教諭先生☐。寶昌單教諭☐。弊郡道及☐。"

《鐵漢樓帖》36A："閣下教上海，實吾東吳風☐學校士子之幸也。第三兒弘至在京時，蒙石先生璘授以《禮經》，粗知大意即別去，立斷橋而望濟之心極矣。今幸講席臨上海，敢以百里之程爲遠而自棄耶？惟冀容納，摳趨左右，必不敢有負也。遠書促寫，不能盡情，垂察萬萬。寓南安郡人張弼頓首。上海典教單先生閣下。"

按，萬曆《紹興府志》卷三十二《選舉志三》："（成化十三年）餘姚孫昇，解元，教諭。"汝弼札中"孫弁"疑爲此人。單教諭，其人不詳。

江西僉憲黃韶以其所居之景分爲八題，各賦以詩，求諸縉紳歌咏之，汝弼和之。

黃宗羲輯《黃氏攟殘集》之《道南先生集》不分卷，前有尹直《道南八景詩序》，作於"成化十五年歲己亥冬十月既望"。序云："浙之餘姚治南十里地，曰古路。路之南，今江西僉憲黃君九成世居之，故君自號'道南居士'。……君上春官以《禮經》，魁天下士，今列官憲伯，崇階未艾，皆山水鍾秀。所謂地靈人傑，君不能忘所自，分爲八題，各賦以詩，而又求諸縉紳。先生歌咏之，總僉其楣曰'道南八景'，示余且囑余序。"按，集中《道南八景》下八題，和者有林聰、蔣誼、張弼、蕭子鵬、邵曦、張淵、桑悦、魏瀚、丁傭等。汝弼和者有《通德高門》一首,《招賢舊里》二首,《鶴橋環碧》一首,《丁山一泉》一首,《沙浦九曲》一首。以上六首,在現存各版本張弼別集中皆未收。尹直序作於本年,汝弼和詩當在此之前,姑繫於此。黃韶生平,見黃宗羲《道南先生集序》:"道南先生諱韶,字九成,家貧爲小吏,給事於藩司。藩司嘗夜出,聞吏舍讀書聲甚苦,問之,乃公也。試以經義,奇之。及天順己卯鄉試,引入試院,遂中式。成化五年登進士第,授南京大理寺左評事,歷左寺副、右寺正,陞江西按察司僉事,署學使者事。"

丘濬陞禮部右侍郎,仍掌國子監事。汝弼爲作像贊。

張弘至本《文集》卷二《禮部侍郎判國子祭酒瓊山丘先生像贊》:"嶺海英靈,廟堂梁棟。趨時若怯,嗜古斯勇。學問山積海涵,議論川流雲湧。典文力挽淳雅之風,作史力主正變之統。施政酌上下之情而致和,脩禮觀會通之要而芟冗。故雖旁窺乎百家,而其要殆弗戾乎一孔者,古所謂博雅君子,先生以之。"

按,《明憲宗實錄》卷之二百六:"(成化十六年八月)壬子,陞國子監祭酒丘濬爲禮部右侍郎,仍掌監事。"據此,汝弼作贊當以本年爲最早,姑繫於此。此外,丘濬也曾爲汝弼作像贊,見張弘至本《文集》卷五。

丘濬,字仲深,號深庵,學者稱"瓊臺先生"。景泰甲戌進士,授編修,歷侍講學士、祭酒,以禮部尚書入相,終年七十八,諡文莊。天稟奇絶,博洽多聞,下筆滾滾數千言不休。著有《大學衍義補》。傳見《明史》卷一百八十一。

金文卒。

據《焦太史編輯國朝獻徵錄》卷九三潘琴撰《開封府知府金公文墓誌》。

徐泰卒。

據吳寬《匏翁家藏集》卷六十《湖廣荆門州知州徐君墓誌銘》。

程信卒。

據《焦太史編輯國朝獻徵錄》卷四二劉珝撰《程公信墓誌銘》。

【時事】七月，汪直出巡宣府、大同，所至索取賄賂，邊鎮儲備一空。本年，憲宗迷信方術，方士李孜省勾結宦官梁芳、錢義，因符籙得寵信。南北直隸、河南、山東、陝西、江西、湖廣、四川、福建等處水災頻仍。

明憲宗成化十六年庚子（1480） 五十六歲

正月七日，遷宋賢程珦、劉安世、蘇軾、張九成、江公望於南安府城南一祠中，增蒙川劉黻，更扁曰"寓賢祠"，定以每歲是日祭祀六賢。

> 嘉靖《南安府志》卷十一《秩祀志》："寓賢祠，在城南管界都玉池坊，中爲堂，前爲亭，又前爲門，舊祠在儒學之左，名曰'五賢'，專祀宋程珦、蘇軾、劉安世、江公望、張九成。成化庚子，知府張弼毀江東淫祠，遷五賢于內，增蒙川劉黻，更扁曰'寓賢祠'。教授史昱記曰：南安舊有五賢祠，……華亭張侯汝弼來守南安，盡毀淫祠，以江東廟壯麗宏窔，乃止毀其土偶，遷五賢木主而祀之。又以劉黻爲上舍生，時力排權姦，謫于此，後至通顯，卒以身徇宋，遂益而祀之。榜其門曰'寓賢祠'，以成化庚子正月七日始遷而致祭，遂以每歲是日致祭，以爲定式云。"
>
> 同書卷三《復廣東提學趙僉憲書》："蒙問南安鬼俗淫祠太盛，近乃毀之凡六百餘所。……惟留一所，遷程太中、劉安世、蘇東坡、張子韶、江萬里祀於中，扁曰'寓賢祠'。"
>
> 按，原五賢祠所祀者，嘉靖《南安府志》及所引史昱記中皆云爲程珦、劉安世、蘇軾、張九成、江公望五人，而汝弼《復廣東提學趙僉憲書》中則云"程太中、劉安世、蘇東坡、張子韶、江萬里"，其中僅江氏有別。考江公望嘗編管南安軍（嘉靖《南安府志》卷三十《流

寓傳》），江萬里則曾任江西轉運判官兼提學，作周程書院於南安軍（《南安府志》卷二十六《宦蹟傳》）。然史昱記中云"祀張子韶、劉安世、江公望三公，皆以忠言直節，匡輔時政，觸忤權姦，貶謫於斯也。"二江氏中以直諫名且遭貶謫者當屬江公望，傳見《宋史》卷三百四十六，程珦傳見嘉靖《南安府志》卷二十八《宦蹟傳》，云其"能識周濂溪，而遣顥、頤二子從學"，劉安世、蘇軾、張九成、劉黻，皆《宋史》有傳。

史昱，蘇州人，由舉人陞南安府教授（據嘉靖《江西通志》卷三十七《南安府·秩官》）。張世綏本《詩集》卷四有七絶題爲《史教授》，云："桃花落盡楊花飛，別後還應添帶圍。昨日姑蘇臺上望，洞庭山水思依依。"或即爲史昱所作。

元宵將近，廣東按察使僉事俞俊許柑未送，汝弼以詩促之。

張弘至本《詩集》卷二《俞舜卿僉憲許柑未送，詩以促之》："南海黃柑未見分，舉杯空望嶺頭雲。元宵燈火相將近，空手歸來惱細君。"

按，俞舜卿即俞俊，爲汝弼同年（據《成化二年進士登科録》），當在京城相識。詩題稱"僉憲"，據《明憲宗實録》卷一百一："（成化八年二月）乙未……陞……南京刑科給事中俞俊……爲按察司僉事……俊，廣東。"同書卷二百一："（成化十六年三月）癸巳，陞……廣東僉事俞俊爲本司副使。"則俞俊任廣東按察司僉事在成化八年二月至成化十六年三月之間。詩云"元宵燈火相將近"，則詩當作於正月元宵前夕。汝弼於成化十四年夏方來南安，則此詩僅可能作於成化十五、十六年。姑繫於此。

又按，南安府與廣東毗鄰，俞俊自廣東北上必經南安，汝弼又數至江西、廣東兩省交界處之梅嶺，期間或能與俞俊相遇，而有許柑之事。廣州府有南海縣，盛産黃柑。張弘至本《詩集》卷三《和廣東按察使閔朝英韻》，其二有句云"南海黃柑遠寄分，幾迴細嚼苦思君。"可知汝弼於黃柑頗爲鍾愛。

嘉靖《惟揚志》卷一九《人物志上·國朝·進士》："成化二年兩成羅倫榜……俞俊，字舜卿。揚州衛人，任南京兵科給事中，首論添置儀真守備，用固南畿根本。尋陞廣東按察僉事轉副使，守備欽廉等處，累平寇盜。卒于官。"

六月，閱《夢溪筆談》，作札記，感江西人歷來好訟，而今氣焰頓斂。

故宫博物院藏張弼《行草書詩卷》第十一則："'世傳江西人好訟，有一書名《鄧思賢》，皆訟牒法也。其始則教以侮文，侮文不得，則欺誣以取之，欺誣不可求，則求其罪以劫之。蓋思賢，人名也。人傳其術，遂以名書。村校中往往以授生徒。'此沈存中《夢溪筆談》中語也。存中乃宋人，則江西之鷗，自古而然。蓋有傳授者，豈一夕一朝而能殄絶之耶？今先生之來數月，遂覺劍（此字衍，點去）斂鋒戢翼，亦可謂神效矣。遲之以歲月，吾知所謂鄧思賢者，皆將草（此字衍，點去）革面回心耶？偶閱《筆談》，因錄此以俟。成化十六年庚子六月張弼在南安郡齋記。"

又第七則："沈存中《筆談》云：'人有前知者，數十百千年事皆能言之，夢寐亦或有之，以此知萬事無不前定。'予以謂不然，事非前定，方其知時即是今日，中間年歲亦與此同時，元非先後，此理宛然熟觀之可喻。存中之言如此，弼久熟觀之，終未能識其意，愚鈍之甚耳。謹此錄奉，尚乞高明示教。弼頓首。"名上鈐朱文"東海翁"一印。（見《中國古代書畫圖目》第二十册京1-1055。《聽颿樓書畫記》卷二著錄。）

按，此卷各首創作未必同時，見成化十三年譜。因第七則與第十一則皆關乎《夢溪筆談》，故並錄於此。

八月十三日，有書致張駿，告知委託事宜，探聽二子及故舊消息。

故宫博物院藏張弼《致張駿札》："陰陽官四得書，此官亦甚感周旋之厚意，今又有一醫官李廷玉來，諒亦如之。家下俱安。弘宜未

年譜　明憲宗成化十六年庚子（1480）　五十六歲　　267

知到否，若已到，可令廷玉往見之，以附家書。所云花香帶，久不能一覓，今令來人到南京去尋，若尋得奉來也。弘宜偕妻子來京，不知何處可住。弘至無信，不知曾去入試否。沈廷美幾時可來，喬維翰、張濟民斯螽之慶如何何久不見報，南安好事者有來求草書可與之，陸廉伯書煩轉送弘宜，得失可於車駕司煩廣東走遞舍人報來可。八月十三日南安府弼書寄天駿驗封賢弟。餘素。"鈐"汝弼"朱文方印（圖14）。

按，據書札之意，弘宜已前往京城，弘至有入試之可能。本年弘至尚未中舉（據正德《松江府志》卷二十六《科貢下·鄉貢表》，其中舉在弘治五年），則當參加鄉試。汝弼在南安期間，僅本年秋舉辦鄉試。弘宜成化十四年會試落第，當參加明年成化十七年會試。張駿自成化二年起供職於文華殿，成化十一年陞驗封副郎（參見高明一《明代中期松江狂草的樞紐——張駿〈桂宮仙詩〉〈思補堂詩〉軸》），本年尚在京城。喬維翰，見成化十三年譜。張濟民，其人不詳。

本年歲飢，隨開預備倉，減價糶之，全活甚衆。

張弘至本《文集》卷五桑悅《南安郡去思碑》："庚子歲飢，衆以申達俟報，侯曰：'懸崖絲命，詎容少緩。'隨開預備倉，減價糶之，全活甚衆。"

祀橋神於橫浦橋北城金鰲閣。

嘉靖《南安府志》卷二十二《崇表志一·宮室·南安府》："金鰲閣在橫浦橋北城上。成化庚子，知府張弼祀橋神，其中取橋墩在水如鰲負山，故名。"按，汝弼祀橋神在本年，而金鰲閣之得名似非自本年起。成化十四年汝弼即有《重九金鰲閣燕集》詩，詳該年譜。

修大庾縣大、小沙橋。

萬曆《南安府志》卷十一《橋渡》："小沙橋，在五里山之南。唐

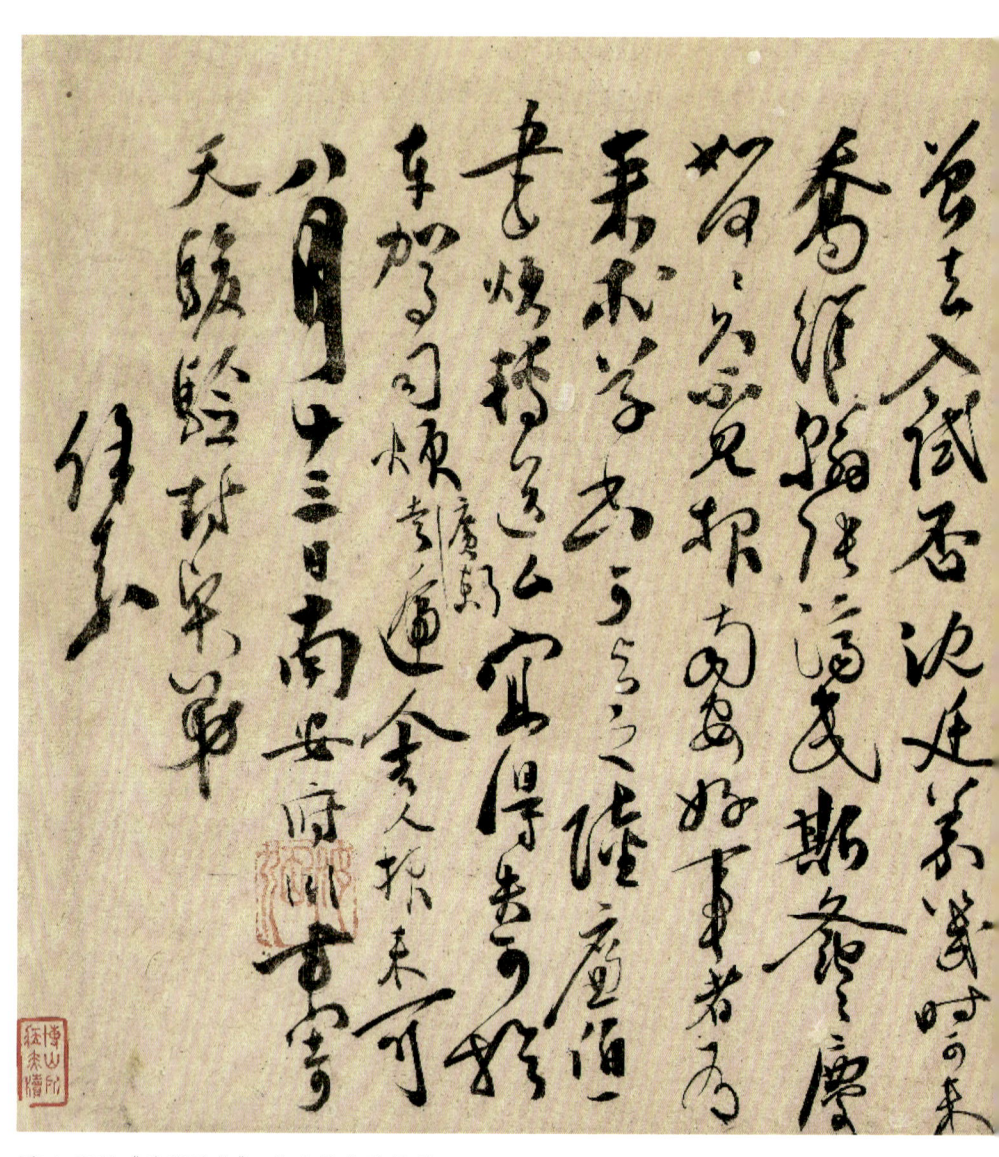

圖14 張弼《致張駿札》 故宮博物院提供

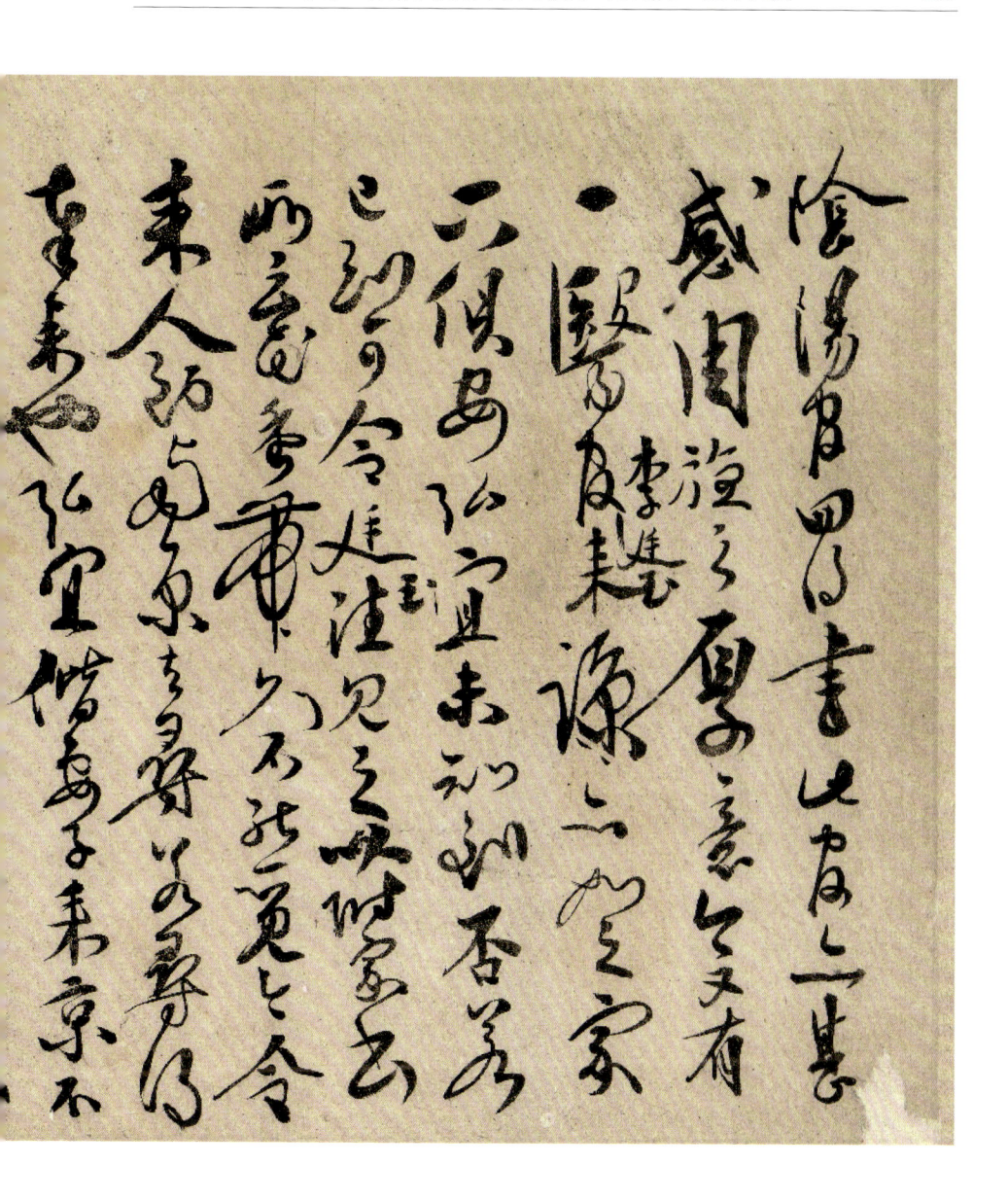

陰陽胃口書此來之一表感用證之厚意心又有一醫及李難諒之心望之家二候島弘可宜未知如否苦已到可令廷注見之峡時家云而言參衙久不能見之令末人幼劣虎哀支尋此之夢有主秦念弘望借島子秉京不

開元間開嶺路，以木爲之。國朝景泰中始甃拱。成化庚子，知府張弼復爲二墩，上甃以石。大沙橋，在小沙橋之南，唐開元間建，國朝正統戊辰甃拱。成化庚子張弼修，後復圮。"

重修上猶縣儒學、先師廟。

光緒《上猶縣志》卷三《建置·學校》："儒學，舊在縣置西街。……淳熙甲辰，縣令鮑升之建於縣西。後罹兵燹，元至元十二年邑簿黃桂開復建。……明原建號吳二年乙巳，縣尹劉天錫增建，至洪武二年己酉，詔天下立學校，適猶學工竣。……庚子，知府張弼修。"

嘉靖《南安府志》卷十二《秩祀志二·廟祠·上猶縣》："先師廟，同南康縣學配享從祀，嘉靖辛卯更定，並如制。按，廟宋淳熙間與學同建，後燬于兵燹，及元至元乙亥，邑簿黃桂開與學同創。甲申，憲使劉益齋、典教李挺炎更葺之，視舊制益宏。歲久頹圮。至皇明洪武戊申，知縣劉天錫重加修建，後漸圮。成化庚子知府張弼、嘉靖甲申知府何文邦俱重修。"

遷惠民藥局於醫學左後。

康熙《重修南安府志》卷五："惠民藥局在府志譙樓東，舊在醫學左，……元至元間遷於府治東南隅，洪武初復遷於頒春亭基，成化庚子知府張弼又遷於醫學左後。"

陳琦、姚璧、張宗美將入京，汝弼有詩相贈。

張世綬本《詩集》卷三有《洪都別意送陳粹之僉憲》三首，其一："遙想滕王閣上筵，送行冠蓋半同年。珠簾細雨飛晴晝，金甕晴虹噴碧天。作記何須論王勃，抗章寧肯愧梅仙。若持馬鬣天瓢去，還念西山乞雨篇。"其二："千里章江西北流，憑將此語到洪州。官期自計九年滿，民意常懷百世留。夜雨圜扉青草遍，春風泮水紫芹稠。同年若問張東海，庾嶺梅花伴獨游。"其三："屢約行期未定期，錦囊先貯百篇詩。爲官自笑黃金盡，養性能令白髮遲。留撫蒼生天有意，送歸紫閣水無私。平生長劍今將試，莫使遼陽久駐師。"同卷《送姚良甫二守之京》："青衫同作縉雲郎，漂泊東南各一方。舊事都成今日夢，壯懷不減少年狂。江潮秋色供詩料，嶺海蠻烟避劍铓。京國故人如我問，塵纓久欲濯滄浪。"

張世綬本《詩集》卷四有《送張靖州》詩，云："記得相逢共食桃，桃花開遍十三遭。此行若到玄都觀，應被劉郎笑二毛。"邵珪《邵半江詩》卷四《送張宗美知靖州》："寄寄亭前說靖州，洞庭西指更南頭。版章有系初從漢，盤瓠相傳已自周。江海一麎人在眼，閭閻五袴我先謳。此行若見張東海，定有詩篇贈遠游。"又《邵半江詩》卷二《題東海居士書張靖州冊子詩後》，其一："食桃漬荔事俱陳，張老如何學認真。世事本來供一咲，東風吹綠楚江蘋。"其二："東風吹綠楚江蘋，庾嶺梅花也自新。舊日風流應少費，如何不寄一枝春。"跋云："余不見東海又二年，南安之作所見亦少，《食桃》《漬荔》其一也，其義梁內翰於張靖州行時繹之已詳，恐亦大泥，余詩略而已矣。靖州便道南安，須爲我持告先生一咲。"

按，陳琦自成化八年五月起任江西按察司僉事（據《明憲宗實錄》卷一百四），至本年爲第九年，與汝弼詩中"官期自計九年滿"句相合。姚良甫即姚璧，姚夔之子。《明憲宗實錄》卷一百六十七："（成化十三年六月）癸丑……調兵部武選司郎中姚璧爲廣西思明府同知。"汝弼調南安，與姚璧調思明府在同一年。

明年丑年正月當朝覲述職（詳天順六年譜），故陳琦、姚璧等有北上之行。而汝弼時在江西南安府知府任上，又遇饑荒，據《明憲宗實錄》卷二百四："（成化十六年六月）乙丑，免江西遇災府縣官朝覲"，則汝弼得留於南安，與陳琦賦詩道別。

按張靖州即張宗美，史傳無徵，"宗美"或爲其字。據卜引諸詩，張宗美赴靖州之任途中嘗與邵珪會於淮南寄寄亭，後又攜汝弼書冊示邵珪，邵珪又題詩屬宗美示汝弼。"玄都觀"本隋唐長安城道觀名，此代指京城，則汝弼《送張靖州》詩當作於張宗美回京之時。宗美由靖州北上，當因述職之行。

又按，邵珪題詩第一首及跋中所及《食桃》當即《送張靖州》詩，《漬荔》應爲張世綬本《詩集》卷四《答寄鹽漬荔枝》。宗美既於本年秋冬入京，其還任靖州當在明年，時或道經淮安與邵珪相逢。

有詩寄李應禎並跋之，重申作詩用韻當以洪武韻爲正。

故宮博物院藏汝弼《行草書詩文卷》第四首《寄李應先生一首》："借問李中書，如何是定居。吳門非舊業，南部又新除。白髮偏期客，黃金素棄儒。題詩不盡意，一望一嚕吁。"跋云："凡作詩用韻，當以洪武韻爲正，但詩家因襲之久，以涉陋之言，不能真知唐韻之得失，故不能頓改以從正耳。弼少作《詩韻辨》，辨頗詳悉，辭多未及書上。因此詩用魚、虞二韻，併論及之。"（見《中國古代書畫圖目》第二十册京1-1055。）

按，據詩中"李中書""吳門"之語，可知詩題中"李應"後闕一"禎"字。故宮博物院藏汝弼《行草書詩文卷》中所錄多首並非創作于同時。據文林《文溫州集》卷九《南京太僕寺少卿李公墓誌銘》，李應禎成化九年乞歸省祭，成化十四年陞南京兵部武選司員外郎，未任，丁繼母陳氏憂。服闋，改本部車駕司。詩中有句云："吳門非舊業，南部又新除。"或即指李應禎服闋後往南京赴任。又秦夔《五峰遺稿》卷十有《次李貞伯五十生子韻，時貞伯爲留都尚寶司卿》，李應禎本年恰年五十，詩題表明本年應禎已經還任，故汝弼詩亦當作於本年。

本年前後，汝弼毀淫祠六百餘所，延名醫以活人，作《諭俗》二律。時廣東提學趙珤書來問及此事，汝弼以實復之，並有詩。

張弘至本《文集》卷三《復廣東提學趙僉憲書》："蒙問南安鬼俗淫祠太盛，近乃毀之，凡六百餘所。土木偶人付諸水火；祠屋之小者付諸無居之民，間爲巡警鋪舍；稍寬潔者爲社學；宏富者拆除之，材瓦官用。惟留一所，遷程太中、劉安世、蘇東坡、張子韶、江萬里祀於中，扁曰'寓賢祠'。蓋舊有祠於學，而隘陋甚，又近周程祠，而有父下子上之嫌，故遷之。軍民初甚不然，久之，漸以爲便。乃計歲省牛四百餘，豬千二百餘，狗百餘，小牲雜費弗論，酗鬥之訟亦減。凡計之，歲省銀豈止千兩而已？噫！淫祠固地方習俗，爲民上者不加摧抑，而反崇尚之，則愚民將何以自立也？宜其徹衣食、鬻子女而不顧也。今之所惜者，特未能興學置醫，脩其本以勝之耳。敬因來教，用韻奉復，併道梗槩，幸加教焉。詩來道我毀淫祠，敢望梁公萬一爲。土木偶人歸水火，廟垣諸物付公私。漸消自昔昏迷俗，且省于今飽暖資。却愧德微才不副，未能興學聘明醫。"

桑悦《思玄集》卷六《南安郡守東海張侯去思碑記》："郡多山，秋夏之交，嵐霧襲人，多成疾疫，居民恒自藉以豐腻鬼神，公盡毀淫祠，延名醫以治人。人心既正，氣和物阜。犬豕鷄豚，亦宥陰虐。"張弘至本《文集》卷五同篇同句作"郡人恒自昵鬼神，侯毀淫祠六百餘所，立産延名醫以活人，使患者有恃。"

張世綬本《詩集》卷三《諭俗二律》，其一："鬼俗巫風漸覺瘳，皇華驄馬有嘉猷。埽除數萬土木偶，省費百千豚犬牛。時節報祈徇禮制，閭閻疾病問醫流。濓溪書院庭前草，暖霧輕煙綠正稠。"其二："二月從師八月休，野師端祇爲身謀。讀書大義全抛棄，訟諜浮詞苦應酬。顔子高資盲禮樂，董生篤學廢春秋。從今舊俗堪湔洗，矻矻窮年事講求。"

萬曆《泉州府志》卷十九《人物志》："趙珤，字德用，晉江人。宋莊懿王德昭之後也。成化丙戌進士，授官刑曹，同考會試。擢廣東提學僉事，卒于官。"

作《續瘴説》，書于座隅以自警，並爲南安解誣。

張世綬本《文集》卷三《續瘴説》："予守瘴地，去滛祠者千百，瘴勢歲減，蓋有由也，書以備《瘴説》之未備云。知府盧瀋書《瘴説》，跋其後曰：昔人有欲之官而惡其地之瘴者，或釋之曰：瘴之爲害，不特地也，仕亦有瘴也。急催暴歛，剥下奉上，此租賦之瘴；深文以逞，良惡不白，此刑獄之瘴；侵牟民利，以實私儲，此貨財之瘴；攻金攻木，崇飾車服，此工役之瘴；盛揀姬妾，以娛聲色，此帷簿之瘴。有一於此，無間遠邇，民怨神怒，無疾者必有疾，而有疾者必死也。昔元城劉先生處瘴海而神觀愈強，是知地之瘴者，未必能死人。而能死人者，常在乎仕瘴也。慮彼而不慮此，不亦左乎？故余具載其言，以爲授官憚遠難遐者之戒。南安無瘴也，而記於志，流於談者，謂爲瘴癘之鄉，人多惑焉。豈地或受厚誣耶？抑人自爲瘴，而地與天時或乘之也。然使我從政者，以仁以恕，以廉以儉，以銷人瘴，遠邇咸孚之，則天必降康，地不愛寶，而體信達順者，其得之矣。庸書瘴説于座隅以自警，且爲兹地解誣云。"

登南安東山頂，作詩問謝安石，並擬其答。又於東山建挹青亭，立蒙川館，以旌劉黻先生之迹，勵後學之思，作記文書之於壁。後於蒙川館燕別何經，有詩。

張弘至本《文集》卷二《蒙川館記》："宋之季世有蒙川先生劉黻字聲伯者，爲太學生時劾丁大全之奸，安置南安軍，乃接濂、洛精切之語，輯《濂洛論語》若干卷。又有《問梅集》《蒙川集》若干卷。其學一以濂洛爲主者。及起而任御史，爲侍郎、尚書，言論正大劘切，足濟當時，可謂不負所學者。……南安之東山有泉，正《易》所謂'山下出泉，蒙'，與其號合，先生豈因之而爲號耶？豈其家在永嘉之鴈蕩，別有所因耶？易曰：'蒙以養正，聖功也。'其志亦可見矣。弼遂屋於其上，題曰'蒙川館'，以旌先生之迹，勵後學之思。館之前繚以垣，垣之門題曰'半山'，亭枕橋，橋橫澗。下自東山佳處，上至寺之花雨樓。磴道盤紆，正及其半。秀樹奇卉，泉聲鳥韻。四時朝暮，不可名狀。……遂書于館之壁以記之，而先生之祀，則與劉安世諸公同享於寓賢祠矣。"按，據記文末句，當作於寓賢祠落成之後，則以本年爲最早，姑繫於此。

張世綬本《詩集》卷三《蒙川館燕別何宗易》："澗廻磴轉上層巒，古殿沈沈草樹寒。黃竹簟涼眠醉石，紅螺杯酒洗流湍。清風自足娛張翰，明月何須笑謝安。一曲陽關齊拍手，紫霄萬里穩乘鸞。"張弘至本《詩集》卷四《登東山問謝安石》："我登東山頂，酹酒問謝公。公有調馬路，我有下馬松。公有白雲明月兩窈窕，我有蒙川醉石雙玲瓏。公當偏霸坐江左，我當全盛從飛龍。我生伊洛後，不敢恣情聲妓頹彝風。我無邊檄寄未試，淮淝一擣符秦空。公之能事我若不可及，公之風流我亦不苟從。東山同名地隔數千里，我言曾入公之耳，青天望斷一飛鴻，章江滔滔自流水。"（又見於故宫博物院藏張弼《行草書詩文卷》。）《擬安石答》："東山謝安石，答爾張汝弼。我慚曠達風，未免風流癖。起來濟蒼生，談笑安王室。爾獨不聞白眼王，金陵平生廉謹冠世名。得君不啻魚水樂，甘心乃從狐鼠朋。隻手上遮天眼黑，縱橫顛倒懸蒼生。遂令盤石如浮萍，乃知士當存大節，瑣瑣小器何足稱。爾生濂洛後，迷途見日星。當自得師報明廷，何須戲與我爭衡。東山石無語，落日天寞寞。"

范泰恒《燕川集》卷八《東山記》："極山水薈萃之奇，又近人便登眺者，東山在南安乃最著。出南城東山門，不半里逾橋，折而東，石坊屹立，曰'仰止坊'。北轉而上，半山有亭曰'雲章'，可流憩也。再上依山西向爲鶴鳴堂，前太守游公講學處。……又自鶴鳴南陟，亭曰'挹青'，通正氣樓，乃明守張東海爲劉聲伯先生所建者。然不遽達也，路由適道亭小憩，始可抵。"

嘉靖《南安府志》卷八《地理志一·山·大庾縣》："東山，在東南一里，限橫江，山半西凹，林木蒼翠，上有仙翁庵，今改爲東山寺。前有泉，冬月不竭。成化間知府張弼爲蒙川劉黼建屋其上，題曰'蒙川館'。"後引汝弼《燕別何宗易》及《問謝安石》詩。

上官多以勢索其書，動至數百紙，不能一一應付。嘗有某布政將入覲，

緘紙一篋，索汝弼草書，爲京中人事。汝弼笑曰："此欲以書手役我也。"止書四紙以塞其請，餘紙悉封還。

張元禎《東白張先生文集》卷二十一《跋南平劉司空所藏張汝弼草書千文》："汝弼爲人甚豪邁，學識詞藻，世率未易到。吾嘗惜其爲草書所掩，一時如汝弼以筆札名者，雖莫過於汝弼，然持己多不律，在汝弼亦羞之，或者不察，而類以此輩視汝弼，吾復深爲汝弼惜也。其守南安，上官多以勢索其書，動至數百紙，汝弼不能一一應付，坐此致憾罷工。筆札亦藝也，藝必爲人役而恥爲役，其不可固如是。"

何良俊《四友齋叢説》卷十六："張東海爲南安太守，在郡日有某布政將入覲，緘紙一篋，索公草書，爲京中人事。公笑曰：'此欲以書手役我也。'止書四紙以塞其請，餘紙悉封還。"

邵珪有詩寄汝弼，寓思念之情。

邵珪《邵半江詩》卷四《與傅商佐飲寄寄亭懷張南安》，其一曰："飲餘捫腹步西亭，簾捲秋雲見落星。顧我亂髯今亦變，荷君雙眼舊能青。迂疏濫給淮南米，聚散應憐海上萍。卻憶舊游張駕部，西風何處續《騷》經。"其二曰："三年不見張東海，一夜相思骨欲消。秋水中央如可即，漳江南畔未全遥。人生迹類飛鴻雪，世事心驚覆鹿蕉。聞説群（按，疑爲郡之訛。）齋閑不厭，春風應寄剪燈謡。"按，二首詩中"秋雲""西風""秋水"點明時節在秋，第二首首聯云"三年不見張東海"，成化十三年汝弼出守南安時，邵珪有詩相送（詳成化十三年譜），二人分別當在是年。自汝弼離京至本年秋已滿三年，故繫於此。

又按，王傲《思軒文集》卷十八《嚴州知府邵君墓誌銘》："文敬諱珪，姓邵氏……戊戌，陞廣西司員外郎。是年，董賦于淮之常盈倉，出納之際，一秉至公，兵民兩受其惠。"《邵半江詩》卷二《題東海居士書張靖州冊子詩後》："靖州便道南安，須爲我持告先生一笑。時書於寄寄亭，亭在淮南清口公署之旁，己亥二月一日作，工不甚費。花竹禽魚足以供宴游之樂，程諭德克勤爲記，吳修撰原博題扁，復述之六景，曰某曰某，過者輒留咏。"由此知寄寄亭建於成化十五年二月，在邵珪淮南公署旁。傅商佐即傅希說，爲汝弼同年（據《成化二年進士登科錄》）。成化十四年四月起傅希說受命管南直隸江衛分屯田（據《明憲宗實錄》卷一百七十七），因而得與邵珪飲於淮安寄寄亭。

邵珪《邵半江詩》卷三《寄張東海》："青山何處願爲鄰，夢幻微言卻是真。桃葉渡頭尋畫鷁，梅花嶺下駐朱輪。仕途剩有龔黃傳，交誼深知李郭親。祇恐芳菁傷歲晚，鏡中華髮坐來新。"又卷四《寄張東海》二首，其一云："滿城風雨入秋亭，一夕懷君鬢欲星。嶺北夢回關塞里，天涯目斷海雲青。淋漓濡髮顛時墨，漂泊浮蹤着處萍。縮地無由得相見，社鴻春燕慨頻經。"其二云："三秋一日君知否，流水年光夢裡消。落落我思江海闊，茫茫天際雁魚遙。坐深細雨燈摧蠟，思入殘更墨寫焦。欲問故人何處所，春風隨地有歌謠。"此三首所作年月不詳，然從"梅花嶺""嶺北"等語皆可知邵珪詩寄南安，姑錄於此。

彭教卒。

據《明憲宗實錄》卷二〇五"成化十六年秋七月"條。

顔正卒。

據嘉慶《松江府志》卷五十一《顔正傳》。

【時事】六月，朝廷免江西遇災縣官朝覲。

明憲宗成化十七年辛丑（1481） 五十七歲

正月，爲南安屬縣節婦劉氏、蔡氏等未及旌表者賦《貞桃篇》。

《鐵漢樓帖》12A第一首《貞桃篇》："臘日暄然桃吐艷，正月嚴寒饒雪霰。紅蔫白慘抱枝頭（"頭"字原闕，據刻本補），不肯輕輕飄一片。抗顏匿笑如古松，時與西風北風戰。君不見，拂須捧溺拜塵兒，綿膝隨人朝暮變。安得知，南安節婦劉蔡儔，玉白冰清金百鍊。乞墦富貴妾婦羞，伊誰不愧貞桃面，伊誰不愧貞桃面。"跋云："大庾彭道詵妻劉☐。"收入張弘至本《詩集》卷一，詩前有序云："南安屬縣民婦有以貞節聞而未及旌表，予咏貞桃以及之，然貞桃亦非寓言也。"

按，嘉靖《江西通志》卷三十七《南安府·列女·國朝》："劉氏，大庾人。彭道詵妻。年十八夫死，數月始生男程。劉教養卒成其學，仕至博羅縣丞。程卒，劉復養其二孫，俱有成立。壽躋八十終。知府張弼賦《貞桃篇》，美民間四貞婦，劉其一也。餘爲上猶縣張本鎮妻蔡氏、曾一麟妻張氏、南康王時彥妻劉氏。"又嘉靖《南安府志》卷三十四《人物傳》曰："蔡氏，上猶人。張本鎮妻。鎮早卒，蔡孀居，始終一志。成化辛丑，知府張弼賦《貞桃篇》，美民間四貞婦，蔡其一也。"則知汝弼詩作於本年，據詩中首聯"正月嚴寒饒雪霰"句，繫於本年正月。

三月，仲子弘宜登進士第。陳琦以書來賀，汝弼喜而賦詩。

張弘至本《詩集》卷二《陳僉憲粹之書報弘宜中會試》："故舊書來報我知，二郎今亦上雲梯。文章白玉階前獻，名姓黃金榜上題。移孝要從今日始，立心當與古人齊。天恩世世何能報，但祝皇明億萬期。"《成化十七年進士登科錄》："張弘宜，貫直隸松江府華亭縣……應天府鄉試第三十九名，會試第一百八十四名。"《明憲宗實錄》卷二百十三："（成化十七年三月）辛卯，上親閱舉人所對策，賜王華等二百九十八人進士及第出身有差。"按，陳琦上年自江西回京述職（詳上年譜），故本年可在京以書報弘宜登第也。

欲辭歸，有書告桑悅曰："東海煙霞將還我舊主人矣。"然陳請當道，至再弗允。

張弘至本《文集》卷五桑悅《南安郡去思碑》："南安守東海張先生治郡將四載，忽書告予曰：'東海煙霞將還我舊主人矣。'即陳悃當道，至再弗允。又二年，始得遂歸。"按，此即《思玄集》卷六《南安郡守東海張侯去思碑記》，文字稍有出入。《思玄集》"悃"字後有一"幅"字，當爲"愊"之誤，《漢書》卷三十六《劉向傳》："論議正直，秉心有常，發憤悃愊，信有憂國之心。"注：師古曰：'悃愊，至誠也。'""至再弗允"，《思玄集》作"以致政請，俱弗允。""又二年"，《思玄集》作"又三年"。

按，汝弼自成化十四年夏到任，到本年夏爲四年整。桑悅云汝弼治郡"將四載"，則此書當作於本年上半年，姑繫於此。汝弼致仕在成化二十年春（詳是年譜），距本年爲三年，故當從《思玄集》作"又三年"。

又按，"東海煙霞"代指汝弼故鄉，汝弼詩文常及之。張弘至本《詩集》卷二《聞南安立生祠》及張世綬本《詩集》卷四《蘇州別駕周德中以余致仕居閑，而稱"神仙太守"，作十絶復之》其三皆有句云"歸來東海煙霞裏"。

汝弼於寶界寺西建鐵漢樓祀劉元城先生，又建墨君閣於寺東廊。九月，鐵漢樓竣工，彭韶作記文，汝弼書之。

彭韶《彭惠安公文集》卷四《鐵漢樓記》："元城劉先生始落寶文閣待制，知南安軍，道改提舉洪州玉隆觀，本軍居住，先生遂奉母夫人來寓寶界院，又改少府少監。未一年，復徙嶺南。瀕危數四，初心不變。東坡推服之，曰：'真鐵漢也。'後雖召還，終不能安於朝，屢斥以死。死二年，宋有金難。……南安舊祀先生於寓賢祠，而寶界未有聞。成化戊戌，東海張汝弼來爲守，暇考圖志，得之嘆曰：'先賢故居，其可廢耶？'適院之右廊樓毀，撤而新之。於時聶都山民獻梓木一章，長九丈，徑三尺，數百年前物也。寅符期會，衆咸驚異。既以成是樓，題曰'鐵漢'。蓋先生至是始有專祠，使來請記。……"記文亦見於《鐵漢樓帖》27A—27B，有殘闕，款云："大明成化十七年歲次辛丑九月吉正，奉大夫廣東布政司左布政使後學莆田彭韶謹記，南安知府華亭張弼書。"

張弘至本《詩集》卷二《墨君閣》："海外蘇長帽，歸來寫墨君。清風掃寰宇，高節抗浮雲。寂寂鳶爭腐，翩翩鳳作群。消沉傷往事，扶植在斯文。傑閣從今建，遺踪冀後聞。我持東海杓，聊洗舊塵氛。"

按，據《明憲宗實錄》卷一百七十四，成化十四年春正月，彭韶由四川按察使陞廣東左布政使。據《明史》卷七十五《職官四》："承宣布政司。左、右布政使各一人，從二品。"《明會典》卷六《吏部五》："從二品，初授中奉大夫，陞授通奉大夫，加授正奉大夫。"本年距成化十四年已有三年，彭韶已經初考，則"奉"前脫一"通"字。記文云"先生遂奉母夫人來寓寶界院""寶界未有聞""適院之右廊樓毀"皆指寶界寺。嘉靖《南安府志》卷十八《建置志·屬廨·南安府》："寶界寺在府城内西北，有龜泉井。宋劉安世、江公望張九成謫郡時嘗寓於中，知軍李大正建堂祀之。皇明知府張弼在寺西作鐵漢樓。"卷二十二《崇表志·宫室·南安府》："墨君閣在府城内寶界寺東廊，鐘樓下有東坡畫竹於壁，有謟韓侂冑剗其壁函盛以獻，至錢塘江溺，樓尋毀。元時重建，樓壁仿佛舊觀，補以書竹。成化間知府張弼扁今名。"

彭韶，字鳳儀，福建興化府莆田縣人。天順元年進士，授刑部主事，歷員外、郎中，出爲四川按察司副使，遷按察使，再遷廣東布政使，改貴州，擢右副都御史，巡撫應天，改順天、永平，召爲刑部侍郎，尋兼僉都御史，巡視浙江，兼理鹽法，改吏部，進刑部尚

年譜　明憲宗成化十七年辛丑（1481）　五十七歲　　281

書。卒贈太子少保，謚惠安。傳見《明史》卷一百八十三。

除夕，與同僚燕飲，念及弘正、弘宜，有詩。

張世綬本《詩集》卷三《辛丑除夕》："出守南安歲四除，喜今無復病相如。屠蘇酒共同僚醉，鬱壘符敎屬吏書。長子東吳營祖業，二郎北闕候宸居。送窮文字無心作，窮漢原來不富餘。"

按，詩中"長子東吳營祖業"即云弘正在華亭經營家業。"二郎北闕候宸居"指弘宜在京等候正式授予官職，此時弘宜尚觀政兵部職方司，詳下文。

本年，修葺南安府治内廢臺祀周敦頤，顔曰"吟風弄月臺"，並作記與銘。

《鐵漢樓帖》30A版片首行有隸書"《鐵漢樓帖》卷七"，第一首爲《吟風弄月臺記》，亦收入張弘至本《文集》卷二，文字稍有異同。記文云："故南安府有道源書院於學宫之傍，固足以表著之矣。然昔之軍治，即今之府治。三子衣冠容與於斯者非一日，階墀堂序尚遺舊規，流風遺韻未盡泯滅。後人朝夕於斯，寧無感觸而景仰乎？是故因府治内廢臺，刊除草不［木］，甃砌成屋，而顔之曰'吟風弄月臺'焉。蓋取當時所記。濂溪志趣高遠，常自吟風弄月。程子亦云：'自見周茂叔後，吟風弄月以歸，有"吾與點也"之意。'可見襟懷同一灑落，不可以勢利拘也。……吟弄風月者，舉一端而全體以著，大用以該，所以安百姓、育萬物者，實不外是。其爲政精絶，上下響應，吟弄之一致耶？流連光景者，似若髣髴，其致天壤矣。噫！是誠難言也，非淺陋所可窺也。姑書成語揭之於臺，天下後世必有真識者在，謹銘之曰：周程有臺，永鎭兹府。登勿乘輿，燕勿歌舞。先哲之遺，孰敢戲侮。圖書左右，風▢。"刻集"風"下作"月今古。曰敬曰誠，闢我門户。澤物洗冤，昭哉仁武。遹追仁武，斯民父母。庶克事天，弗愧守土。"

按，嘉靖《南安府志》卷二十二《崇表志》："吟風弄月臺在府治內後廳東。成化辛丑知府張弼建。"據此知臺修於本年。
築石堤捍南安府城東北。
嘉靖《江西通志》卷之三十六《南安府·城池》："東北城址屢被山水嚙崩，成化辛丑，知府張弼築石堤捍之。"
遷稅課司於水南城孝友坊。
康熙《重修南安府志》卷五《建置紀》："稅課司，舊在府城。南宋名商稅，元名稅務，洪武初改今名，知府張元祚修之。成化辛丑，知府張弼遷于水南孝友坊。"
有詩寄吳寬，言與陸游同命，多遭磨難，又欲學陸游詩。吳寬次韻和之。
張弘至本《詩集》卷三《詩欲學陸放翁賦此見志》："酒盃不及陶彭澤，詩法將隨陸放翁。南宋偏安翁不幸，皇明全盛我遭逢。平生同是乙巳歲，立命獨嫌磨蝎宮。自儗自癡還自笑，茅簷燕雀逐高鴻。"吳寬《匏翁家藏集》卷八《次韻張汝弼見寄》："盡去淫祠如狄相，大興鄉學類文翁。郡中有守今難得，嶺下斯民久不逢。詩法雕蟲成小技，術家磨蝎忝同宮。遠期君子來朝日，橫浦風高起雪鴻。"詩題下小字注曰："其詩有'詩法將隨陸放翁'。又'立命獨嫌磨蝎宮'之語。"

按，汝弼詩未題年月，吳寬《匏翁家藏集》"以年月先後爲序"（李東陽《匏翁家藏集序》），卷七有《辛丑元日次韻羅明仲洗馬朝賀》，卷九有《辛丑仲山自寧陽回過宿同朝正旦》，本詩在卷八，故當作於本年。汝弼詩作於吳寬和韻之前，故不晚於本年。

又按，陸游生於宣和七年，汝弼生於洪熙元年，皆歲在乙巳，故云"有生同是乙巳歲"。"磨蝎宮"典出《東坡先生志林》卷一命分《退之平生多得謗譽》："退之詩云：'我生之辰，月宿直斗。'乃知退之磨蝎爲身宮，而僕乃以磨蝎爲命，平生多得謗譽，殆是同病也！"

又按，汝弼詩學陸放翁，朱彝尊《靜志居詩話》卷八詳述之："汝弼詩云：'酒杯不及陶彭澤，詩法將隨陸放翁。'故其律體全學劍南。如'魚兒浦口酒船小，燕子風前茶焙香'；'酒遇故人隨量飲，花當好處及時看'；'自從都下三年別，不寄江東一紙書'；'孤艇夕陽荷葉亂，小樓春雨杏花殷'；'鬢毛零落風前鷺，心緒悠揚簇上蠶'；'一頃新田收晚稻，數椽茅屋補秋蘿'；'浪花作雨汀煙濕，沙鳥迎人水氣醒'；'萋萋芳草日將暮，點點飛花春可憐'；'灤水入春冰半黑，平山消雪草微青'；'西飛白日忙於我，南去青山冷笑人'；'草露松風千里夢，秋霜春雨百年心'；'僧中今見大小朗，世上争傳長短歌'；'霍光有傳何曾讀，疏廣無金亦自歸'，可稱具體，與定山輩專傚《擊壤》者不同也。"

本年前後，以酒蒸黃連丸，渴濁乃愈，賦《黃連篇》抒懷古之情。又有詩寄弘宜，道病愈之喜。

張弘至本《詩集》卷一《黃連篇》序云："予患渴濁久，服補劑益甚，用酒蒸黃連丸乃愈，賦此記之。"詩云："黃連苦於膽，我服甘如飴。非不知甘苦，治病良獨宜。因思仲尼有明命：良藥苦口利於病，忠言逆耳利於行。逆耳之言真激心，聖人聞之能順應。轉奢爲儉，欷肆爲敬。宮壼肅清，海宇安靖。傷哉，曲江相去李猫來，青騾遠狩悲風埃。傷哉，司馬鐫名相章蔡，五國城荒雙輦邁。吁嗟往事無不然。遠臣稽首蒼蒼天，援毫敬寫《黃連篇》。"按，末句既自稱"遠臣"，當在出守南安後所作。詩中"曲江相去李猫來"用張九齡遭李林甫排擠之典，張九齡有開闢梅嶺之功，故汝弼出知南安後，詩文中常言及之，後又爲張九齡立祠，詳成化十九年譜。張弘至本《詩集》卷三《病愈示弘宜》："自喜年來藥有靈，吟髭添黑眼添青。興來謾寫三千字，忤懶難窮十一經。豚犬也叨登甲第，馬牛何以報明廷。濂溪臺上能容我，弄月吟風幾醉醒。"按，據"豚犬"句，此詩當在弘宜登第後不久所作，弘宜舉進士在本年春季，姑繫於此。

兄汝輔之別業司馬莊付子弘直治之，汝弼愛其地，爲作記文。

張弘至本《文集》卷二《司馬莊記》：“司馬莊者，吾兄椿庭翁別業也，以武庫先君遺命置之。……兵部四署，弼遷歷武庫、武選、車駕者十年，今吾子弘宜又觀政職方，或謂三世司馬，其名莊之符歟？蓋事有偶然者也。莊前有橋，亦以此名。聞諸父老曰：‘舊稱馬村橋’，蓋亦有因耳。……椿庭今以莊付子弘直治之。弼愛其地，臨曲水，潮汐通利，歲得常稔，一可樂也。俗尚儉樸，不譁競趨薄，不睹博爲偷，二可樂也。與姚氏世醫，林樾相望，其術大行，俗不溺鬼，三可樂也。椿庭嚴家法，謹禮教，斥淫祀，弘直能守之，遠近能化之，四可樂也。……念弼來守南安，飲餞于莊，親戚內外，門生故舊咸在，亦常有詩矣，記未作也。今又四載，始克記之。”按，汝弼於成化十四夏至南安，至本年爲第四年，與“今又四載”之語相合。記中云“今吾子弘宜又觀政職方”，弘宜於本年春舉進士，明年五月則已知寧海縣（詳下年譜），故其觀政職方約在本年至下年之間，姑繫於此。

陳壯自本年起任江西按察司僉事，嘗劾汝弼醉酒狂書而頗不事事。

嘉靖《山陰縣志》卷八《人物傳》：“陳壯，字直夫。……天順間成進士，拜南京監察御史。……尋丁內艱，服除，改江西僉事。以憲度督察官吏，雖素所愛厚者，無所假。南安守張弼才華翰墨，表著當世，風流雋雅而頗不事事，壯劾其醉酒狂書，罷之。未幾，抗疏乞歸。”按，據《明憲宗實錄》卷二百十九：“（成化十七年九月）丙申……陞……南京監察御史王瓚、陳壯……俱爲按察司僉事……壯，江西。”則陳壯自本年起任江西按察司僉事，其劾汝弼亦最早在本年，姑繫於此。

《明史》卷一百六十一：“陳壯，字直夫，其先浙江山陰人。祖坐事謫戍交阯，後調京衞，遂家焉。壯舉天順八年進士，授南京御史。編修章懋等建言得罪，抗疏救之。……壯家素窶，常禄外一無所取。父母殁，廬墓側居喪，一循古禮。歷江西僉事，致仕歸。家居十餘年，弘治中，以尚書張悦薦，起官福建。居二年，又乞致仕。時倪岳爲吏部，素賢之，擢河南副使。歲荒振饑，民懷其惠。僉都御史林俊謝病，舉以自代。未及遷，而壯又乞致仕。巡撫孫需奏留之。又二年，竟致仕去。"

時妖人王臣於湖湘、江右諸郡採藥，横暴不法，騷擾郡縣。布衣錢孟浦以天理人心之語譬曉之，王臣輩勢歛。汝弼有詩諷王臣，又有感於孟浦之剛大之氣，跋其墓銘。

張弘至本《詩集》卷三《偶賦》："過嶺囊箱下瀨船，丁夫晝夜少安眠。薄田蕩盡猶輸税，惡客頻來横索錢。窮髮東南皆赤子，舉頭西北有青天。不才無計蘇民困，食禄乘軒自赧然。"姜南《蓉塘詩話》卷十四《王瘸子》："成化間，妖人王臣者跛一足，人稱王瘸子。游食京師，以左道事中貴，得授錦衣千户。請爲上合大丹，以採藥爲名，與中貴偕出川、廣、直隸、兩浙等處買辦，搜索寶玩，需求珍異，騷擾郡縣。……初，臣至廣東，南安守華亭張東海先生汝弼目覩其驕横，嘗作詩嘆曰……"後即引《偶賦》詩。故知該詩諷王臣輩。

張弘至本《文集》卷四《書錢孟浦墓銘後》："近歲有中貴來江南，侍卒王瘸子者善幻多技，驕肆尤甚。嬰之者輒碎，所至郡縣奔走，鉅室逃散。惟錫山錢孟浦眇然一布衣，肅容往見，以天理人心之語譬曉之，此輩勢歛。聞者以其突虎狼牙吻而得生也。既而還京，天鑒清明，瘸子輩伏誅西市，孟浦名益彰彰矣。是知所養剛大之氣，不係於位也。彼拜塵者，曾何望孟浦之履屣耶？嗚呼，偉哉！予故特著之，且以厲彼紛紛沓沓者。"

按，王錡《寓圃雜記》卷第十："妖人王臣，自幼爲南京公侯府家人，數易主，易必易名，惟以妖幻惑以取人財，所得輒盡，累爲主人惡刑所加，兩足皆不能良行。成化初，衒術於江陰諸大家，皆不納，獨周惟瞻稍待之。……歲辛丑，上命中官王敬同往採藥於湖湘、江右、江浙、京東諸郡，二人者從以無賴二十餘輩，皆以攫取財物，所歷三司、郡、縣，官受其辱，民受其擾，幾致激變。"據此，王臣採藥江右當在本年前後，故繫於此。錢孟浦，其人不詳，墓銘今似不存。

有詩寄贛州知府姜璉。

張弘至本《詩集》卷三《寄贛州姜太守》："甲廠塵街挾册游，黃花二十四迴秋。一輪五馬山前月，千里九龍江上樓。豪興未除湖海氣，流年不管廟堂憂。前官正是滄洲吏，定有甘棠在道周。"

按，據嘉靖《贛州府志》卷七《秩官》，洪熙至成化間祇有一位姜姓太守，故詩題中的"姜太守"必爲姜璉。姜璉知贛州，始於成化七年，參見雍正《江西通志》卷六十五《名宦志》。嘉靖《寧海州志》卷下《官守第五·名宦·國朝·知州下》有"成化姜璉，浙江蘭溪人。……歷贛州、永平二府知府，卒于官。"今弘治《永平府志》中姜璉名列卷八知府中，然無相關事迹，推測到任不久即謝世。永平知府於成化七年後上任者，僅有王問在成化二十三年有相關事迹。據上，姜璉本年或許仍在贛州知府任上。詩中首句所云，似爲汝弼與姜璉同在京城讀書應試之情形。以天順元年汝弼入太學計，至本年恰爲二十四年。姑繫於此。

沈周賦詩題汝弼詩卷，感懷其斯文善政。

沈周《石田稿》第一六二葉有《和陳僉憲粹之村居即事韻，時僉憲見訪大浸中》《又和憫農韻》《題張汝弼送陳僉憲詩卷》，皆爲陳琦所作，繫於辛丑年。《題張汝弼送陳僉憲詩卷》詩云："南安太守送監司，翰墨淋漓屢費辭。政績共推天下最，斯文獨寫故人知。黃花便道鄉園酒，白髮明年何地思。"

按，沈周詩當在陳琦自江西還吳時所題，其詩與上年所引《洪都別意》第三首同韻,"翰墨淋漓屢費辭"句亦云汝弼爲陳琦題詩甚多,推測沈周所題詩卷中即有《洪都別意送陳粹之僉憲》三首。

【時事】十月,以方士李孜省爲右通政,道士鄧常恩爲太常寺卿,方伎、僧、道日漸用事。

明憲宗成化十八年壬寅(1482) 五十八歲

二月上澣,觀黄筌貓圖。

陶樑《紅豆樹館書畫記》卷一"後蜀黄筌畫貓"條下有"成化十有八年春二月上澣東海張弼觀"一行及"汝弼"朱文方印。

五月,得仲子弘宜所寄《遜志齋全集》十二本,秉燭夜讀,喜而忘寐,跋之。

正德本《遜志齋集》附録張弼《書方正學遜志齋集後》:"二十年前,瑞安楊元霽知吾華亭,嘗出方先生《遜志齋稿》見示……今年,二兒弘宜知寧海,乃先生之闕里也,得全集十二本寄南安,秉燭疾讀,掩卷深思,如讀程朱之集,喜而忘寐,而又不覺涕泗之交零也。嗚呼!學之正,養之充,行之確,而此八字未爲過也。三代而下,可考其詳者,大節或有之,所養所學恐未逮乎?當時有以歐蘇擬之者,宜其弗屑也。我朝以宋潛溪、楊東里爲文章稱首,然恐亦不當出其右乎?於乎!以文章家目之,殆非先生之知己也。於乎!九原可作,舉世皆當奔走爲之執鞭,如遇孔子,不知以三仁許之乎?嗚呼!成化十八年壬寅五月之吉。"原文亦見於《鐵漢樓帖》26A,"知己也"以下無,款爲"華亭張弼拜首謹書"。按,崇禎《寧海縣志》卷五《名宦志》:"張弘宜,字時措,華亭人。辛丑進士,成化十八年知縣。"則弘宜自本年起知寧海縣。故繫於此。

八月，有詩寄陳獻章，獻章次韻二首。

陳獻章《白沙先生全集》卷七《寄題南安周元公吟風弄月臺次張太守韻》："八月緘封寄我開，公詩古蹟兩崔嵬。明月祇疑周子過，清風更是洛陽來。冥冥此夜英靈語，拍拍寰區老佛埃。獨立江干閑引望，白頭何日賦登臺。"其二曰："未拜元公風月臺，南安消息眼中來。千秋神爽今如接，累日頭風忽此開。無欲可同天廣大，至誠不取嶽崔嵬。浴沂也是當年意，吾眼猶能辨一埃。"

按，汝弼原韻詩未見。據陳獻章詩中"未拜元公風月臺"句，知作於陳獻章入南安之前。據黎業明《陳獻章年譜》，獻章時在廣東，於本年閏八月應詔赴京（第154頁），九月方才道經南安（詳下文）。汝弼此時或已聞知獻章即將入京消息，故有意邀請。《陳獻章詩編年箋校》亦以爲此二首當作於成化十八年北行入京之前（第230—231頁）。

陳獻章，字公甫，新會人。正統十二年舉人，再上禮部，不第。從吳與弼學。授翰林檢討。萬曆初從祀孔廟，追諡文恭。有《白沙集》。傳見《明史》卷二百八十三《儒林二》。

閏中秋，有詩慶太平。

張弘至本《詩集》卷三《閏中秋》詩曰："乾坤俱愛太平年，一半秋光去復旋。玉斝重斟今夜月，金箋還和舊詩篇。留連丹桂浮香地，擔閣黃花冒雨天。聞道廣寒人喜甚，秋來兩度慶團圓。"

按，據《二十史朔閏表》汝弼生前惟宣德八年、成化十八年壬辰歲有閏八月。宣德八年時汝弼九歲。而汝弼詩中有"金箋還和舊詩篇"句，絕非幼年所作。故當繫於本年。

廣東布政使彭韶調貴州，汝弼於鐵漢樓前爲之餞行，有詩。

張弘至本《詩集》卷三《送廣東彭方伯轉貴州》："聖主宵衣念萬方，福星移度照南荒。八番溪洞塵霾凈，千古顛崖日月光。紫府圖書期點勘,青雲冠蓋候行藏。一尊鐵漢樓前別,細把黃花嗅晚香。"
按,《明憲宗實錄》卷二百二十八:"(成化十八年六月)辛酉,調廣東左布政使彭韶於貴州。吏部尚書尹旻奏言,司府州縣官員才力不一者,有例調用。請調韶于貴州,而調貴州左布政使朱紳於他所。詔嘗言事忤旨,留中不下,旻承風旨,奏調之。"彭韶《彭惠安公文集》卷三《東海手稿序》:"成化壬寅九月之望,予自廣藩改貴州道。"據此,彭韶自本年六月有調貴州之命,至九月望到任。汝弼與之相會於鐵漢樓前,當在本年夏秋間,姑繫於此。

九月既望,陳獻章至南安,汝弼欲用曹參禮蓋公故事,款留於吟風弄月臺上數月以受教,獻章婉拒之。

張弘至本《文集》卷三《玉枕山詩話》:"成化壬寅九月既望,石齋先生白沙陳獻章公甫,應詔起而之京,道過南安。而太守東海居士華亭張汝弼甫欲用曹參禮蓋公故事,款留於周程吟風弄月臺上數月以受教。石齋不可,曰:'當不俟駕矣。今方度嶺,又值積雨,裝弗亟辦,容與數日耳。'東海不能強。"

按,曹參禮蓋公典出《史記》卷五十四《曹相國世家》:"聞膠西有蓋公,善治黃老言,使人厚幣請之。既見蓋公,蓋公為言治道貴清靜而民自定,推此類具言之。參於是避正堂,舍蓋公焉。其治要用黃老術,故相齊九年,齊國安集,大稱賢相。"

嘉靖《南安府志·崇表志一》:"吟風弄月臺在府治內後廳東,成化辛丑知府張弼建。"

廿三日,因連日不見陳獻章,有詩寄之,欲相約參道。獻章次韻答之,云其詩語如禪語,請汝弼參之。

張弘至本《詩集》卷三《陳公甫寓寺連日不見寄之》:"何事今朝阻笑談,淒風寒日暗江南。百年事業知多少,九月光陰又廿三。綠酒且教人酩酊,黃花自笑髩鬖鬖。晚晴還過周臺宿,細與崆峒道士參。"陳獻章《白沙子》卷八《次韻張東海》:"老去人間久廢談，青衫不改舊崮南。道超形氣元無一，人與乾坤本是三。何物坐中春坱北（按，疑爲圠之訛），幾時鏡裡雪鬖鬖。白沙詩語如禪語，試著南安太守參。"

與陳獻章飲於禪院，有懷賀欽、莊昶。

張弘至本《詩集》卷三《與陳公甫飲有懷賀克恭給事、莊孔易司副》："章江禪院雨聲秋，綠水黃花話舊游。賀老曠懷應我念，莊生高論許誰酬。乾坤古氣雙龍劍，江海長風萬里舟。去鴈來鴻無信息，夕易孤倚斗南樓。"

按，本詩列於《陳公甫寓寺連日不見寄之》之後，詩語頗平和，當在獻章與汝弼誤會交惡之前（詳下文），故繫於此。

又按，賀克恭給事即賀欽，莊孔易司副即莊昶，皆汝弼同年。賀欽師事陳獻章（參見《明史》卷二百八十三），莊昶與陳獻章友善（參見《大明一統志》卷六），故汝弼與獻章飲酒時或談及賀、莊二人。

陳獻章有詩曰："玉枕山前逢使君，西風吹破玉臺巾。"汝弼誤會其意，以一絕激之，獻章亦怒。二人以詩往復，皆語含譏諷。

張弘至本《文集》卷三《玉枕山詩話》："石齋有詩曰：'玉枕山前逢使君，西風吹破玉臺巾。'巾乃石齋自製，類華陽巾直方而無襞積者。東海籧籧斷斷，論議或有戾於其道，而云破此巾耶？遂以一絕激之，曰：'白沙村裏玉臺巾，不耐風吹易染塵。莫笑烏沙隨俗態，宋廷章甫是何人。'石齋復以玉枕山詩，曰：'一枕橫秋碧玉新，金鰲閣上見嶙峋。使君得此原無用，賣與江門打睡人。'跋曰：'東海居士詠玉臺巾，侮我太甚，口占玉枕山詩答之。'東海和答曰：'炎瘴多收一雨新，獨看天柱聳嶙峋。橫秋玉枕真無用，自是乾坤不睡人。'天柱峰亦南安之照山也，故自依天柱，以玉枕與石齋，順其意耳。而又作二絕，云：'客囊羞澀客衣單，却買南安玉枕山。縱有枕頭那得睡，雞聲催入紫宸班。''寄語江門打睡人，而今天地正芳春。覺來莫管閑蒼鳥，須掃崑崙頂上塵。'又繼之一絶，云：'青茸鋪榻玉枕橫，白雲爲被天作栟。東海先生睡不着，日月當天正大明。'跋曰：'觀此則東海、石齋大家不得睡，而司馬公拍掌笑殺，陳圖南、呂蒙正亦起來打更，而錢鏐仔甘心奔走左右也。'""仔"下有雙行小字注云："'鏐'下多一'仔'字，因江西風俗而加也，《五代史》可稽。"炎瘴、寄語、青茸三詩重見於張弘至本《詩集》卷二。

陳獻章《白沙子》卷八《南安贈龍溪李知縣》："玉枕山前逢使君，西風吹破玉臺巾。手中玉斝休辭醉，鬢脚黃花別是春。鳳曆流年供俯仰，龍溪他日看經綸。憑君若見蒙庵老，爲説于今白髮新。"

按，李榮爲成化十七年進士（據《成化十七年進士登科錄》），龍溪縣令似其初授官職。嘉靖《龍溪縣志》卷五《官師表·國朝知縣》："（壬寅）李榮，廣西蒼梧人，進士，十二月任。"龍溪在福建，距京師甚遠，十二月當爲其上任時間，本月或途徑南安與陳獻章相遇於玉枕山，故而有詩相贈。

嘉靖《南安府志》卷八《地理志一》："玉枕山在北七里，即郡治主山也。高三百仞，週三里，兩麓五峰，中高，左右次第相屬，形如枕，故名。"又，"天柱峰，在東北五里，周圍八十餘丈，巔鋭面圓，堪輿家以爲此山上應紫微星。"

蘇章由廣東使還，具道陳獻章之師吳與弼之道學品行，汝弼方悟，賦詩致歉。

張弘至本《文集》卷三《玉枕山詩話》："未幾，適武選郎餘干蘇文簡由廣東使還，具道石齋之師康齋、吳與弼之端嚴剛峭，勇於進道，亦千載人物。東海方悟，極論康齋立心造道、處世化俗之詳。東海漫賦詩曰：'耳根何處得浮塵，浪說康齋識未真。風月周臺燈火夜，伊川路上見斯人。'蓋不惟深喜得聞前輩名德，有益持循，且以謝玉臺巾詩之過。玉枕山不必買，當長揖白送矣。文簡當爲折中云。"按，本月九月廿八日陳獻章《書玉枕山詩話後》有句云：

"微吾與蘇君，今日之論，則東海之康齋，其爲晏嬰之孔子乎，了翁之伯淳也？"（詳下條）則蘇章與汝弼道吳與弼之詳當在此前。按，陳獻章年二十七即從吳與弼學（據《白沙子》卷二《復趙提學僉憲》），時景泰五年也。吳與弼字子傅，號康齋。不應制舉，教授生徒，不專著述。天順初，應聘入朝辭歸。學者稱"康齋先生"。傳見《明史》卷二百八十二。

雍正《江西通志》卷九十《人物》："蘇章，字文簡，餘干人。成化進士，授兵部主事，以星變言事，謫姚安通判，陞松江同知。後知延平府。案上大書'忍'字以自警。又建寶章閣，創道南祠，合祀楊、羅、李三大儒。漳平寇作，躬劄永安設謀勦捕，賊不敢窺。擢浙江參政，嬰風疾不起。"

九月廿八日，陳獻章讀《玉枕山詩話》於南安橫浦橋驛，跋云汝弼遺漏《回龍寺夜坐》一首，並道吳與弼爲一代人豪，然世知之者甚少。今幸有蘇君，誤會乃解。

陳獻章《白沙子》卷四《書玉枕山詩話後》："余又有《回龍寺夜坐》，詩云：'孤燭江邊寺，踈鍾雨後天。愁人知永夜，遠客惜流年。不買南安酒，留充玉枕錢。床風無意緒，吹斷藥罏煙。'第三聯亦以玉枕而發，東海乃不收入詩話中，偶忘之耶？東海平日自謂具隻眼，能辨千古是非人物，而近遺夫康齋又何也？康齋易知耳。予年二十七游小陂，聞其論學多舉古人成法，由濂洛關閩以上達洙泗，尊師道，勇擔荷，不屈不撓，如立千仞之壁，蓋一代之人豪也，其出處大致不假論。然而世之知康齋者甚少，如某輩往往譏呵太甚，群啄交競，是非混淆，亦宜東海之未察也。微吾與蘇君，今日之論，則東海之康齋，其爲晏嬰之孔子乎，了翁之伯淳也？噫！成化壬寅九月二十八日，新會陳獻章在南安橫浦驛讀東海先生《玉枕山詩話》，秉燭書此于蘇君卷中。"

陳獻章將起身入京，汝弼又賦詩贈之。

張弘至本《詩集》卷一《送陳公甫膺聘之京》："勢利不我惕，貧賤不我戚。委曲義理途，飄然若無迹。問我今行藏，而我亦未識。扁舟倚江沙，浩歌秋月白。"同書卷二又有《和韻留陳公甫》，詩曰："分付輶車且莫巾，臨川道上有輕塵。平生怪煞荆舒老，多讀詩書少識人。"按，此首所和者爲玉枕山詩之韻，詳上文。

本年，橫浦橋竣工，作文記之。

張弘至本《文集》卷五桑悅《南安郡去思碑》："橫浦當郡城中路，舊有橋輒圮，侯閔其制以復之，且立成法，歲平橋南沙洲，俾上流散緩，庶克永保。"卷二《重建橫浦橋記》："弼鑒茲弊，先開沙洲，使江面既闊，而無擁併之險。中流之墩，悉實以巨石，灌以石灰。四周鑴縫，嵌以生鐵。兩岸石址與中流五墩既成，先架木爲藪，諺所謂'喜鵲藪'是也。隨加巨梁，梁上加亭，亭覆以瓦，亭下護梁，墼以石子。蓋南安以驢爲生，非惟木不能當，而瓴甓亦不耐也。亭有欄，設爲賈區，而收其入。凡爲亭三十間，長三十丈，闊一丈八尺，較舊高廣皆加三尺。石惟用青，木惟□。舊有佛像、鐵犀厭勝之具，悉屏不用，盡人力而不惑民志也。凡賈區所收，歲供修葺。持火有禁，以防不虞。經始于戊戌冬仲，至明年冬季始通行，又三年始克悉完。其費徵於前官，募於民，而未徵者又以梅嶺鹽稅。因是而民屋於沙洲而阻江水者撤之，隄其岸爲通濟街，又歲役軍民數日，以開沙洲，皆所以保此橋也。尚賴後之守此者加意焉，亦郡之要務也。故不復牽綴文義，而直書其實云。"據此，橫浦橋始建於成化十四年戊戌，十五年冬通行，其竣工當在本年。

祁順左遷石阡知府，汝弼有詩贈行，語甚曠達。

張世綬本《詩集》卷三《送祁大參左遷石阡守和韻》曰："隨天行止樂天真，嶺有舟航海有津。薇省衣冠殊念舊，石阡雨露頓更新。清詩自寫陶岑興，直道難趨衛霍親。聞說郡齋斷絕好，青松翠竹四爲鄰。"

按，《明憲宗實錄》卷二百二十七："（成化十八年五月）壬午……以江西新昌縣惡党毛鳳等既誅，宥鎮守太監劉倜罪，停巡視侍郎金紳俸一年，降……布政司左參政祁順貴州石阡府知府。"萬曆《貴州通志》卷二十二《記下·亭館類》引祁順《宦適軒記》序曰："成化壬寅，予自江右藩司來知石阡郡事。"故繫於本年。

祁順，字致和，別號巽川，東莞人。年十七領鄉薦，天順四年進士，拜兵部主事，陞江西左參政，甫三載，進右布政使。命未下，以歲幣詿誤，左遷貴州石阡知府。陞山西右參政，進福建右布政使，尋轉江西左布政使。參見費宏《太保費文憲公摘稿》卷十九《明故江西布政使祁公墓表》。

張蕙陞浙江按察司副使，汝弼有詩寄之，懷想舊游，相約放舟西湖。

張弘至本《詩集》卷三《寄浙江憲副張廷芳》："禁籞西頭卓筆樓，勢參穹昊氣橫秋。十年東海叨同醉，萬里南州念舊游。風月每尋周子樂，江湖又負范公憂。嗟予白髮瓜期近，有約西湖一放舟。"

按，《鐵漢樓帖》15A有詩題爲《爲同年張憲副廷芳題畫》，知張廷芳爲汝弼同年。廷芳名蕙，據《明憲宗實錄》卷二百二十九："（成化十八年秋七月）丁亥，陞……監察御史張蕙……俱爲按察司副使。……蕙，浙江。"則詩當作於本年七月之後。尾聯"瓜期"語出《左傳·莊公八年》："齊侯使連稱、管至父戍葵丘。瓜時而往，曰：'及瓜而代。'期戍，公問不至。"後以"瓜期"指官吏任期屆滿。故汝弼作此詩時仍在南安任上，則必在本年或明年，姑繫於此。

普林斯頓大學美術館藏張弼書《張廷芳帖》："張廷芳近來文思益浩蕩清雄，向者會於太常之後廂，連題數詩，皆令人歆艷不已。如'十里野棠春雨香'之句，何可多得耶！虛此册之左，以俟其筆。諺云'抛磚引玉'，此之謂也。弼白。"鈐朱文方印"張弼之印"

似僅見於此。圖見PRINCETON UNIVERSITY ART MUSEUM官網。此帖又刻入《寶賢堂集古法帖》，然與墨迹行款、風格不一，帖後又有楷書"弘治二年九月一日書"，疑所據底本爲臨作。汝弼與廷芳二人既嘗"會於太常之後廂"，可知在京時即有詩文往來。

《蘭臺法鑒錄》卷十一《成化朝》："張蕙，字廷芳。山西忻州人。成化二年進士。六年，由句容知縣選□□道御史、巡按山東，陞浙江副使，致仕。"

本年，葉贄在台州，有詩寄汝弼，念同朝情誼，稱贊汝弼政績詩才。

嘉會堂本《文集》附録淮陰葉贄詩云："昔年趨覲憶聯鑣，一別分符兩地遥。我守浙東君嶺北，身依異郡夢同朝。龔黃政績留民愛，李杜詩名播士謡。清□慶源流益永，眼看群鳳翥雲霄。"按，葉贄成化十八年知台州府（據雍正《浙江通志》卷一百五十四《名宦九·台州府》）。詩句既云"我守浙東君嶺北"，則當作於葉贄知台州後，汝弼致仕前，則僅可能在本年或明年，姑繫於此。

葉贄，字崇禮，山陽人。天順甲申進士。以刑部郎出知嘉興府，復知台州、廣信府，拜右副都御史，總督糧儲，轉南京工部右侍郎，又轉刑部，正德七年卒於家。傳見《明武宗實録》卷八九。

程敏政有書來，言弘宜文學得之家傳，又爲弟敏德乞汝弼妙翰。

程敏政《篁墩程先生文集》卷五三《與南安張太守汝弼書》："奉别以來，不幸有先公之喪，塊處山中，倏逾三載。今雖改服，尚以家累衆大，天氣炎燠，未能北上也。……令郎進士公在京，嘗沐過慰，大能篤契家之好，可喜文學之優，得之家傳者，固不待言也。計年兄在任已久，政聲流聞，或有考績之行，小弟當需次京師，高會可期矣。因族姪芳入廣之便，輒此奉問起居。頑弟敏德性好書札，甚欲得年兄妙翰以爲楷式，倘賜不悋，得備私淑之餘，何幸如之。惟時仲夏，尚謹重眠食，以副朋舊之望。"

按，《篁墩程先生文集》卷四十一《資德大夫正治上卿南京兵部尚書兼大理寺卿贈太子少保諡襄毅程公事狀》："己亥五月，忽因吐致疾……竟不起，時九月二十七日辰時也，享年六十有三。"同書卷五十一《祭告顯考襄毅公文》："維成化十八年歲次壬寅春正月庚午朔越三十日己亥，孤子左春坊左諭德敏政敢昭告于顯考尚書少保襄毅公府君曰：嗚呼！不肖孤之服盡今日矣。"同書卷七十一有《成化十九年二月一日，浦口與王文明太守諸公別》。則程敏政之"先公之喪"在成化十五年九月，服闋在成化十八年春，北上在成化十九年春，其致汝弼札在仲夏時節，又云"未能北上"，故書札祇能作於本年。程敏政書中所及"令郎進士公"當指汝弼仲子弘宜。

又按，張弘至本《詩集》卷首弘治十一年程敏政《詩跋》云："曩予問東海索草書，輒謝曰：'待有偶然得意者，當舉以爲贈，不敢取應酬者塞命也。'然竟不獲其所謂得意者，恒以爲憾。乃若倡和詩篇，往反書札，則所得甚富。每一展玩，疑所謂得意者或在其中，雖東海亦或不能自知邪？"

按，此篇無題，僅版心有"詩跋"二字，收入《篁墩程先生文集》卷三十九，題爲《書東海草書後》，又刻入《鐵漢樓帖》42A，部分文字漫漶。據字形，當與張弘至本《詩集》卷首所據刻者同出一源。由此可知，汝弼書翰雖密友亦不易得，書札殘簡均可寶也。

沈周有詩寄汝弼，道吳中流亡之甚。

沈周《石田稿》第一七二葉《寄張東海》："北院清幽當有地，南安翻就一麈來。江山佇與豪吟助，歲月休嫌老鬢催。牘背不妨留醉草，尊前長要著官梅。吳中別後流亡甚，欲報鄉音不忍裁。"

按，《石田稿》依年月編排，此時即繫於本年。

本年前後，前南安同知施奎用汝弼《渡江》韻作詩寄來，汝弼次其韻，並告以橫浦橋重修之事。

茅一相輯《寶翰齋國朝書法》第六册"張南安書"有《前任南安同知嘉興施漢章既致仕，用予渡江詩韻寄來，遂次而復之》詩，云：

"歸舟五月發通津，腰帶橫金命服新。（小字注："以同知進階四品致仕故云。"）苒苒光陰雙短鬢，茫茫天地一閑人。庭前贗種陶潛菊，扇底全無庾亮塵。寄我嘉禾溪上句，年來詩律更通神。"又"飛梁千尺駕通津，頓使魚城氣象新，上下樓臺因舊迹，往來輿馬憶前人。青雲題柱誰無志，仙襪凌波卻有塵。城上金鰲高閣在，傳柸伐鼓祀江神。"題云："此橋乃百粵吳楚之要路，為水所毀，嘗再建之，即毀，今復脩建。所以報施同府公云。"

按，此二詩即張世綏本《詩集》卷三《次舊僚嘉興施漢章韻》二首。施奎致仕年月今不可考，然據汝弼所題，後一首當作於橫浦橋建成之後。二詩於帖中前後連屬，書風一致，當書於同時，姑並錄於此。汝弼《渡江》詩原韻，見天順五年譜。

評陳獻章詩集，請莊昶作折中之言。

莊昶《定山先生集》卷二《南安張太守評白沙詩集，有請予折衷之言》："風花醉點箇中春，誰與癡人說夢頻。問我折衷張太守，而今我亦是癡人。"

湛若水《湛甘泉先生文集》卷三十《明定山莊先生墓誌銘》："張公汝弼書曰：'君子居間，患無書可讀，又恐書多而亡羊耳。晦庵教萬世學者，不得已而有言，亦為魯齋所惜也。先生之於白沙，必有定論，更一示我。'先生俱以白沙之說答之。"

按，以上二則均未題年月，汝弼既於本年與陳獻章相見，發生誤會衝突，推測本年前後汝弼向莊昶探詢陳獻章之為人，並請作折中之言調和衝突。

賦詩寄秦夔，流露老大傷悲之意。

張弘至本《詩集》卷三《寄建昌太守秦廷韶》："老守題詩寄少游，天涯幾度斷鴻秋。丹心自許乾坤識，白髮誰憐歲月流。蓴菜關情千里外，杜鵑驚夢五更頭。章江北注雲南去，獨倚斜陽鐵漢樓。"（收入秦夔《五峰遺稿》卷二十三。）

按，據同治《建昌府志》卷六《秩官表·明知府》："秦夔，無錫進士，十八年任。"則汝弼寄詩以本年爲最早，姑繫于此。

五兒弘玉不肯事詩書，卻喜玩弄筆墨，汝弼作詩記之。

張世綬本《詩集》卷四《五兒六期口號》："弘玉今年已六期，嬌癡未肯事詩書。却來戲弄如椽筆，攪我清風翰墨池。"按，弘玉約生於成化十二年（詳該年譜），據詩首句，詩當作於弘玉滿六周歲之後，姑繫於此。

金文卒。

據《焦太史編輯國朝獻徵錄》卷九三潘琴撰《開封府知府金公文墓誌》。

【時事】三月，憲宗撤西廠。本年，松江饑荒。

明憲宗成化十九年癸卯（1483） 五十九歲

二月七日，於南壇齋宿，賦詩二首，一懷同知李榮，一簡同宿推府韓統。

張世綬本《詩集》卷四《南壇齋宿有懷李同府廷芳》（自注："時出哨藍村諸處也。"）："李牧樓船江水涯，聽風聽雨亦如齋。燈花落盡頻揮筆，應寫鐃歌寄好裏。"後一首《南壇齋宿簡同宿韓推府馭民》："鳶飛魚躍眼中情，莫把微言入杳冥。若說槐黃催舉子，文章祗合問西廳。自注：南安俗稱'推官'爲'西衙'，故云。"款云："成化十九年癸卯歲祭之明日，乃二月七日庚午，東海居士識。"

按，哨藍村，不詳。南壇，嘉靖《南安府志》卷二十三《崇表志二·大庾縣》："通利坊在縣西南壇巷。"

又按，李同府廷芳當爲李榮，時任南安同知。嘉靖《南安府志》卷二十五《藝文志二·〈南安府志〉後序》（李榮撰）有句云："成化癸卯，予同守南安之明年，郡守華亭張公弼下車六年也。"則本年爲李榮任同知第二年，時李榮未與汝弼同往祭祀，故汝弼有詩懷之。韓推府馭民當即韓統，字馭民，廣東番禺人，由舉人任南安府推官（據嘉靖《江西通志》卷三十七《南安府·推官》）。張世綬本《詩集》卷三《答南安舊同寅韓推官馭民》首句云："昔日同寅十數人，韓侯與我最情親。"可知汝弼與馭民相交甚深。

三月五日，有書寄華亭，屬弘正操辦弘至應舉盤費，又屬弘至到南京，衹可見舊師周瑛等，專一用心學問，勤儉是務，參加科舉，第一要合得好伴。

《鐵漢樓帖》34A—34B："☒弘至去應舉，弘正出盤費。行已亦然，而弘至若僥幸得中，即還家赴會試。若官府盤費不足，弘正添與之。若不中品，從南京搭船來南安。但到南京，止可見舊師禮部周梁石、吏部朱養和及鄉里官，專一用心學問，勤儉是務。瑁湖書樓，要弘正用心照管，盛張叔公科舉要送行。弘至若行，第一要合得好伴，所事皆好。中不中，且弗足論也。□□三月初五日頓首拜。"

按，汝弼出守南安六餘年中，僅成化十六年及本年有應天府秋試，而僅有本年弘至來南安（詳下文），汝弼書當作於弘至應舉前，姑繫於此。周梁石即周瑛，興化府莆田縣人。成化五年進士，七年出知廣德州，後遷撫州知府，終官四川右布政使。參見林俊《見素集》卷十九《明進資善大夫四川右布政使致仕例進一階翠渠周公墓誌銘》。朱養和，其人不詳。

又按，汝弼常以"勤儉"教子，《鐵漢樓帖》34A首有一函，衹存後半，有句云："豈有餘財可以濟救親戚，但'勤儉'二字，便可補不足也。"

四月望日，作《李相亭記》。此亭乃同知李榮建於上猶縣學之後山，汝弼名之曰"騰龍嶺"，又因抗金名臣李綱嘗來茲山，故以"李相"名亭，致景仰之意，使士有所法。

張弘至本《文集》卷二《李相亭記》（即《鐵漢樓帖》31A）：

"若宋李忠定公在徽宗時，英才卓越，已大有聞。遇時之否，掣肘莫展。至南渡，一試聿成，朝廷未幾亦沮。所以宋之讐恥終不可雪，中原終不可復，民物塗炭之極，以至胡元入華，衣冠掃地，而爲開闢已來之大變焉。嗚呼！才而不遇有如此哉！……嘗至上猶縣護教寺、蜈蚣硤，俱有詩，豈爲江西制置（刻帖"置"下有"使"字，是，當據補。）時行部至此耶？抑寔萬安軍時偶游此耶？遭變既屢，故老無傳，其所自撰《置制録》亦已無考，蓋莫得其詳也，然以不世出之才而辱臨遠邑。有志者恨生也晚，不得瞻望裳鳥爲歆，而忍忽而不道耶？（刻帖"忍"上有"尚"字。）縣學（刻帖"縣學"上有"上猶"二字。）之後山舊名龍歸坑，弼惡其（刻帖"其"下有"與學宮"三字。）不稱，易曰'騰龍嶺'。同知蒼梧李榮率官屬與耆俊登焉，以賀茲山之遭，遂擇勝（勝，刻帖作"寬平處"。）建亭，問名於弼。弼曰"李相亭"，不惟致景仰之私，且使士有所法，又以洗僻（刻帖"洗僻"下有"遠小"二字。）邑之陋也。……公名綱，字伯紀。祖自邵武始遷無錫。父夔，任華亭尉，而公生。忠定，其諡也。"

按，《鐵漢樓帖》31A "至南渡"前文字均脫去，末有款云："成化十九年癸卯四月望後學華亭張弼記。"

嘉靖《江西通志》卷三十六《南安府》："騰龍嶺，在上猶縣北，學宮之後，似龍騰。舊名'龍歸坑'。知府張弼以其不稱，改今名。又以宋丞相李綱爲制置使嘗過此，故建李相亭于上。"

張弘至本《詩集》卷二有《李相亭》一詩，可與記文參看。詩云："百室猶江邑，千年李相亭。乾坤留正氣，山水有餘清。赤手扶皇宋，丹心契孔明。蘋香聊一薦，俯仰不勝情。"

中秋，郡厨新搉竈，適禮部王沂至，汝弼與之燕飲甚歡，又盼弘至秋試折桂，有詩。

張弘至本《詩集》卷三《贈禮部王希曾》序："郡厨新搉竈，適希曾至，兼念三兒試南都，時癸卯八月望日。"詩云："郡厨今日竈新搘，正值中秋明月時。萬里故人天上至，一尊清酒客邊持。天時正合留人醉，詩句都非媚竈詞。卻問三郎在南國，姮娥能付桂花枝。"按，王沂爲王㒜之子，汝弼與王㒜年歲相仿，於成化初交往頗密（詳成化元年、二年譜）。王沂與汝弼之子同輩，故汝弼見王沂即念及其子弘至。同卷又有《聞弘至赴秋選》一詩，或亦作於本年，詩云："三郎去赴京闈選，萬里絲纏父母腸。立志讀書須篤實，隨時作事要周詳。休矜一得春秋富，務積三餘晝夜忙。小范大程真軌範，平生事業豈文章。"

張世綬本《詩集》卷三《送禮部王希曾還朝》："萬里相逢髩已星，孤燈夜雨話魚城。客程嶺外初歸馬，宦況江東老步兵。鈴閣幸同今日醉，冰衙不減舊時清。淒涼又説明朝別，更上周臺望去旌。"據詩中"孤燈夜雨話魚城"之句，此詩當作於南安（張弘至本《文集》卷二《鼻吸河記》云："南安城狹而長，如魚形然，故曰'魚城'。"），或亦本年前後所作，姑録之。

《本朝分省人物考》卷二十七《王沂》："王沂，字希曾，直隸武進人，南吏部尚書㒜之子。成化十一年進士，授禮部主事，歷陞員外郎、郎中，山東右參政，湖廣右布政。丁父憂。服闋，轉山東左布政使。弘治十四年，陞右副都御史，巡撫真定等府，兼提督紫荆三關，累疏乞休，不允，卒于官，年六十二。"

鄉貢進士南海梁克載與三兒弘至同舟來南安。八月三十日，汝弼跋梁氏所攜《蘇軾書李太白詩卷》於吟風弄月臺，又應弘至之請，秉燭録二詩並跋語。

大阪市立美術館藏張弼《蘇軾書李太白仙詩卷跋》云："此東坡書李太白詩，金相蔡松年跋之詳矣。'正隆'乃金主逆亮年號，施宜生即《桯史》所記奔金使宋、洩機而被戮者。松年而下，用筆皆稍似蘇者。當時程學行於南，蘇學行於北。金之尊蘇與孔子並,故習其餘風,皆有類耳。宜生輩於松年辭極推重,書必提頭,此當時諛佞之風也。然由此亦可以觀其人,覘國之脉矣。松年與宋京、卞同姓同時,又之西山,故觀者誤以爲宋人,非京、卞鼠輩,即季通諸大君子,故不敢輕議也。然其言之當,雖京、卞輩亦不以人廢言。松年雖略過,稱其所見,以是爲的耳,何怪哉?鄉貢進士南海梁克載得而珍藏之,吾三兒弘至與之同舟來南安,因出觀之,遂書以復。大明成化十九年癸卯八月晦華亭張弼在南安郡之吟風弄月臺書。"(見《書道全集》第17卷第56—57頁。倪濤《六藝之一録》卷三百四十二《歷朝畫譜》三十二著録。)天津歷史博物館藏張弼《草書蘇軾太白仙詩》同,跋之正文前有句云:"此後有施宜生、劉沂、高衎、蔡珪四段跋語,然皆諛辭,不録。弼跋於後,曰……"鈐"東海"朱文長方印,跋文末有"張弼印"白文方印,似均爲首見。跋後有小字曰:"弼既爲克載跋此卷畢,而弘至欲録之,遂秉燭搜筆,二詩不知□□作,然未聞宋人有此語奇也。是夜二鼓識。三易筆,但柔散不稱,可笑可笑,東海居士書。"鈐"東海居士"白文方印。(見《中國古代書畫圖目》第八册津2-005。)據此,大阪市立美術館藏似爲原稿,天津歷史博物館所藏爲汝弼過録之也。張弘至本《文集》卷四《跋東坡書太白逸事詩卷》、《江村銷夏録》卷五、《式古堂書畫彙考》卷十皆著録汝弼之跋。

按,上云汝弼本年中秋有詩盼弘至南都試折桂,又有書信屬其若不中則徑來南安(詳上文),弘至中舉在弘治五年(據正德《松江府志》卷二十六《科貢下·鄉貢》),則弘至此行當在落第之後。

又按,張世綏本張弘至撰《萬里志》卷下《餞東山寺》有句云:"廿年重到驚陳迹",同卷《過小溪驛》題注:"屬大庾縣",詩中有句云:"二十五年今復到。"《萬里志》爲張弘至正德元年至二年奉使安南國紀志行程詩文集,途中經過南安。本年距正德二年爲二十五年，"廿年重到"當爲約數。

南海梁克載，其人不詳。

九月，陳獻章乞還養母得允，拜翰林院檢討，稱病不辭朝而還。汝弼聞之，疑其冒官，以詩誚之。迨其還過南安，汝弼問出處，獻章以不敢沽名釣譽答之。

張弘至本《文集》卷一《聞陳公甫受職告歸》："君恩天地寬，臣義日月皎。無職徒冒官，優游豈不好。未識義如何，請問程明道。李密是何人，亦有陳情表。"《鐵漢樓帖》12B—13A："平生渾未識辰砂，赤土時將向客誇。忽悟自家丹一寸，辰州尤更隔天涯。右有《感興》一絶，書寄陳公甫聘君。不識近在吾南安吟風弄月臺，所論果何如也？弼頓首。"收入張弘至本《詩集》卷二。

陳獻章《白沙子全集》附錄張詡《翰林院檢討白沙陳先生行狀》："歸經南安，知府張某問出處，對曰：'康齋以布衣爲石亨薦，所以不受職而求觀秘書者，冀得間以悟主也。惜乎當時宰相不悟，以爲實然，言之上，令受職然後觀書，殊戾康齋初意，遂決去。某以聽選監生薦，又疏陳始終願仕之心，故不敢僞辭以釣虛名。或受或不受，各有攸意爾。'某惟惟。"

《明憲宗實錄》卷二百四十四："（成化十九年九月）甲午……授吏部聽選監生陳獻章爲翰林院檢討，許歸養其親。獻章，廣東新會縣人。由舉人入國子監，屢會試不中。歷事吏部，需選未及，回家授徒，不復就試。至是廣東布政彭韶、巡撫都御史朱英皆言其學行可用，乞以禮徵聘。吏部謂獻章乃聽選之人，非隱士比，揆以祖宗法度，安用聘爲？遂移文取至京，欲試其所學，量擬授職。獻章稱疾，不就試。居久之，奏言：'臣以舊疾未平，未能就試。而母年七十有九，乞放歸田里，就醫奉母，俟母養獲終，臣病全愈，仍赴吏部聽用。'上以其爲巡撫等官前後交章共薦，而監生亦有親老願回侍養之例，遂特授以翰林院檢討而聽其回。獻章爲人貌謹願，爲詩文有可取者，然于理學未究也。自領鄉薦入太學，務自矜持以沽名，因會試不偶，家居海南，不復仕進，一時好事妄加推尊，目為道學，自是從而和之，極其贊頌形諸薦奏者，不知其幾，以其所居地名'白沙'，稱為'白沙先生'。雖其鄉里前輩素以德行文章自負者亦疑之，謂獻章不過如是之人耳，何其標榜者之多也？要之皆慕其名而不察其實者。及授官，稱病不辭朝，而沿途擁騶，從列又［仗］槊，揚揚得志而去，聞者莫不非笑云。"

嘉會堂本《文集》附錄尹直題辭云："陳獻章領鄉薦，上春官，屢不第。有勸其不必仕，而歸隱終身者。獻章喜得此名，益務高談闊論。後以舉者言徵至京，吏部欲如例試而後授官，乃託疾，潛作十絕，頌其鄉太監梁方。方言於上，授以檢討致仕，軒軒然自以為榮。楊維新謂其既託疾不能謝恩，何乃即日乘轎出城，張蓋開道，無復故態，豈知道義者哉？張東海汝弼贈獻章一絕云：'平生渾未識丹砂……辰州猶自隔天涯。'蓋譏其不得進士，乃假道學以欺人。若使得一第，亦必希進不已也。"

時陳獻章又有詩寄彭韶，其中有句及於汝弼，姑錄於此："今朝試拂鏡中塵，何物頭顱敢負人。但得聖恩憐老母，也叨供奉作詞臣。公無私我公當進，我不隨公我自真。卻愧南安張太守，笑人頭上玉臺巾。"題為《寄彭都憲》。據《陳獻章詩編年箋校》第309頁，繫於此年。

十一月十六日，書江西右布政使陳煒所撰《南安府志序》。先是，禮聘儒紳鄧本元先生纂修《南安府志》，汝弼躬親評校，以稿本交陳煒作序，後交文志貴付梓。

萬曆《南安府志》卷首《南安府志序》云："吾方欲纂輯《江西總志》，而十三郡之志皆聚目前，惟南安以稿本至，蓋出今守張汝弼之手也，事必考其實，實必稽諸理，理必質諸正，不輕信，不苟同，不浮縟，不僻澀。故舊志所載，雖有其事而實戾者辯之，雖有其實而理悖者明之，雖若常理而未正者規範之，可備異聞者姑存之，不苟從違，必著依據。如鬼俗滛祀，則一遵太祖高皇帝正祀典之制，以曉愚俗，而誑誕之膏肓受療矣；如分野分星，則據天官占候之法，辯古今承□（此字原闕，據張世綏本附錄所收此篇，當爲"譌"。）襲舛之陋，而凡郡國志紀，皆有所覺矣。且其叙事條達，立例正大，厚倫化俗之意隱然見諸言表。豈徒紀事之簿書乎？汝弼之用心良瘽哉！將梓以行，因序此于首，俾歸更詳定，毋或牴牾，毋或衡決，庶後不爲如歐陽子者之所病也，故序。大明成化十九年癸丑十一月既望，江西等處承宣布政使司右布政使三山陳煒序，南安府知府華亭張弼書。"按，此序手書上版，字體爲行楷，然刻印不精。

嘉靖《南安府志》卷二十五《藝文志二·李榮·南安府志後序》："成化癸卯，予同守南安之明年，郡守華亭張公弼下車之六年也。政通時和，郡苟治，公間語予曰：'郡邑志有關化理要務也，南安舊有志，無板刻，且繁蕪不足傳信，非缺典歟？盍相與圖之？'乃議禮聘儒紳吉水鄧本元先生以司纂脩，公則躬親評校，訛者正之，缺者補之，冗穢者滌之，筆削予奪，務存法戒。予偕節推番禺韓侯統復詳加考訂，二年乃成，彙爲五卷，題曰《南安府志》，宏綱要義，昭揭其大而不遺其小，切民事而關世教也。方伯三山陳公已序之，著述之論至矣。於是僚屬欣躍，乃偕大庾令文志貴各捐俸梓行，垂成而公以引年去，予請終其事焉。"

按，吉水鄧本元詩文見於嘉靖《江西通志》、嘉靖《南安府志》、嘉靖《南雄府志》等，然生平不詳。嘉會堂本《文集》附錄收鄧本元追憶汝弼五言詩一首。

嘉靖《南安府志》卷二十五《藝文志二·劉節·南安府志序》："景泰間，郡人蔡憲僉九節嘗脩之，猶夫志也。成化間，郡守張公汝弼增脩之，猶夫志也。……"同書卷三十二《人物傳·文學·皇明》:"蔡雲翰,初名蒲,字九節,後改名雲翰。大庾人。"據此,汝弼所作《南安府志》當在蔡雲翰景泰年間所修《南安府志》基礎上增修而成。

萬曆《福州府志》卷二十三《人文志·名賢》:"陳煒,字文耀,閩縣人。天順四年進士,成化初選監察御史,奉命按南畿,改督學北畿,遷江西副使,歷按察使、右布政,轉浙江左轄,未上,卒于官。煒爲人風格峻整,而敏達于政,在臺中號敢言。"

同治《大庾縣志》卷八《職官·文秩·知縣·成化朝》:"文志貴,歸善人,舉人。嘗鑿惠泉山石路,以便舟舫牽挽清查陂圳,修補之。升溫州府通判。"

李棨以素卷寄南安,汝弼因棨精於理學,作《分野評》復之求質。

張弘至本《文集》卷四《分野評》(補版葉):"分野之説,本《周禮》保章氏'以星土州(按,嘉靖《南安府志》卷七《天文志》作"辨",是,當據改。)九州之地,所封封域皆有分星,以觀妖祥。'蓋以天象占其地,特占法而已。儒者不考,星官不著,故凡郡國之分野者皆據成説而録之,而不暇察;察之者,又不能明。……蓋天道流行,其大無外,萬象異形而同體,三才異位而同神。故以占法變化之神妙,窺天人感應之徵驗,如吳越之災祥,則應於斗牛之纏度,以斗牛而占吳越,非謂吳越正在斗牛之下也。史家天文志曰,某地入某宿幾度,而所記不同,占法亦異,亦有不知占法測驗,約略而言。今以《易》占明之,固無所瑣瑣也。而京房鬼谷執革之類,以第幾爻爲家宅,各取驗正,猶以某星占某地也。若德儒論中國萬國,則同此一天星,而占法各取徵應。適脩《南安誌》,李從質以素卷寄至南安,欲書。君精於理學,書以復之,因以質云。"據此,汝弼作《分野評》當與修《南安府志》時間相當,又上文引陳煒撰《南安府志序》,有句云"如分野分星,則據天官占候之法,辯古今承譌襲舛之陋,而凡郡國志紀,皆有所覺矣。"則知其時汝弼於分野之説實有深思熟慮。

弘治《上海志》卷七《惠政》："李棨，字從質，任丘人。成化間，由進士任知縣，處群吏如家人，涖民如父子，政尚寬緩，不事聲色，而民自協服焉。去後，嘗見思。"

撤大庾嶺上雲封寺佛像，立祠祀張九齡，又益以二亭。冬十二月，與故人同游，有詩暢懷今古。

張弘至本《詩集》卷三有《張丞相祠》二首，其一："時將小至始淒風，錦樹溪山富貴冬。丞相祠前薦浮蟻，將軍嶺上望高鴻。紫雲西北三光近，滄海東南萬國通。樂與故人同一醉，欲騎黃鶴從飛龍。"其二："張相新祠何處尋，梅花嶺上最高岑。雲封一室藏金鑑，泉滴層堦奏玉琴。後世競傳開路蹟，當時未盡補天心。李貓聳耳青騾遠，獨立西風慨古今。"

張世綬本《詩集》卷四《曲江張九齡祠》自注："公有開闢梅關之功，故立祠祀之，既而益以二亭，乃撤雲封寺中所有也。"詩云："瞻衮亭連禮錫亭，曲江俛首伴山僧。于今獨立雲霄上，無復梅花怨不平。"同卷《謁文獻祠》："遠上梅峰九轉螺，曲江祠廟鬱嵯峨。悠然俯仰人千載，舊石消磨名不磨。"卷五桑悦《南安郡去思碑》："又於張九齡獨闢嶺寺，建祠祀之。蓋九齡通道至侯康之故，民謠直以侯配九齡云。"嘉靖《南安府志》卷十一《秩祀志一·廟祠》："張丞相祠在大庾嶺上，祀唐丞相曲江公張九齡。成化癸卯知府張弼撤雲封寺佛像，立祠以祀。寺故有禮錫亭，爲僧惠能立，張公曰'瞻衮亭'，祠至今存。"

按，《張丞相祠》第二首首云"張相新祠"，則此二首當作於建祠後不久，又第一首有"時將小至""富貴冬"之語，小至在冬至前一日，則詩當作於本年冬十二月。

又按，汝弼詩云"瞻衮亭連禮錫亭"，序云"益以二亭"，則嘉靖《南安府志》似混二者爲一。

本年，改上猶縣神廟爲賢令祠，祀元縣尹趙明，明知縣王哲、高敏道、林元美，以勸方來。

嘉靖《南安府志》卷十二《秩祀志二》："名宦祠。舊有賢令祠，在縣治前，成化癸卯知府張弼改淫祠爲之，祀元縣尹趙明，本朝知縣王哲、高敏道、林元美、章爵。"下引劉節記曰："上猶縣故有賢令祠，乃成化癸卯郡守張侯弼創建，祀元縣尹趙明氏，國朝知縣王哲氏、高敏道氏、林元美氏，正德丁卯提學副使潘公子秀增祀知縣章爵氏……按志，趙明氏，大梁人，至治間爲上猶尹，始至以五事自責，禱雨，雨至；逐蝗，蝗去；驅厲，厲息。民立棠陰碑紀其績。王哲氏，陝西人，洪武末知上猶。力除弊政，廉慎愛民，民稱頌之。高敏道氏，安陽人，永樂中以給事中謫令上猶。平易臨民，悉心撫字，賦役其均，民庶樂業。林元美氏，閩人，宣德間登進士，發軔爲上猶令。公廉有爲，興學愛民，事持大體。邑人鮮知學，政暇，集諸生親爲講課不輟。"

買民地開拓南康布政分司，又增廣南康縣學明倫堂。

嘉靖《南安府志》卷十五《建置一》："南康縣……布政分司在縣東門內，制與府同。前爲大門，門之內爲儀門，東西爲角門，中入爲堂，堂後爲後廳，堂之前左右爲廂房，後堂前左爲廚，右爲書案房。（小字注：舊在縣治南，正統間知縣齊元銘即裁革稅課局建之。成化十九年知府張弼買民地開拓。）"嘉靖《南康縣志》卷三《學校》："成化十九年，知府張弼以明倫堂前迫禮殿，後迫御書閣，規制隘陋，乃移閣於後三尺，鼎建而寬敞之，自爲記。"按，記文今似不存。

送牌坊柱到府學，有詩。

張弘至本《詩集》卷三《送牌坊柱到府學》："聖祖詒謀萬世傳，里閭綽楔表英賢。既通地脈壬乾位，定破天荒癸卯年。五色鳳文能照耀，九霄鵬翻自騰騫。莫嗤兩柱無多力，待看堂堂柱碧天。"

按，據"定破天荒癸卯年"句，繫於本年。

聞江南造樓船甚麗，賦詩一首。

《鐵漢樓帖》40B第二首："三貞坊前巨綵船，筆床書卷煮茶煙。何時東海先生醉，《水調歌頭》三百篇。聞造樓船甚麗，予明年歸，必在嘉興或姑蘇相見矣。喜而先此，寄諸賢弟云。"收入張世綬本《詩集》卷四。

按，汝弼明年致仕歸鄉，故此詩當作於本年。

作家書，詢問親家李觀賣屋事，令長子弘正救濟之，許諾將自助外甥李塾學費，並問候親家顧東皋等。

《朵雲軒2007年春季藝術品拍賣會·古代書畫專場圖錄》第1043號作品爲汝弼行書冊頁，字體風格與汝弼存世行書作品（如臺北"故宮博物院"藏《雜書》卷）對照，當無疑義，書寫亦流暢自然，有"江上笪氏圖書印"朱文長方印、"雪泉清玩"朱文方印，知爲笪重光閣中舊物。其書云："李觀家爲鹽場事，聞要賣屋。其家田地底業如何便如此？若果十分了不來，弘正可量身周急，毋阿失所，蓋爾妹頗曉事，阿塾若讀書刻苦，必能成人，振作家門也。其學金等費，我自助之。弘正輩能救濟之，祇体父母之心也，可備細寫來。顧東皋且喜康健，行己亨福，量無憂也。顧鑑今如何？其子女亦要頓放定當，餘不盡言。三月初吾發行。餘空。"

按，汝弼外甥李塾生於成化十年（詳該年譜），本年十歲，正當求學之時。成化十年之後，汝弼僅有成化十四年春赴南安之命與明年春歸致仕歸松爲長途遠行，而成化十四年春三月前汝弼在家，似無需作家書致弘正，李塾亦尚未當適學之齡。故此書作於本年年末或明年年初最有可能，姑繫於此。

又按，據書信內容，顧東皋當爲行己之父、汝弼親家。顧鑑未見於汝弼詩文。

弘宜之友、俞允之孫俞琳舉於鄉，汝弼有詩贈之。

崇禎《松江府志》卷三十九："俞琳，字世美。……成化癸卯舉于鄉，與張弘宜友善。東海公贈以詩曰：'記得曲江春裡宴，好尋爾祖舊游題。'（府志科目，琳乃洪武甲戌允之孫也）謁選得臨江司理。陸文裕公稱其富文史，識理道，平反獄情能目閱耳受，手揮口駁，號稱廉平，譽望日嘖嘖。以病，官僅數月耳。"

外孫李序生。

《竹岡李氏族譜》卷二《竹坡公支八世‧李觀》："子三：塾、序、學。"九世："序，字養秀，號雲浦。仕荊府典膳。成化癸卯十月十九日生，嘉靖甲寅七月十二卒。"

吳寬作題辭，云陳琦赴貴州按察司副使之任時，獨攜汝弼妙墨詩簡以行。

嘉會堂本《文集》附錄長洲吳寬題辭："吾友陳君粹之，今之良監司也。治獄之餘，獨好文字。故所與往還者，一時名士。詩篇簡牘所以投遺者，動輒盈案。今將憲副貴州，萬里之外，獨攜東海先生妙墨詩簡以行，公餘閱之，如與公促膝晤語於一堂之上，而離群索居之嘆，庶可免矣。成化癸卯三月二十七日題。"

本年前後，廣東按察使閔珪嘗於庾嶺會江西藩臬，勘爭田事，有詩遺汝弼，並索草書，汝弼和其韻。

閔珪《閔莊懿公詩集》卷六《庾嶺會江西藩臬勘爭田事，飲于鋪舍，晚宿民家，詩遺汝弼太守，且索其草書》："江廣封疆庾嶺分，偶因虞芮此逢君。一樽秋酒郵亭月，兩榻茶烟茅舍雲。襦袴有謠廉太守，詩文無敵鮑參軍。長篇小草須多惠，毋惜羊欣白練裙。"

張弘至本《詩集》卷三《和廣東按察使閔朝英韻》："到處清風瘴癘分，有人傳是紫陽君。心澄滄海一輪月，思入羅浮萬頃雲。憲府舊推名御史，詩壇今得大將軍。野人欲獻行廚味，雨過山溪鼈長裙。"又"南海黃柑遠見分，幾迴細嚼苦思君。孤鸎愁坐蕭蕭雨，老鶴高飛渺渺雲。花判最能明國法，草書何足張吾軍。一尊庾嶺梅花月，共醉清風却舞裙。"

張世綬本《詩集》卷三《和廣東按察使閔朝瑛韻》："攜手河梁又欲分，九重天上覲明君。一盃梅嶺今宵雨，萬里金臺舊日雲。驄馬還迎前柱史，白鵝却付右參軍。此行東閣應推轂，投筆班超著戰裙。"後一首《夜雨不寐用前韻》："擁衾不寐夜將分，飽聽秋聲在此君。金紫深恩慙舜禹，文章虛譽笑機雲。東南海道頻勞使，西北邊塵尚駐軍。最喜甘霖甦久旱，章江新緑漾湘裙。"

按，王鏊《震澤先生集》卷二十九《光禄大夫柱國少保兼太子太保刑部尚書閔公墓誌銘》："閔公諱珪，字朝瑛。……成化六年，擢江西按察副使。已而改廣東，進按察使。庾嶺介南雄、南安間，二境爭田不決。公方會勘，衆忽譟呼爲變。人勸公少辟，公不動，徐爲處决。令下，兩境胥悦散去。"嘉靖《廣東通志初稿》卷七《秩官·副使》："閔珪，浙江烏程人，進士，成化十一年任。"同卷"按察司按察使"："閔珪，本司副使陞，成化十六年任。"據此，閔珪往庾嶺勘爭田事當在成化十六年陞任按察使之後。

又按，張弘至本和韻第二首"花判"二句言及草書，當即回應閔珪詩中"長篇小草"之句。而張世綬本和韻詩首句云"攜手河梁又欲分，九重天上覲明君"，則詩當作於閔珪進京朝覲前與汝弼相會之時。自成化十六年至成化二十年（汝弼致仕）間有成化十七年、二十年爲朝覲之年。汝弼詩中有句云"此行東閣應推轂"，典出《史記》卷一百二《張釋之馮唐列傳》："唐對曰：臣聞上古王者之遣將也，跪而推轂，曰閫以内者，寡人制之；閫以外者，將軍制之……'"後因以"推轂"稱任命將帥之禮。閔珪於成化十六年方由副使轉正，至本年已滿初考，汝弼推測閔珪將加榮擢，故有此語。則此二首作於本年最有可能。

閔珪，字朝瑛，浙江湖州烏程人。天順八年進士，授御史。出按河南，擢江西副使，進廣東按察使，以右僉都御史巡撫江西，左遷廣西按察使。孝宗嗣位,擢右副都御史,巡撫順天。入爲刑部右侍郎,進右都御史。遷南京刑部尚書,尋召爲左都御史。陞刑部尚書,再加太子太保。年逾七十,再疏求退,不允。加少保,賜敕馳傳歸。年八十二卒。贈太保,謚莊懿。傳見《明史》卷一百八十三。

有詩次錢承德韻,有懷故鄉及京城舊游。

張弘至本《詩集》卷三《次錢世恒繡衣韻》:"魚城如塊旁江安,疊皷鳴笳接好官。百粵飛霜千載遇,九霄明月萬人看。高懷欲掛扶桑劍,苦節何辭茵蓿盤。最喜虞山春侶海,繡衣綵服奉親歡。"其二云:"六年作郡幸清安,筆興詩懷不屬官。酒遇故人隨量飲,花當好處及時看。鱸肥松水家千里,馬倦梅關路九盤。京國舊游如夢寐,未知何日罄交歡。"按,既云"六年作郡",自成化十四年夏到任起至成化二十年爲整六年,而本年爲第六年,上引李榮《南安府志後序》有句云:"成化癸卯,予同守南安之明年,郡守華亭張公弼下車之六年也。"故繫於此。二詩同韻,或即同時而作。

又按,錢世恒繡衣即錢承德(詳下引本傳),桑悦《思玄集》卷六《新造能仁寺記》:"妹丈錢君世恒以名進士宰阜平,予授官西江,迂道訪之。"錢承德爲桑悦妹丈,則汝弼與錢承德相識或因桑悦之紹介。"繡衣"本爲漢有御史繡衣直指之省稱。明代稱監察御史爲"繡衣郎",省稱"繡衣"。《明憲宗實錄》卷二百三十二:"(成化十八年九月)庚戌,實授試監察御史……錢承德……爲監察御史。……承德,廣東道。"據明代文官考課制度,明年(辰年)錢氏當入京述職(參天順六年譜),而汝弼本年前後辭官,明年春得允方自南安還松(詳下年譜),故推測錢氏於本年北上途中道經南安,與汝弼唱和。據詩意,錢氏似將回常熟故鄉省親,汝弼因有"最喜"二句,並念及松水及京國舊游。

《閩中書畫錄》卷十六《游宦》:"錢承德,字世恒,常熟人。成化十二年進士,知阜平縣,擢廣東道御史。正德初爲福建鹽運司同知。詞業清美,善楷法,座有奇石,號五峰居士。"

汝弼在南安時,郡凡有疑獄,汝弼辨問研精。慮山阻多盜,立射圃,時躬教閱。未幾,諸寇果聚衆跳梁,汝弼參布方略,旋亦授首。

張弘至本《文集》卷五桑悅撰《南安郡去思碑》:"郡凡有疑獄,侯辨問研精,如羅彥輝、郭公斐等皆白骨再肉。搖以利害毀譽,未嘗一動其心。常慮山阻多盜,立射圃,時躬教閱。未幾,閩人羅洪、黃真諸寇果聚衆跳梁,侯參布方略,旋亦授首。"同卷謝鐸《墓誌銘》:"南安,兩廣要衝。大山長谷,亡命嘯衆,爲民患者蓋衆。公下車,悉平之。民有誣人劫財,陷一家數人於死獄者,公辯而活之。"

時各郡收兵,議賞武夫悍卒,惟願得汝弼墨妙,汝弼乃以草書賞武夫、佐郡費。

張弘至本《文集》卷五桑悅撰《南安郡去思碑》:"時各郡收兵,議賞武夫悍卒,乃惟願得侯墨妙,而過客亦往往以是罷誅求焉,歲以筆劄佐郡費類此。"

外國人以交易至,必欲汝弼書法。汝弼不敢私與,因請於朝。朝議命與。汝弼念云:"吾既奉旨書字賜外國,不當令其掛於室之偏,若以横批與之,彼必懸於中堂矣。"

吳履震《五茸志逸隨筆》卷二:"張東海爲南安太守,時通海市,外國以交易至,必欲張書。張不敢私與,因請於朝。朝議以殊方重視中國,乃請及此,何必拒之,有旨命與。張因念云:'吾既奉旨書字賜外國,不當令其掛於室之偏,若以橫批與之,彼必懸於中堂矣。'其不苟如此。"

又嘗閱番國所貢虎,奇而賦詩。

張世綬本《詩集》卷一《狎虎》序云:"番國所貢,道經南安,躬閱而奇之,賦此。"詩云:"蠻郎與虎狎,以手探虎吻。虎亦撫其手,宛轉情昵近。借問何能然?豢養久無釁。嗟彼平生交,反面不相認。"

屬邑南康之民剛頡而健訟，汝弼力去首惡數人，倡以禮義。

張弘至本《文集》卷五桑悅撰《南安郡去思碑》："屬邑有南康，民剛頡而健訟，力去首惡數人，倡以禮義，鵙蔓之風稍息。"

以理學訓迪諸士，其最者，有譚震、孫瓊，每齋宿談學，兩人與焉，以是行誼翰藻往往得汝弼遺意。

張世綏本《文集》附錄孫應崑撰《刻南壇齋宿三詩記》："予習聞之先大夫云，華亭東海張公守郡時，以理學訓迪諸士，其最者亨夫譚先生震，暨曾大父曰軒翁。每齋宿談學，兩人與焉，以是行誼，翰藻往往得張公遺意。"嘉會堂本附錄有譚震追懷汝弼詩，云："先生德政著當時，棠樹陰陰繫去思。和氣至今消瘴癘，遺思依舊育□□。買絲難繡生前像，鑿石誰鐫道上碑。獨愛堦除梅榦月，清光寒影似羅池。"

同治《南安府志》卷十六《儒林·明》："譚震，字亨夫；孫瓊，字惟璐，俱大庾人。震與瓊相友最善，俱爲郡守東海張公弼所器。命往從桑悅受學。後白沙陳獻章寓庾，復俱往從之。生平慎名檢，有行誼詩文守並知名一時。震由弘治治貢任武緣教諭，瓊舉弘治戊午鄉試，任浙江山陰知縣。"

按，孫應崑曾大父曰軒翁者，或即孫瓊。待考。

御史何天衢巡上猶縣，汝弼陪巡，事畢，會諸生講藝資壽山寶乘寺中，有唱和詩。

光緒《上猶縣志》卷三《建置·寺觀》："寶乘寺，在治東資壽山下。……成化間御史何天衢巡縣，知府張弼陪巡，事畢，會諸生講藝寺中，有唱和詩。"嘉靖《南安府志》卷九《地理志二·上猶縣》："資壽山，在東半里，高八十餘丈，橫亘五里許。秀拔尊峙，如象虎蹲踞，下有寶乘寺。"下引張弼詩云"上猶城外白雲崖，此日曾來一解衣。爲見子衿聊問訊，春風幾度紫薔薇。"何天衢詩云："浪迹過猶川，晝尋僧寺眠。幾忘鷗鷺外，興入菊松前。大地雲歸榻，中天月上弦。斯文青眼重，不覺更留連。"《次東海韻》："寂寂揮關静掩扉，白雲長日護禪衣。我來笑看□廚味，多是山中老蕨薇。"張弼《次天衢韻》："使節駐猶川，僧房一借眠。鄉心蒼海外，詩思白鷗前。山箐森如戟，溪流直似弦。嗟予逐塵鞅，那得此留連。"（收入張世綬本《詩集》卷二，題爲《寶乘寺次何天衢韻》。）

按，何天衢，其人不詳。與弘治九年進士何天衢非同一人。

新道源書院，又別立風月臺，以祀周程三先生。

張弘至本《文集》卷五桑悅撰《南安郡去思碑》："新道源書院，以祀周程三先生。"同卷謝鐸撰《墓誌銘》："至周程三先生，則既祠，而又別立風月臺，以深致景仰。"

濬大庾縣城内魚腸溝，正其名曰"鼻吸河"，令歲一挑濬，有記。

張世綬本《文集》卷二《鼻吸河記》："西城之下一穴通濠水，灌城中小溝，屈曲擬爲魚腸，蓋魚之吸水通氣從鼻也。土人莫知其故，則妄擬曰"碧溪河"，殊不知既曰溪，則不可謂河也。河既淤塞，重疏濬之，著其名義，以告居人焉。遂爲記。"同治《大庾縣志》卷一《山川》："鼻吸河，即城内魚腸溝。源出西城外小溪，入河灌注城中，俗呼'碧溪河'，歲久淤塞腐穢，居民多疾。明郡守張弼重疏濬之，又令歲一挑濬，並正其名曰'鼻吸河'。"

過步灘水勢湍急，中有巨石突出，舟至此，人輒登岸步過，汝弼鑿平之。

嘉靖《江西通志》卷三十六《南安府》："過步灘，在府城東六里。水勢湍駛，中有巨石突出，凡船至此，必首尾牽挽而下，稍失罔不破溺，知府張弼鑿平之。"

郡北溪接龍潭，往往決衝城脚，且傷學宫。汝弼令凡春漲可染者，悉以巨石築堤。

張弘至本《文集》卷五桑悅撰《南安郡去思碑》："郡北有溪，接龍潭，水欱濛溢，往往决衝城脚，且傷學宮，暨謝行頭、何公塘、通濟街，凡春漲可染者，悉以巨石築堤，而客流遜堅，民居獲奠。"

於公餘時四處游賞，所作紀游詩文頗多。凡幽林僻境，苟經品題，光景一新。游大龍山、西華山、寶珠山、金蓮山、鴨子湖、寶積寺、興教寺、資聖寺等，均有詩。

張弘至本《文集》卷五程敏政撰《遺愛錄序》："公以詞翰名一時，郡中佳山水及古蹟，必約寓公臨觀嘯咏竟日。"同卷桑悦撰《南安郡去思碑》："凡幽林僻境，苟經品題，光景一新。"同書《詩集》卷三《游丫山》首句云："迎得春來就踏青，丫山路轉磴磴磴。"後一首《紀游》："出守南安秋復秋，公餘隨處作清游。水聲沉濺金鰲閣，山色周遭鐵漢樓。滄海東南連粵徼，青雲西北是皇州。偶逢過客談時事，縱對清尊未寫憂。"以上均可知汝弼公餘時常常四處游賞。

汝弼於南安游賞題詩，今所知者，有張弘至本《詩集》卷三《高明所》《題金蓮寺壁》，張世綬本《詩集》卷三《游大龍山》《游西華山》《金蓮寺二首》，卷四《寶珠山》《題大士》《珉玉池付金蓮寺僧爲香鑪》《旭山亭》《鴨子湖》《寶積寺》《又和東坡韻》《舞劍臺》《過烏岐舖》，以及嘉靖《南康縣志》卷十二《藝文志》所收張弼《資聖寺》等。

嘉靖《南安府志》卷八《地理志一》："金蓮山在北三里（形似蓮花，故名。舊名金蓮堂）。其下有法華院。山半作亭，名高明所。"同書卷十八《建置四》："法華院，在縣北一里，俗呼金蓮堂，爲迎送之館。"下引張弼《題金蓮寺壁》。同卷《上猶縣》："曰縣前總舖曰烏岐舖（在縣東二十五里，通南康縣）。"

同治《大庾縣志》卷一《地理》："西華山，在治西十餘里。……郡守張弼與僚佐黎民表、陳健等倡和，有'參差樹影青雲上，遠近泉聲白石間'之句。"

同治《南安府志》卷三《山川》："寶珠山在治西寶豐門外,連五馬山而近城,形圓如珠。又舊志云:山有土珠,謂雨過浥泥成珠也。宋郡守趙孟蒞詩云:'山頭珠萬斛,天邊老龍唾。'正指此。明知府張弼亦有詩。"

又嘗題法華院、金蓮寺壁。

張世綬本《萬里志》卷下《餞別金蓮寺,壁間多先翁草墨》:"金蓮山寺舊招提,指點龍蛇落殿西。難擬山陰□故事,雙鵝留別更留題。"張世綬本《文集》附錄邵寶《登金蓮山頂高明所》其一云:"東海祠何處,茲山舊所游。"其二有句云:"舊題多在壁,時有遠人傳。"徐渭《徐文長佚草》卷七《跋張東海草書千文卷後》:"余往年過南安,南安其出守地也,……而書金蓮寺中者十餘壁,具數種法,皆臻神妙,近世名書所未嘗有也。"此皆可證汝弼品題頗多。

平易橋、龍來寺、舞劍臺、旭山亭等均爲汝弼所命名。

張世綬本《詩集》卷四《舞劍臺》自注:"在金蓮山林樾下,翁嘗餞客于此,令舞劍于亭,因名焉。"後一首《蘇步坊》,自注:"在縣治東,以宋東坡南還,至田如鰲六經堂留題,故名。"

同治《大庾縣志》卷二《津梁》:"平易橋。在府城東舊縣治前。元至正間同知薛理建。明永樂甲辰知縣謝貞修,俗名縣埠橋,以其近縣也。又名新坡橋,以其有坡源也。後知縣文志貴重修,橋製平坦,知府張弼改今名。"

光緒《上猶縣志》卷三《建置·寺觀》:"龍來寺,在北城外。原名鷲峰寺,又名龍歸寺。宋建。郡守張東海易今名。"

臨宋仲珩所書懷素草書歌於清和堂。

山東省青島市博物館藏張弼《臨懷素草書歌》跋云:"此人白懷素草書歌,然非太白作也。蘇東坡已能識之,余臨宋仲珩先生所草如此,僅得其意。陳僉憲子命欲錄之,不知可充次庵中清玩之一否乎？弼在南安之清和堂記。"鈐"汝弼"朱文方印。（見《中國古代書畫圖目》第十六册魯5-005。）

題"幽光"二字於《劉荆州家遺詩卷》首，又有詩與跋。

同治《大庾縣志》卷二十四《雜類·拾遺》："張東海《題劉荆州家遺詩卷後》云："余來守南安，景慕劉荆州之循良而不可及，又見其母夫人哀挽之作，遂題'幽光'二字於首，繼之以一絶。""按，劉荆州即荆州知府劉永，大庾人，正統中大學士楊榮薦知荆州府，勸農興學，均賦簡訟，在郡凡十四年卒。參見光緒《荆州府志》卷三十八《職官志》。

有詩贈贛州通府程鵬。

張世綏本《詩集》卷四《贈贛州程通府鵬》："鄢陵紅花紅且香，摘來堪染舜衣裳。尚方有路無人獻，却向章江洗夕陽。"小字注云："紅花，成化以前種者甚多。《一統誌》云鄢陵尤盛。邑人程鵬倅贛州時，張東海守南安，贈之詩云云。詩固不爲咏物，而物以詩亦重矣。見《鄢陵縣志》。"按，程鵬，其人不詳。

與林瀚有詩文唱和往來。

周文儀本《詩集》卷三《和荅林亨大侍讀》（按，讀，本卷小目作"講"）："清和堂上擢舴艋船，小賞庭中玉馬鞭。忽接故人千里信，如投窮漢萬緡錢。嬾將貢禹冠頻拂，却笑陳蕃榻久懸。舊日緇郎勞問訊，麓官元不是詩仙。"

按，林瀚原韻詩不詳，據首句，可知此詩當作於南安公署清和堂。

大庾知縣文志貴嘗與諸廣文請汝弼所製刻之學宮，汝弼麾使去，謂"今集刻苦多，識者厭鄙之，焉可效尤？"志貴請無已，乃摘舊稿，手書一二，體裁不一，字畫隨意，付志貴爲之梓，彭韶撰序文。

彭韶《彭惠安公文集》卷三《東海手稿序》："大庾知縣文志貴來候，出示詩文若干首，曰：'此東海居士手稿也。'受而閲已，嘆曰：'天趣逸發，其自得飛躍之機乎！其根深、其膏沃矣，若何收之富也？'乃曰：'南安舊爲軍壘，人物彫陋，蓋小郡也。東海張先生汝弼辱守於此，既惠義吾民矣。而又文翰衣被學者，四方之求無虛日，茲郡遂增重。志貴嘗與諸廣文請以所製刻之學宮，先生麾使去，謂'今集刻苦多，識者厭鄙之，焉可效尤。'請無已，則曰：'詩，贅物也。吾於詩不能出人之右，而字不能應人之求，此而可代，或少息予病乎？'於是摘舊稿一二，手書之，體裁不一，字畫隨意，付志貴爲之梓。已具，敢求執事序其故。……先生且退，然如無能人所有述作，雖不欲傳，然孰得而掩之？竊以爲先生之詩必傳於時，而書法必傳於後。先生爲人必傳於後，而政事必傳於時。二者相須，以傳於無窮，可以逆見矣。"

按，據序中"先生且退"一句，知此序當作於汝弼致仕前，姑繫於此。

【時事】汪直以罪貶。宦官王敬率妖人王臣奉使至蘇常，到處勒索。巡撫王恕上疏言其罪，宦官尚銘亦發其奸狀，乃下王敬獄，殺王臣。

明憲宗成化二十年甲辰（1484） 六十歲

汝弼乞歸再三，本年春，藩臬重臣始以其請達之天官，乃獲致仕。時老稚皆於章江門爲之餞行，汝弼作詩留別。

桑悅《思玄集》卷六《南安郡守東海張侯去思碑記》："南安守東海先生治郡將四載，忽以書告予曰：'東海烟霞將還我舊主人矣。'即陳悃幅[愊]於當道，以致政請，俱弗允。又三年，當會朝之期，藩臬重臣始以侯情達之天官卿，天官卿始言於上而許之。將歸，老稚聚者如墻，攀挽者如植，至宵弗熸，鼓枻以餞，漪漣成波。"龍美術館藏《張東海守南安送行詩序卷》中《戊戌歲二月八日，予生辰也，將赴南安，長兄椿庭、姊夫俞南金暨諸子姪甥婿咸在祖筵，予賦一律》詩後跋有句云："去年甲辰，余幸致仕歸。"（見《龍與士——明代中國的書法和繪畫藝術特展圖錄》第51頁。）張弘至本《詩集》卷一《留別江西諸公》："送別章江門，何須折楊柳。天涯去住情，春風幾回首。"薛應旂《憲章錄》卷三十九《成化二十三年六月》："張弼……六年不調，以病乞歸。"

按，本年爲辰年，爲會朝之期。汝弼自成化十四年到任，到本年恰爲六年，故謂"六年不調"。至本年六月，汝弼已在松江（詳下文），故汝弼致仕歸鄉必在本年春。

過十八灘，有詩。

張弘至本《詩集》卷三《過十八灘》："歸舟日日石尤風，況是高灘急溜中。山水爲予留勝槩，篇章聊爾吊英雄。寂寥梵宇煙霞古，遠近民居草樹濃。今夜鬱孤臺下宿，魚城還在夕陽東。"

按，此詩當作於汝弼致仕歸松途中。十八灘，雍正《江西通志》卷九《吉安府》："贛江在府城南，原本章、貢二水北流，至贛縣爲贛江，三百里至萬安縣十八灘，屬萬安者有九，曰崑崙、曉武……漂神、黃公，……水性湍險惟黃公灘爲甚。東坡南遷，訛爲惶恐。舟過此，其險始平。……按《陳史》贛水舊有二十四灘，多巨石，陳高祖發虔州，水暴漲，高數丈，三百里間巨石皆没，今止有十八灘云。"

過南昌、湖口，感懷南安舊游，有愧於百姓厚愛，皆有詩。

張世綬本《詩集》卷三《寄朱南安》："洪都門外一方舟，細話交承與舊游。還我江湖渾自得，寄君獄市復何憂。四時佳致金鰲閣，萬古高風鐵漢樓。爲謝南安諸父老，微官寧免素餐羞。"按，洪都爲南昌古稱。朱南安，其人不詳。

張世綬本《詩集》卷三《過湖口晨起有懷南安》："矯首南安感舊游，茫茫葭菼隔重洲。六年自媿無恩及，百姓何須有淚流。庾嶺生涯通晝夜，周臺風月自春秋。故人若問張東海，依舊綸竿伴白鷗。"

按，據本詩尾聯可知汝弼時已致仕，首聯云"矯首南安"，則當在回鄉途中，尚離南安不遠。江西九江府湖口縣在南昌北，故繫於此。

於葛溪道中作禽言詩。

張世綬本《詩集》卷一《葛溪道中聞摘桑看火鳥聲戲作歌》："摘桑看火，休來聒我。我無成都之桑八百株，祇有東海薄田數頃餘。歸來高卧先人廬，課兒朝耕暮讀書。狂歌時復歌唐虞，爾來聒我將何如。"

按，據詩中"歸來"二句，知此詩當作於致仕歸鄉途中。

途中又作《道中口號》。其後丘濬有詩來答"東海舊綸竿，遠掛珊瑚樹"之句，汝弼再以一絕復之。

《鐵漢樓帖》14A《寄丘時雍太守廿字》："昔從此路來，今從此路去。東海舊綸竿，還挂珊瑚樹。東海翁記。"（此詩收入張弘至本《詩集》卷一，題為《道中口號》。）據詩意，則為自南安歸途時作。張世綬本《詩集》卷四《丘時雍太守詩來答予'東海舊綸竿，還掛珊瑚樹'之句，再用一絕復之》："東海珊瑚百尺高，綸竿穩掛坐看潮。潮來潮去乾坤老，付與諸郎自釣鰲。"

至松江，望西林寺塔，有詩。

張世綬本《詩集》卷四《歸途望西林寺塔》曰："西林古塔勢凌霄，是我門庭碧玉標。歸馬尚懸三五堠，行人先指讀書巢。"按，既云"歸馬"，詩意又似久別重歸，故當作於致仕之後。從末句知該"西林寺"即為松江西林寺。正德《松江府志》卷十八《寺觀上》："西林大明禪寺，府西，慶雲橋北，舊名西林院。宋咸淳間僧睿建，前有寶塔。"汝弼有《送西林寺净心性空長老入院》，首句云："慶雲橋北西林寺"。（張世綬本《詩集》卷三。）

六月初九，跋趙孟頫書鮮于樞詩於慶雲書舍，云該帖可見二人惓惓友愛之情。

周文儀本《文集》卷三《跋趙子昂書鮮于伯機詩後》："趙松雪寫鮮于伯機題二喬圖詩，嘆其先亡，惓惓友愛之情也。世俗妄談以爲松雪惡鮮于字軋己，往往以數十紙易其一紙，得即焚之，使之無傳。此市井小人之鄙見，豈君子之所爲耶？觀此帖，亦見君子之道，而彼妄談可息矣。蘇州郡守三山李廷美得而裝卷，蓋不特重其書也。但其後贅予廿五年前稗筆俚語，此真所謂續貂耶？可愧可愧。"按，該跋在張弘至本《文集》卷四中有目無文，在張世綏本《文集》卷三中題爲《跋子昂書》，跋後有款曰："成化廿年甲辰六月甲子東海翁在慶雲堂書舍跋。"未見他書著錄。

按，慶雲書舍當爲汝弼致仕後新築別業，因慶雲橋而得名，張世綏本《文集》卷二《重建景星橋記》："松江郡城之西有慶雲橋，架水而南，少折而東，即吾新築別業在焉，因橋而名以'慶雲書舍'。"

十六日，方作慶雲書舍新門，適呂䇕來，與之話舊論新，飲酒談笑。既題扇，又與之聯句。

香港近墨堂藏張弼《聯句詩》："小樓斜日醉藏鉤，自謂雲間得勝游。新漲平沙停畫鷁（呂），清風深樹叫鉤輈。詩豪似覺乾坤小（張），性僻誰耽山水幽。我去未閑君且卧（呂），片雲孤鳥自悠悠（張）。是日余方作新門，適春官郎中呂秉之至，既題扇云'慶雲書舍始開門，忽逢春官送酒尊。話舊問新無限意，笑魁東海醉乾坤。'及飲酒，復聯句如右。成化甲辰六月十六日。東海翁識。"鈐"汝弼"朱文方印（見圖15）。

按，據文徵明《甫田集》卷二十五《南京太常寺卿嘉禾呂公行狀》云："公諱䇕，字秉之……己亥，中書滿九載，陞禮部主客司員外郎。辛丑，陞本司署郎中。壬寅，寔授本司郎中。"本年呂䇕在禮部主客司郎中任上，故汝弼稱"春官郎中"，春官乃禮部官別稱。程敏政《篁墩程先生文集》卷二十四《呂母太夫人壽序》云："走

年譜　明憲宗成化二十年甲辰（1484）　六十歲　323

少以童子執灑掃之役于嘉禾吕文懿公先生之門……成化己亥春，走自新安省親，還朝過淛，始獲拜太夫人於堂。癸卯夏，復自新安起復而來，又獲拜焉。……走之至三月，秉之果以太夫人故力請檄而南，將便道奉板輿北上，遂天倫之私而不廢乃公，人以是又知秉之之孝。"則知吕䇕此時南下正爲接其母至京，與汝弼有此一遇。

吕䇕，字秉之，浙江嘉興秀水人，文懿公吕原之子，以蔭授中書舍人，乞與試，所司執故事不許，憲宗特許之，遂中成化七年舉人，歷禮部郎中，南太僕少卿，遷南太常卿。傳見《明史》卷一百七十六。

夏，金山衛指揮西寧宅堂芝生楣間，人以爲瑞，因名其堂，諸大夫士皆有詩，汝弼聞而喜之，以爲瑞當其人，爲作序。

正德《金山衛志》卷上之二《第宅》："瑞芝堂在指揮使西寧宅。成化壬寅夏四月，堂成。甲辰夏，其左楣産芝，備五色，人以爲瑞，名其堂。諸大夫士皆有詩，南安守張東海弼爲序。（其序曰：金山衛西侯孟清一作斯堂也，芝適生於東楹。其同僚劉廷瑞、侯以實輩暨衛學師生，凡耆俊之士咸走觀而異之，遂名其堂曰'瑞芝'以表之，賦詩以咏之，以實之弟以正又爲圖之，學士錢先生記之，東海翁張弼聞而喜之，喜其瑞匪妄，庶幾當其人也。……聞孟清一覩斯瑞，肅然自斂，栗然自持，凝然自思，曰：'吾祖吾父，世效微勞，圖報聖天子深仁厚澤，猶持一勺以增滄海耳。今撫海陬，軍民凜凜，若有傷也。上天何由而賜兹大瑞耶？必吾同寅協恭乎，卒徒效勤乎，吾祖吾父在天之靈有以默佑我乎？聖天子覆冒（張世綬本《文集》作"育"，是，當據改）之深恩，固不待言矣。在我惟黽勉萬一，其庶幾不負耳。'侯之心如此，予以爲當其人。……孟清自少講學，與章縫之士游者素，而此堂真不負乎芝也。故序於首簡，頌且規焉。"序即張世綬本《文集》卷一《瑞芝堂詩序》。

按，侯以實、以正，其人不詳。學士錢先生即錢溥，參成化五年譜。

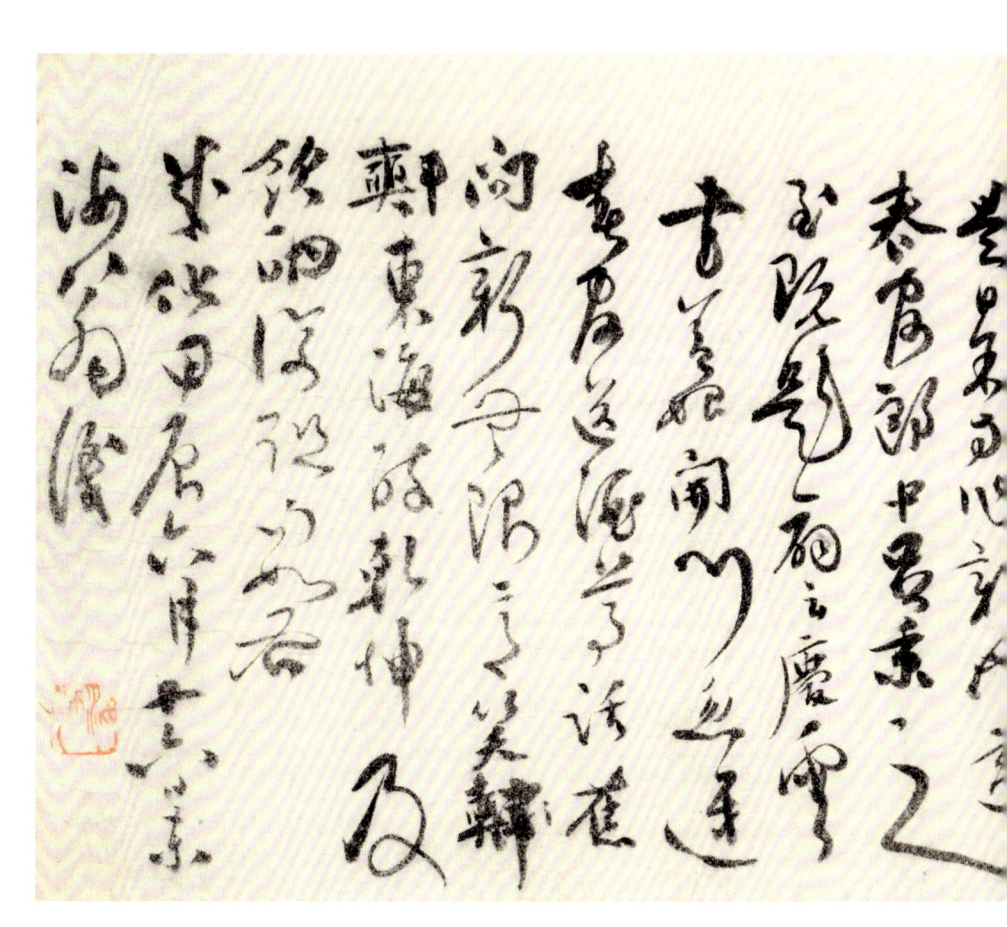

圖15　張弼《聯句詩》卷　香港近墨堂藏　林霄先生提供

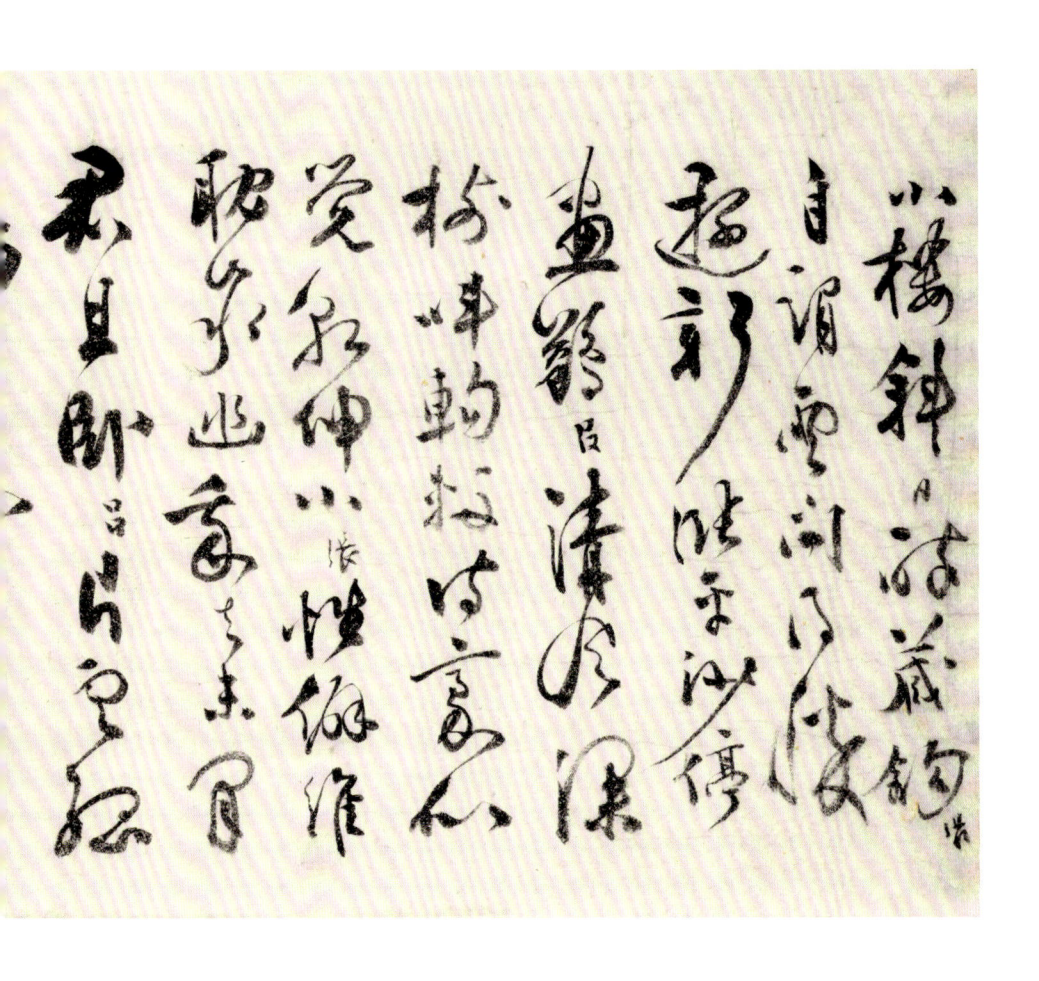

山樓鐘尚藏韵
自謂雪朔乃後
追記呂清晚漾
松邦勒校曰家人
覺來仲心悵惘唯
聼冰逝家去來可
不且即呂勻至

正德《金山衛志》卷下之二《人物·官績·指揮使》："西寧，字孟清。盱眙人。襲授指揮使。恤窮愛下，人孚實惠。"同卷《文藝》："劉瑛，指揮使，字廷瑞，號竹泉。醞釀韜略，涉獵經史，好吟咏，尤善古詞。"

七月，上海知縣劉琬所搆尊經閣成，汝弼作《尊經閣上梁文》。

弘治《上海志》卷五《建設志》："（成化）二十年，知縣劉琬……又搆尊經閣于明倫堂後，制度雄勝，冠於封內。"後引汝弼《尊經閣上梁文》："伏以皇明右文，既同風於三代；郡邑建庠，騰流化於四方。洋洋絃誦之聲，赫赫衣冠之治，偉此松江之上海，冠于吳地之東陲。南畿諸邑，首稱前輩，郡公継出，泮宮既設，足闡嘉猷，經閣未崇，誠爲欠事。幸值卯金公作尹，遂令上海縣生輝，政通人和，刑清訟理，創建尊經之閣，適當文運之亨。……"

又引錢溥《尊經閣記》："成化二十年七月甲午，上海縣儒學尊經閣成。是閣也，邑宰宜春劉侯治縣又明年，政教並孚，百度咸舉，庠舍一新，又議地於明倫堂北，建閣數楹，以貯六經、聖朝御製諸書，及百家子史，無不具在。"

弘治《上海志》卷七《官守志》："劉琬，字德資，江西袁州人，爲曾彥榜名進士。初尹松陽，再任上海。政務均平，才任煩劇。綜理周密，不謝勞勩。凡民間事罔不精究，知無不行，行無不準，一時雄富歛手，孤貧吐氣，翕然風動吳中。"

八月二十日，江源以公事至松，過慶雲莊，出示其所作宮詞，汝弼羨其才情，跋而歸之。有懷南安之會，賦七律一首。慶雲莊壁有江源題詩，或作於此際，汝弼亦有詩和韻。

江源《桂軒稿》卷四汝弼《書江地官宮詞後》："楊鐵崖先生嘗曰：'官［宮］詞乃詩家之大香奩也，非有春坊才情者不能，豈容村學究語耶？'觀地官員外郎江桂軒先生所撰《宮詞》，雖拘押韻，若不經意者，多婉而切，深而顯，得非春坊才情不可也。以公事至松，晚過予慶雲莊，出而讀之，若與唐、宋、元人角長，未許孰爲後先。敬羨不已，遂跋而歸之。成化甲辰八月二十日南安歸老東海翁張弼跋。"

張世綬本《詩集》卷三《户部員外江原一同過慶雲莊，因懷南安之會賦此》："樓船同過慶雲莊，忽憶南安舊醉狂。舞影歌聲驅筆陣，珠光玉潔落詩囊。青雲爲客江山異，百日催人歲月茫。寄語夕陽南去雁，張翰正在水雲鄉。"

《鐵漢樓帖》14B《江原員外題慶雲莊壁，次其韻》："綠楊門巷酒旗招，共醉松江月一瓢。却被梅花沿路咲，郎君兩頰暈紅潮。東海翁。"下刻"汝弼"陽文方印。詩被收入張弘至本《詩集》卷二，題爲《次韻江員外題壁》。江原員外即江源，汝弼書其名，常不書"氵"。

江源，字一原，番禺人。少攻苦讀書，成化五年登進士，筮仕上饒知縣，陞户部主事，晉員外郎、郎中，清慎自將，且有文譽。僉事江西，綜屯田、水利之政，燭奸刷弊，不動聲色，而事畢舉。陞四川兵備副使，鎮松藩，守將雅敬其學，行事每遜之，夷酋饋獻，一無所受。居三年，致仕歸。優游林泉，以詩鳴嶺南。卒，年七十二。所著有《桂軒集》。參見萬曆《粵大記》卷十八。

九月十一日，草書次司馬垔韻詩二首，以答謝其安山驛所寄詩也。

臺北"故宮博物院"藏張弼草書《雜書》卷第五幅："向蒙安山驛寄詩。謹此致謝。"鈐"天趣軒"朱文引首印、"東海翁"朱文方印。詩云："安山驛裏寄詩來，又見黃華五度開。司馬正當興禮樂，季鷹甘自避塵埃。一輪明月三江水，萬里清風百尺臺。北望悠悠思無限，相逢且覆掌中杯。"又："京華分手（旁注：袂）七年來，忽接題識手自開。惻款孤忠懸白日，蓬鬆雙鬢走風埃。神駒出水元無價，鳳鳥不鳴空有臺。屈指交游星散盡，九峰斜日自衘杯。"跋云："元韻四首久藏篋笥，將置東海書屋，兒輩傳寶，去此新遷慶雲書舍將百里，一時不能卒致。且韻險和多，更不容拙工措手，故此草草浪語。然亦古人和題意之遺乎？惟逭責垂教是懇。九月十一日舊生張弼拜。提學司馬繡衣先生執事。"鈐"汝弼"朱文方印。

按，《石渠寶笈·貯養心殿》卷四著錄："明張弼雜書一卷（次等列一）。灑金箋本，行草書詩翰尺牘凡六則，拖尾有郭淳題句一。"當即此作。然該卷收張弼詩文六幅爲拼接而成，僅第一、三、四、五則以灑金箋書之，第二、六兩則用素紙，當非同時所作。六則所呈對象皆爲司馬垔，故而裱成一卷。

又按，《明憲宗實錄》卷一百六十四："（成化十三年三月）甲申……實授……行人賀元忠、司馬垔……俱爲監察御史……垔，四川道。"據此，司馬垔在成化十三年春夏之交或即離京赴任，而汝弼於成化十三年秋有南安之命，故二人於京華分手當在成化十三年春夏之間，至本年恰爲七年，故云"京華分手七年來"。

司馬垔，字通伯，浙江紹興山陰人。幼承家學，博極文典，性通朗恬雅，與人交如飲醇。成化中，以御史視學南畿，校文日閱千卷，評品次第如鑑衡不爽。擢福建副使，即乞身歸。歸即杜門謝事，闢園亭以自娛。尤工辭翰。所著有《蘭亭集》。參見《兩浙名賢錄》卷四十二《福建按察司副使司馬通伯垔》。

十月初一，爲曹氏賦《北莊新業》詩，追想十餘年前與曹氏泳、浩兄弟交游，嘗醉寫草書題壁，而今曹泳已歿，不覺悵然。

故宮博物院藏張弼行草書《北莊新業詩》二頁釋文："滄溟之上紫岡斜，北里新莊是故家。雁報秋風多黍稌，鳩啼春雨足桑麻。小樓燈火兒攻學，別院壺觴客拜嘉。一舸重游今有約，墨花隨處灑煙霞。予十五年前過紫岡，曹氏兄弟泳、浩塤篪簇迭和觴。予夜醉，草書題壁，又作東坡古木，笑咽投筆。今爲題北莊新業詩，追想舊游，泳又不可作矣，不覺悵然。姑以此律爲倡，記序大篇什，尚俟

年譜　明憲宗成化二十年甲辰（1484）　六十歲

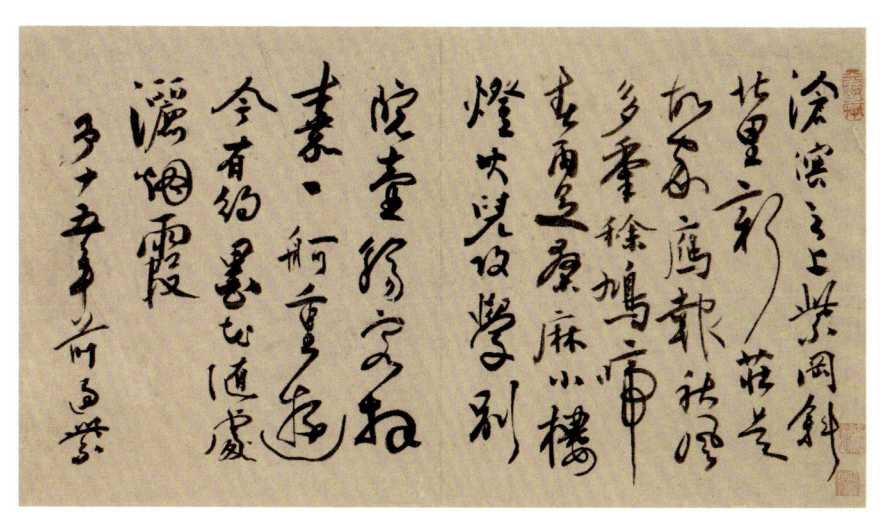

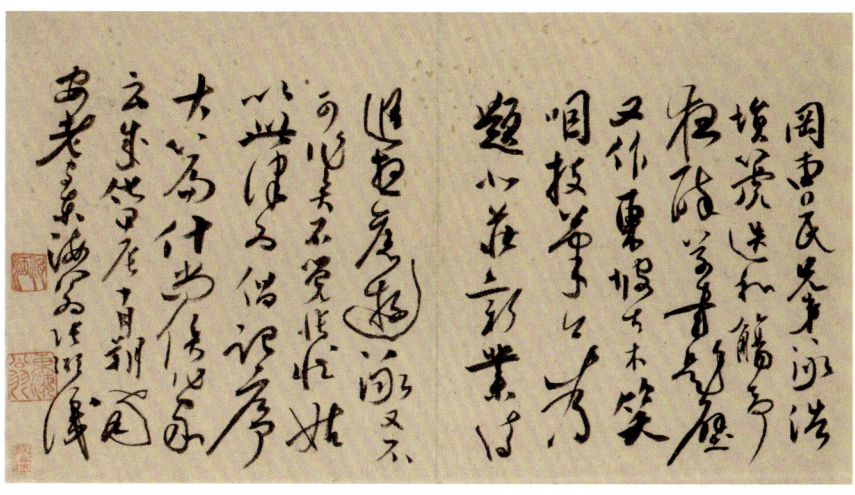

圖16　張弼《草書詩札》　故宮博物院提供

作家云。成化甲辰十月朔，南安老守東海翁張弼識。"鈐"天趣軒"朱文橢圓印、"汝弼"朱文方印、"東海翁"朱文方印（圖16）。（《平生壯觀》卷五著錄。）

按，汝弼跋云"予十五年前過紫岡，曹氏兄弟泳、浩塤箎和觸。"以成化二十年甲辰上推十五年，乃成化五年，時汝弼父熊應新卒，汝弼三月奔喪還家，九月葬父，丁外艱期間似不當酣飲作樂。則"十五年"恐爲虛數，或服闋後有此一游，然其與曹氏兄弟燕游題壁事，料在十年之前也。曹泳、浩史傳無徵。紫岡爲松江古岡身之一，參成化七年譜。

本月望後，至凌汶家，飲于芙蓉徑，作詩四首，一首寄弘宜。

張世綬本《詩集》卷四《十月望後，至凌淞南家，飲於芙蓉徑，作詩四首，此首有關弘宜，寫寄寧海縣》："拒霜開遍有餘花，濃綠雲中點絳霞。老我歸來驚始見，題詩先報阿宜家。"

按，題云四首，今似僅存此一首。凌汶字淞南，爲汝弼親家、弘宜岳父（參宣德五年、成化十二年譜）。詩云"老我歸來驚始見"，則當爲自南安歸後首次與凌汶相見，姑繫於本年十月。弘宜自成化十八年任寧海令（詳該年譜），本年當仍在其任上，故云"寫寄寧海縣"。

十一月二日，樂清八歲童張環來雲間。甥俞寰索書"學稼草堂"四字，張環書之，汝弼跋尾。望日，汝弼又爲姊夫俞庚作《學稼草堂記》。

上海博物館藏張弼草書《學稼草堂記》："吾居松江之東海上，嘗論農者，天下之至勞；而吳農，又至勞之甚者。而東吳海堨之農，則又甚勞之尤甚焉。蓋吳多泥塗而海堨則瘠鹵故耳。吾姊之夫俞庚南金，自號學稼，蓋少而讀書吟咏爲事。長而方有事於耕，誠苦心勞形以爲學也。……及吾游庠序，往來京師，南金方肆力於農畝，不止課僮奴而已也。末世靡文人之稱號率多寓言，南金之號乃據實也。弼竊祿素餐昧於畊稼，今與南金皆老矣，敢妄言乎？誠知其勞之極至，敢易言乎？吾甥寰，學而有得者，又能文之，當以此誨鄉里，後生之勤，不止《無逸》之書、《七月》之詩所言也，則一鄉之農皆良，淳龐之風不墜矣。若草堂乃農家之常居，不必詳著，是爲記。成化二十年甲辰十一月望賜進士出身中憲大夫南安府知府致仕張弼拜手書。"引首書端楷"學稼草堂"四字，後題："樂清八歲童張環來予雲間，而予甥俞寰索書此四字。成化甲辰十一月二日拜聖節回記，東海翁。"（圖17）

按，俞寰爲俞庚子（參成化十三年譜）。"學稼草堂"四字當出張環之手。瞿賓鴻道光二十一年跋此卷有句云："而童子張環亦附驥于千秋矣。"三年後姚楗跋云："卷首'學稼草堂'四字，以記語文義考之，疑非東海翁筆記。蓋俞寰索書與張環來雲間無涉。若索以轉贈，則當爲寰郎世居，未必舉以贈環也，似屬環書。以翁負一代重望，乃爲八歲童作跋尾，其獎掖後生，樂取人善，雅量殊不可及。……道光甲辰芒種後三日，後學姚楗拜觀敬題于歸雲堂。"道光二十七年（丁未）許威跋亦云"署書乃八歲童張環書，東海爲之題記，後人亦加珍惜。環亦幸矣夫。"參見《萬年長春：上海歷代書畫藝術特集》第121頁。

十一月八日，在慶雲書舍之望海樓賦詩一首，秉燭書之，以付弘宜。

張世綬本《詩集》卷三《十一月八日在慶雲書舍之望海樓秉燭書付弘宜》："今比杭州相別時，老軀強健更豐肥。充飢已有新增業，禦冷還存舊着衣。黃卷漫教諸子讀，清觴時爲故人揮。阿宜作縣休憐我，須罄丹心答紫微。"

按，弘宜自成化十八年起任寧海縣知縣，汝弼本年春歸時，與弘宜當有一晤，故本詩首句有"杭州相別"之語。此詩料想當作於歸松後不久，姑繫于此。

本年，聞漳州知府姜諒致仕，汝弼作七律賀之。張世綬本《詩集》卷三《賀漳州太守姜用貞致仕》："累疏乞歸今始歸，高堂畫錦重增輝。塵中碌碌心都嬾，郄下呱呱願不違。浩蕩襟期東海老，清高風味

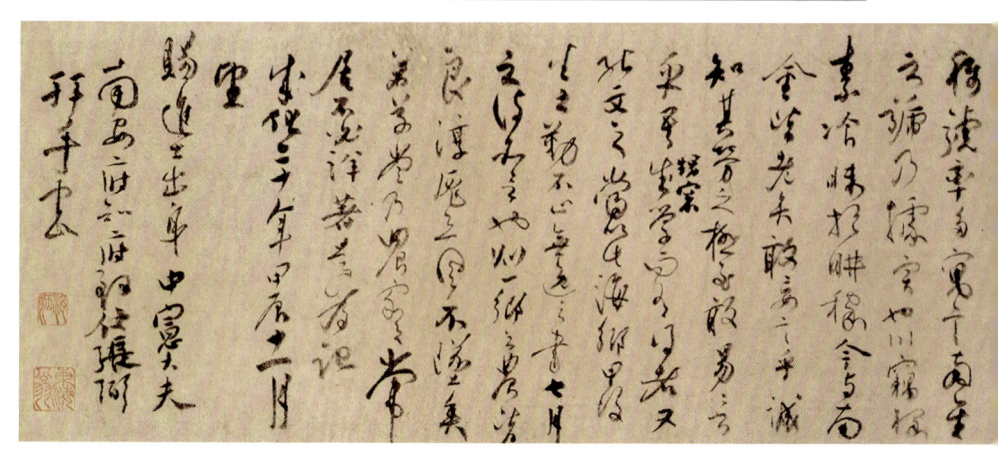

圖17　張弼《學稼草堂記》　上海博物館藏

北山薇。吾鄉故事依然在，拍掌張翰笑陸機。"
按，崇禎《閩書》卷六十四"知府姜諒"條云："諒，字用貞。……成化甲辰，覲歸乞終養，漳民懇請，不赴。弘治辛亥，漳守闕耆老數輩請之朝，庚申又請，皆不果赴。"汝弼此詩當作於本年"覲歸乞終養"後不久，姑繫於此。
萬曆《嘉興府志》卷二十八《藝文志》："姜諒，字用貞，天順甲申登進士，擢行人司副。九載秩滿，遷南京刑部郎中。讞鞫明恕，擢知漳州府。歲歉盜起，乃發廩賑乏，招撫賊黨，擒其渠魁，民賴不擾。又築堤捍潮，濬塘置倉，以備旱溢。禁佛齋，作義塚，立鄉約。爲親老，遂乞終養。漳民相與建生祠。"

吳誠將落葬，汝弼應其兄子吳璿之請，爲作墓誌銘。

張弘至本《文集》卷四《通議大夫都察院右副史吳公墓誌銘》："予昔自兵部出守南安，時聞湖湘有草竊之警，雲南有交趾之擾，當道或張目失措，廷議以左布政使吳誠陞右副都御史往撫，既而就擒歸化，而咸父母之。嗚呼！若吳公者，非天之所擬以濟斯變乎？公年六十有一，以成化年月某日卒於雲南。黔國公、沐公遣官送

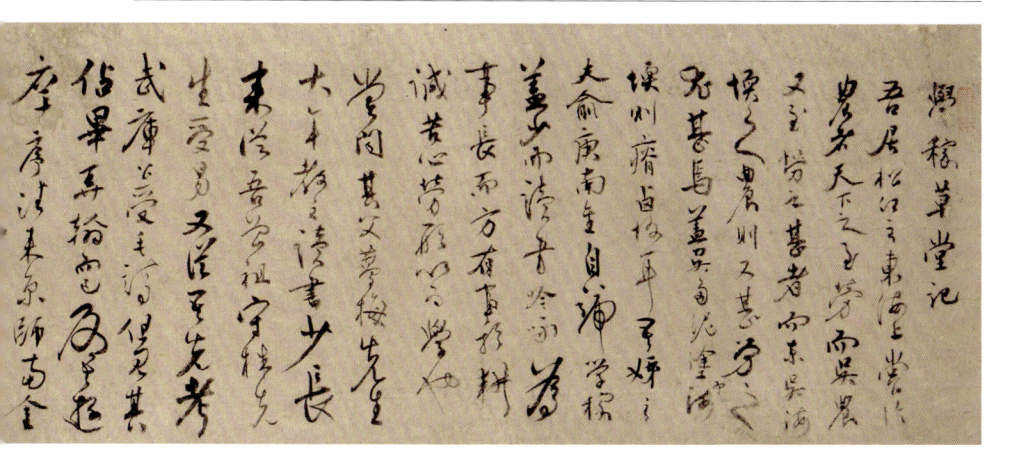

護，歸櫬于鄉。天子悼邮，賜祭塟如禮，擇以甲辰十二月日塟於龍井山之風篁嶺。其子瑤理襄事，其兄子鄉貢進士璿奉其鄉人廣西參政朱廷用狀來松江拜予，乞誌于墓。按狀，……公字尚忠，號思庵。天資穎異，操行孝謹，識尤超卓。景泰庚午以禮經領浙江鄉薦。辛未登進士第，除兵部武庫主事。丁外艱，起，復除吏部考功主事，尋改工部虞衡，授勅推封進階承德郎，陞郎中，授誥推封進階奉政大夫。是歲，禮部會試。充同考試官，又授命勅封慶府，充副使。尋陞四川右參政與巡按御史，同理刑獄多所平反。丁亥，上命襄城伯李瑾率兵平番夷。公督餉有方，賜文綺。丁內艱，起復陞貴州左參政，尋陞湖廣右布政。上命總兵官李震討靖州苗蠻，公又督餉受賜。戊戌，陞左布政使，威惠並流，聲動遐迩。由是奉勅拜右副都御史，巡撫湖廣，兼理軍務，整飭兵備，事無畏難，所指輒效，寇攘屏迹。時交趾弄兵滋久，寇抵雲南，又勅巡撫雲南。……銘曰：豫樟棟廟，湛盧剸犀。其器也良，其用也宜。天子明聖，斯亦見之。驅厲以雪，助師以雷。人謀所至，天亦弗違。天且弗違，人其敢欺。爰琢藥石，刻我銘詩。保此樂丘，億千萬期。"

按，《明憲宗實錄》卷二百四十六："（成化十九年十一月）己亥……巡撫雲南右副都御史吳誠卒。"則吳誠卒於去年十一月，據汝弼撰墓銘，當作於歸松江之後，又不晚於本年十二月吳誠之葬日，姑繫於此。

孫其協生。

莫如忠《崇蘭館集》卷十九《明故福建建陽縣知縣雲川張公墓誌銘》："公諱某，姓張氏，字孚一，別號雲川。……三傳至東海先生，始起家進士，仕終南安守。生六子，其仲廣東按察司副使後樂翁，娶凌氏，封恭人，寔生公。……年二十四，以儒士領正德丁卯應天鄉薦……公在閩，以勤事致疾，有瘼。歸八年，爲嘉靖乙卯，疾復作，增劇，至九月二十二日卒。詎生成化甲辰正月二十二日，享年七十有三。"嘉慶《松江府志》卷四十五《選舉表·正德二年丁卯科》："張其協，孚一。成化辛丑宜子，建陽縣知縣，華亭人。"

吳寬聞汝弼致仕歸，作《定風波》道賀。

吳寬《匏翁家藏集》卷三十《定風波·賀張東海太守致仕》："庾嶺寒梅千樹開，南安太守賦歸來。向晚春風狂捲地，祇有梅花一笑不吾猜。拂袖高臺亦快哉，風月相隨，直到九峰隈，遙計到時春已暮，白髮蒼顏，醉也不曾頹，酒洌魚肥，料得要人陪。"姑繫於是年。

本年前後，羅氏生六子弘金。

上海市青浦區博物館編《青浦望族》上篇《科甲興盛，狀元之家——華亭張氏》第291頁："張弘金（1484—1516）"，未知何據。《成化十七年進士登科錄》："張弘宜……兄弘正。弟弘立、弘左、弘宣、弘直、弘丞、弘圭、弘玉。"弘宜登第時尚未有弘金之名，則弘金之生當不早於成化十七年春。

中書舍人楊一清有詩寄汝弼，汝弼和其韻，稱贊其詩文飄然不群。

《鐵漢樓帖》39A《答中書舍人楊一清》題注云："起自奇童，中進士，字應寧。"詩云："婉孌青衫早策勳，明光宮裏謁明君。丹山鸑鷟聲和律，渥水神駒足絕群。三策又誇金榜捷，一生總擅玉堂文。狂夫曾賞高軒過，今日空瞻日暮雲。用前韻再贈。曾見垂髫謁放勳，青霞衣袂紫陽君。筆鋒卓爾誰能及，詩思飄然自不群。北海風濤鷗鯤變化，南山霧雨豹成文。張翰醉臥三江月，何處飛來五朵雲。"收錄於張弘至本《詩集》卷三。

按，詩題稱"中舍"，爲中書舍人之省稱。楊一清任中書舍人約在成化十一年至成化二十三年間（詳方樹梅《年譜三種：楊一清、擔當、師範》第15—26頁）。據詩中"張翰醉臥三江月"句，知汝弼作詩時當在華亭，據"南山霧雨豹成文"一句，推測爲致仕後所作，姑繫於此。

楊一清，字應寧，雲南安寧州人。成化八年進士，授中書舍人，歷官山西提學僉事，陝西副使，左副都御史，户部尚書，兵部尚書，吏部尚書，加少師、太子太師，兼謹身殿大學士，進華蓋殿大學士。贈太保，諡文襄。有《石淙詩稿》《關中奏議》等。傳見《明史》卷一百九十八。

南安鄉民留汝弼之像，立於城北金蓮山之高明所，爲文勒諸石，又爲汝弼立生祠，數來移文問候，汝弼懷愧不已。

張弘至本《文集》卷五程敏政撰《遺愛錄序》："南安人以其故守張公之有遺愛也，其去，則相與留像於城北金蓮山之高明所，最其德政，而爲文勒之石。"同卷謝鐸撰《墓誌銘》："公顧不薄淮陽，而卒有成績，至是始謝病歸。歸之日，民相與立生祠，又數請縣移文問候。"同卷桑悅撰《南安郡去思碑》："蓋侯誠心待物，視民疾苦如切於身，周慮力往，無復顧忌，必益於郡乃已。故事獲有成，而郡獲其福，宜其固結人心，流惠子孫。既去，而思之無斁也。"同書《詩集》卷四《聞南安立生祠》："休說生祠與去思，素餐懷愧已多時。歸來東海煙霞裡，不把浮名白鳥知。"

按，詩題既稱"聞"，則汝弼作詩時當已離開南安，《墓誌銘》言"歸之日"，或指汝弼歸時鄉民即有立生祠之意也，姑繫於此。

劉遲請鄉友盧文盛畫汝弼之像，裝演成卷，獻於汝弼，汝弼悅而跋之。劉遲併述諸名公之贊，而歸於汝弼。

嘉會堂本《文集》附錄劉遲《遺愛錄後序》："東海公昔守南安，壽安斯民六載，遲荷眷愛尤深，而去思之心，實與郡人同出於至誠感激之自然也。故預因鄉友盧文盛竊貌是像，幸而大似，豈造化者有以默相與，既而裝演成卷，以獻於公，公悅而贊，跋之，併述諸名公之贊，而歸於公。"

周忱之子周仁廣來松，將以《思善錄》付梓，汝弼跋之。

張世綬本《文集》卷三《題思善謠後》："文襄公之子仁廣通判福州，以公事來松，得《思善錄》閱之，即欲刻梓。或者病所錄泛而駁，通判公曰：'駁雖未免，而要皆忠厚之情也。奚擇於詞哉？'張汝弼曰：'厚之至也。'贊成之。"

按，文襄公即周忱。《千頃堂書目》卷十："《周文襄公年譜》二卷。又《事實》一卷，公長子仁俊編。《思善錄》一卷，又《遺愛錄》一卷，俱記文襄公事。"則汝弼所閱《思善錄》當載周忱之事。詩題中"謠"字當爲"錄"之誤。

又按，《匏翁家藏集》"以年月先後爲序"（李東陽《匏翁家藏集序》），卷十一有《送周仁廣通判福州》詩，在《送沈仲律湖廣僉憲》《送劉職方時雍赴福建參政》二詩之前，《明憲宗實錄》卷二百四十："（成化十九年五月）丁巳……復除山西按察司僉事沈鍾於湖廣。"又卷二百四十五："（成化十九年冬十月）癸酉……陞……兵部郎中劉大夏爲福建右參政。"則周仁廣通判福州當在成化十九年，汝弼本年致仕歸松，故其持《思善錄》訪汝弼當以本年爲上限，姑繫於此。

周忱，字恂如，江西吉安府吉水縣人。永樂二年進士，選庶吉士，授刑部主事，進員外，改越府右長史，擢工部侍郎，巡撫江南，遷戶部尚書，改工部。卒，諡文襄。有《雙崖詩集》六卷。傳見《明史》卷一百五十三。

汝弼自南安歸後，頗感知足，於昔日交游知己，亦頗懷念。

張世綬本《詩集》卷三《南安歸作》："一官去作南安守，六載歸來東海翁。塑像建祠民俗厚，登科致仕聖恩濃。故園禾黍無新葉，諸子詩書有祖風。獨對孟光林下醉，交游何處更相逢。"按，據首句，本詩當在汝弼致仕歸松後不久所作。

張弘至本《詩集》卷四《書吳山雨別聯句後》："越山盡處吳山起，山色空濛雨聲裏。衝雨揚舲列玳筵，總是同年舊知己。玉山巀嶭張廷芳，春風雍容魏仲禮。提學先生李若虛，青松聳秀白鶴癯。蚪髯鐵面江廷叙，已聞憲副河南除。吳橋廷贊我同姓，昂藏千里之神駒。更有彥章陳老將，出非同途同趣向。觴政渾如軍政嚴，百罰深杯不容讓。酒酣思湧競聯詩，江雨江風鬥清壯。我慚沈醉不能聯，先飲同年劉士元。鐵冠繡斧能下士，途邀徐老塵中仙。環（按，周文儀本作瓌，是，當據改。）詞怪語洞今古，我挫鋒鋩惟醉眠。吳山驛中惜分手，扶醉又醉諸公船。諸公高誼摩玄極，世俗紛紛誰果識。別去仍題紀別詩，柏直提師向韓敵。詩成還付阿宜歌，雨霽月明天一碧。"

按，《明憲宗實錄》卷二百十八："（成化十七年八月）乙巳……陞……刑部郎中李士實……俱爲按察司副使……士實，浙江，提調學校。"詩言"提學先生李若虛"，即指李士實提調浙江學校。又同書卷二百四十九："（成化二十年二月）辛酉……陞……浙江僉事江孟綸……爲按察司副使……孟綸，河南。"孟綸字庭叙，一作廷緒，乾隆《江津縣志》言其"諤諤敢言，以直節著"，詩中"江廷叙"，當即此人。詩中有明確官職者僅此二人，此詩亦當作於江孟綸陞河南憲副後不久，姑繫於此。

江孟綸，字庭叙，一作廷緒。江津人。成化二年進士。拜浙江道監察御史，謇諤敢言，以直節著。巡按陝西、山東，出遷湖廣按察司僉事，尋轉浙江，擢河南副使，提督河南學政，所在有聲，卒於官。（據嘉靖《山東通志》卷十《職官》、乾隆《江津縣志》卷十一《士女志·仕績》。）

《蘭臺法鑒錄》卷十一《成化朝》："魏富，字仲禮。福建龍溪縣人。成化二年進士。除浙江道御史、巡按廣東。十一年，陞浙江僉事、本省副使，累陞刑部右侍郎，疏請致仕。"

"吳橋廷贊"當指張玉。嘉靖《河間府志》卷二十三《人物志·國朝·吳橋縣》："張玉，成化丙戌進士，任監察御史……九年，陞福建副使。未幾，轉本司按察使。復陞本布政司左布政使……弘治七年，以薦進順天府尹。"

《本朝分省人物考》卷九十六《劉魁》："劉魁，字士元，高唐人。成化間進士，尹贛榆，多勞績，擢監察御史，按蘇、松、常、鎮，彌盜有功。淫雨害稼，力請于朝蠲貸，蘇門像祠之。以直道左遷黃梅縣丞，丁內艱歸。當道屢薦不起，卒于家。魁天性純孝，對妻孥相敬如賓，凡歷官無所趨避，以此偃蹇終身。"

張廷芳即張蕙（參成化十八年譜）。彥章陳老將，其人不詳。

重游龍潭之聽雷處，感念今昔，有詩。

嘉會堂本《詩集》卷四《聽雷堂》自注："白龍潭之聽雷處，蓋二兒弘宜讀書于此也。感念今昔，題詩紀之。"詩云："昔年我寓龍潭上，大醉高聲呼老龍。今日歸來聽雷處，老龍來笑我龍鐘。"

按，白龍潭，詳成化六年譜。

作《祭徐通判文》。

張世綬本《文集》卷四《祭徐通判文》云："我首南安，重見劇喜。云胡期疾，竟至弗起。忽以訃聞，位哭客裏。及我老歸，宿草靡靡。我懷舊游，痛泪曷止？薄具肴羞，用奠靈几。我言有窮，我情無已。所可慰者，賴有穀子。穀年雖稺，有親可倚。丁氏之舅，頗若祖禰。肯裹市心，視若敝屣。維靈有知，鑒我誠悫。嗚呼哀哉，尚享。"據文意，當作於汝弼致仕歸鄉後，姑繫于此。

袁愷卒，汝弼嘗爲其作贊。

張世綬本《文集》卷三《雲南左布政使袁舜舉贊》："清苦厲志，和易待人。不諂匪亢，處順任真。宦轍所至，惠澤惟均。流俗砥柱，盛世祥麟。"

按，《明憲宗實錄》卷二百二十九："（成化十八年秋七月）丙子，陞廣東右布政使袁愷爲本司左布政使。"《焦太史編輯國朝獻徵錄》卷一百二《雲南左布政使袁愷傳》："袁愷，字舜舉。其先安丘人，占籍華亭。……賜擢廣東按察使，進右布政使，遷雲南左布政使，未至卒。"吳寬《匏翁家藏集》卷六十七《故雲南左布政使袁公妻盛安人墓誌銘》云："故雲南左布政使華亭袁公有賢配，曰安人盛氏。……公……超遷至按察使，其後有雲南之擢，則憂其父高年，留安人侍養于家，其父亦樂焉，不知其子之遠去也。未幾，公卒干［于］道。柩至，安人迎哭，屢至頓絕，而其父明年亦亡。安人率諸子治兩喪，皆合乎禮，觀者稱之，蓋又數年，而安人以病不起，實成化丁未五月一日也。"據此，袁愷之卒，當在其母盛氏卒之前數年，又必在成化十八年後，姑繫于此。

又按，張弘至本《文集》卷四《承事郎質軒董君墓誌銘》中言及袁愷軼事，云："雲南左布政袁舜舉微時，以隣曲兄弟出入服賈，同榻讀書。一日客于金陵，聞日者云：'袁貴董富'，仲頵初不以爲然，不四五年，袁果登進士第，歷官通顯。"

陳煒卒。

據《焦太史編輯國朝獻徵錄》卷八四彭韶《浙江等處承宣布政使司左布政使耻庵陳公煒墓誌銘》。

俞盙卒。

> 據王鏊《震澤先生集》卷二十二《鄖陽府知府贈中議大夫贊治尹俞公墓碑》。

【時事】正月，宦官尚銘領東廠，專事勒索，事發被貶。本年，僧繼曉由宦官梁芳引薦受寵。樊瑩任松江府知府。

明憲宗成化二十一年乙巳（1485） 六十一歲

正月十五日，賦詩懷南安舊治。

> 張世綏本《詩集》卷四《元宵有懷南安舊治》："去年南郡賞元宵，歌舞聲中度畫橋。爛縵新詩誰記得，紅梅零落路迢遥。"
> 按，上年因"當會朝之期，藩臬重臣她以候請達之天官卿"，汝弼乃獲致仕，外官覲見在正月，朝臣傳達汝弼致仕之請，再報於南安，至少當在二月，故汝弼去年元宵時節當在南安。據本詩首句，繫於此。
> 又按，南京博物院藏張弼草書七絕詩一軸即此，款云"東海醉書"（見《中國古代書畫圖目》第7冊蘇24-0023）。龍德俊《明代早中期松江草書研究——以張弼爲中心》附錄四以"署款未見此寫法，書風字型稍不類張弼，過於狂放"疑僞（第168頁），上海博物館亦有《草書元宵七言詩》，筆者見於常設展，然款後所鈐"東海翁"白文印僅此一見，"汝弼"朱文方印亦與常見者不同，待考。然該詩爲汝弼所作，當無疑義。

本月，喬維翰子燁攜《守南安送行詩卷》至慶雲書舍，汝弼於其空處填以近作，並引其端，付俸兒弘左。

> 龍美術館藏《張東海守南安送行詩序卷》汝弼引首云："此予出守南安時在京諸故舊送行卷也，行倥未及書，乃留于翰林編脩喬師召所，今且九年矣。師召物故，其子燁送至予慶雲書舍，始得閱之，

止有今翰林學士李賓之先生序，及今思南太守邵父敬登數詩而已，空紙尚多，吾三弟北溪汝匡之子弘左深欲得之，遂以予近作填其空而與之。弘左知愛文墨，必知愛其身，以光二親矣，吾於此卷何靳？成化乙巳正月望後南安府知府致仕東海翁以付弘左，而引於前如此。"鈐"汝弼"朱文方印、"東海翁"朱文方印。見《龍與士——明代中國的書法和繪畫藝術特展圖錄》第51頁。

十七日，游慶雲莊。同舟而往者，有姪弘立、弘左，婿顧行己，道中邀盛銓老先生同行，燕席間折花行酒令，弘立輩競歌壁間諸詩，汝弼陶醉其中。

龍美術館藏《張東海守南安送行詩序卷》第三首《乙巳正月十七游慶雲莊》，當爲汝弼以近作所填者（詳成化十三年譜），詩云"寒飈惻惻霰疏疏，（雪，此字點去）薺麥青青柳未甦。伴我慶雲莊上醉，放舟歸去不須扶。""擊鼓催頻寒豆花，春光先已到田家。諸郎競寫新詩句，我獨龍鍾醉帽斜。"跋曰："是日同舟而往者姪弘立、弘左，胥顧行己秀才，道中邀三安叟盛文衡老先生冒微霰而行，至則小燕，折寒豆花爲酒令，擊鼓而催之。弘立輩競哥壁間諸詩。歸途亦有新作，予與三安頹狀就醉。三安者，舊與先君兵部公交，今八十三歲矣。弼以尊行事之，不敢以詩瀆之也。既歸，明日在天趣軒書此，東海翁識。"又題："方寫此，適竹岡嘉姪褚鳳至，云吾婿李觀等口同至莊，隨行者弗謹，下東樓越梯幾折足，歸至三兒弘至之瑁湖樓，命祝道士箋之，方愈也。昨日之游，弘至適事忙不與，期而不至者甥俞寰、封丘知縣計廷玉，不期而至者青村蔡顒焉。"鈐"東海翁"朱文方印（見《龍與士——明代中國的書法和繪畫藝術特展圖錄》第51頁）。詩二首收入張世綬本《詩集》卷四，題爲《正月十七日與姪弘立、弘左，壻行巳「己」秀才共游慶雲莊，賦此二絕》。

按，弘立、弘左見於《先君村居先生墓誌》："孫男七人：弘正、弘宜、弘立、弘左、弘至、弘直、弘丞。"弘左爲汝弼之弟張汝匡之子（詳下文所引龍美術館藏《張東海守南安送行詩序卷》引首），弘立生平不詳，二人既列於弘宜與弘至之間，本年亦二三十歲矣。三安叟盛文衡老先生即盛銓，詳見正統三年譜。封丘知縣計廷玉即計瓊，詳天順六年譜。青村蔡顒，其人不詳。

二月八日初度，與王氏壽偕耳順，慶壽者衆多。時葉贄等寄雙鹿，梁潛贈甲子圖，汝弼皆有詩答謝，慶此生之幸。陳選作《慶東海張公雙壽序》，極言張、陳二家相交之厚。

張世綏本《詩集》卷四《生朝》詩曰："巳己二月又八日，我生六十一迴春。從前事業皆非也，慙愧稱觴慶壽人。"按，汝弼六十一歲在本年，則"巳己"乃"乙巳"之誤。

張弘至本《文集》卷五陳選《慶東海張公雙壽序》："寧海張侯時措，雲間望族。其尊甫東海翁起家夏官郎，出守南安，聲聞嘛嘛，文章、政事且重天下。母夫人王氏婦道母儀，人無間言。兹成化乙巳春，壽偕耳順，金紫相輝，膝下諸郎，綵衣成隊，心志有養，詩禮有傳，父母兄弟一氣長春，猶金甌玉斝，完美無瑕。其日用之間，懽愛和洽，真不知人寰何樂可以方此，豈易致哉？顧予覯風木而興悲，聞塒篦而增感爲何如？且雲間與霞城境土相接，昔叔父從魯先生分教於此，及予領提學之命，亦按於此。今弟廷璉又分教於此，兼伯兄與東海會太學時交深情厚，實有巨卿元伯之誼，於時措相知固非一旦。緣是叔父不遠千里預走書徵言爲慶，故並予之所感者序之如右。尚冀時措精白一心，奉揚帝命，以澤潤生民。他日陟華要，大封贈，視二親以享夫百祿，觀群玉以踵夫賢科，福慶綿遠，孫支暢茂，想東海翁一觴一詠，頹然其間，而不知門外之水變爲桑田矣。松人其誰能爭我公之所有耶？"按，陳選序文年月不詳，王氏生於洪熙元年正月，汝弼生於二月（詳洪熙元年譜），"壽偕耳順"當即在本年二月。

又按，陳選叔父從魯先生，其人不詳。其伯兄即陳英，爲汝弼太學同學，詳天順元年譜。陳廷璉，嘉慶《松江府志》卷三十八《職官表三·教職表·松江府學·闕年》："陳廷璉，訓導。"應即此人。

張世綬本《詩集》卷四《生日蒙天台葉太守崇禮諸公寄雙鹿爲壽謝》："呦呦雙鹿慶雲堂，仙子馳來獻壽觴。翹首天台在何許，桃花流水路茫茫。"按，此詩在《生朝》《二月八日予生辰也。喜浙江左大參桂坡先生至，絕不飲酒，茶話甚適，賦此以識》之後，應當作於同時。天台葉太守崇禮即葉贄，自成化十八年起擢知台州府知府（詳該年譜），本年尚在任。後一首《謝任先生寄壽燭一絕》："霞城畫燭大於椽，遠寄雲間慶壽筵。自笑無緣照歌舞，夜窗頻剪讀遺編。"或亦作於此時。任先生，其人不詳。葉太守崇禮即葉贄，《鐵漢樓帖》13B有汝弼答謝葉贄祝壽詩一首，收入張世綬本《詩集》卷四，題爲《台郡葉太守寄文賀壽，賦此志謝》，未詳年月。

張弘至本《詩集》卷三《謝會昌梁孔昭大尹送甲子圖》："故人去作會昌尹，寄我新刊甲子圖。感荷此情殊鄭重，喜當老眼未糢糊。條分正閏扶人極，混一華夷仰聖模。自慶此生何幸太，盃傾東海醉歌呼。"按，梁潛自成化十六年起任會昌知縣（參嘉靖《贛州府志》卷七"會昌知縣"條），甲子圖應在汝弼耳順之年相贈，故繫於此。

雍正《江西通志》卷六十五《名宦志》："梁潛，字孔昭，由鄉舉。成化十六年知會昌。居官廉勤，修敝舉廢，加意學校、農桑。長河峒素稱頑梗，潛至，聽其教令，編戶日增，邑治改觀。"

浙江布政司左參政左贊至，相與茶話甚適，又互贈詩篇。夜話時汝弼身感快然若脫，知熱疾稍愈，以詩志喜。

張世綬本《詩集》卷四《二月八日予生辰也。喜浙江左大參桂坡先生至，絕不飲酒，茶話甚適，賦此以識》："東海老生初度日，渐藩左相忽來過。鑪薰茗椀燈前話，絕勝金釵玉面歌。"又"梅燈樺燭慶雲橋，左相樓船忽住橈。白首相看夜深語，十年塵土一時銷。"附錄桂坡左大參先生贈詩二首："去年曾醉紫薇樓，有約雲間續勝游。此日慶雲橋下泊，心期便欲結滄洲。"又"花甲重逢賀客都，無聲詩意有聲圖。我來亦效長生頌，重賦扁舟放五湖。"

按，浙江左大參桂坡先生即左贊。據"梅燈樺燭慶雲橋"句，可知汝弼作詩時在華亭。左贊長汝弼一歲，本年與汝弼皆年過六十，可云"花甲重逢"。以上四首在刻集中排於《生朝》之後，當爲同一年所作。故繫於此。據《明憲宗實錄》卷二百八十一："（成化二十二年八月）己亥……陞浙江布政司左參政左贊爲廣東右布政使。"則本年左贊當尚在浙江布政司左參政之任上，故汝弼稱"浙江左大參桂坡先生"。左贊"去年曾醉"句當指汝弼上年與左贊於紫薇樓有一會，或即在致仕歸松途中。

張世綏本《詩集》卷四《予素抱熱疾，夜臥少安。昨夜喜桂坡先生左大參至而夜話，遂快胅若脫，始悟火鬱而胅，醫師未能及耳。作一絕以志喜云》："忽聞高論起沉疴，悔却從前問華佗。可奈明朝又分手，短橋新柳雨聲多。"此詩排於上引四首之後，且内容相關，故並繫於此。所謂"熱疾"當即爲渴疾，汝弼嘗自言其患渴濁久，參成化十七年譜。

左贊，字時翊，江西南城人。天順元年進士，歷吏部主事、員外郎、郎中，陞浙江左參政、廣東右布政使，未抵任而罷。性聰敏多藝，能詞翰，頗爲當時所稱。參見《明憲宗實錄》卷二八六"成化二十三年春正月"條。

本月，跋司馬垔詩文於慶雲書舍，稱其人品高，故書法能臻於妙。

臺北"故宫博物院"藏張弼《雜書》第二則《題提學绣衣蘭亭司馬通伯書詩文後》："姜堯章論書云：'一須人品高。'真確論也。人品不高者，雖童習而白紛，徒富繩墨，何有於神妙耶？司馬通伯先生惟以通經學古爲事，旁及於書，即能臻妙，猶神駒出水，籋雲追風，雖或不範馳驅，而凡馬可望其後塵耶？觀其《祭朱文公文》，敢發五百年來群儒所未發，其義理卓識，一洗俗學，人品何如？書家一藝，弗足論也已。成化乙巳二月之吉，東海翁張弼在慶雲書舍謹題。"鈐"汝弼"朱文方印（圖18）。亦收入張弘至本《文集》卷四，題爲《跋司馬通伯卷後》。

又，張世綬本《文集》卷三有《題感興詩後》，云："提學繡衣司馬伯通先生《感興》詩若干首，或者病其上儗朱子，意若未安，然於朱子乃有發所未發，備所未備，爲朱子之忠臣者，豈彼隨聲附影而苟同以竊譽者耶？如論月食，而不從朱子暗虛之説，創爲地隔之論，質諸人心事迹，罔不快愜！此弼四十年來之積疑潛慮而不通，一旦釋然，不知手舞而足蹈也，夫豈曲意而諛乎？使朱子復生，亦必有起予之嘆，而老友之稱不特在蔡西山也。若徒論其音律之妙、點畫之工，抑末耳。"此跋未題年月，"司馬伯通"當爲"司馬通伯"之誤。據此可知汝弼對司馬垔之學識亦頗讚賞。

三月廿六日，跋卞讓所藏趙孟頫《墨蘭竹石圖卷》於吳門寓所。

上海博物館藏趙孟頫《蘭竹圖》有汝弼跋云："有宋鄭所南寫蘭不寫土，曰：'此片土皆非我有也。'推其志可與夷齊抗衡，而肯辮髮椎髻以匍匐胡庭？松雪于此若不足，故翟永齡跋語中引而不發，亦未必無意。退之攜此卷過予吳門寓所，遂書以歸之。成化乙巳三月廿六東海翁張弼書。"鈐"汝弼"朱文方印、"東海翁"朱文方印。（見《中國古代書畫圖目》第二冊滬1-0150，吳升《大觀錄》卷十六《趙文敏名畫》著録《墨蘭竹石圖卷》及跋文。）

按，汝弼跋前有成化十五年沈周跋云："毘陵卞退之得其先世所藏趙承旨墨蘭一卷，蓋嘗落於他所而復歸者。"則知汝弼所云"退之"即卞退之也。又退之名讓，爲式之之弟（參成化十四年譜），世藏趙孟頫書畫。王㒟《思軒文集》卷十一《題趙松雪墨跡》："趙魏公書啓吾鄉士大夫家多有之……予姻卞讓退之寶藏此帖。"

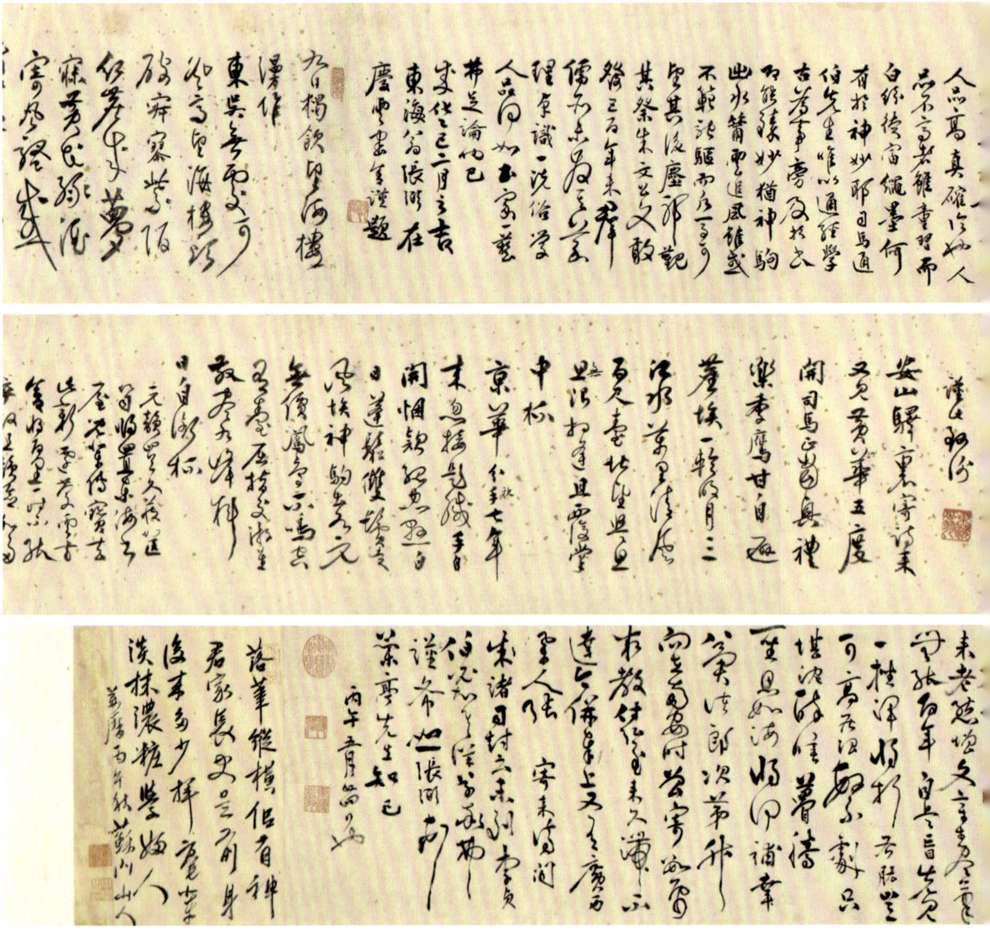

圖18 張弼《雜書》卷 臺北"故宮博物院"藏

年譜　明憲宗成化二十一年乙巳（1485）　六十一歲

岳正《類博稿》卷八《又題松雪書札後》："余嘗序《卞氏世譜》，知其居汴者十四世，自汴居常者又十五世，其間文獻足徵不誣。曰讓、字退之者，七世祖次山翁與松雪老有世契。"

又按，汝弼跋前有成化十六年翟永齡跋，有句云："此其所畫蘭石，神采飛越，脱去翰墨畦徑。惜其生晚，不及見鄭所南。倘得其心法而師之，又當妙絶千古。"汝弼所云翟永齡"引而不發"者即此。

五月，金山指揮同知郭鋐裝潢蘇軾題竹之作，屬指揮使劉瑛持造慶雲書舍，汝弼跋而歸之。

《鐵漢樓帖》22B："'凉陰過硯池，葉葉秋可數。京華客夢醒，一片江南雨。'此蘇東坡先生題竹之作。予至金山，聞掌教張先生誦之，而郭總戎驚喜，故是曰：'此詩又蘇詩之精華，殆古今之絶唱，豈易得者耶。'越三月，乃裝潢此畫竹，屬指揮使劉廷瑞持造予慶雲書舍，俾録之，以不特重東坡之作，且重郭公之識，遂歸之。成化乙巳五月己未東海翁張弼識。"

按，郭總戎，即郭鋐。其鎮守蘇松時，與汝弼多有交往。李東陽《懷麓堂詩稿》卷九有詩題爲《漕運參將郭彦和鎮蘇松時有巨舟，張東海名曰"海天一碧"，爲賦長句》。張世綏本《詩集》卷四《郭總戎率僚吏餞予于查山，初發矢，有雉驚起于麥隴；繼發一矢，雉即斃。衆驚喜而賀，予口占一絶》詩末自注云："公建牙金山所，以備海道之倭也。"正德《金山衛志》上卷之三《將校・總帥題名》："敕成化十五年奉郭鋐都指揮同知。"同書卷下之二《人物・總督》："郭鋐，字彦和。廬州合肥人，以武舉高第授都指揮僉事，選充五軍營把總。成化十五年，奉命備倭，初陞同知。鋐在任七年，以清謹聞。將校士卒，城樓寨堡，舉皆警飭有緒。公務之暇，手不釋卷，尤崇禮教，文廟儒學，嶄然鼎新，士論稱之。官至都督同知。"指揮使劉廷瑞即劉瑛，詳成化二十年譜。掌教張先生，疑爲張濂。正德《金山衛志》卷下之一《學校・師儒・教授》："張濂，浙江餘姚縣人。"此爲惟一張姓師儒。同卷《學校·宮牆》引錢溥《重修記》："金山衛之有廟學，自己未抵今成化辛丑，歷歲滋久，將入於毀。……命掌衛事指揮使西寧暨僉事魏文修葺之，教授張濂、訓導歐陽法贊助之。"則成化十七年前後張濂爲在任教授。

又按，美國弗利爾美術館藏夏泉《瀟湘過雨圖》卷末汝弼題跋云："'涼陰過硯池，葉葉秋可數。京華客夢醒，一片江南雨。'此蘇東坡題竹之作。蓋詩家之精華。楊起巖爲劉從益大子題，遂錄之。成化乙巳中秋東海翁識。"（見"中華珍寶館"網站。）此亦錄東坡題竹詩，今審墨迹，線條稍顯生硬，似爲臨摹之作。與《鐵漢樓帖》22B對照，二者風格相距甚遠。"汝弼"朱文方印中"弼"之末筆方向亦與常見者不同。待考。

六月初一，於慶雲書舍作草書《千字文》册。

濟南市博物館藏張弼《千字文》有款云："成化乙巳六月朔旦東海翁張弼在慶雲書舍寫。"钤"汝弼"朱文方印、"東海翁"朱文方印。（見《中國古代書畫圖目》第十六册魯2-006。）

本月，楊説妻陳氏卒。汝弼與楊、陳父子交有年，頗聞其賢，與陸鈇往吊之，並爲陳氏作墓銘。

張弘至本《文集》卷四《楊起巖妻陳氏墓誌銘》："吾松江之東郭有陳文璧先生者，以名進士家居，遠近受經者衆。今僉都御史張時敏亦在列。時敏之隣楊西疇者，以富而好禮聞，將爲其仲子説擇配，時敏乃謀諸先生之子洪，以女素芳許焉。既歸，説爲郡庠弟子員，又遠出從師。陳氏處家，舅姑滫髓之奉，臧獲衣扉之需，罔或疎節，合族姻親以'賢婦'稱之，年三十九，成化乙巳六月廿五日卒。生子二：金、鑿。明年十二月十三日塟于俞溪兆域。予與説之師春坊諭德太倉陸鼎儀先生往吊。説拜泣曰：'説妻既没，銘墓者惟先生是祈。'予曰：'鼎儀文可傳信'，鼎儀曰：'子悉三家之故，尚何辭？'予念交楊陳父子兄弟間有年，頗聞孺人有賢稱，且鼎儀之命，遂銘之，曰：南望大海，僅三里許。北詎俞溪，彳亍百舉。隆然者丘，貞玉于處。"

按，題云"楊起巖"，墓誌中則云"說"，則"起巖"當爲楊説之字。其從師于陸釴，陸容《送楊起巖序》言之甚詳（《式齋先生文集》卷十六）。又《名賢尺牘藏真》卷上收張弼札云："去冬別後，屢欲趨造請教，俗事所麽，竟不果行。陡聞楊起巖云戒行，跼蹐無措，懷愧而已。到京榮擢，尚冀滿慰人望。不宣。老生張弼頓首。內翰鼎儀先生閣下。外手帨四方，表折柳之意耳。"可知汝弼與楊起巖交往甚密，起巖亦常與汝弼提及其師陸釴。

陸釴，字鼎儀，崑山人。少與張泰、陸容齊名，號"婁東三鳳"。天順八年進士，殿試第二。授編修，歷修撰、諭德。孝宗立，進太常少卿兼翰林侍讀，充經筵日講官，得疾歸。傳見《明史》卷二百八十六。

本年前後，於慶雲堂書舍後新築別館爲家塾，有詩紀之。

張弘至本《詩集》卷三《綠匯堂新成》："別館新開綠匯濱，蕭然無處着囂塵。清風時作酒邊伴，酷暑不欺林下人。猶未忘機鷗鳥舞，時常得食鴝鵒親。天涯故舊休憐我，老齒還能嚼紫蓴。"詩被刻入《鐵漢樓帖》10A，字已漫漶不清。亦見於張世綬本《詩集》卷二，有自注："慶雲堂書舍後四水所匯，新開家塾于上，故云。"

張以誠《酌春堂集》卷七《綠匯堂五叔父六十壽序》："綠匯堂五叔父者，以叔父尊不敢斥言而以堂稱也。然亦有感焉。堂創於曾祖將仕公，在城西二里許，其地則高祖南安公登第後自海濱來卜築者也。曾祖顏其東堂曰'綠匯'，以授伯祖鴻臚公。西堂曰宗訓，以授大父太學公。二祖同居，是誕我父。"

按，汝弼詩當作於致仕歸居慶雲堂書舍之後，姑繫於此。張以誠序中所云將仕公即其曾祖、汝弼之子張弘玉。（《清代硃卷集成》第十八册"張雲望十一世叔伯祖宏〔弘〕玉"條下注:"恩賜將仕郎"。)"緑匯"之名當爲弘玉依汝弼詩所題,張弘至本中篇名恐亦爲編者所加。

江源按察江西,汝弼遥想南安風物,賦詩二首,江源亦有詩次韻,有懷慶雲莊之會。

張弘至本《詩集》卷二《和江原一韻二首》:"半醒半醉寫烏絲,却憶南安對酒時。玉面阿童鸜鵒舞,青衫小吏鷓鴣詩。曲江祠畔秋風蚤,鐵漢樓頭落日遲。聞道使車重過此,此情應與水同馳。"又"脱却朝衫理釣絲,慶雲莊上晚秋時。秋田百畝供賓醉,煙樹一林催我詩。觸事時還增感慨,樂天無復嘆衰遲。青雲故舊能尋訪,草逕争看四馬馳。"

江源《桂軒稿》卷七《次韻答張東海》:"大庾歸來鬢已絲,慶雲書舍適情時。教兒但讀先秦典,代食惟歌大雅詩。謾喜田園連歲熟,莫嫌稚子候門遲。白頭金紫還堪咲,車馬紅塵日夜馳。"

按,據"却憶南安""脱却朝衫"之語,此詩當作於汝弼致仕歸鄉後。又據"聞道使車重過此",則此詩當寄往江西。據《明憲宗實録》卷二百六十四:"(成化二十一年夏四月)乙卯,陞……南京監察御史李珊、户部員外郎江源俱为按察司僉事。……珊,廣西;源,江西。"則此詩之作以本年爲最早,姑繫於此。

有詩答李應禎。

《鐵漢樓帖》16B《答南京兵部車駕司員外郎李應貞〔禎〕先生,用來韻》(即張弘至本《詩集》卷二《答李貞伯》):"青雲舊冠蓋,白髮老林皋。撫事惟看易,消閑自寫騷。眼前花作陳(張弘至本作"陣",是,當據改),霜下菊稱豪。東海盤陀石,閑來坐聽濤。"

按,據首聯,詩當作於成化二十年汝弼致仕歸鄉之後。文林《文温州集》卷九《南京太僕寺少卿李公墓誌銘》:"公諱應禎,字貞伯，……癸巳乞歸省祭，始居長洲。越四年戊戌，陞南京兵部武選司員外郎，未任，丁繼母陳氏憂。服闋，改本部車駕司部，檄督造江廣湖湘馬快船。丙午，進職方郎中。"李應禎服闋還朝，在成化十八年春（見陳師正宏《沈周年譜》第174頁）。應禎自是年起至成化二十二年間任"兵部車駕司員外郎"。據詩題，汝弼和韻當在本年前後。

與王璟相逢話舊，又作《琅琊歌》送之。

張弘至本《詩集》卷四《琅琊歌送王廷采繡衣》："琅琊之山何巀嶫，鍾靈毓秀生英傑。諸葛武侯真丈夫，千載遺風猶烈烈。怪底後來何寂寥，運化循環終不歇。山前泇水忽澄清，王郎誕降殊奇絕。童髮從宦游西江，文名已自驚先達。涵泳研精二十餘，天人策獻黃金闕。作縣登封奏最歸，繡袍獬豸冠峩鐵。平生爲學謝浮華，扶翼綱常探理穴。謹持三尺應萬端，方寸中間懸日月。今年仗劍江海間，鯨鯢逃蹤豺虎蹶。老我相逢話舊游，青天白日何軒豁。我思諸葛公，不幸當漢末。使當一統聖明時，跨越宇宙誰同轍。伊呂不足多，管蕭空瑣屑。王郎生也幸遭逢，義利分明持大節。營營富貴不苟趨，赫赫威稜何可奪。琅琊山前，泇水西行，當又見，生諸葛。"

雷禮《國朝列卿紀》卷二十九《吏部左右侍郎行實》："王璟，字廷采，山東沂州人。成化壬辰進士，除登封知縣。六載，以清節聞。十六年，陞南京御史。凡所論列，悉關朝廷大體。……十八年，丁外艱，起復。冢宰謂例當改北臺御史，璟辭老母迎養於南便，縉紳異之，補貴州道御史，按視山海等關、保定諸郡，旌別贓否，罷行利弊。弘治六年，擢光祿少卿。"

按，詩題稱"繡衣"，則當作於王璟任御史之時。又據"今年仗劍江海間"等句，則似在王璟丁外艱起復之後所作，即在本年前後。時汝弼已經致仕，王璟赴貴州道御史之任，可道經江南，與汝弼

本年前後，謝鐸於病中作詩二首寄汝弼。

> 嘉會堂本《東海集》附錄天台謝方石詩云："床頭掩卷看明鏡，一病經春入夏暄。省事祇應供僻性，更醫那敢問多門。鄉心漫亂書來少，朝籍兢嚴吏報煩。珍重故人情似海，相過時復重溫存。"又"病起風光四月過，蕭蕭雙鬢不知幡。驚心午飯還宜粥，入眼春衫盡換羅。筋力轉妨騎馬怯，路岐生見出門多。百年夢覺今如此，一笑青山奈爾何。"
>
> 按，據林家驪《謝鐸年譜》，謝鐸自成化十六年起丁憂在家，成化十八年例該起復，然謝病家居，直到弘治元年八月應召回朝。謝鐸此詩當作於病中，姑繫於此。

林克賢卒。

【時事】正月，以災變求直言。言者多請宦官勿幹政，罷修佛寺，遠方士妖僧，免遣擾民之傳奉官等。

明憲宗成化二十二年丙午（1486） 六十二歲

五月廿四日，有書寄司馬垔，云此前於舟中讀其佳作，緣臂痛未能作書，別後回至朱涇，夜泊賦詩三首寄司馬垔，一呈李應禎，一簡王徽，一自況老態。

> 臺北"故宮博物院"藏張弼《雜書卷》末首："獲侍舟中兩日，不盡所懷，蓋雜語溷之。且緣臂痛不能作書，讀諸佳作，不能贊一辭耳。別後回至珠涇，夜泊賦詩曰：'先生相見果猶龍，疏雨篷窗坐夜鐘。愧我俗塵除不得，別來依舊是顢蒙。歸多夜宿釣灘濱，（注云："釣灘乃珠涇之名也。"）夢想明窗一匕塵。寄語金陵李太白，醉披宮錦共何人。'此兼簡李貞伯先生也。'司諫王郎我舊

知，薛逢詩句李憨棋。曾從虎口中閒過，贏得歸來兩鬢絲。'右簡王尚文黄門。辭雖鄙俚，庶幾實錄，先生以爲何如耶？又《老態》一首。'漸覺年來老態增，文章才盡筆無能。百年自是盲先見，一挫渾將折右肱。豈可高居治繁劇，祇堪沈醉睡薑騰。聖恩如海將何補，幸冀諸郎次第升。'向在南安時，曾寄數紙求教，付弘至來，久滯不達，今併奉上。又有廣西舉人張寄來詩，聞朱（此字點去）諸司封云未到，李貞伯必知其詳。草承弗謹，希恕。張弼頓首。蘭亭先生知己。丙午五月廿四日也。"鈐"汝弼"朱文方印、"東海翁"朱文方印。

按，此幅爲該卷末紙，筆迹鈐印顯與前五紙不類，或爲臨作，然從文字內容及形式看，當本於汝弼真迹，姑仍錄釋文於此。司馬垔有別號曰蘭亭，所著有《蘭亭集》（詳成化二十年譜所引本傳），故稱"蘭亭先生"。汝弼此卷詩文雖創作時間不一，然皆爲司馬垔而書也。司馬垔自成化十九年七月起提調南畿學校（《明憲宗實錄》卷二百四十二），李應禎本年進南京兵部職方郎中（據《文溫州集》卷九《南京太僕寺少卿李公墓誌銘》），王徽本年致仕在南京。（據《焦太史編輯國朝獻徵錄》卷九十四儲巏撰《陝西布政使司右參議王公徽墓誌銘》。）因二人本年皆在南京，故汝弼詩可託司馬垔轉呈。

又按，張世綏本《詩集》卷三《與提學侍御司馬通伯》言及汝弼歸鄉後與司馬垔松江夜泊，姑錄于此。詩云："麟去無蹤老鳳喑，寥寥誰和紫陽琴。丹心自許乾坤識，白髮何愁歲月侵。柏府霜寒秋烈烈，杏壇風暖晝沈沈。扁舟不棄張翰醉，一泊松江話古今。"

又按，汝弼云"別後回至珠涇"，正德《松江府志》卷二《水上》："秀州塘在府西南，……自萬安橋東流爲朱涇。"同書卷十《橋梁》："萬安橋，在珠涇西。"由此可知珠涇即朱涇。同書卷二《水上》："朱涇，一名古涇。自秀州塘分支，貫市橋，東流絕驅塘，至張涇東爲橫涇，又東爲蕩涇，當市橋回折處曰落照灣。"
"廣西舉人張寄來詩"句，原作中"張"與"寄"字中有一空，未詳何人。

本月，書《千字文》於慶雲書舍。

龍美術館藏張弼《千字文》末有款云："成化丙午夏五月望東海翁在慶雲書舍捉筆。"鈐"汝弼"朱文方印。（見《龍與士——明代中國的書法和繪畫藝術特展圖録》第53頁。）

六月七日，跋李廷美藏高啟所跋米元暉畫卷，以爲不當以能書畫爲知道。

上海博物館藏《行楷書跋米元暉畫》有汝弼跋云："嘗怪米元章父子以能書畫爲知道，道果如是耶？蓋其所以爲道，自是書畫之道耶？以伊洛之學未大行故耶？觀元暉畫後跋語，亦自見矣。又且厭薄王維右丞，不知其果能超出幾何也？皇明初户部侍郎高季迪所題清雅辭筆，亦世所罕得者。蘇州守吾至友三山李君廷美得而珍藏之，重其書畫耳。予爲白其大尚于後云。成化廿二年丙午六月七日南安老守東海翁張弼拜手跋。"鈐"汝弼"朱文方印、"東海翁"朱文方印。

按，此跋見於《中國古代書畫圖目》第二册滬1-0282。跋亦收入張世綬本《文集》卷三，題爲《跋米元暉畫後》。汝弼跋前爲高啟古風題詩一首云："海岳老僊非畫工，自有丘壑藏胸中。大兒揮灑亦莫比，妙趣政足傳家風。……渤海高啟題。"所稱"海岳老僊"即米芾，字元章。"大兒"即米芾之子米友仁，字元暉，皆宋時書畫名家，傳見《書史會要》卷六。高啟字季迪，元末明初詩人，《明史》卷二百八十五有傳。

九月，寄莊㫤草書，㫤評之曰"好到極處，俗到極處"。

莊㫤《定山先生集》附録王弘《文節公年譜》："（成化）二十二年丙午，公五十歲……九月……張汝弼寄草書至。公曰：'汝弼草書，好到極處，俗到極處。'或曰：'何如？'公曰：'寫到好處，變到拙處，邵子所謂因墨以調性是也。'故白沙有詩曰：'魏晉名家是一關，前驅黃米未知還。卻疑醉點風花句，四海於今幾定山。'"參見李蕾《莊昶年譜》第95頁。

聞道南安今秋豐稔，有詩懷之。

張世綬本《詩集》卷三《寄南安》："別吾舊治已三年，黎庶應須勝却前。樵牧綠林無暴客，弦歌黌舍有英賢。金鰲閣上元宵宴，橫浦橋頭端午船。聞道今秋更豐稔，未知斗米可三錢。"

按，汝弼成化二十年自南安歸松江，至成化二十二年爲第三年。據"聞道金秋更豐稔"，可知爲秋季所作。成化二十三年夏汝弼已謝世，故該詩僅可能作於本年秋。

十一月五日，松江董昂卒。汝弼爲作墓銘，彰其義舉，記其佚事。

張弘至本《文集》卷四《承事郎質軒董君墓誌銘》："松江郡之西郭有董仲穎者，以敦厚饒裕聞，年七十二卒，成化丙午十一月五日也。先是，八月十二正午，天宇澄霽，皎無纖雲。適空中駕一小舟從東而西，又折而東，墜仲穎樓上，市人從觀者塞道。細視之，乃菱草所結。時仲穎已患耳瘡，乃曰：'此船來載我耶？'瘡果不可療而卒。論者以爲仲穎之感召不凡矣。將以丁未三月二日葬于泖港之南原。其子持湖廣參政唐廷貴所撰行狀來乞銘，予念交舊近且卜隣，飲間嘗屬以銘墓，今可辭乎？按狀，仲穎名昂，號質軒，姓董。其先烏程人。……景泰甲戌歲荒，詔能出粟濟飢者，有錫典，仲穎毅然曰：'此吾素心也，況上導之乎？'乃輸應上格，復自贳粥，以濟行道，多所全活。時副都御史上虞葉公守松，隨詔例加以冠帶，仲穎復婉辭，卒不受。葉公爲書'崇義'大字，以旌于堂，諸縉紳遂以詩文華之，載之郡志。成化丁酉甲辰歲，累飢，每詔例至，仲穎輒輸應如初，雖多不恤，最後以有司強受七品散官，非其心也。而身且老矣。居復布素如常。其崇義自抑類如此。……噫！仲穎布衣，其將卒也，感空中舟來，可謂怪矣，不可道也。然予所親聞而詳察之不誣，固亦偶耳哉。但春秋紀異，亦在所當志也。併志而銘之，曰：利利于鄉，德德于眾。其軀頎然，其中潁洞。匪祿而豐，積之自躬。蓋亦有道，豈直曰逢。淑後也腆，維經維典。若子若孫，日覬融顯。望八而休，得天亦優。南原之窀，保千萬秋。"

按，湖南參政唐廷貴即唐珣，傳見成化十二年譜。

冬至氣暖，感天憐赤子，有詩。

張世綏本《詩集》卷四《丙午冬至》："今年冬至暖于春，細雨空階草色新。應是蒼天憐赤子，無衣無褐未爲貧。"

按，汝弼一生歷二丙午年，另一爲宣德元年，時汝弼二歲，故此詩僅可爲本年所作。

同鄉夏寅調任山東布政使，汝弼賦詩送之。

張弘至本《詩集》卷三《送夏正夫赴山東布政》："老別無能對酒歌，相看脉脉思懸河。李唐詩律非風雅，莊列文章是鬼魔。醫國須令元氣壯，養民何用教條多。舊游洙泗今重到，應有清風起後波。"

按，《明憲宗實錄》卷二百八十四："（成化二十二年十一月）丁卯……陞四川按察使周鼐、浙江布政司右參政夏寅俱爲右布政使，鼐原任，寅山東。"則夏寅當在本年冬赴任，姑繫於此。

夏寅，字正夫，華亭人。正統十三年進士，授南京吏部主事，遷江西副使，提督學校，進山東右布政使。弘治初，致仕歸。傳見《明史》卷一百六十一。

本年，有懷長洲李應禎，以詩寄之。

張弘至本《詩集》卷三《寄李郎中貞伯》："文章星斗氣如春，元是烏衣巷裡人。避世身從床後匿，憂時書向榻前陳。十年郎署馮唐老，千古孔門原憲貧。何日相逢吳下醉，秋風老盡紫絲蓴。"又："南安郡裡寄書來，又復榴花五度開。陶令解官空白髮，山翁當道正青才。絳紗弟子傳三《禮》，粉署賓寮共一盃。老我有懷何日會，月明空望鳳皇臺。"

按，汝弼致仕後所作詩常用張翰蒓羹鱸膾與陶淵明辭官歸隱之典。如張弘至本《詩集》卷三《送客歸閩》有句云"張翰江上蒓偏美，陶令籬邊菊正香。"據上引詩中"何日相逢""陶令解官"二句，詩當作於應禎尚在京城、汝弼致仕回鄉之時。又據《文溫州集》卷九《南京太僕少卿李公墓銘》，李應禎於丙午年（即本年）由兵部車駕司員外郎進職方郎中，詩題稱"李郎中"，當以本年爲最早。

賦詩送金華推官林沂進京。

《鐵漢樓帖》39A《喜林沂字居魯金華推官赴京待憲》："半晴半雨半清和，繡柱青簾忽我過。渺渺乾坤身作客，茫茫今古口懸河。張翰門外飛花淨，范老祠前芳草多。自信惠文冠是鐵，此生寧肯負恩波。"收入張世綬本《詩集》卷三。

按，《成化十九年浙江鄉試錄》"收掌試卷官"條下有"金華府推官林沂（居魯福建莆田縣人，辛丑進士）"。由此，林沂登成化十七年進士第，在成化十九年前後任京華府推官。此詩當作於汝弼送林沂進京朝覲之時，詩中又云"張翰門外"，故林沂自金華進京途中當經過汝弼之所，其時汝弼當已致仕歸松。明年爲朝覲之年，故此詩很可能作於本年。

本年前後，周津奉詔至松，汝弼有詩相贈。

張世綬本《詩集》卷三《行人慈溪周文濟奉恩詔至松，賦以送之》："日重光彩月重輪，民物熙熙萬國春。四牡奔馳來節鉞，九龍圍繞捧絲綸。笙歌北極仁風遠，花鳥南荒化雨新。最是使星偏照我，緋袍抖擻舊時塵。"

按，據《本朝分省人物考》卷四十七《周津》，知周氏授行人在本年，明年汝弼謝世，則贈詩僅可能在本年或明年，姑繫於此。

周津，字文濟，號月航，浙江寧波府慈溪縣人。成化二年進士，初授行人，歷監察御史、九江知府、江西左參政、雲南按察使、雲南右布政使、貴州左布政使，終官廣東左布政使，年六十卒。參見楊廉《楊文恪公文集》卷六十一《有明廣東布政使司左布政使慈溪周公墓誌銘》。

和松江知府樊瑩《寫懷》詩韻，咏其美政，又賦詩送其入覲。

張弘至本《詩集》卷三《和樊郡守寫懷韻》："一身端爲萬民憂，百慮千思不盡頭。酒薄郡厨春冷淡，燭殘鈴閣夜遲留。東南海霧侵孤戍，西北邊風徹敝裘。萬里轉輸何日了，九峰吟賞幾時酬。"其二："明時誰敢道時凶，可奈東南杼軸空。捲地餉夫無處避，欺天惡少有時逢。小臣效職曾何補，聖主垂恩信未窮。玉節亭前聞好語，捷書頻報貳師功。"後附樊廷璧郡守《寫懷》原韻二首："日日奔波日日憂，鏡中華髮忽盈頭。青山有夢不歸去，綠水無情強自留。公館時常粗糲飯，行囊依舊木棉裘。也知富貴非吾分，祇爲君恩未少酬。"又"西北頻年値歲凶，東南財賦半成空。萬方一統雖遭際，斗米三錢尚未逢。減膳共知勞聖慮，轉輸誰復念民窮。感來便欲抽簪去，恐負清朝教養功。"後有小字注云："公名瑩，常山人，仕終工部尚書，守松郡不三年而遺惠無窮。咏此不特爲其詩也。"同書卷二《送樊太守入京》："作宦繁華地，甘爲清苦人。帶寬綿布重，飯糲菜羹純。用法宜風俗，詳刑質鬼神。此行天下賀，玉陛舞祥麟。"亦見於天啟《衢州府志》卷十四《藝文志》，題爲"張汝弼送樊清簡公覲詩"。

按，正德《松江府志》卷二十二《守令題名·國朝·知府》："樊瑩，成化二十年以監察御史陞任，後仕至南京刑部尚書。"同書卷八："（成化）二十二年知府樊瑩議以水鄉折鹽米均入該縣糧耗項下，帶徵白銀徑送運司……"據此，樊瑩於成化二十年起任松江知府。其與汝弼唱和詩中若"明時誰敢道時凶，可奈東南杼軸空"。"西北頻年値歲凶，東南財賦半成空"之語皆言及西北災荒，東南財力不濟之時局，按《明憲宗實録》卷二百七十九："（成化二十二年六月）丙戌，以災傷免陝西稅糧子粒八十五萬三千二百餘石。"知本年前後西北實有災情，又明年爲未年，正當朝覲之時，姑繫二首於此。

正德《松江府志》卷二十四《宦蹟下》："樊瑩，字廷璧，浙江常山人，與王衡爲同年進士。成化甲辰，繼衡知府事。時運夫折閱逋欠，積累索債者無虛日，而倉場書手侵盜害人，衆皆知之，而未有以處。瑩至，晝夜講畫，盡得其要領……於是官司積弊十去八九，而田野之間無復睢突吶啖之患。瑩方講求文襄周公之制，舉其偏弊而通融之，以爲經久之計，會母憂去，不竟所施。瑩爲人簡易，不事邊幅。遇事敢言，無所回互。爲御史多所建白，按雲南尤有聲，而孜孜爲民，若飢渴之於飲食。去松幾二十年，位登八座，老且歸矣，而松之人猶望其復來云。正德二年卒。"

有詩答太常卿翟瑛，云自辦詩逋、字逋，感愧于故舊之問候。

張世綬本《詩集》卷三《答太常卿翟廷光》："南安老守張東海，矮屋西風雪滿顛。身世眞如莊子蜨，盤餐不壓季鷹鱸。誰聞朝報兼邊報，自辦詩逋與字逋。慚負平生諸故舊，何須重問首丘狐。"其後一首爲《寄翟太常》："報恩寺裏同年會，又過鶯花十四番。榮辱升沉渾似夢，死生契濶不須論。孤魂吊月音書斷，老馬嘶風意氣存。寄語清卿休袖手，淡雲疏雨正黃昏。"

按，翟廷光爲翟瑛。《明憲宗實錄》卷二百七十三："（成化二十一年十二月）癸巳，陞……尚寶司少卿翟瑛爲南京太常寺卿。"雷禮《國朝列卿年表》卷一百一十九《南京太常寺卿》："翟瑛，河南洛陽人。成化丙戌進士，二十二年任，弘治三年致仕。"則翟瑛到任在本年。汝弼於明年夏謝世，故詩作於本年或明年，姑繫於此。翟瑛既爲汝弼同年，二人當在成化二年前後相識，因稱"故舊"。

又按，汝弼參與報恩寺同年會，據現存詩文，僅有成化十二年，然自該年往後十四年，汝弼已謝世。而詩既題爲"翟太常"，則當作於本年之後，姑繫于此。

翟瑛，字廷光，河南洛陽縣人。以太醫院籍登成化二年進士，改翰林院庶吉士，授禮部給事中，陞鴻臚寺少卿，改尚寶司少卿，陞南京太常寺卿。年五十七卒。參見《明孝宗實錄》卷一〇六"弘治八年十一月甲午"條。

賦詩答韓統，懷念南安風物。

張世綏本《詩集》卷三《答南安舊同寅韓推官馭民》："昔日同寅十數人，韓侯與我最情親。一襟霽雪梅花國，千里長風榕樹津。會面難期渾似夢，緘書欲寄獨傷神。遥知西奕軒前酒，空付歌兒玉面春。（自注：梅花國、榕樹津皆南安所有也，詩中道及，兩心自知之耳。）"此詩當作於自南安歸後，姑繫於此。

作《祭顧東皋文》。

張世綏本《文集》卷四《祭顧東皋文》："南安府知府眷生張弼致祭于尊太翁東皋處士顧公之靈，曰：維顧與張，世連媸戚。兵部先公，交游莫逆。燕游過從，無間昕夕。不激不隨，維義維德。先公云逝，歲將廿易。公壽八袠，去冬易簀。薄奠一觴，痛泪沾臆。念公平生，有爲有識。赤手起家，田連阡陌。臘月告終，後事咸飭。聞者稱羨，誠爲難得。我懷先公，益增感激。惟公有靈，來歆來格。尚享。"

按，顧東皋爲汝弼親家公，見成化十九年譜。據詩意，汝弼作此文時，當距其父熊應逝世近二十年，熊應逝世在成化五年，則此文必作於成化末，又因作於臘月前後，不可能在成化二十三年，姑繫于此。

王佐賦詩送侯直歸省松江，兼簡其兄及汝弼。

王佐《古直存稿》卷一《送侯公繩秋官歸省松江兼寄令兄僉憲張東海太守》中有句云："秋曹不乏人，代出邦家寶。中有險狠徒，好者遮藏了。目擊十數輩，持身得名早。誰期後來者，侯子才便老。片言可折獄，作事不草草。一詩送存敬，諸公多壓倒。……令兄僉憲君，時危早歸好。西門東海翁，勇退名可保。相思不可見，此意煩君道。孝忠子能全，志士量不小。况子年富時，嘆我形枯槁。望子早回署，焚香看詩稿。"

按，侯公繩秋官即侯直，成化十七年進士。何良俊《四友齋叢説》卷十六："侯公繩名直，華亭人，與徐栗夫同年進士。凡待選者將及五年，而後授刑部河南司主事，與徐栗夫同司。"本年據侯直登第恰爲五年，當已授職，可稱"秋官"。王佐詩題所云"令兄僉憲"爲侯方。《成化五年進士登科録》："侯方，貫直隸松江府華亭縣。……父藎，府同知。母沈氏。具慶下。兄正。弟洪、平、美、直、賢。"令兄僉憲，未詳。詩中言汝弼"勇退名可保"亦與本年情形相符。

倪濤《六藝之一録》卷三百六十六："王佐，字仁甫，自號古直老人，黃巖人。善草書，游京師，客公卿間。李西涯作《王古直傳》，又贈詩曰：'長安信脚自來往，醉醒不信東君誰。'其風度可知也。"

【時事】十二月，免陝西、江西、廣東災區稅糧。

明憲宗成化二十三年丁未（1487） 六十三歲

正月初七，賦詩感懷。

周文儀本《詩集》卷三《人日有感》："今年丁未當人日，正是春風富貴鄉。白玉一枝梅蕊綻，黃金三寸韭芽長。要令笑語開茆塞，仍用題詩寄草堂。共荷聖恩無以報，但將白髮照滄浪。"

按，汝弼一生歷二丁未年，另一爲宣德二年，其時汝弼三歲，則本詩僅可能作於本年人日。

本月十九日，姊丈俞庚卒，作祭文慟悼之。

張世綏本《文集》卷四《祭學稼先生文》："維成化二十三年歲次

丁未，正月壬寅朔越十有九日庚申，眷生南安府知府張弼致祭于故姊丈學稼俞老先生之靈，曰：嗟我姊丈，陶溪世家。幼習家訓，不競不華。弱冠來贅，勤慎益加。講讀《詩》《易》，且事生涯。乃育子女，別爲生聚。築室授田，器物維具。優游歲年，七十餘矣。遽耄而萎，竟至弗起。我念少年，相胥而前。既學既仕，乞骸歸田。姐丈強健，獲福於天。忽此永訣，痛淚漣漣。薄具尊俎，以告誠虔。尚享。"

按，汝弼姊丈俞庚號學稼，詳宣德七年譜。

四月初一，孫其性求題可梅詩於《莊雲時望》卷上，時凌汶、周同倫皆從旁贊之，汝弼遂作古隸於前，題小詩於後，記一時之興。

張世綬本《詩集》卷四《題可梅卷》："千紅萬紫不勝春，獨有梅花最可人。三尺枯桐一聲鶴，海天明月鬥精神。"跋云："吾孫其性，乃凌淞南之甥也。延淞南登舟，抱此卷置吾前，曰要可梅字，要可梅詩。予與淞南悅其能言，清士周同倫又從旁贊之，曰：'此《莊雲時望》之卷。令孫幼而解事如此，忍拂其意耶？'遂作古隸于前，繫小詩于後，亦記一時之興云爾。成化丁未四月朔，南安老守東海翁記。"

按，其性爲汝弼仲子弘宜與凌氏所生長子。弘宜娶凌氏最晚在成化十二年（詳該年譜），又張世綬本《詩集》卷二在《答人問訊》後有跋云："八句皆實語，蓋爲弘圭、弘玉每夜課之讀書。司馬溫公云：'五歲習字。'其性孫雖小，亦可學字矣。遠莫可見，是用懸懸耳。"（詩被收入張弘至本《詩集》卷二，無跋。）據此可知汝弼寵愛此孫，且其性之生當在弘玉之後。弘玉約生於成化十二年（詳是年譜），其性弟其協生於成化二十年（詳是年譜），則其性生當在此間。從其抱畫卷乞詩來看，本年其性當在十歲左右。

又按，可梅莊雲時望卷今似不存。周同倫，其人不詳。

五月端午，夢與林瀚共飲，有詩記之。

張世綬本《詩集》卷三《丁未端午早夢侍講林亨大與一同官而年少者攜幼子過我，情好甚洽，方飲景星樓上，即別去。時亨大歸省于閩。因兒輩書聲而覺，以詩記之》："十年不見林亨大，萬里孤舟一夢來。玉面同官真俊傑，綵衫小団尚嬰孩。景星樓上方酬飲，秀野橋頭又促回。忽聽書聲驚夢覺，空庭曉日照蒼苔。"

按，《明憲宗實錄》卷二百七十五："（成化二十二年二月）甲申，陞翰林院修撰林瀚爲左春坊左諭德，以九年秩滿也。"又卷二百八十二："（成化二十二年九月）丁未，左春坊左諭德林瀚乞歸展祭，許之。"汝弼與林瀚在京時相交甚密（詳景泰五年譜），自成化十三年汝弼離京至成化二十二年，林瀚皆在京爲官，去年九月後林瀚乞歸展墓。林瀚爲閩人，故云"時亨大歸省于閩"，然其南下途中似未訪汝弼，故至本年恰有十年未見也。景星樓，待考。

本年，欲重游鳳凰山，有懷張睕。

張世綬本《詩集》卷四《約游鳳凰山》序云："景泰庚午歲爲吾張茂蘭僉憲作《鳳凰山賦》，今且三十七年矣，今欲重游，以此訂約。"詩云："三十年前賦此山，鳳凰形勢筆波瀾。西風有約重游賞，欲借幽軒半日閑。"

按，以景泰元年庚午後推三十七年，即爲本年。

汝弼致仕居閑，庭下芝蘭玉樹，殊無一事累心。蘇州別駕周冕稱其爲"神仙太守"，汝弼作十絕復之，云歸東海烟霞，一任天真，耕讀傳家，不信神仙。詩中有句云"莫信空同鄒道士"，議者以爲非朱子，汝弼跋以辯之。

《鐵漢樓帖》39B《諸孫》："老夫未起聽哇哇，姆抱諸孫到小齋。案上有書渾不顧，牀頭無果旋安排。頓忘秋色欺蓬鬢，但覺春風滿好懷。康樂有言如我意，芝蘭玉樹在庭階。"收入張世綬本《詩集》卷三，其卷二有《耕隱》詩，當亦作於汝弼歸鄉之後："幽僻隱人居，田園一頃餘。競耕春暖後，酣睡晚涼初。稅薄食常足,時清身自舒。兒曹樵牧暇,還課數行書。"以上二首皆可見汝弼致仕歸鄉與兒孫同樂之情形。

張世綬本《詩集》卷四《蘇州別駕周德中以余致仕居閑,而稱'神仙太守',作十絶復之》其一:"歸休太守似神仙,布被蒙頭日宴眠。却怪門前來熱客,馬蹄踏破紫芝烟。"其二:"不入清都不溷塵,吟詩落魄任天真。蘇州別駕何須問,元是縉雲司裏人。"其三:"詩不求工字不奇,天真爛熳是吾師。歸來東海烟霞裏,時復高歌攀桂枝。"其四:"官居南郡二千石,詩咏《關雎》三百篇。衮職憖無一字補,虚生六十又三年。"其五:"單車夜走榆關雪,五馬曉衝梅嶺烟。南暑朔寒俱歷遍,老歸林下荷蒼天。"其六:"著書手段弄犁鋤,負郭腴田亦半蕪。衹把心田付諸子,且耕且讀自支吾。"其七:"東吴山水亦清幽,小舸輕輿到處游。更有故人園更好,不妨連日醉淹留。"其八:"已具桐棺尋樂丘,不關榮辱任浮休。傳家衹有書千卷,付與兒孫自討求。"其九:"古今何處有神仙,鶴駕鸞驂總浪傳。莫信空同鄒道士,刀圭入口亦徒然。"其十:"歐陽自號無仙子,卓識真知冠古今。弱水蓬萊在何許,愚夫白骨紫苔深。"同書《文集》卷三《跋神仙太守詩》:"右詩工拙勿論,但議者以爲非朱子,是歐陽永叔,檃之天下公論,大不以爲然。弼應之曰:然不躓之論固不得而辭矣。古語云:'讀書未到康成處,安敢高聲論漢儒?'況朱子又非漢儒之比,何可肆爲狂言而加是非耶?雖然,弼願爲朱子之忠臣者,豈敢隨聲附影,昧此心而爲佞乎?竊觀朱子于六經四書凡單辭片牘必書名,或書號,而獨於《參同契》乃曰'空同道士鄒訢',蓋倣韓愈'軒轅彌明'之例耳,豈非以是爲戲,非所以垂世立教乎?後人不察,遂以孔子割雞焉用牛刀爲正論而宗之,則誤矣。且《參同契》注曰:'此後漸不可解。'曰:'眼中見得了了如此,衹是無下手處。'以朱子之資之功,言尚如此，壽止七十三。以今之碌碌庸夫，乃欲因其言而求有成，惑亦甚矣。故今鄙詩深原朱子之戲，全其垂教之心，毋徒泥刀圭入口、白日生羽翰之辭，專以偷生爲心，終無益也。程子之論偉矣，盡矣，尚何俟末學之喋喋耶？'"郎瑛《七修類稿》卷三十一"神仙太守"條："華亭張東海弼人品、詩、字成化間一時之望，休致既早，子皆成名，殊無一事累心。蘇州別駕周德中以其爲神仙太守，而張嘗制十絕以答之，見其無仙，並跋朱子託名鄒訢爲戲耳。又有長短句一篇，意尤高古，皆予家所藏，今文集中無也。"

按，明刻《東海集》中均未收此十首絕句，故云"今文集中無也"。汝弼詩第四首末句云"虛生六十又三年"，本年汝弼年六十三，再據詩題及詩意，可知十首皆作於本年。

又按，周德中當爲周冕。程敏政《篁墩程先生文集》卷二十四《贈周君德中同知蘇州府詩序》："初，成化乙酉之秋，安陽周君德中舉河南鄉試第一人。"又張世綏本《詩集》卷三《贈周德中同知》云："曾□文場第一人，幾迴驚座吐車茵。鳳凰鳴舞真爲瑞，騏驥奔騰迥絕塵。魏闕承恩思捧日，蘇州別駕獨行春。王祥自是三公器，何必區區劍有神。"雍正《河南通志》卷四十六《選舉三·舉人》："成化乙酉科周冕等八十人。"康熙《安陽縣志》卷六《舉人·明成化乙酉科》中周姓舉人僅有首條："周冕，晟弟，仕至同知。"故"德中"當爲周冕之字也。

又按，張世綏本《詩集》卷三《嘗論世無神仙，如伯夷、叔齊，可謂神仙也已，信筆一絕》："服食求神仙，何如孤竹子。一食西山薇，萬古常不死。"同書卷四《書懷》："東海先生嬾學仙，饑時得食倦時眠。年來欲試揮鋤手，弱水蓬萊盡種田。"又，"饑時得食倦時眠，即此修行玄更玄。説此修行渾不省，卻從方外覓神仙。"以上皆可見汝弼不信神仙，一任天真。

時有故人寄醉翁椅，汝弼以詩自况，云歸來潦倒，身無長物，以陶詩一卷爲枕邊之書。

> 張世綬本《詩集》卷四《自况二首》："十載南安一醉翁，歸來潦倒鬢飛蓬。故人又寄醉翁椅，如跨青天鶴背風。"又，"倚山高樹帶疏蟬，净掃風軒散髮眠。老子平生無長物，陶詩一卷枕頭邊。"按，本年距汝弼出守南安恰爲十年，故可云"十載南安一醉翁"。

六月十三日，以疾卒於家。

> 張弘至本《文集》卷五謝鐸撰《墓誌銘》："成化丁未夏六月，南安守華亭張公汝弼以疾卒於家。"此句在謝鐸《桃溪類稿》卷三十四《南安府知府華亭張君墓誌銘》中作"成化丁未夏六月十有三日，南安守華亭張君汝弼以疾卒于華亭之故居。"

十一月二十五日，葬於松江府城北鳳凰山之陽，安人王氏祔。

> 張弘至本《文集》卷五謝鐸撰《墓誌銘》："將以是歲冬十一月二十五日別葬於郡城北鳳凰山之陽。"謝鐸《桃溪類稿》卷三十四《南安府知府華亭張君墓誌銘》同句作"將以是歲冬　月　日葬君祖塋之次。"

> 張弘至本《文集》卷五王鏊撰《墓表》："成化丁未六月十三日卒，其年冬十一月二十五日，葬松江郡城北之鳳凰山，安人王氏祔。"王鏊《震澤先生集》卷二十六《中議大夫江西知南安府張公墓表》同句作"成化丁未六月　日卒，其年冬十一月廿五日葬郡城北之鳳凰山。安人王氏有賢行。"

本年，卞榮卒。

陳選卒。

> 據吴寬《匏翁家藏集》卷五十九《布政使陳公傳》。

【時事】正月，皇貴妃萬氏卒，帝輟朝七日。八月，憲宗朱見深卒，皇太子祐樘即位，是爲孝宗。

徵引文獻

古典文獻

史部

《明史》 清張廷玉等撰 中華書局1974年版
《明英宗實錄》三百六十一卷 "中研院"歷史語言研究所1962年版
《明憲宗實錄》二百九十三卷 "中研院"歷史語言研究所1962年版
《明孝宗實錄》二百二十四卷 "中研院"歷史語言研究所1962年版
《明武宗實錄》一百九十七卷 "中研院"歷史語言研究所1962年版
《明通鑒》 清夏燮撰 沈仲九點校 中華書局2005年版
《皇明通紀集要》六十卷 明陳建輯 明江旭奇補訂 明崇禎刻本
《憲章錄》四十七卷 明薛應旂撰 《續修四庫全書》第352册影印明萬曆二年刻本
《國榷》一百零四卷 明談遷著 張宗祥點校 中華書局1958年版
《楚紀》六十卷 明廖道南撰 明嘉靖二十五年何城李桂刻本

《焦太史編輯國朝獻徵錄》一百二十卷 明焦竑編 明萬曆四十四年徐象橒曼山館刻本
《國朝列卿紀》一百六十五卷 明雷禮輯 明萬曆徐鑑刻本

《蘭臺法鑒錄》二十八卷 明何出光等撰 明萬曆二十五年刻本
《本朝分省人物考》一百十六卷 明過庭訓纂集 《續修四庫全書》第533—536册影印明天啟刻本
《兩浙名賢錄》五十四卷《外錄》八卷 明徐象梅撰 明天啟刻本
《吳中人物志》十三卷 明張昶輯 明隆慶刻本
《毘陵人品記》十卷 明毛憲初編 清雙桂軒抄本
《雲間人物志》四卷附《家志》一卷 明李紹文撰 清乾隆十八年抄本
《劉忠宣公年譜》二卷 清劉世節撰 清刻本
《味水軒日記》八卷 明李日華撰 清抄本
《竹岡李氏族譜》十卷首一卷 李卓民編 民國十年刻本

《皇明進士登科考》十二卷 明俞憲輯 《原國立北平圖書館甲庫善本叢書》第261册影印明嘉靖二十七年俞氏鶺鳴館刻二十九年增補本
《清代硃卷集成》第一六、三七册 顧廷龍主編 臺北成文出版社1992年版
《正統七年進士登科錄》一卷 《天一閣藏明代科舉錄選刊》影印明正統刻本
《正統十三年進士登科錄》一卷 《天一閣藏明代科舉錄選刊》影印明正統刻本
《景泰二年進士登科錄》一卷 《天一閣藏明代科舉錄選刊》影印明景泰刻本
《天順元年進士登科錄》一卷 《天一閣藏明代科舉錄選刊》影印明正統刻本
《天順四年進士登科錄》一卷 《天一閣藏明代科舉錄選刊》影印明天順刻本
《天順八年進士登科錄》一卷 《天一閣藏明代科舉錄選刊》影印明天順刻本
《成化二年進士登科錄》一卷 《天一閣藏明代科舉錄選刊》影印明成

化刻本

《成化五年進士登科錄》一卷 明成化刻本

《成化八年進士登科錄》一卷 明成化刻本

《成化十一年進士登科錄》一卷 明成化刻本

《成化十四年進士登科錄》一卷 《天一閣藏明代科舉錄選刊》影印明成化刻本

《成化十七年進士登科錄》一卷 《天一閣藏明代科舉錄選刊》影印明成化刻本

《成化十九年浙江鄉試錄》一卷 《天一閣藏明代科舉錄選刊》影印明成化刻本

《弘治九年進士登科錄》一卷 《明代登科錄彙編》影印明弘治刻本

《國朝列卿年表》一百四十五卷 明雷禮撰 明隆萬間刻本
《國朝殿閣部院大臣年表》十八卷 明許重熙輯 明崇禎刻本
《南垣論世考》十四卷 明徐戀學撰 明盧大中續 《北京圖書館古籍珍本叢刊》第16册影印明萬曆刻本

《大明一統志》 明李賢撰 方志遠等點校 巴蜀書社2017年版
《天下水陸路程》 明黃忭著 楊正泰校注 山西人民出版社1992年版
《天下路程圖引》 清憺漪子輯 楊正泰校注 山西人民出版社1992年版
萬曆《順天府志》六卷 明沈應文等修 明萬曆刻本
光緒《順天府志》一百三十卷 清萬青黎、張之洞等纂修 清光緒刻本
咸豐《固安縣志》九卷 清陳崇砥修 《中國方志叢書·華北地方》第201號影印清咸豐九年刊本
嘉靖《河間府志》二十八卷 明郜相、樊深纂修 《天一閣藏明代方志選刊》第2册影印明嘉靖刻本
弘治《永平府志》十卷 明張廷綱修 《天一閣藏明代方志選刊續編》第

3册影印明弘治刻本
嘉靖《内黃縣志》九卷 明董弦纂修 《河南歷代方志集成·安陽卷》第16册影印明嘉靖刻本
嘉靖《山海關志》八卷 明詹榮纂修 明嘉靖十四年葛守禮刻本
萬曆《江浦縣志》十二卷 明余樞、熊師望纂修 明萬曆刻本
萬曆《溧水縣志》八卷 明吳仕詮、黃汝金纂修 明萬曆七年刻本
萬曆《淮安府志》二十卷 明郭大綸修 《江蘇歷代方志全書·淮安府部》第3—4册影印明萬曆刻本
嘉靖《惟揚志》三十八卷 明朱懷幹、盛儀纂修 《原國立北平圖書館甲庫善本叢書》302册影印明嘉靖二十一年刻本
萬曆《揚州府志》二十七卷 明楊洵、徐鑾纂修 明萬曆刻本
正德《姑蘇志》六十卷 明林世遠、王鏊纂修 明正德刻本
萬曆《嘉定縣志》二十二卷 明韓浚、張應武纂修 明萬曆刻本
正德《松江府志》三十二卷 明陳威、顧清纂修 《天一閣藏明代方志選刊續編》第5—6册影印明正德七年刊本
崇禎《松江府志》五十八卷 明方岳貢、陳繼儒等纂修 明崇禎三年刻本
嘉慶《松江府志》八十四卷首二卷圖經一卷 清宋如林、孫星衍等纂修 《中國地方志集成·上海府縣志輯》第1—2册影印清嘉慶二十三年刊本
《雲間志略》二十四卷 明何三畏撰 明天啟四年刻本
乾隆《華亭縣志》十六卷 清馮鼎高、王顯曾等纂修 清乾隆五十六年刻本
光緒《重修華亭縣志》二十四卷 清楊開第、姚光發等纂修 清光緒五年刻本
正德《金山衛志》二卷 明張奎、夏有文纂修 清抄本
光緒《金山縣志》三十卷首一卷 清龔寶琦、黃厚本等纂修 清光緒四年刻本
弘治《上海志》八卷 明郭經、唐錦纂修 《天一閣藏明代方志選刊續編》第7册影印明弘治刻本

萬曆《上海縣志》十卷 明顏洪範、張之象等纂修 明萬曆刻本
康熙《上海縣志》十二卷 清史彩、葉映榴纂修 清康熙二十二年刻本
萬曆《青浦縣志》八卷 明王圻纂 萬曆二十五年刻本
光緒《重修奉賢縣志》二十卷 清韓佩金、張文虎纂修 清光緒四年刻本
萬曆《宜興縣志》十卷 明陳遴瑋、王升等纂修 明萬曆刻本
乾隆《鎮江府志》五十五卷 清高龍光、朱霖纂修 "中國方志庫"所收清乾隆十五年刻本
正德《丹徒縣志》四卷 明李東、楊琬等纂修 明正德刻本
嘉靖《徐州志》十二卷 明梅守德修 《江蘇歷代方志全書·徐州府部》第2冊影印明嘉靖本
同治《徐州府志》二十五卷 清劉庠纂修 《中國方志叢書·華中地方》第4號影印同治十三年刻本
弘治《休寧志》三十二卷 明程敏政纂修 《北京圖書館古籍珍本叢刊》第29冊影印明弘治四年刻本
嘉靖《山東通志》四十卷 明陸釴等纂修 明嘉靖刻本
雍正《山東通志》三十六卷 清岳濬、杜詔纂修 《景印文淵閣四庫全書》本
嘉靖《淄川縣志》六卷 明王琮纂修 上海古籍書店1961年影印明嘉靖刻本
康熙《郯城縣志》十卷 清張三俊修 清馮可參纂 清康熙十二年刻本
道光《濟寧直隸州志》十卷 清許翰纂 《中國地方志集成·山東府志》第76冊影印咸豐九年刻本
嘉靖《遼東志》九卷 明任洛等纂修 明嘉靖十六年刻本
成化《山西通志》十七卷 明李侃、胡謐纂修 民國二十二年影抄明成化十一年刻本
同治《武邑縣志》十卷首一卷附錄一卷 清龍文彬、彭美纂修 清同治十一年刻本
雍正《河南通志》八十卷 清王士俊修 《景印文淵閣四庫全書》本

順治《封邱縣志》九卷 清余縉修 清順治十六年刻本
民國《新安縣志》十五卷 李希白修 《中國方志叢書·華北地方》第439號影印民國二十七年鉛印本
嘉靖《歸德府志》八卷 明李嵩纂修 明嘉靖刻本
康熙《安陽縣志》十卷 清馬國楨、唐鳳翱纂修 清康熙三十二年刻本
正德《臨漳縣志》十卷 明景芳纂修 《天一閣藏明代方志選刊續編》第3冊影印明正德刻本
雍正《陝西通志》一百卷 清劉於義、沈青崖纂修 清雍正十三年刻本
乾隆《靜寧州志》八卷 清王烜纂修 《中國方志叢書·華北地方》第333號影印清乾隆十一年修民國重印本
嘉靖《四川總志》八十卷 明劉大謨、楊慎纂修 明嘉靖刻本
萬曆《四川總志》三十四卷 明虞懷忠、郭棐纂修 明萬曆刻本
乾隆《江津縣志》二十二卷 清曾受一、王家駒纂修 清乾隆三十三年刻本
嘉靖《江西通志》三十七卷 明林庭㭿修 《四庫存目叢書》史部第182—183冊影印明嘉靖刻本
雍正《江西通志》一百六十二卷 清謝旻等修 清雍正十年刻本
道光《新建縣志》九十九卷 清雷學淦修 清曹師曾纂 清道光二十九年刻本
嘉靖《九江府志》十六卷 明何棐等修 明李汛纂 上海古籍书店1962年影印明嘉靖刻本
同治《弋陽縣志》十四卷 清俞致中、汪炳熊纂修 清同治十年刻本
嘉靖《南安府志》三十五卷 明劉節撰 《天一閣藏明代方志選刊續編》第50冊影印明嘉靖刻本
萬曆《南安府志》二十五卷 明商文昭纂修 《中國華東文獻叢書》第一輯《華東稀見方志文獻》影印明萬曆刻本
康熙《重修南安府志》十五卷 清佚名纂修 "中國方志庫"所收舊抄本
同治《南安府志》十六卷 清黃鳴珂修 清石景芬纂 "中國方志庫"所

收清同治三年刻本
光緒《南安府志補正》十二卷首一卷 清楊錞纂修 清光緒元年刻本
同治《大庾縣志》二十六卷首一卷 清陳蔭昌、石景芬纂修 清同治十三年刻本
嘉靖《南康縣志》十三卷 明劉昭文纂 《天一閣藏明代方志選刊續編》第44册影印明嘉靖刻本
光緒《上猶縣志》十八卷首一卷 清葉滋瀾、李臨馴等纂修 清光緒十九年刻本
嘉靖《湖廣圖經志》二十卷 明薛綱纂修 "中國方志庫"所收明嘉靖元年刻本
弘治《黄州府志》十卷 明盧希哲纂修 明弘治十三年刻本
嘉靖《羅田縣志》八卷 明祝翔、蔡元偉纂修 《中國地方志集成·湖北》第21册影印明嘉靖刻本
光緒《荆州府志》八十卷首一卷 清倪文蔚、顧嘉蘅纂修 清光緒六年刻本
弘治《夷陵州志》十卷 明劉允、沈寬纂修 "中國方志庫"所收明弘治刻本
康熙《衡州府志》二十三卷 清張奇勛、周士儀纂修 清康熙二十一年刻本
康熙《平陽縣志》十二卷 清金以埈、吕弘誥纂修 清康熙刻本
隆慶《永州府志》十七卷 明陳良珍纂 《四庫全書存目叢書》史部第21册影印明隆慶五年刻本
嘉靖《浙江通志》七十二卷 明胡宗憲、薛應旂纂修 明嘉靖刻本
雍正《浙江通志》二百八十卷 清嵇曾筠撰 《景印文淵閣四庫全書》本
成化《杭州府志》六十三卷 明陳讓、夏時正纂修 《四庫全書存目叢書》史部第175册影印明成化刻本
嘉靖《壽昌縣志》十二卷 明李思悦纂修 明嘉靖刻本
萬曆《嘉興府志》三十二卷 明劉應鈳、沈堯中纂修 明萬曆二十八年刻本
萬曆《紹興府志》五十卷 明蕭良幹、張元忭纂修 明萬曆十五年刻本

嘉靖《山陰縣志》十二卷 明許東望、張天復纂修 明嘉靖三十年刻本
嘉靖《定海縣志》十三卷 明張時徹等纂修 明嘉靖刻本
康熙《臨海縣志》十五卷首一卷 清洪若皋纂 清康熙二十二年刻本
萬曆《黃巖縣志》七卷圖一卷 明袁應祺、牟汝忠等纂修 明萬曆刻本
弘治《八閩通志》八十七卷 明黃仲昭纂修 明弘治刻本
《閩書》一百五十四卷 明何喬遠纂 "中國基本古籍庫"所收明崇禎刻本
萬曆《福州府志》三十六卷 明林燫纂修 "中國基本古籍庫"所收明萬曆二十四年刻本
嘉靖《寧德縣志》四卷 明閔文振纂修 "中國基本古籍庫"所收明嘉靖刻本
嘉靖《延平府志》二十三卷 明陳能、鄭慶雲等纂修 《天一閣藏明代方志選刊》影印明嘉靖刻本
康熙《上杭縣志》十二卷 清蔣廷銓修 《清代孤本方志選》第一輯第30冊影印清康熙十六年刻本
嘉靖《廣東通志初稿》四十卷 明戴璟、張岳纂修 明嘉靖刻本
萬曆《粵大記》三十二卷 明郭棐纂 "中國方志庫"所收明萬曆間刻本
嘉靖《德慶州志》十六卷 明陸舜臣纂 "中國方志庫"所收明嘉靖刻本
嘉靖《南雄府志》二卷 明譚大初纂 《天一閣藏明代方志選刊》第66冊影印明嘉靖刻本
嘉慶《廣西通志》二百七十九卷 清謝啟崑修 清胡虔纂 清嘉慶六年刻本
天啟《滇志》三十三卷 明劉文徵纂修 《續修四庫全書》史部第681冊影印清抄本
萬曆《貴州通志》二十四卷 明王耒賢、許一德纂修 "中國方志庫"所收明萬曆二十五年刻本

《帝京景物略》八卷 明劉侗、于奕正撰 清康熙抄本
《京師五城坊巷衚衕集》不分卷 明張爵撰 民國十一年南林劉氏《求恕

齋叢書》本

《雲間雜識》八卷 明李紹文撰 清抄本

《五茸志逸隨筆》八卷 明吴履振撰 清抄本

《欽定日下舊聞考》一百六十卷 清朱彝尊撰 清乾隆五十三年武英殿刻本

《古今游名山記》十七卷總錄三卷 明何鏜輯 明嘉靖四十四年刻本

《石鐘山集》九卷 明王恕輯 《四庫全書存目叢書補編》影印明刻本

《金陵梵剎志》五十三卷 明葛寅亮撰 《續修四庫全書》第718册影印明刻本

《皇明太學志》十二卷 明王材等撰 《太學文獻集成》第5册影印嘉靖三十六年本隆慶萬曆遞修本

《明會典》二百二十八卷 明申時行撰 中華書局影印明萬曆重修本

《明會要》八十卷 清顧文彬編 中華書局1956年版

《續文獻通考》二百五十四卷 明王圻撰 清抄本

《千頃堂書目》 清黄虞稷編 瞿鳳起、潘景鄭整理 上海古籍出版社2001年版

《叢帖目》 容庚著 收入《容庚學術著作全集》第21册 中華書局2012年版

子部

《東垣傷寒正脈》十二卷 明王執中撰 明萬曆八年雲間姚氏世徵堂刊本

《針灸大成》十卷 明楊繼洲撰 明萬曆二十九年趙文炳刻本

《書史會要》十卷 元陶宗儀撰 明朱謀垔續撰 清抄本

《畫史會要》五卷 明朱謀垔撰 明崇禎刻本

《書畫題跋記》十二卷《續題跋記》十二卷 明郁逢慶撰 清抄本

《清河書畫舫》十二卷 明張丑撰 清乾隆池北草堂刻本

《平生壯觀》十卷 清顧復撰 《續修四庫全書》第1065册影印清抄本

《汪氏珊瑚網名画題跋》二十四卷 明汪珂玉輯 清抄本

《汪氏珊瑚網法書題跋》 明汪珂玉輯 清初抄本

《明畫錄》八卷 清徐沁撰 《續修四庫全書》第1065册影印清嘉慶四至十六年桐川顧氏刻《讀畫齋叢書》本

《江村銷夏錄》六卷 清高士奇撰 "中國基本古籍庫"所收清乾隆劉氏修潔齋刻本

《大觀錄》二十卷 清吳升撰 清抄本

《石渠寶笈》三十六卷《總目》四卷附九卷 清張照撰 "中國基本古籍庫"所收清乾隆内府朱格抄本

《六藝之一録》四百六卷《續編》十二卷 清倪濤撰 《景印文淵閣四庫全書》本

《吳越所見書畫錄》六卷 清陸時化撰 "中國基本古籍庫"所收清乾隆懷烟閣刻本

《式古堂書畫彙考》六十卷 清卞永譽撰 《中華再造善本》影印清康熙刻本

《青琅玕館摘抄十百齋書畫錄》 清金瑗撰 清抄本

《湘管齋寓賞編》六卷 清陳焯撰 清乾隆吳興陳氏聽香讀畫樓刻本

《契蘭堂書畫錄》二卷《所見書畫》一卷《名人畫評》一卷《法帖總目》一卷 清謝希曾輯 清道光二十六年刻本

《閩中書畫錄》十六卷 清黃錫蕃撰 清抄本

《紅豆樹館書畫記》八卷 清陶樑撰 《續修四庫全書》子部第1082册影印清光緒刻本

《愛日吟廬書畫錄》四卷《補錄》一卷《別錄》四卷 清葛嗣浵撰 清宣統當湖葛氏刻本

《虛齋名畫錄》十六卷 龐元濟撰 清宣統元年龐氏申江吳興刻本

《松江博物館藏鐵漢樓帖》　明張以誠等摹勒　松江博物館編　文物出版社2007年版
《寶賢堂集古法帖》　明朱奇源摹勒　晉祠博物館編　文物出版社2002年版
《寶翰齋國朝書法》　明茅一相輯　收入《容庚藏帖》第七四种　廣東人民出版社2016年版
《停雲館法帖》　明文徵明等摹勒　浙江人民美術出版社2013年版
《螢照堂明代法書》十卷　清車萬育輯　收入《容庚藏帖》第77种　廣東人民出版社2016年版
《寄暢園法帖》　清秦震鈞輯　收入《容庚藏帖》第35種　廣東人民出版社2016年版
《松江邦彦畫傳》　清徐璋繪　西泠印社出版社2014年版

《古今名扇錄》不分卷　清陸紹曾輯　《續修四庫全書》第1111册影印清抄本
《華夷花木鳥獸珍玩考》十二卷　明慎懋官撰　明萬曆九年刻本

《東坡先生志林》五卷　宋蘇軾撰　明萬曆二十三年趙開美刻本
《讕言長語》一卷　明曹安撰　明正德趙元明刻本
《五雜組》十六卷　明謝肇淛撰　明刻本
《七修類稿》五十一卷續稿七卷　明郎瑛撰　清乾隆周棨耕煙草堂刻本
《四友齋叢說》三十八卷　明何良俊撰　明萬曆七年刻本
《寶顏堂訂正靖康緗素雜記》十卷　宋黄朝英撰　明天啟刻寶顏堂秘笈本
《菽園雜記》十五卷　明陸容撰　清抄本
《蟫精雋》十六卷　明徐伯齡撰　民國抄本
《石田先生客座新聞》十一卷　明沈周撰　清抄本
《萬曆野獲編》三十卷　明沈德符撰　清初抄本
《寓圃雜記》十卷　明王錡撰　《續修四庫全書》第1170册影印明抄本

《堯山堂外紀》一百卷 明蔣一葵撰 明萬曆間舒一泉刻明末重修本
《稱謂錄》三十二卷 清梁章鉅撰 清光緒刻本

集部
《張東海先生詩集》四卷《文集》五卷 明正德十三年張弘至刻明末重修本
《張東海先生詩集》四卷《文集》五卷 《四庫全書存目叢書》集部第39册影印明正德十三年周文儀刻本
《張東海先生文集》八卷 明正德十五年書林劉氏日新書堂刻本
《張東海文集》四卷《詩集》四卷附錄一卷《萬里志》二卷附一卷 清康熙三十二年張世綬刻本
《張東海文集》四卷《詩集》四卷附錄一卷 清康熙嘉會堂刻本
《張東海文集》四卷《詩集》四卷 道光十四年張崇銘刻本

《白香山詩長慶集》二十卷《後集》十七卷《別集》一卷《補遺》二卷 唐白居易撰 清汪立名編 康熙四十二年汪氏一隅草堂刻本
《荆南倡和詩集》一卷 元周砥 元馬治撰 清抄本
《雁門集》十七卷 元薩都拉撰 清薩龍光編注 清嘉慶十二年刻本
《遜志齋集》二十四卷 明方孝孺撰 明嘉靖四十年刻本
《西郊笑端集》一卷 明董紀撰 明成化十年周庠刻本
《古穰文集》三十卷 明李賢撰 明成化十年刻本
《武功集》五卷 明徐有貞撰 《景印文淵閣四庫全書》本
《類博稿》十卷 明岳正撰 明刻本
《姚文敏公遺稿》十卷附錄一卷 明姚夔撰 明弘治三年姚璽刻本
《竹巖集》十八卷 明柯潛撰 《續修四庫全書》第1329册影印清雍正十一年柯潮刻本
《涇東小稿》九卷 明葉盛撰 明弘治二年葉文莊公刻本

《倪文僖公集》三十二卷　明倪謙撰　明弘治刻本

《文淶水詩》一卷《遺文》一卷　明文洪撰　《四庫全書存目叢書》集部第49冊影印萬曆十六年文肇祉輯刻文氏家藏詩集本

《卞郎中詩集》七卷　明卞榮撰　《明別集叢刊》第一輯第46冊影印明成化十六年吳綖刻本

《邵半江詩》五卷　明邵珪撰　明正德十年邵天和刻本

《楊文懿公文集》三十卷　明楊守陳撰　明弘治刻本

《桂坡集後集》九卷　明左贊撰　《四庫全書存目叢書》第37冊影印明刻本

《春雨堂稿》二十九卷《續稿》二卷　明陸釴撰　《稀見明集影印叢刊》第113冊影印明弘治刻本

《式齋先生文集》三十七卷　明陸容撰　《原國立北平圖書館甲庫善本叢書》第720冊影印明弘治十四年陸氏家刻本

《瓊臺會稿》十二卷　明丘濬撰　明嘉靖三十二年鄭廷鵠刻本

《瓊臺類稿》七十卷　明丘濬撰　明弘治五年閔珪刻本

《穀庵集選》十卷附錄二卷　明姚綬撰　明嘉靖刻本

《彭惠安公文集》八卷　明彭韶撰　明嘉靖刻本

《思軒文集》二十三卷　明王㒜撰　《明別集叢刊》第一輯第48冊影印明弘治刻本

《清風亭稿》八卷　明童軒撰　明成化刻本

《五峰遺稿》二十四卷　明秦夔撰　明嘉靖元年刻本

《龍皋文稿》十九卷　明陸簡撰　《明別集叢刊》第一輯第60冊影印明嘉靖元年楊鑨刻本

《西村集》八卷首一卷　明史鑑撰　清乾隆十一年史開基刻本

《謙齋文錄》八卷　明徐溥撰　清道光十一年看梅花所刻本

《篁墩程先生文集》九十三卷拾遺一卷　明程敏政撰　明正德二年何歆、程曾刻本刻

《定山先生集》十卷　明莊㫤撰　《明別集叢刊》第一輯第57冊影印清乾

隆五年刻本

《文溫州集》十二卷 明文林撰 明刻本

《白沙子》八卷 明陳獻章撰 《四部叢刊三編》影印明嘉靖十二年高簡刻本

《白沙子全集》九卷附錄一卷 明陳獻章撰 明萬曆四十年何上新刻本

《陳獻章詩編年箋校》 明陳獻章撰 陳永正箋校 廣東人民出版社2018年版

《古直存稿》四卷 明王佐撰 《明別集叢刊》第一輯第59册影印明弘治十五年刻本

《青溪漫稿》二十四卷 明倪岳撰 清光緒二十六年錢塘丁氏嘉惠堂刻武林往哲遺著

《椒丘文集》三十五卷 明何喬新撰 明嘉靖元年余鎣刻本

《思玄集》十六卷附錄一卷 明桑悦撰 《明別集叢刊》第一輯第63册影印明萬曆二年木活字本

《匏翁家藏集》七十七卷《補遺》一卷 明吳寬撰 明正德三年長洲吳奭刻本

《東白張先生文集》二十四卷 明張元禎撰 《四庫全書存目叢書補編》第75册影印明正德十二年刻本

《東園文集》十三卷附錄一卷 明鄭紀撰 《景印文淵閣四庫全書》本

《大明一統賦》三卷 明莫旦撰 明嘉靖三十年汪雲程刻本

《石田稿》不分卷 明沈周撰 《續修四庫全書》第1333册影印稿本

《石田先生集》不分卷 明沈周撰 明萬曆四十三年陳仁錫刻本

《桃溪類稿》六十卷 明謝鐸撰 明嘉靖二十五年謝適然刻本

《桃溪净稿》八十四卷 明正德十六年顧璘刻本

《醫閭先生集》九卷 明賀欽撰 《明別集叢刊》第一輯第57册影印明嘉靖九年陰成文刻本

《寶日堂初集》三十二卷 明張鼐撰 明崇禎二年刻本

《閔莊懿公詩集》八卷　明閔珪撰　《明別集叢刊》第一輯第71册影印明萬曆十年閔一范刻本

《懷麓堂稿》一百卷　明李東陽撰　明正德十一年徽州守熊桂刻本

《翠渠摘稿》八卷　明周瑛撰　明嘉靖七年林近龍刻清雍正十三年周成續刻本

《桂軒稿》十卷　明江源撰　《續修四庫全書》第1330册影印明弘治四年盧淵刻本

《震澤先生集》三十六卷　明王鏊撰　明嘉靖刻本

《楊文恪公文集》六十二卷　明楊廉撰　《續修四庫全書》第1333册影印明刻本

《見素集》二十八卷　明林俊撰　明萬曆十三年林及祖刻本

《魯文恪公文集》十卷　明魯鐸撰　明隆慶刻本

《東江家藏集》四十二卷附錄一卷　明顧清撰　明嘉靖三十八年刻本

《執齋先生文集》二十卷　明劉玉撰　清嘉靖二十八年刻本

《古庵毛先生文集》十卷　明毛憲撰　《四庫全書存目叢書》集部第67册影印明嘉靖四十一年毛欣刻本

《太保費文憲公摘稿》二十卷　明費宏撰　明嘉靖三十四年吳遵之刻本

《儼山文集》一百卷《外集》四十卷《續集》十卷　明陸深撰　《明別集叢刊》第二輯第2册影印明嘉靖刻本

《山中集》四卷　明顧璘撰　明嘉靖繁露堂刻本

《甫田集》三十六卷　明文徵明撰　明刻清修本

《湛甘泉先生文集》三十五卷　明湛若水撰　明萬曆七年吳瀹刻本

《孫文簡公瀼溪草堂稿》五十八卷　明孫承恩撰　明萬曆十七年刻本

《何禮部集》十卷　明何良傅撰　《明別集叢刊》第二輯第71册影印民國二十一年金山姚氏復廬影印明嘉靖刻《雲間兩何君集》本

《周叔夜先生集》十一卷　明周思兼撰　明萬曆十年刻本

《環溪集》二十六卷　明沈愷撰　明萬曆刻本

《震川先生集》三十卷《別集》十卷 明歸有光撰 清康熙間歸莊等刻本

《崇蘭館集》二十卷 明莫如忠撰 明萬曆十四年刻本

《徐文長佚草》十卷 明徐渭撰 清徐沁輯 《續修四庫全書》第1355冊影印清初息耕堂抄本

《張宮諭酌春堂集》十卷首一卷 明張以誠撰 《故宮珍本叢刊》第530冊影印明崇禎張安苞刻本

《馮元成寶善編選刻》二卷 明馮時可撰 明承訓堂刻本

《容臺別集》四卷 明董其昌撰 明崇禎三年刻本

《補輯閩本容臺集》 明董其昌撰 李善強點校 上海書畫出版社2013年版

《黃氏攟殘集》不分卷《黃氏家錄》不分卷《黃氏續錄》五卷首一卷 清黃宗羲輯 清黃氏刻本

《蘀石齋詩集》五十卷《文集》二十六卷 清錢載撰 清乾隆刻本

《燕川集》十四卷 清范泰恒撰 清嘉慶十四年顧起盧刻本

《明文衡》一百卷 明程敏政編 明嘉靖八年宗文堂刻本

《名賢尺牘藏真》三卷 明佚名輯 《明代名人尺牘選萃》第4冊影印清光緒間武昌書局刻《正覺樓叢書》本

《新安文獻志》一百卷 明程敏政編 明弘治十年祁司員等刻本

《松風餘韻》五十卷末一卷 清姚弘緒編 《四庫全書存目叢書補編》第37冊影印清乾隆九年寶善堂刻本

《竹爐圖咏》四卷補一卷前集一卷 清吳鉞等輯 民國十一年鉛印本

《麓堂詩話》一卷 明李東陽撰 明刻本

《雪濤詩評》不分卷 明江盈科撰 "中國基本古籍庫"所收民國本

《蓉塘詩話》二十卷 明姜南撰 明嘉靖二十六年洪梗刻本

《靜志居詩話》二十四卷 清朱彝尊撰 《續修四庫全書》第1698冊影印清嘉慶扶荔山房刻本

《類編箋釋國朝詩餘》五卷 明陳仁錫等輯 "中國基本古籍庫"所收明萬曆四十二年刻本

其他史料

《張弼書札》 明張弼書 美國普林斯頓大學美術館藏品
《千字文卷》 明張弼書 美國大都會藝術博物館藏品
《瀟湘過雨圖》 明夏㫤繪 美國弗利爾美術館藏品

現代著述

《中國古代書畫圖目》 中國古代書畫鑒定組編 文物出版社2000年版
《徐邦達審定中國古代書畫精品選集》壹 易蘇昊等主編 文物出版社2010年版
《中國法書全集·明代卷》第一冊 啟功、蕭燕翼主編 文物出版社2009年版
《書道全集》第十七冊 [日]下中邦彥編 平凡社1956年版
《故宮歷代法書全集》第五卷 中國臺北"故宮博物院"編輯委員會編 中國臺北"故宮博物院"1982年版
《萬年長春：上海歷代書畫藝術特集》 上海博物館編 上海書畫出版社2021年版
《龍與士——明代中國的書法和繪畫藝術特展圖錄》 龍美術館編 2023年版
《北山汲古：中國書法別冊》 莫家良主編 中國香港中文大學文物館、藝術系2014年版
《三吳墨妙——近墨堂藏明代江南書法》 薛龍春主編 浙江大學出版社2020年版
《朵雲軒2007年春季藝術品拍賣會古代書畫專場圖錄》

《新中國出土墓誌·上海 天津》 中國文化遺産研究院等編 文物出版社2009年版

《明清江蘇文人年表》 張慧劍著 上海古籍出版社1986年版
《沈周年譜》 陳正宏著 復旦大學出版社1993年版
《王鏊年譜》 劉俊偉著 浙江大學出版社2013年版
《年譜三種：楊一清 擔當 師範》 方叔梅著 生活·讀書·新知三聯書店2014年版
《陳獻章年譜》 黎業明著 上海古籍出版社2015年版
《古書畫過眼要錄·元明清書法》貳 徐邦達著 紫禁城出版社2005年版
《明代驛站考》 楊正泰著 上海古籍出版社2006年版
《姜立綱書法文獻研究》 陳佐、姜洪著 浙江文藝出版社2016年版
《青浦望族》 上海市青浦區博物館編 上海人民出版社2016年版
《謝鐸及茶陵詩派》 林家驪著 上海古籍出版社2019年版
《明代科舉士子備考研究》 吳恩榮著 光明日報出版社2020年版

《程敏政交游研究》 阮東升撰 華東師範大學2014年博士論文
《明代福州林浦林氏家族與文學研究》 魏寧楠撰 福建師範大學2019年博士論文
《吳寬年譜》 黃約琴撰 蘭州大學2014年碩士論文
《明代早中期松江草書研究——以張弼爲中心》 龍德俊撰 中國香港中文大學2020年碩士論文
《莊昶年譜》 李蕾撰 復旦大學2021年碩士論文

《二十史朔閏表》 陳垣著 上海古籍出版社1956年版
《中國歷史地圖集》第七册 譚其驤主編 地圖出版社1982年版

《歷代人物年里碑傳綜表》 姜亮夫編 收入《姜亮夫全集》第19冊 雲南人民出版社2002年版

《謝鐸年譜》 林家驪撰 《台州學院學報》2003年2月第25卷第1期

《明代觀政進士制度》 章宏偉撰 《吉林大學社會科學學報》2008年第5期

《形不拘俗，匠心獨運——廣州藝術博物館藏元代〈四烈婦圖册〉釋讀》 章偉安撰 《榮寶齋》2014年5月

《明代中期松江狂草的樞紐——張駿〈桂宫仙詩〉〈思補堂詩〉軸》 高明一撰 《書法研究》2018年3月

《守南安送行詩卷：張弼與李東陽的情誼》 朱匡傑撰 《東方收藏》2019年7月

《張弼與吴中人士的交往——李應禎〈致沈周信札〉研究》 高明一撰 《書法研究》2020年第1期

附　録

張弼別集版本考

張弼的詩文創作頗多，流傳甚廣。張氏後人所編的張弼別集從明正德到清道光間皆有出版，篇目不斷增益。

從文獻記載看，張弼季子張弘至最早提及張弼的九種未刊稿本："念先人履歷，南北且逾三十年，紀述應酬日富，少有《鶴城》《長春》稿，北游有《寄寄軒》《獨吟》稿，登仕後有《天趣》《面墻》《使遼》稿，在郡有《清和堂稿》，歸有《慶雲稿》，其它不盡聞也。"[1]以上稿本今皆不存。

流傳較廣的張弼詩文集，是在張弼致仕前大庾知縣文志貴主持刊刻的《東海手稿》。彭韶《彭惠安公文集》卷三《東海手稿序》云：

大庾知縣文志貴來候，出示詩文若干首，曰："此東海居士手稿也。"受而閱已，嘆曰："天趣逸發，其自得飛躍之機乎！其根深、其膏沃矣，若何收之富也？"乃曰："南安舊爲軍壘，人物彫陋，蓋小郡也。東海張先生汝弼辱守於此，既惠義吾民矣，而又文翰衣被學者，四方之求無虛日，茲郡遂增重。志貴嘗與諸廣文請以所製刻之學宮，先生麾使去，謂"今集刻苦多，識者厭鄙之，焉可效尤。"請無已，則曰："詩，贅物也。吾於詩不能出人之右，而字不能應人之求，此而可代，或少息予病乎？"於是摘舊稿一二，手書之，體裁不一，字畫隨意，付志貴爲之梓。

成化二十三年，張弼去世，謝鐸撰《南安府知府華亭張君墓誌銘》云：

所著有《鶴城》《天趣》《面墻》《清和》《慶雲》諸稿。號東海翁，又有《東海手稿》行於時，蓋公手筆也。

明代書目及同時代文獻中，對張弘至序言中的九種未刊稿鮮有記載，儘《淞故述》等著錄謝鐸《墓誌銘》中提及的五種[2]。而"東海手稿"則見於徐圖《行人司刻書目》雜部書畫類[3]、《晁氏寶文堂分類書目》卷下"法帖"類等[4]，今亦不存。

好在張氏後人注重搜集、整理張弼詩文，從明正德年間到清道光年間，不斷修版、增補、重刻，相關情形在李玉寶《明清松江府張弼家族文獻生產考論》中已有涉獵[5]，但未就各時期張弼別集刻本的內部情況展開，各書目中的著錄也時有疏漏舛誤。2021年，李玉寶所著《上海地區明代詩文集述考》出版，在"青浦縣"一章中收入《張弼〈張東海先生集〉》一篇，系統論述了明清兩代共張弼詩文刻本五種、抄本一種，爲迄今爲止關於張弼詩文集版本最完整、最全面的研究成果，頗有參考價值[6]。但就刻集而言，該篇所論尚可補充，各版本之間的源流關係有待進一步釐清。本文將在李玉寶先生研究的基礎上，謹運用目驗、校勘等手段，梳理張弼詩文刻集的現存版本，爲進一步研究奠定基礎。

一、明刻《東海集》

　　在歷代書目中，張弼的詩文刻集最早著録於明代嘉靖年間編成的《百川書志》，在卷十三與卷十六中分别著録"東海文集四卷附録一卷""東海詩集四卷"，著者均題"南安守華亭張弼撰"[7]。今《中國古籍善本書目》中，明刻《東海集》共有三條，依次爲"明正德十三年張弘至刻本""明正德十三年張弘至刻萬曆重修本""明正德十五年書林劉氏刻本"，前兩種題爲"張東海先生詩集四卷文集五卷"，後一種題爲"張東海先生文集八卷"[8]。《中國古籍總目》則在"張東海全集八卷附録不分卷萬里志二卷"下著録"明正德十三年華亭張弘至刻本（國家圖書館、北京大學［李盛鐸跋］、湖北省圖書館）""明正德十三年華亭張弘至刻萬曆重修本（山東省圖書館）""明正德十年華亭

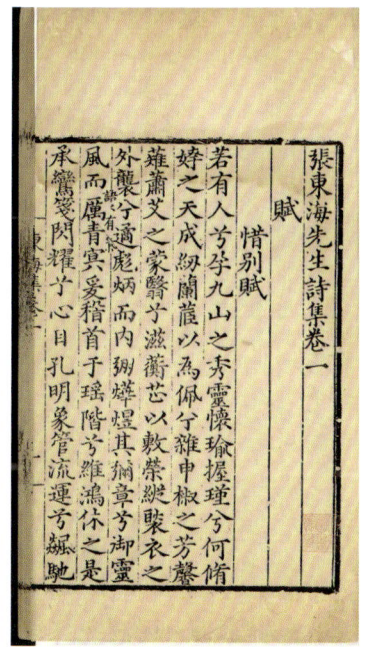

圖1 《張東海先生詩集》 明正德十三年張弘至刻本 中國國家圖書館藏

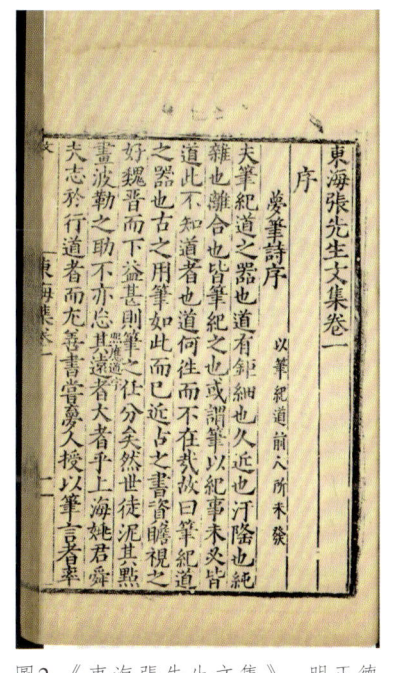

圖2 《東海張先生文集》 明正德十三年張弘至刻本 中國國家圖書館藏

張氏刻本（臺灣"國家圖書館"，缺卷五）""明正德十五年書林劉氏日新書堂刻本（中科院）"。[9]

正德年間張弼季子張弘至所刊刻的本子無疑為張弼詩文刻集最早的版本，詩集每半葉九行，行十七字，小字雙行同，卷端題"張東海先生詩集"；文集每半葉十行，行十九字，小字雙行同，卷端題"東海張先生文集"。詩集與文集皆左右雙邊，版心皆白口，無魚尾，鐫"東海集"、卷數及葉碼，然僅有文集版心上方鐫有"文"字。（見圖1、圖2）文卷五皆附錄吊挽銘贊之作，末葉鐫三名寫樣工與兩名刻工姓名："崑山李元壽謄、嘉善周韶謄、谷陽張應乾謄、盧陵方模刻、嘉禾曹深刻"。而在該集中，恰好可以找出三種不同風格的字體，各自的特徵筆

表1　張弘至本《東海集》內三種字體風格對照

	字體風格1	字體風格2	字體風格3
字體風格	字形較方正 橫畫收筆與轉折處多有凸起三角	字形較扁 橫畫收筆與轉折處多重壓	橫畫收筆與轉折處幾乎無重壓
大體分佈	文集卷一、二、五 文集卷三第一至十八葉	文集卷四 詩集卷一、二、四	文集卷三第十九葉至三十一葉 詩集卷三

畫見表1。

此書的序跋徵集、詩文評點及刊刻始末，在總目後的張弘至《家刻小序》中作了說明：

弘至北歸，二兄繼逝，旁求轉錄喫緊者又復十年，得詩類卷四凡四百一十首，文類卷四凡一百五十首，各以體分，隨所得無次、訛缺未備者，復三之一，別錄以存。嗚呼！非其有而冒之，非夫也；湮所有而弗章，非子也。所賴涯翁寄序，且手批其舛贗，崑山顧侍御孔昭、北里孫內翰貞甫備加評選，校文賦則王大尹良佐、沈憲幕東之，校詩律則陶祠部良伯、干進士調元，箋補殘失孫其性當之，庶幾就緒。攜之洞庭質諸守溪先生先生許之言，復遇都太僕玄敬于蘇，汪司業器之于嘉禾，重爲披校且裁節之，徐嘉興子謙遣工壽梓，乃卒有成。

據此可知此集經李東陽批閱，集中雙行小字及行間小字評點出自顧潛、孫承恩之手[10]。參與校對的有王良佐、沈翰、陶驥、干調元，此後都穆、汪偉參與了批校節選。而就是這樣一部多位名家參與的《東海集》，甫一刊行，就遭到了批評。張弘至《末後序》云：

集既成，有客來自海上，覽而訝之，曰："吾少聞先公《寶劍鳳山賦》《海若問對篇》，贈寓鄉曲尤富，今一何遺之？"……茲惟郡稿存侍史所錄，少作餘長兄手抄，而歸老僅得衆傳，此集用以成耳。然錄有舛，傳有訛，間有贗，又所不免也。……正德丁丑閏臘月朔孤弘至拜言。

張弼素於稿草不惜，即便是張氏後人所搜集張弼詩文也遠遠稱不上完備，甚至當時人認爲的張弼名篇都未能收入。但不能否認的是，張弘至刻本仍然是研究張弼詩文最爲可靠的文獻，以下簡稱"張弘至本"。

國家圖書館在"中華古籍資源庫"中公佈了兩部張弘至本，均爲殘帙。一部出版發行項著錄"明正德十二年"，存八卷，詩集四卷全，文集存卷一到卷四，書號爲02667，以下簡稱"國圖甲本"。另一部著錄爲"明正德十三年"，存文集五卷，書號爲18668，以下簡稱"國圖乙本"。臺灣"古籍與特藏文獻資源"網發佈臺灣"國家圖書館"藏明正德乙亥（十年，1515）華亭張氏刊本《東海張先生文集》四卷，版框18.6厘米×13厘米，索書號爲402.6 11467（以下簡稱"臺圖本"）。筆者前往山東省圖書館目驗"明正德十三年張弘至刻萬曆重修本"（據《中國古籍善本書目》著錄），一函六冊，版框18.3厘米×12.3厘米，以下簡稱"魯圖本"。

　　以上四部均爲張弘至刻本，主體部分完全相同，然著錄的版本時間竟各不相同。據上引張弘至《家刻小序》與《末後序》，《東海集》在正德十二年（丁丑）冬已然成集，而刊刻完畢當在正德十三年，國圖乙本冠以王鏊《書張東海文集後》，末署"正德戊寅春三月甲子，光祿大夫柱國少傅太子太傅戶部尚書武英殿大學士震澤王鏊著"，爲時代最晚的一篇序言。臺圖本沒有文集卷五，自然也脫去了張弘至《末後序》，總目前僅有一篇正德十年李東陽《張東海先生集序》，版本項據此著錄，實際當刊刻於正德十三年。

　　值得注意的是，以上三部電子影像中，在文集卷四都出現了相同的補版葉（圖3），字體爲典型的宋體字。而同樣的補版葉，也出現在了山東省圖書館藏"明正德十三年華亭張弘至刻萬曆重修本"中，那麼，是否可以推定這四部均爲"萬曆重修本"呢？

　　事實上，山東省圖書館藏本著錄爲"萬曆重修本"，所依據的是一篇萬曆三十年張以誠的《家刻小跋》，這篇跋在上述其餘三部張弘至刻本中均脫去。張以誠爲張弼五世孫，也是張氏家族中的首位狀元。他的跋框定了魯圖本的刊印上限，但跋文中僅有對張弼詩文人品的景仰追念，無一字提及重修《東海集》之事，據以斷定爲"萬曆重修"，則明顯證據不足。但我們可以肯定的是，魯圖本與國圖甲乙本、臺圖本均爲同一版本，著録爲“明末重修本”或許更爲貼切（詳下文）。根據斷口、斷版等特徵，則上述四本印次從早到晚排序當爲魯圖本、國圖乙本、國圖甲本、臺圖本。魯圖本除了擁有印次較早的優勢外，也是收録序跋相對完整的的本子（參見表2）。而國圖乙本，則似由書賈改裝成

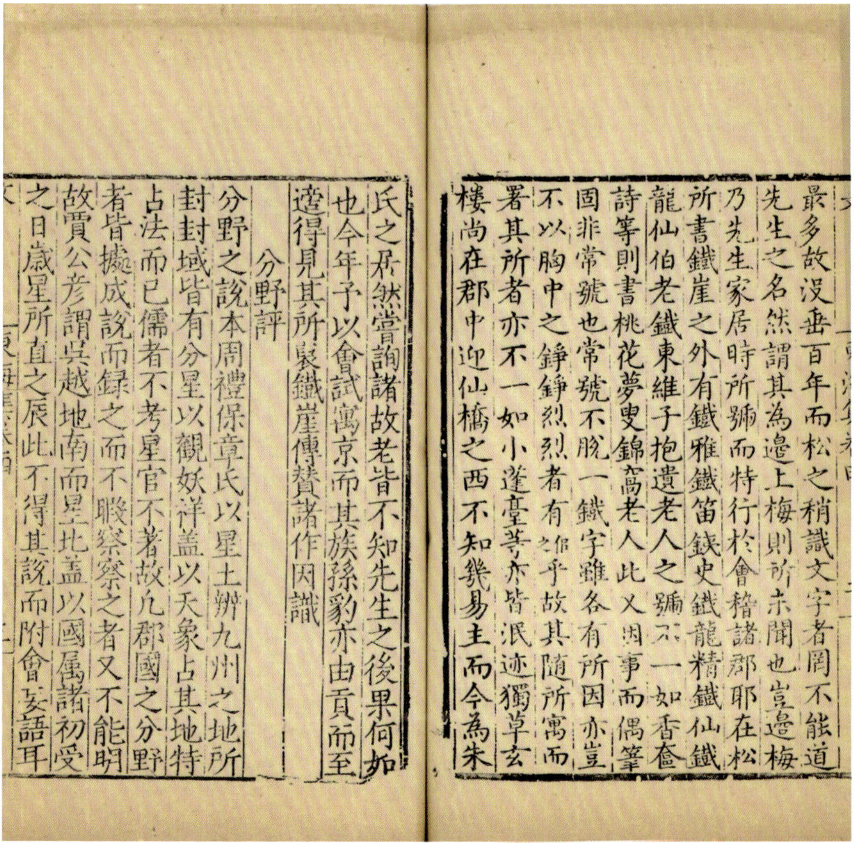
最多故沒垂百年而松之稍識文字者罔不能道
先生之名然謂其為邊上梅則亦未聞也豈邊梅
乃先生家居時所號而特行於會稽諸郡耶在松
所書鐵崖之外有鐵雅鐵笛鐵史鐵龍精鐵仙鐵
龍仙伯老鐵東維子抱遺老人之號不一如香奩
詩等則書桃花夢叟錦窩老人此又因事而偶筆
固非常號也常號不脫一鐵字雖各有所因亦豈
不以胸中之錚錚烈烈者有乎故其隨所寓而
署其所者亦不一如小蓬臺等亦皆泯迹獨草玄
樓尚在郡中迎仙橋之西不知幾易主而今為朱
氏之居然嘗詢諸故老皆不知先生之後果何如
也今年予以會試寓京而其族孫豹亦由貢而至
遣得見其所裒鐵崖傳贊諸作因識
分野評
分野之說本周禮保章氏以星土辨九州之地所
封封域皆有分星以觀妖祥蓋以天象占其地特
占法而已儒者不考星官不著故凡郡國之分野
者皆據成說而録之而不暇察之者又不能明
故賈公彥謂吳越地南而星北蓋以國屬諸初受
之日歲星所直之辰此不得其說而附會妄語耳

圖3　《東海張先生文集》卷四　明正德十三年張弘至刻本　中國國家圖書館藏　右爲正德原版，左爲補版

了文集單行本。

表2 現存正德十三年張弘至刻本明末重修本序跋位置情況表

	魯圖本	國圖甲本	國圖乙本	臺圖本
李東陽《張東海先生集序》	首1	首1	無	首1
孫承恩《張東海先生詩集序》	首2	首2	無	無
吳寬《南安紀行詩跋》	首3	無	無	無
程敏政《詩跋》	首4	無	無	無
張弘至《家刻小序》	首5	首3	無	無
王鏊《書張東海文集後》	尾1	無	首1	無
王廷相《題張東海先生集後》	尾2	無	首3	無
羅璟題辭	尾3	無	尾1	無
李東陽《文跋》	尾4	無	尾2	無
陸簡《文跋》	尾5	無	尾3	無
吳鉞《書東海先生集後》	尾6	無	首2	無
張弘至《末後序》	尾7	無	尾4	無
張以誠《家刻小跋》	尾8	無	無	無

在《中國古籍善本書目》《中國古籍總目》所著錄的其他館藏張弘至刻本中，湖北省圖書館藏本筆者未見，未知是否有補版葉。而北京大學、浙江大學（原杭州大學）所藏正德本，前者被收入《四庫存目叢書》《明別集叢刊》，後者見於"浙江大學古籍特藏資源發佈平臺"，版本項均爲"明正德十三年周文儀刻本"。經比對，北京大學、浙江大學藏本同屬一版，與張弘至刻本明顯不同（詳下文），《善目》《總目》將二者混淆，爲一大疏漏[11]。而李玉寶《張弼〈張東海先生集〉》一文中僅提及"明正德十三年周文儀福建刻本"，從所著錄的藏地看，李先生也誤將兩種正德本混淆，可見對周文儀本與張

弘至本之間關係有必要進行考察。

　　上引張弘至《家刻小序》云"徐嘉興子謙遣工壽梓"，刊刻地似當在嘉興。較《百川書志》稍晚的周弘祖的《古今書刻》則將《東海文集》著錄於"福建布政司"之下，而後者，指的就是周文儀本，肖書銘碩士論文《明清時期福建官府刻書研究》對此已有論斷。[12]

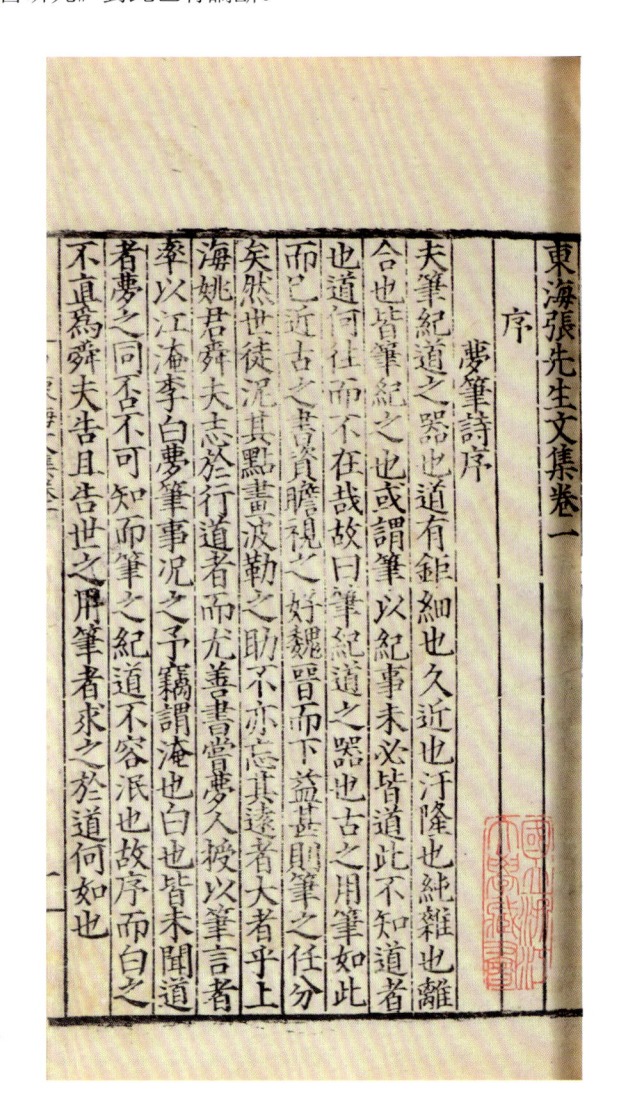

圖4 《東海張先生文集》
明正德十三年周文儀刻本
浙江大學圖書館藏

此本《張東海先生詩集》四卷《東海張先生文集》、五卷（見圖4），半葉十二行，行二十二字，白口，無魚尾，詩集部分卷端題"張東海先生詩集"，版心題"東海詩集"；文集部分卷端題"東海張先生文集"，版心題"東海文集"，詩文版心皆標卷數及葉碼，左右雙邊，字體爲典型的建本面貌。

是本無張弘至《家刻小序》與《末後序》，增入了一篇正德十三年戊寅冬臘日林瀚所作的《東海翁集後序》，其中有句云：

按閩侍御周公文儀雅負才名于時，景行鄉先哲彌真，特爲鋟梓以傳，俾海濱後學得奇觀焉。嘉惠之意，其至矣乎。

此中提及是本的刊刻主持者——周鵷，字文儀，號適齋，華亭人。如上文所述，張弼詩文由季子張弘至首次搜集整理，周文儀本文體及篇目順序與張弘至本基本一致。檢周文儀履歷，正德十二年在南京任印馬御史，十四年已任福建巡按御史，[13]則周氏很可能在正德十三年前後赴巡按御史任途中獲得張弘至本，至福建後進行翻刻。

值得注意的是，在絕大部分篇目一致的情況下，周文儀本與張弘至本仍有少量篇目出入（見表3）。

在見於張弘至本而未見於周文儀本的篇目中，《贈王鎮撫》二首，已經錄於文集卷一的《贈王鎮撫序》末，故周文儀本似有意識地刪除重複。《送孝子陳思堯歸山陰》爲七言絕句，却錄於詩卷二五言律之末首，顯然文體不合，故而從此卷中刪除。《寄內翰東昌張廷瑞》等四首雖見於詩卷三小目，在張弘至本中却爲明顯的補版葉，在原本中很可能漏刻，故周文儀本無從參照。張弘至本文集卷五中所多出的篇目，皆張氏家族文獻，且除王鏊《墓表》外，均爲補版，補版字體又與文集卷四中所見不同，然爲後來重修時增補，當無疑義。

表3　張弘至本與周文儀本篇目差異情況

卷數、文體	張弘至本小目	張弘至本正文	周文儀本小目	周文儀本正文
詩集卷一 七言古詩	《贈王鎮撫》	《贈王鎮撫》二首（葉二十）	《贈王鎮撫》	《題扇贈林亨大以字起韻》（葉十三）
詩集卷二 五言律詩	《送陳孝子歸山陰》	《送孝子陳思堯歸山陰》（葉五）	無	無
詩集卷三 七言律詩	《寄內翰張廷瑞》《海虞錢節婦》《贈韓貫道給舍》《過十八灘》	《寄內翰東昌張廷瑞》《海虞錢節婦》《贈韓貫道給事中》《過十八灘》（葉三十九，補版）	無	無
	無	無	《和答林亨大侍講》《人日有感》《惜菊》	《和答林亨大侍讀》《人日有感》《惜菊寫似董良謨》（葉廿五）
文集卷四 題跋	《跋趙子昂書鮮于詩》《跋楊文貞公與泰和尹吳景春書後》《跋班恕齋書後》《書巙子山墨迹後》	《分野評》（補版）	《跋趙子昂書鮮于詩》《跋楊文貞公與泰和尹吳景春書後》《跋班恕齋書後》《書巙子山墨迹後》	《跋楊文貞公與泰和尹吳景春書後》《跋趙子昂書鮮于伯機詩後》《跋班恕齋題王黃華書後》《書巙巙子山墨迹後》（葉二至三）
文集卷五	是卷無小目	《墓表》（葉十五至十六）《慶東海張公雙壽序》《壽張母王太恭人詩序》《張母羅碩人傳》（葉十六至二十，補版）曹時中《題遺墨》（葉廿五，補版）	是卷無小目	無

在見於周文儀本而未見於張弘至本的篇目中，包含《題林亨大以字起韻》《和答林亨大侍講》兩篇。林亨大即周文儀本中新增序的作者林瀚，字亨大，福建閩縣人，爲張弼同年，與張弼頗有唱和往來。他在作《東海翁集後序》時已致仕歸閩[14]，在序中提到周文儀主持刊刻東海集一事，則序文很可能受周文儀之請而作，那麼這兩篇新增的與林瀚相關的篇目或即爲周文儀刊刻時補入，所據很可能爲林瀚所藏原稿。而周文儀本另兩篇新增七律——《人日有感》《惜菊寫似董良謨》或爲周文儀搜得而補入[15]。至於《跋楊文貞公與泰和尹吳景春書後》等四首，即張弘至本補版時所替換者，推測補版重印時對應版片已經殘毀，故而在張弘至本中有目無文。

從校勘結果看，周文儀本與張弘至本的異文不多，但在與林瀚相關的篇目中，出現了比較重要的異文。如詩卷一《送翰林林亨大弟還閩》中"玉堂晚進食"，周文儀本作"玉堂晚退食"，當以"退食"爲是，推測此處很可能經過林瀚或周文儀核原稿校改。此外，還有一些異文出於編者有意識的校改，如文卷三《培善堂說》中的"韓子種樹"，周文儀本作"柳子種樹"，詩卷三《醉翁椅歌》中的"滁陽風月閑多年"，周文儀本作"滁陽風月閑少年"等。

綜上，周文儀本當以正德十三年張弘至刻本爲底本，加以校改後翻刻而成。

相較而言，正德十五年劉氏日新堂刻《張東海先生文集》八卷在版本考察上並無異議，雖爲典型的明建本面貌，但行款、字體風格不同於周文儀本。在孫承恩序後有"時正德庚辰菊月朔逾五日書林劉氏日新堂新刊"，王廷相序後有"時正德庚辰菊月吉日書林劉氏刻"字樣，爲該本標志性特徵，這在李玉寶先生的文章中已有論述。

從小目和正文的排版方式看，該本顯然爲周文儀本的翻刻本，每卷對應篇目順序和收詩數量完全一致。但該本文集部分卷五至卷八並非對應周文儀本的文集卷一至卷四，而是對應文集卷五、卷二、卷三、卷四，將後人的弔挽銘贊之作作爲文集的首卷已然極爲不妥，又少了一整卷文，同時在翻刻手書體序文時字形也出現明顯走樣，推測爲書坊刻書較爲粗糙所致。

李玉寶先生《張弼〈張東海先生集〉》一文還著録明崇禎五年刻《張東海先生詩集》四卷《文集》五卷，云此本僅北京大學圖書館藏，集末附録張弼六世孫張安泰題識、張安豫跋文。然張安豫題識中所謂"謀集先高祖真跡，簡括家笥外，復乞諸收藏鑒賞家，尺蹏寸楮，裒集多方，精心手摹，彙成卷帙。……不肖泰與弟豫復親董其事，摹勒讎校，一點一畫，神理奕奕，歷秋徂春，厥工告竣。"張安豫跋文中所謂"漸摹漸刻，凡爲卷者十。始以南北兩游稿，而以《貞桃篇》終焉。"似乎指的都是張氏後人摹刻《鐵漢樓帖》的情形，與《東海集》無涉。而李先生所著録的該本的行款信息——"四册。半頁九行，行十七字，黑格白口，左右雙邊，版框18.7厘米×13厘米"，與"北京大學數字圖書館古文獻資源庫"所發佈的惟一一部"明末刻本"一致，而顯然與上述張安泰題識、張安豫跋文所説的完全手書上版的情況不符。今見"國家珍貴古籍名録知識庫"中發佈的北大圖書館所藏"明末刻本"的卷端書影，字體版式行款乃至斷口處與魯圖本皆可對應。筆者推測此本即明正德十三年張弘至刻明末重修本，其後或附刻張安泰與張安豫跋文。

如此推測的理由，是在今存年代最晚的張弼詩文集刻本——清道光十四年張崇銘刻本《張東海文集》四卷《詩集》四卷的末尾夾一散葉，爲道光十四年張崇銘跋，中云：

先南安府君集凡三刻，一刻於正德朝，府君仲子都諫龍山公集當時士大夫所藏付梓，作活字體，今不多見矣。再刻於啟、禎間，六世孫乾亮、棐俣、康侯、森岳諸公各就聞見所及盡行補入板，作宋體字。三刻於國朝康熙初，七世孫紫垂公因舊板漫漶，復廣爲搜輯，重付梓人，併補刻附録一卷，讀者始稱完備云。

"活字體"並非指活字印刷，而指的是與宋體字相對的手寫字體（軟體字）。明末天啟、崇禎間，《東海集》有過"再刻"，儘管今公私目錄中沒有任何一部明確爲"天啟刻本"或"崇禎刻本"，但"盡行補入板，作宋體字"的特徵，則與上述張弘至本中的補版葉相符。

二、康熙刻本

上引道光刻本張崇銘跋中所謂"三刻"，指的是清康熙三十二年張世綏刻本《張東海文集》四卷《詩集》四卷附錄一卷，多地有藏。筆者所見復旦大學圖書館藏本，索書號爲：4561。半葉八行，行二十字，小字雙行同。單魚尾，左右雙邊（圖5）。版心標注"張東海集"。

據張世綏、張世圻兄弟二人的《紀言》，康熙間張氏後人已不存原家刻本及書版，張世圻從他人處借得一部《東海集》，參與了對該本的抄錄、訂補工作，又訪得抄本一冊，向宗黨兄弟收集張弼真迹，形成續集，包含四百八十餘篇詩文，由張世綏請人刊刻。其中詩文八卷及附錄一卷在康熙三十二年秋全部刻印完成[16]，而該本所附張弘至《萬里志》中，序跋時間最晚的是康熙三十三年張世綏《萬里志述言》，中云：

東海祖君集既壽梓，又得從弟世南郵寄六世祖龍山翁《萬里志》一帙，蓋翁出使安南紀行之什也。……癸酉冬抄，適弟世繩來游洧水，盛道海翁集成，舉宗慶幸，不肖綏因復出龍山翁《萬里志》共相校讎附梓。

由此可知，張世綏《萬里志》爲東海集全部刊刻完成後付梓，今《中國古籍總目》著錄爲"清康熙三十二年刻本"，《中國古籍善本書目》著錄爲"清康熙三十三年張世綏刻本"，年份出入與是否附《萬里

張東海文集卷之一

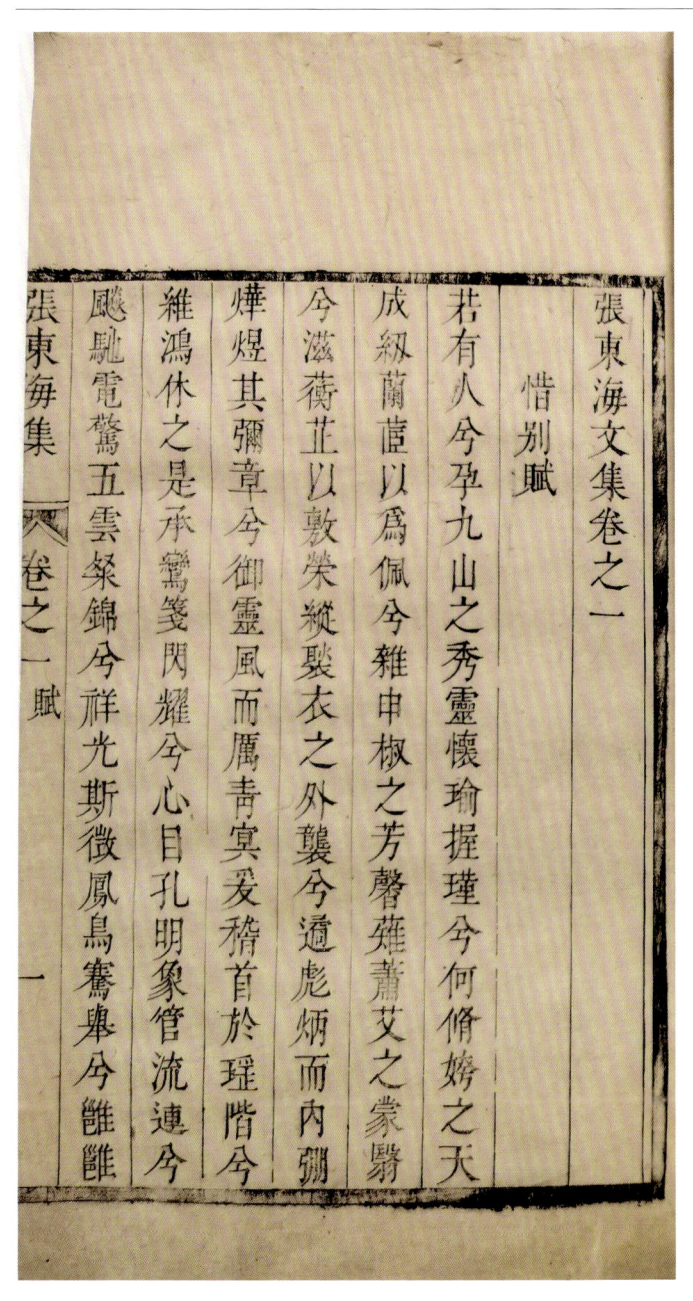

惜別賦

若有人兮孕九山之秀靈懷瑜握瑾兮何脩嫮之天
成級蘭茝以為佩兮雜申椒之芳馨薙蕭艾之蒙翳
兮滋蕙芷以敷榮縱襲衣之外襲兮遹彪炳而內彌
燁煜其彌章兮御靈風而厲青冥爰稽首於瑤階兮
維鴻休之是承鸞箋閃耀兮心目孔明象管流連兮
颷馳電驚五雲粲錦兮祥光斯微鳳鳥騫舉兮雛雛

張東海集　　卷之一　賦　　一

圖5 《張東海詩集》 清康熙三十二年張世綬本 復旦大學圖書館藏

志》有關。根據張世埒《紀言》，該本的主要依據對象，一爲借觀的《東海集》，疑即張弘至本，否則不能有"錯雜舛訛，猶未全校，豈急于告竣，不暇詳究"之類的感嘆。而其借觀的張弘至本，當爲明末補版重修的本子，因爲文集卷三題跋中的篇目次序與明末重修本一致；二爲其訪得的抄本，來源不明。經對照，張弘至本收文152篇，詩403篇，卷五附錄42篇；張世綬本收文207篇，詩867篇，附錄125篇，的確可謂"幾幾乎已倍原集"。在同樣分體編排的情況下，文體的前後次序並不完全一致，張世綬本的文體分類也比張弘至本更加細緻，如張弘至本中卷一有古詩，卷四有長短歌，其實皆爲古詩類。在張世綬本中即重新編排，分爲古樂府、五言古、七言古、古詩四類，其中最後一類古詩所包含的，是句式不整齊的古體詩。再經校勘，前文所及周文儀本中編者刻意校改的異文沒有被張世綬本繼承，由此可以排除張世綬本與周文儀本的關聯性。但對校張世綬本和張弘至本的相同篇目，則發現張世綬本中又出現了大量的異文，而其中的絕大部分的異文是同義詞替換，如詩卷一《寶善堂賦》"又特擅其秀靈"，張世綬本"特"作"獨"；同卷《桃源雪》"布帆衝宿靄"，張世綬本"靄"作"霧"；文集卷一《送徐景旻先生任韶州通判序》"政化之舉也"，張世綬本"政"作"教"等。此外，在若干篇詩文中，張世綬本又增加了張弼的自注，如《贈寫神者》下方注"此予在南安時作"即爲張世綬本新增，而此自注恰見於崇禎年間張氏後人依張弼手迹刊刻的《鐵漢樓帖》拓本[17]。據此，當前祇能將張弘至本與張世綬本視爲不同系統的版本，張世綬本的文本來源更爲複雜，絕不僅僅是篇目遞增而已。

有意思的是，在李玉寶先生的文章中，並未著録康熙三十二年張世綬刻本，而僅僅著録了康熙三十六年嘉會堂刻本（以下簡稱"嘉會堂本"）。在《中國古籍善本書目》中，則未著録嘉會堂本。祇有《中國古籍總目》同時著録了這兩種康熙本。上海圖書館藏有一部嘉會堂本，共16册，索書號爲：線善T46445-60。此本版式行款、字體與張世綬本全同，但在首册中出現了内封，中間題"張東海全集"，右題"諸名家評定"，左題"嘉會堂藏板"。版本年代的依據，當爲冠於該本之首的康熙三十六年韓菼序。艾思仁先生在《漫談中國古籍的内封面》一文中指出，"有的版本經過遞修重印，每次轉版重印會換成新的藏版封面頁。這樣，編目員也容易把同一個版本誤著錄爲不同的版本。"[18]嘉會堂爲康熙年間席永恂和席永恪兄弟二人的藏書室，席氏兄弟皆師從陸隴其，該本亦新增了康熙三十一年陸隴其的《張東海先生集序》。對照該本與張世綏本，從墨釘、斷版等細節，可知該本確實繼承了張世綏本的版片，那麼是否僅僅爲席氏嘉會堂新增了幾篇序言，將張世綏刻本轉版印行呢？答案是否定的。在嘉會堂本中，出現了大量的補刻篇目，經筆者統計如下：

表4　嘉會堂本在張世綏本基礎上新增篇目

詩集卷一七言古	《題扇贈林亨大以字起韻》
詩集卷三七言律	《自題近視》
詩集卷三五言絶	《古意》二首
詩集卷四七言絶	《寄文温州》《紅梅紙帳》《題武昌王德孚梅花屏》《聽雷堂》《訪陸學士不遇戲題于壁》
序跋	韓菼序、冉覲祖序、冉覲祖序、陸隴其序、胡介祉序、吴騏跋
附録	蔣泫《遺愛録後序》、劉暹《遺愛録後序》《附供奉祠堂帖》、靳襄《明太守東海張公配亨唐丞相曲江公祠碑記》；尹直、吴寬、顧璘、文嘉、董其昌、陳繼儒、李東陽、敖英題辭；林孟和、左時翼、李轍、陸鈫、童軒、謝鐸、傅瀚、張玗所作《東海像贊》；鄭珉、吴軾、陳章、程敏政、王桓、尹璿、王桓、張泰、葉贄、李進、吴文度、譚震、張溪、謝鐸、鄧本元、李傑、李思題詩

新增篇目多以補版形式補於相應文體的最後。其中如《明太守東海張公配亨唐丞相曲江公祠碑記》作於康熙三十三年仲冬，文末有雙行小字，末句云："適反（疑爲"友"之誤）人郵示碑記，敬附數言，補刊入集。"可知確實在張世綬刻本完工後補刊入集。此外，附錄所收篇目在康熙三十二年張世綬本的張世綬《附錄紀言》中有明文統計，曰：

止以體裁編類，得序六，傳一，記七，碑文二，題辭三十二，祭文銘表六，像贊七，詩咏三十□而□。

嘉會堂本在附錄中增加了如此多的篇目，對張世綬康熙三十二年所作的《附錄紀言》也有明顯的剜改，剜改處字迹明顯歪斜（圖6），變爲：

止隨所得編類，得序六，傳一，記七，碑文二，題辭三十八，祭文銘表六，像贊十五，詩四十七而已。

此外，嘉會堂本中新增的序言，字體較張世綬本更爲方整，橫細豎粗的特徵亦更爲明顯。故嘉會堂本實當著錄爲"清康熙三十二年張世綬刻康熙三十六年嘉會堂增補修訂本"。

清道光十四年張崇銘刻《張東海文集》四卷《詩集》四卷的具體情況，李玉寶先生業已著錄，並指出，"道光刻本版式、行款同康熙刻本"。張崇銘跋云：

是板向藏蒙川從父處，嘉慶戊辰姪文榮將攜家之閩，銘始由上海取回敬謹收貯者，閱二十餘年，今年春，偕姪文達悉心校核，板尚完好，間有闕頁，即命工重爲補刊，惟附錄一編久已散佚無存，蓋保守之難如

附 錄

早世數之近遠不能一一考究止隨所得編類得序六傳一記七碑文二題辭三十八祭文銘表六像贊十五詩四十七而巳嗚呼歷世久遠

早世數之近遠不能一一考究止以體裁編類得序六傳一記七碑文二題辭三十二祭文銘表六像贊七詩詠三十矣

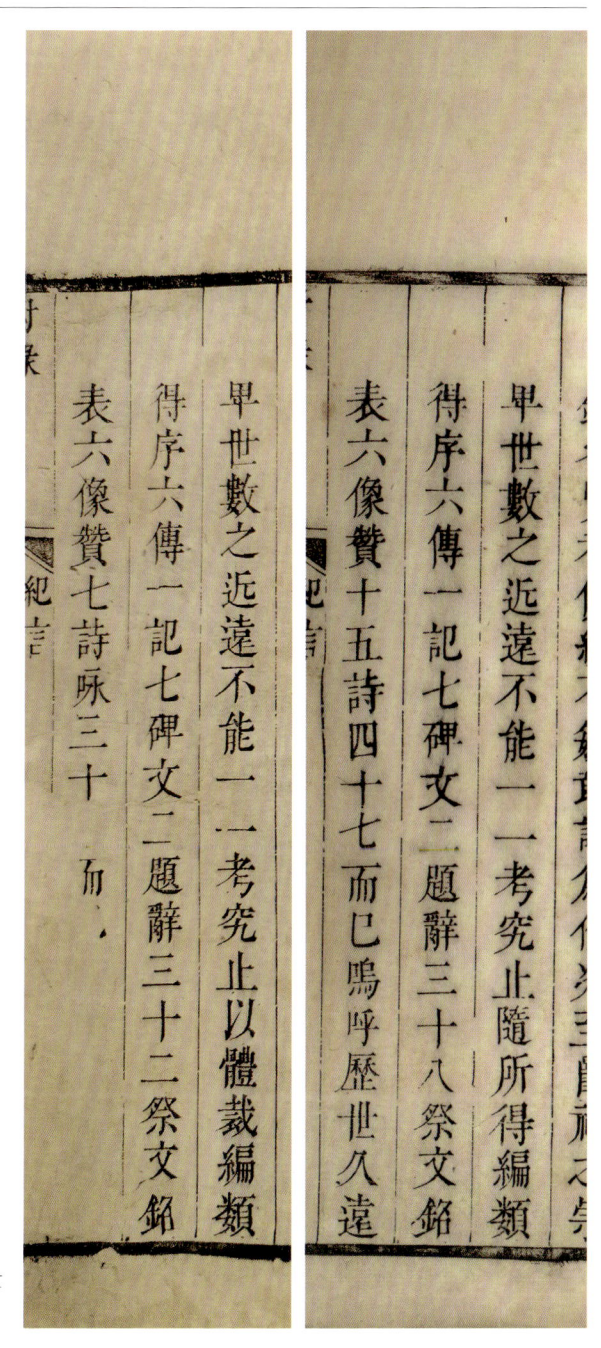

圖6 張世綬《附錄紀言》中的剜改現象 左爲張世綬本 右爲嘉會堂本

此，嗣後仍有闕失，銘輩不得諉其責矣。爰亟為印行，並識數語，以諗後之人。

據筆者目驗，該本與嘉會堂本同屬一套版片，僅在詩卷三七言律《和答林亨大韻》後補刻了《陶溪》詩一首，在詩卷四七言絕《失題十二首》後補刻了《贈贛州程通府鵬》一首，其中僅有文集卷四墓表第一葉，詩集卷二五排第三葉，詩集卷二七言律第九、十、十七、十八葉、詩集卷三七言律第四十一葉為補版重刻，字體與原刻有明顯不同，故此本實為康熙三十二年刻、康熙三十六年增修、道光十四年補版重印本。

三、結論

綜上所述，張弼別集於正德十三年由張弘至首刊，同年周文儀將該本帶往福建翻刻，在張弘至本的基礎上有少量增刪校補。正德十五年劉氏日新堂又據周文儀本翻刻。明啟、禎間，張弼六世孫對張弘至本加以補版重印，今國內所見的張弘至刻本，絕大多數為明末經過補版重印的本子。

康熙三十二年，張弼七世孫張世圻、張世綬兄弟重新搜集整理張弼遺文，刻成《張東海文集》四卷《詩集》四卷附錄一卷，收篇數量幾倍於正德系統的本子。嘉會堂得到張世綬刻本版片，增補若干篇，刊於康熙三十六年，為至今收集張弼詩文及相關文獻數量最多的版本。道光年間，張弼十一世孫張崇銘得版訂補後刷印，是為道光十四年重修本。

由此可見，今存張弼別集刻本脈絡井然有序，然由於各本分散各地，原本不易見，更不易參照比對。雖歷來各有著錄，然所據不同、標準不一，編目人員多就各自館藏某部刻集中時代最晚的一篇序跋進行年代的著錄，會出現很多分歧與疏漏，平添了版本考訂的難度，此無疑為今日治學者尤其是圖書館古籍工作者應當注意與解決的問題。

注釋

1. ［明］張弘至刻本《末後序》，見《東海張先生文集》卷末，明正德十三年張弘至刻本。
2. ［明］楊樞《淞故述》不分卷，《四庫全書存目叢書》史部 247 册影印清嘉道間南匯吴氏聽彝堂刻本。
3. ［明］徐圖等《行人司書目》不分卷，明萬曆刻本。
4. ［明］晁瑮《晁氏寶文堂分類目録》，《原國立北平圖書館甲庫善本叢書》458 册影印明藍格抄本。
5. 李玉寶《明清松江府張弼家族文獻生産考論》，《古籍整理研究學刊》2020 年第 6 期，第 80—85 頁。
6. 李玉寶《上海地區明代詩文集述考》，上海古籍出版社 2021 年版，第 336—343 頁。
7. ［明］高儒《百川書志》二十卷，《續修四庫全書》第 919 册影印觀古堂書目叢刊本。
8. 《中國古籍善本書目》集部，上海古籍出版社 1990 年版，第 592—593 頁。
9. 此外還有"張東海集一卷，明張弼撰，明俞憲輯，盛明百家詩本（嘉靖隆慶刻）"，此爲叢書本，非本書研究範圍。見《中國古籍總目》集部 2，上海古籍出版社 2009 年版，第 592 頁。
10. 其中顧潛評點的部分，在顧潛《静觀堂集》卷十二《題東海翁集後》中有所説明："詩集第二卷數絶，第四卷數長句，嘗僭加評點。雖管中一斑，不敢擬辰翁之批杜。"（清玉峰雍里顧氏六世詩文集本）
11. 此疏漏或受李盛鐸手書題跋的誤導所致，該題跋書於卷首李東陽序之前，云："《張東海集》，《四庫存目》止有文集五卷，無詩集，殆非全帙。此爲其子弘至所編刻，詩文俱備，且諸家序跋多以手書上板，尤可珍玩。惜爲北方煤氣所熏，紙質遂脆，不堪時時展讀耳。甲寅夏至椒微記。"
12. 肖書銘《明清時期福建官府刻書研究》，福建師範大學 2011 年碩士論文，第 13 頁。
13. ［明］雷禮《南京太僕寺志》卷十一："正德十二年，印馬御史周鸙奏准：比丁田出辦折色，除沛縣免派外，本州及蕭、豐、碭山，每年備用折色馬共一百五十匹。"（《四庫全書存目叢書》史部 257 册影印明嘉靖刻本）正德《福州府志》卷二十《學校志》："正德十四年，巡按御史周鸙、布政使席書、知府葉溥重建儀門殿。"（明正德刻本）
14. 《東海翁集後序》款曰："賜進士資政大夫南京參贊機務兵部尚書致仕前吏部尚書國子祭酒春坊左諭德兼經筵講官同修《國史》《續通鑒綱目》三山八十五翁林瀚序。"知其作序時已致仕。
15. 此二篇很可能爲張弼晚年致仕松江時所作。《人日有感》首句"今年丁未當人日"，知爲成化二十三年所作，是年張弼致仕在家。《惜菊寫似董良謨》無寫作時間綫索，然董良謨爲松江人，在張弼生前尚未中舉。正德《松江府志》卷二十六《科貢下·鄉貢府學·弘治元年至十八年》："董進忠，良謨。"
16. 張世圻《紀言》："向有刻集，爲六世祖龍山翁輯梓，……奈生居最晚，家遭多故，先世藏蹟，蕩焉無存。今年春偶借觀一册，……隨命楮墨，手自抄謄。中有磨滅者，則旁求參訂以補之，有疑似難明者則姑闕之，有編次失倫者則稍釐定之，凡三閱月而畢。……竊念翁之著述，必不止此。復訪得抄本一册，較前刻約三分之一，豈當日所謂別録以存者，即此是耶？更于宗黨兄弟間博採真蹟，總得詩文四百八十有奇，續爲補遺一集。"張世綬《刻集紀言》曰："癸酉春，適有梓人來自白下……已刻者爲卷首，未刻者分編各體之後，使觀者得以類從。其存疑一編，未敢輕附，仍別録以俟訂補。共萃詩文若干首，釐爲八卷。原序原跋載卷前後，至於當日歌咏、碑傳載翁生平大節附録一册，仍舊刻也。計始事于仲夏之下浣，閲三月而告成，雖淺見寡聞，帝虎之訛猶恐未免，後之博洽有志者增補而釐正之，是所深望焉。"
17. 《鐵漢樓帖》9B，見松江博物館編《松江博物館藏鐵漢樓帖》，文物出版社2007年版，第32頁。
18. 《書籍之爲藝術——中國古代書籍中的藝術元素》，中國美術學院出版社2023年版，第183頁。

後　記

　　2019年秋，我有幸進入復旦大學古籍整理研究所，在陳正宏教授門下攻讀中國古典文獻學專業的碩士學位。當時希望能結合自己的興趣，做與書法相關的研究。但是以一位書法家的年譜作爲碩士論文選題，是未曾想到的事。在研一階段對做年譜尚且抱有"按部就班堆材料"之偏見的我，也未曾料想到整個過程的曲徑通幽與柳暗花明。如今想來，正是這個選題使我真正看到了活脱脱的張弼，看到那一時代的文士如何生活，如何自我安頓。當前呈現的這部年譜，在碩士論文的基礎上進行了較大幅度的修訂。因時間倉促，學力不足，尚有諸多問題未能解決，錯漏之處定不在少，這些均由我個人負責，萬望讀者不吝批評賜正。

　　從碩士論文選題，撰寫傳略、版本考，出年譜框架，進而逐步充實、打磨，都離不開導師陳正宏教授的指導。陳師的耳提面命與答疑解惑，讓我銘記於心。正是他的謙和、博雅以及盯著問的執著讓我體會到讀書做學問的純粹的快樂。畢業後，陳師依然關心與敦促年譜的修訂，又於百忙之中應允作序。如今我依然常常感慨，能夠成爲他的學生，是何等的幸福。

　　碩士就讀期間，我在"古籍整理實踐"課上，完成了張弘至本《東海集》的初步點校，得到了錢振民研究員的耐心指點。論文開題時，蘇傑教授、季忠平副教授在年譜材料選取和研究方法等方面多有賜正。論文答辯委員會專家鄭幸教授、柳向春研究館員、張桂麗研究館員從各個角度提出寶貴意見，令我受益匪淺。此外，張偉然教授引領我融合藝術與學術，開拓了我的思維空間。本科導師劉志基教授所傳授的數據庫研究法，讓我的年譜寫作更爲高效。在師門會上，與韓進、黎雅諾、楊鵬、佘馬莉、金東妍、潘青皇、程益丹、潘子慧、王玥、劉靖萱、宋佳憶等師友的交流討論，糾正了我的認識誤區，更幫助我解決了不少年譜中的關鍵問題。

拙作的出版，離不開香港近墨堂書法研究基金會的大力支持，三位專家數萬字的外審意見，在指陳訛謬的同時慷慨提供資料線索，激勵我以更爲審慎嚴謹的態度從事學術研究。林霄先生對書法研究的熱忱以及對青年學者的扶持，讓我心生敬意。

在出版過程中，畢斐教授、丁小明研究員提供了熱情的幫助。沈從文老師、史夢龍師兄、石清溪師妹從專業的視角提出了具體的修改建議，輔導我完成細節的打磨。郭立暄老師、陳雷主任在業務指導之餘，也鼓勵與關心拙作的出版。承蒙中國美術學院出版社接受拙作，章臘梅、劉翠雲等編輯部老師不辭辛勞，爲拙作的完善做了很多細緻的工作。還有中國國家圖書館、故宮博物院、上海圖書館、上海博物館、山東省圖書館、南京圖書館、復旦大學圖書館、華東師範大學圖書館、浙江大學圖書館、香港中文大學文物館的工作人員，在我訪書以及圖像申請的過程中提供了很好的服務，在此向以上個人及單位致以最衷心的感謝。

記得畢業前夕，和師友們聊到編年譜的意義時，葉蓓卿老師對我說："復原一整個人生，就是在恒河裏親手種下蓮花。"我願以此書向《沈周年譜》致敬，也要將其獻給一路陪我前行的父母和師友們，望諸君前路快意瀟灑，一如東海明月。

史楨英

2024年5月

本研究獲香港近墨堂書法研究基金會資助

責任編輯　劉翠雲
裝幀設計　謝先良
責任校對　楊軒飛
責任印製　張榮勝

圖書在版編目（ＣＩＰ）數據

　　張弼年譜 / 史楨英著. — 杭州：中國美術學院出版社，2024.7
　　（藝術史研究叢書 / 范景中主編）
　　ISBN 978-7-5503-3301-7

　　Ⅰ．①張… Ⅱ．①史… Ⅲ．①張弼—年譜 Ⅳ.
①K825.72

中國國家版本館CIP資料核字(2024)第066629號

張弼年譜
　史楨英　著

出 品 人　祝平凡
出版發行　中國美術學院出版社
網　　址　http://www.caapress.com
地　　址　中國·杭州南山路218號　郵政編碼　310002
經　　銷　全國新華書店
製　　版　杭州海洋電腦製版印刷有限公司
印　　刷　浙江省郵電印刷股份有限公司
版　　次　2024年7月第1版
印　　次　2024年7月第1次印刷
開　　本　787mm×1092mm　1/16
印　　張　27
字　　數　430千
印　　數　0001—2000
書　　號　ISBN 978-7-5503-3301-7
定　　價　98.00圓